京都大学大学院
教育学研究科
グローバル教育
展開オフィス［監修］
高山敬太・南部広孝［編］

〈日本型教育〉再考

学びの文化の国際展開は可能か

京都大学学術出版会

目次

序章

なぜ今、京都から「日本型」教育モデルを発信するのか

高山敬太

「日本型」教育とグローバルオフィス

今日、東南アジア諸国連合（ＡＳＥＡＮ）や中東などの国々において、日本の教育への関心が高まっている。国民の高い基礎学力や規律正しく協調的な国民性はどのように育まれているのか、あるいは優れた技術者の育成はどのようになされているのかといった関心から、日本の初等中等教育や高等専門学校制度などが、経済成長著しい新興国の関心の的となっているという。後に詳しく検討するように、教育を「輸出」することには多くの倫理的課題が付きまとうわけだが、それにも関わらず、そうした世界の眼差しを受けて、日本国内には「日本の教育」を積極的に海外に「輸出」しようとする動きが見られる。

こうしたことを背景に、二〇一六年（平成二八年）には日本政府、特に文部科学省の主導によって「日本の魅力ある教育を海外展開していく」ため「官民協働のオールジャパンで取り組む」ことを謳った「ＥＤＵ－Ｐｏｒｔニッポン」という事業がはじまった。[1] 文部科学省、経済産業省、外務省、国際協力機構（ＪＩＣＡ）、日本貿易振興機構（ＪＥＴＲＯ）をはじめ、地方公共団体、教育機関、民間企業、ＮＰＯなどによる「オールジャパン」プラットフォームが設けられ、そのもとに二〇二一年までの五年間、パイロット事業として世界三六の国と地域において「日本型教育」にまつわる様々な取り組みが実施された。二〇二一年からは、世界的なＣＯＶＩＤ－19のパンデミックを背景にした「新たな日本型教育の戦略的海外展開に関する調査研究事業」（ＥＤＵ－Ｐｏｒｔニッポン2.0）

が継続され、その後も、支援事業の数自体は縮小したものの、様々な事業体がＥＤＵ－Ｐｏｒｔの支援を受けて「日本型教育」を海外に展開している。

しかし「日本型教育」に関心を寄せる世界の人びと、あるいはそれを積極的に海外に広げようとする各セクターの間でも、そもそも「日本型教育」が何を指すのかについては一向に議論が深まらない。むしろ、その内実は問われないままに熱気のみが高まっているというのが今日の実情であろう。本書は、この事業で謳われ、昨今盛んに議論されている「日本型教育」とはそもそも何なのか、その内実はいかなるものか、そして、日本型教育について論じることの今日的意義とは何かといった事柄について、歴史学、哲学、教育方法学、社会学、臨床・実験心理学、さらには脳科学といった教育に関わる専門知を駆使して多様な角度から検討しようと編まれたものである。

はじめに本書ができるまでの経緯を説明しておこう。本書の著者たちが、どのような知的特徴のある組織に所属して、なにゆえにこのテーマに関わり、そして、悩み、思考してきたかを知っていただくことで、読者に本書の立ち位置や方向性を理解していただけると思うからである。

二〇一七年四月、京都大学大学院教育学研究科において「グローバル教育展開オフィス」（以下「グローバルオフィス」とする）が設置された。設置の目的は、日本の教育研究を国際的に発信すること、国際的に活躍できる教育研究者を育成すること、そして「日本型教育モデル」に関する学際的研究を研究科内外の研究者との連携を通じて促進することであった。事情を知らない人びとからすれば、文部科学省のＥＤＵ－Ｐｏｒｔニッポンも京大のグローバルオフィスも「日本型教育モデル」を目玉にしていることを考えれば、前者がその数年後に設置された後者に何らかの影響を与えたと推察するのは必然であろう。

1……「ＥＤＵ－Ｐｏｒｔニッポン」（日本型教育の海外展開事業）のホームページより　https://www.eduport.mext.go.jp/about/summary/#gaiyo

だが、グローバルオフィスは、ＥＤＵ－Ｐｏｒｔニッポンの業務運営には全く関与していないし、文部科学省の方から同事業にかかわることを期待されたことも、私の知る限りは、一切ない。唯一の接点といえば、私が同オフィス長をしていた二〇二〇年に、ＥＤＵ－Ｐｏｒｔニッポンに関する調査研究を研究者代表として受託し、翌年に報告書を提出したことのみである。しかもその報告書は、批判的かつ建設的な内容となっており、忖度のないものになっている（国立大学法人京都大学 二〇二一）。

読者の中には、グローバルオフィスの存在意義自体にも疑念を感じている方がいらっしゃるかもしれない。先に説明したように、当オフィスは「日本からの教育研究の発信と国際的に活躍できる若手研究者の育成」を一つの柱として設立された。だが、考えてみれば、研究、すなわち真実の追求とは、特定の地域や国の文脈や専門性を超えたある種の普遍性を――それが可能であるかどうかは別問題として――志向する営みである故、本質的に国際的、学際的であるべきものであろう。ならば、どうしてこの時期にある意味「当たり前のこと」を謳った組織を、しかも京都大学のようにすでに国際的な研究大学として知られている大学において作る必要があったのかと、不思議に思う方も少なくないかもしれない。

この点に関しては、教育学・教育研究というものの〈内向性〉を理解する必要がある。歴史をさかのぼれば、教育に関する学術的な研究は近代教育制度の発展史と軌を一にしてきた。近代教育制度は、西洋の近代国家モデルが世界に拡散された過程において、近代化を目指す国々において積極的に導入された。もちろん、被植民地化を回避した日本のように比較的自発的に近代教育制度を導入した国もあれば、植民地統制下において強制的に導入された国家・地域も存在する。こうした歴史的経緯の違いはあれど、西洋において確立した国民教育制度がその後世界的に広まったことは歴史的事実であり、ゆえに各国の教育には一定程度の制度的類似性が存在する。

だが、制度の具体的な目的や教育実践の前提や内実にまで踏み込んで概観すると、国ごとの違いや特徴が浮き彫りになる。近代国家モデルが世界的に普及する過程で、教育制度は世界中に拡散したが、その制度が既存の文化的・歴史的文脈に位置付けられ定着する中で、その国特有の特徴をも帯びるようになった。こうした制度の再文脈化のプロセスを経た今、教育を語る言葉や見立てはそれぞれの国において微妙に異なっている。日本の「教育改革」においてしばしば語られる「ゆとり」や「生きる力」といった文言が外国語に翻訳しにくい理由の一つもここにある。

教育学もこうした流れに大きく規定されており、教育を普遍的に語ることに対しては一定の逡巡が存在してきた。もちろん、国際的に開かれた教育研究も多分に存在してきたが、それは自国の教育の発展のための教育借用という文脈におけるものか、または諸外国の最新の動向を把握するという「キャッチアップ言説」から派生したものが多く、いずれの場合にも国内の政策的ニーズや政治的動向に合致する外国事例が紹介・消費されるという意味で、ナショナルな括りを強化するものであった。また、途上国への国際教育協力において、日本政府が教育の内実に踏み込んだ支援を極力控えてきたことはよく知られているが（斎藤 二〇一九）、ここにも教育がその国の「ＤＮＡ」にかかわるという認識、つまり教育を一国に固有のものとみなす傾向を見て取ることができる。

よって、日本の教育の知見を国際的に発信するというグローバルオフィスのミッションは、右記のような教育学のナショナルな前提が崩れ始めていること、または当研究科がそれを一つのチャンスとして意識していることを示唆する。すなわち、国家という「想像の共同体」（アンダーソン 二〇〇七［Anderson 1983］）に規定された教育言説ではなく、国境を越えた、トランスナショナルな教育研究が正当なものとして認知され始めており、そこに向けた日本からの発信の可能性が強く意識されている。さらに言えば、これまでは教育借用やキャッチアップの「受け手」であった日本の教育実践・思想・制度が、外に出す価値のあるものとして再認識されている今日の政策的状況を反映しているともいえる。ここには、当研究科の研究、ひいては日本の教育学研究全般が、これまで国際教育協力や国際的な教育研究の蓄積や議論に積極的に関与してこなかったこと、またはそうする準備ができていなかったことへの反省の意味も込められている。グローバルオフィスが監修した本書は、こうした当オフィスの設立の意思を色濃く反映した著作となっている。

京都大学教育学研究科の知的特徴

本書は京都大学の大学院教育学研究科に所属する教員を中心に構成されている。では、当研究科から日本型教育について発信することの積極的意義とは何であろうか。この問いに答えるためには、当研究科の知的特徴と伝統を本書の方向性と内容に位置付ける必要がある。

第一に、当研究科は理系と文系が共存する日本でも珍しい教育学研究科である。日本において教育学を標榜する学部や研究科は多いが、古くは初等中等教育に携わる教員の養成組織をその前身においており、近年でも教員養成が高等教育の一つの役割となっていることから、実務家としての教育者の養成機能を第一とする組織が多い。その点で、もともと教員養成を主要な機能とせず、純粋に教育に関する研究を目的として戦後に設立された京都大学の教育学研究科は、ユニークな存在であった。しかも歴史の古い国際的な総合大学として、医学・生物学から哲学まで、近代科学をほぼ完全にカバーする組織や人材を備える大学を背景にしていることから、幅広い研究領域の研究者が在籍している。そうした組織の中にあってグローバルオフィスは当研究科で蓄積されてきた学際的な教育知を国際的に発信することを期待されており、よって、この本においても文系・理系の研究者が各章の執筆を担当している。文理の境界を超えた視点からアプローチすることで日本型教育に関する議論のすそ野をできるだけ広く保つことが意図されている。

また二つ目の特徴として、当研究科にある知的伝統についても触れなければならない。それは、西田幾多郎をはじめとするいわゆる「京都学派」の知的伝統である。京都学派は、「日本発」の思想体系として国際的にも評価され、近年世界的な注目を集めている。この知的伝統は、当研究科においては、とりわけ臨床教育学の教員を中心に受け継がれており、今日においても京都学派を代表する西田、西谷啓二、田邉元、高山岩男、九鬼周造などのテキストは大学院の授業において講読され、多くの院生がこうした京都学派の思想を検討する論文を執筆しているし、限定的ではあるが近年は国際的な発信も行われている（Sevilla 2016; Standish and Saito 2012; Yano and Rappleye 2022）。京都学派に象徴されるような、西洋思想を日本思想の視点から読み直す作業、または両者を対話させつつ近代の前提を超越しようとする知的作業は、本学研究科の少なからぬ教員により今日においても受け継がれている。

例えば、ここ二〇年ほどの間に当研究科の卒業生や教員により著された書物を概観すると、日本の伝統的宗教観や神話に目を向けた日本人の深層心理に関する研究（河合 一九九九）、神道や日本人の宗教観に関する研究（鎌田二〇〇三）、近世（江戸時代）の手習い所（寺子屋）や藩校における身体化した学びに関する研究（辻本 二〇一二）、近代の世俗性や有用性のロジックを超えた「生成の教育」（矢野 二〇〇〇）や「贈与と交換の教育学」の提言（矢野二〇二〇）、そして日本の古典芸能の教育理論に関する研究（奥井 二〇一五、西平 二〇一九）などがある。これらに加えて、京都哲学に影響を受けた当研究科にゆかりのある知識人が戦後の教育政策の形成に大きな影響を与えていたことを明らかにした研究（矢野 二〇二一）、さらには、戦後、進歩主義的教育学者による教育学支配の現状を明らかにした研究も当研究科の教員によるものであった（竹内 二〇一一）。

多岐にわたるこれらの研究に共通する点は、「近代」や「戦後」という我々の生きる時代とそのなかで形成された教育観を徹底的に突き放す―相対化する―態度である。よりかみ砕いていえば、一般的に当たり前と思われていることを当たり前と思わない態度であり、少数派であることをいとわない態度と言い換えることもできよう。戦後教育学において疑いなく受け入れられてきた「発達」、「成長」、「進歩」、「個性」、「民主化」といった概念から距離を取り、学校教育や教育学における「主流なるもの」を自明視することなく、そこから零れ落ちたものに注目することで、近代教育の限界を乗り越える可能性を模索する知的伝統が脈々と受け継がれてきたのである。

こうした知的伝統があるが故に、日本型教育を研究することを目的に掲げたグローバルオフィスの設置が文部科学省により認可されたのかどうかは定かではない。ひょっとしたら、理由はもっと単純で、同省が政策として推し進める日本型教育の海外展開に何らかの学術的根拠（「お墨付き」）を与えることを期待されていたのかもしれない。いずれにせよ、当研究科には「日本型教育」を多角的に検討し、その議論のすそ野を広げるための知的リソースが備わっていたこと、そして本書に寄稿した研究者の多く——全員ではないが——はこの知的伝統を様々な形において継承していることは強調しておきたい。

コロナ禍・錯綜・「もやもや感」

ともあれ「日本型教育モデル」を多角的に検討するプロジェクトがスタートして以後、様々な疑問が提示され、われわれの議論は錯綜した。まず、「日本」と「型」という二つの単語の使用に関して多くの懸念が表明された。「日本型」とは日本の教育のどのような側面を指すのか。「日本型」に含まれるものとそうでないものの線引きは誰がどのような基準で行うべきなのか。その線引き作業に研究者である私たちが関わるべきなのか。そもそも、伝統芸能や武術にあるような、「型」と呼ぶに相応しいほどに定型化されたものが日本の教育に存在するのか。日本「式」あるいは日本「的」の方がより相応しい表記なのではないだろうか。日本の教育を受けて、日本の国内で研究する私たちが、日本型教育から一定の距離をとり客体化して、それを把握・理解することが果たして可能なのだろうか。日本の国内から日本型を検討することの積極的な意味とは何なのだろうか。むしろ日本の外にいる研究者に頼らなければならない作業なのではないだろうか。日本という国を一つの単位として教育を語ることに問題はないのだろうか。この帰結として、どのような視点や経験が前景化・後景化されるのだろうか等々。日本型教育の内実について議論する前に、「日本」と「教育」を「型」で結ぶこと自体に、多くの疑問が呈されたのである。

さらに、海外展開の、そしてグローバル教育展開オフィスの「展開」という言葉に至ってはなおさらである。この曖昧な表現は何を指しているのだろうか。これは、企業が営利目的で日本型教育（とされるもの）を海外輸出するための婉曲表現ではないか。そもそも、このような表現を当研究科のオフィスの名称として含めることは相応しいのだろうか。日本という特定の国において機能するものを他国に展開することにどのような意義があるのだろうか。特定の文化的基盤を前提として成立している教育実践や制度を、その基盤のない場所に移転することに積極的な意味があるのだろうか。その行為は文化帝国主義とどう違うのか等々。確かに、考えれば考えるほど疑問が湧いてくる。読者の方々の中には、こうした疑問への何らかの答えを期待して本書を手に取られた方もいるかもしれない。

だが、本書は日本型教育を海外に持ちだすことの是非を問うわけではないし、政府が掲げる政策を積極的に肯定または否定するつもりもない（間接的には、肯定または否定と受け止められるような論考もいくつか含まれてはいるが）。上記の一連の疑問点のいくつかは、この序章において検討されているものの、本書全体を通じて、そのすべてに応答しようとしているわけでもない。私たちのプロジェクトでは、こうした「もやもや感」をあえて一度棚上げして、「日本型教育」に関する統一した定義もあえて提示することなく、まずは個々の専門分野に引き寄せて「日本型教育」と各自が認識するものを自由に検討することを全体の方針とした。まさに本書を編集するうえでの最低限での合意である。それだけ日本型教育を云々することは一筋縄ではいかないということである。

だが、今回の日本型教育のプロジェクトにあえて積極的な意義を見出すとすれば、以下のようなことが言えるのではないか。すなわち、ＥＤＵ－Ｐｏｒｔニッポンが起点となり「日本型」と「教育」と「海外展開」という三つの言葉が広く使われ始めたことで、日本国内でもこれらの単語をつなぎ合わせることの意味とその行為の是非に注意が向かい始めた。とりわけ、「日本型教育」という国内的にはあまり使われることのなかった概念に真剣に向き合うことで、日本の教育への新たな視点やアプローチが生まれる可能性はないだろうか。「日本型教育」が国内外で注目されるに至った現状を一つのチャンスとして、日本の教育にまつわる議論のすそ野を広げたい。その手始めとして本書が有益な知的リソースとなればと切に願う。

以下では、前半部分で日本型教育を語ることの今日的意義やそうすることにまつわる様々な葛藤について検討する。つまり、先に挙げられた一連の問いに可能な限り応答することで、できるだけ読者の「もやもや感」を解消することが本章前半部分のねらいである。以下で概観するように、日本型教育を語ること、そしてその海外展開について論じることは非常にややこしい。それでも、日本型教育をしっかり論じて、暫定的にでも、その輪郭を浮かび上がらせる作業が必要であることが明らかになれば幸いである。次いで、後半部分では、本書の構成と各章の紹介を行うことで、本書全体の大まかな方向性を提示することとする。

賞賛と悲観のはざまで

冒頭で触れたように、ちょうどＥＤＵ－Ｐｏｒｔニッポンが始まる二〇一六年前後から、「日本型教育」または「日本式教育」という言葉が国内のメディアを賑わし始めた。例えば、日直、掃除、学級会のような日本ではお馴染みの学校実践が、「トッカツ（ＴＯＫＫＡＴＳＵ）」としてエジプトの学校において導入されているという報道をご覧になった方も多いかもしれない。にわかには信じがたい話だが、エジプトのエル・シーシ大統領が訪日の際、東京・目黒にある同国大使館そばの公立小学校を訪問し、子どもたちの規律と協調性に深く感銘を受けたことが事の始まりであった。とりわけ、小学校低学年の給食の場面を観察して、子どもたちが大きな混乱もなく給仕している様子がとても印象に残ったという。日本人を「歩くコーラン」と賞賛し、その秘訣を日本の小学校での教育実践に見出したわけである。

その後、シーシ大統領の強力なイニシアチブもあり、二〇一六年にはエジプト・日本教育パートナーシップ（Egypt-Japan Education Partnership: EJEP）」が締結された。保育園から大学まで、日本式教育の特徴を生かした協力事業を推進することが合意され、その第一弾として、日直、掃除、学級会を含む「トッカツ」が現地の公立校において導入された。最近では、日本式学校実践をさらに積極的に推進するため、日本から管理職クラスの教師を呼び寄せており、多くの元校長たちが現地の学校において指導に当たっている。

このような話は、何もエジプトという親日的な国、そして初等教育に限った話でもない。ちょうどエジプト政府が日本式教育を「輸入」すべく日本政府に働きかけている頃、モンゴルとタイにおいて、中堅技術者の養成機関として日本の国立高等専門学校（高専）が脚光を浴びていた。海外からの要請に応える形で、二〇一六年以降、日本政府は文部科学省を中心に高専（ＫＯＳＥＮ）の海外展開を積極的に支援し始めている。海外から高専に向けられる関心の背後には、高専で学んだ後、母国に帰国している元留学生たちの積極的な働きかけがあり、その意味では、海外からの要請が突如として現れたエジプトのケースとは若干異なる。それでもモンゴルとタイにおいて日本の技術系人材育成のノウハウに大きな関心が示されていることは紛れもない事実である。これらの事例以外にも、日本全国の学校で行われている授業研究と呼ばれる現職教員研修が、「レッスンスタディ」として世界中に拡散していることはよく知られているし、最近ではホームルーム活動、生徒会活動、学校行事などを含む「特別活動の時間」が「トッカツ」として、エジプトだけでなくインドネシアやマレーシアにおいても草の根のネットワークを通じて拡散している（Tsuneyoshi 2020）。

だが、こうして日本の教育が国際的に注目されることに、日本の読者は違和感を覚えるかもしれない。事実、国内の教育議論に目を向けると、日本の教育は多くの問題を抱えているように見える。しかも、日本の教育が危機的状態にあるという見方は、一九七〇年代以降、一貫して支配的であり続けている。日本の教育は制度疲労を起こしている、よって抜本的な制度改革が必要だという考えは七〇年代後半に始まり、その後八〇年代中頃の臨時教育審議会（臨教審）での議論、九〇年代後半に始まったいわゆる「ゆとり教育論争」を経て、二〇一〇年に公表された経済協力開発機構（OECD）のPISA2009において日本の一五歳のランキングが向上するまで一貫して日本国内の「常識」であり続けた。今日であっても、日本の教育はダメだという思い込みは多くの人びとによって共有されている感がある（小松・ラプリー二〇二一）。

昨今の教育関連の報道に目を向けても、その多くは、ICT教育の遅れ、増加する外国籍児童への対応の遅れ、教員一人当たりの児童数の多さ、SNSでのいじめの増加、不登校問題、学習意欲の階層分断、児童貧困、児童の自己肯定感の低さ、教員の超過勤務の常態化や病気疾患の増加等、まだまだ問題が山積しているという印象を受ける。よって、国際比較でみると『日本の教育はそれほど悪くない』どころか（小松・ラプリー二〇二一）、むしろ外国から「モデル」としてみなされていると言われても、なかなかピンとこないのが大方の読者の正直な感想ではないだろうか。

当然のことながら、こうした国内の悲観的な教育観は、海外からの要請に応えて日本型教育を国際協力の手段として推進する動きにとっては大きな障壁となる。そもそも自国の教育にある程度の自信と誇りがなければ、それを国際的に展開して、他国の教育改善に資するという態度は生まれてこないからだ。前述したように、文部科学省は二〇一六年よりEDU-Portニッポンという官民学一体型のプラットフォームを経済産業省と外務省と協力して立ち上げ、日本型教育の海外展開を打ち出したわけだが、この事業を推進した元文部科学副大臣・鈴木寛は、EDU-Portを発案するにあたって、国内の悲観論を払しょくすることを強く意識していたという。OECDとのやり取りなどを通じて、日本の教育の国際的な評判に接する機会の多かった鈴木は、国内の否定的自己意識を改めなければ、教育分野における日本の豊かな蓄積を世界に対して発信・貢献することは難しいと考えていた。鈴木の意志の表れかどうかはわからないが、ちょうど同氏が文部科学副大臣を務めていた二〇一〇年頃より、文部行政文書において、これまでの「教育の危機」という語りから「世界を牽引する日本の教育」という語りにシフトしている（Takayama 2021）。

実際、ＥＤＵ－Ｐｏｒｔ設立後、まさに鈴木が意図したように、教育分野で「世界をリードする日本」というストーリーがメディア報道を通じて拡散し始める。例えば、ＥＤＵ－Ｐｏｒｔの支援を受けた楽器製造・販売会社のヤマハが、ベトナムの音楽教育の改訂に深く関わり、全国的なリコーダー教育の導入に寄与したこと、ならびに運動用具製造・販売会社のミズノが、同国の体育教育の実施に関与していることが大きく報道されており、文部科学省自体もこの二つの事例をＥＤＵ－Ｐｏｒｔニッポンの成功例として積極的に広報活動に活用してきた。こうした報道や広報は、エジプトにおいて日本式教育が受容されているというニュースや高等専門学校（高専）が「ＫＯＳＥＮ」として海外から請われているというニュースと相まって、日本の教育の蓄積が国際的に評価されているという見方に大きく貢献した。だが、これまでの悲観論が、一朝一夕で変わるはずもない。日本の教育に向けられる視線は、海外からの賞賛と国内の悲観が交差点を見出せないまま今日まで併存し続けている。

ＥＤＵ－Ｐｏｒｔの「日本型」教育

だが、そもそも日本の教育の何をもって「日本型・式」としているのだろうか。先に述べたように、筆者は二〇二〇年に文部科学省の委託を受けてＥＤＵ－Ｐｏｒｔニッポンの検証事業を行った（国立大学法人京都大学二〇二一）。その研究において、ＥＤＵ－Ｐｏｒｔ関連の政策文書や同スキームの支援を受けて世界の各地で日本型教育を導入した事業者の申請書や成果報告書を読み込み、同時に、文部科学省の担当行政官やステアリングコミッティ委員、ならびに九つの事業の担当者から聞き取り調査を行った。

この研究で明らかになったことは、当事業が明確な日本型教育の定義を持たないまま遂行されていたという事実である。ＥＤＵ－Ｐｏｒｔの支援を受けるには、提案する教育活動のどこが日本型なのかを説明する必要があるが、多くの事業体はすでに国内で行っている活動を「日本型」と呼んでいるだけで、日本らしさを明確に提示していなかった。このスキームを管轄する文部科学省国際課の担当者に話を聞いても、明確な答えが返ってくるどころか、「その答えを探すためにＥＤＵ－Ｐｏｒｔを行っている」という循環論法的な答えが返ってきた。自国の教育について深く学ぶための契機とするという説明は、「学び」の官庁である文部科学省としては相応しくも聞こえるが、「日本型」が何であるかも分からずに海外で喧伝・普及することには倫理的懸念が伴う（橋本 二〇一九）。文部科学省は日本の教育の特徴を表現する際に、「知・徳・体」と「全人教育」という言葉を多用するが、これらの文言を利用して自らの教育活動を位置付ける事業者さえごくわずかであった。「日本で作られたから日本型である」という素朴な説明では、不正確な日本の教育のイメージが海外で流布することになりかねないし、その普及に文部科学省が関与することも問題であろう。

こう見てくると、ＥＤＵ－Ｐｏｒｔニッポンとは何であったのか、そしてなぜこの時期にこうした事業が文部科学省主導で立ち上がったのか、という疑問が湧いてくる。「日本型教育」という文言を国内の教育議論に導入する上で大きな役割を果たした同事業であったが、その内実に関しては次のような判断を下さざるを得ない。すなわち、海外からの要請を受ける中で、日本の教育が海外で評価されていることが分かり、とりあえず「日本型」とブランディングすることで、「日本らしさ」を対外的にアピールすることにした。そして、これを契機に文部科学省主導の国際教育協力をソフトパワー外交の手段として位置付け（外務省的思惑）、東南アジアの教育市場への日本企業の進出をも支援する（経済産業省的思惑）というのがEDU－Portの「素顔」であろう（橋本二〇一九）。くしくも、EDU－Portにおける「日本型」という文言は、第二次安倍内閣が主導した日本型インフラ輸出戦略とも時期を同じくしており、EDU－Port自体も官邸主導型のビジネス戦略に組み込まれていたともいえる（国立大学法人京都大学二〇二二）。言うまでもなく、政治的・経済的利害が前景化されるとき、日本型教育とは何かという本質的な問いは反故にされる。

自己表象としての「日本型教育」と逡巡

EDU－Portに限らず、日本から発信される日本型教育のイメージを見ると、そこには全国津々浦々の学校にて行われているような実践が多く見受けられる。たしかに、日直、班活動、掃除、学級会、運動会、文化祭、給食といった学校実践は、日本で生まれ育ったものであれば誰でも何らかの思い出を語ることができる。教科授業で言えば、新美南吉の『ごん狐』や椋鳩十の『大造じいさんとガン』を通じて、登場人物の心情を読み取り、動物や自然を含む他者と共感することに重きを置く国語の指導法はお馴染みであろう（Gerbert 1993）。理科であれば、実験用の部屋（理科室）が存在し、仮説検証型の実験を中心にした指導方法、音楽であれば、鍵盤ハーモニカ、たて笛、リコーダーといった楽器を使い、合奏・合唱を重視する指導が定番である。そして、どの教科においても多くの挿絵を含む色鮮やかな教科書が存在し、授業はおおむねその教科書に沿いながら進行していくのも日本の初・中等教育の特徴であろう。多くの授業時間を割いて準備を行う運動会や文化祭といった学校行事、修学旅行、集団登下校、それに授業研究と呼ばれる教員研修、さらは、教室の壁の陳列や黒板の位置、下駄箱、職員室、保健室といった空間の割り当てや配置に至るまで、日本の学校には多くの典型的特徴が存在する。これらは、中央集権化された日本の教育制度が作り出す共有経験である。

これらの実践や制度的特徴は、海外においては類似のものが存在しないか、存在したとしても、その内実が異なっているゆえ、海外の人の目を引く。その結果、それらが日本の学校の特徴として指摘され、それが日本国内においても意識化されることで「日本型」として定着した、というのが今日の「日本型」を巡る日本国内での認識であろう。

ここで強調すべきは、この「日本型」と見なされるものが、自己と他者という関係性の中で構築されるものであるという点である。そもそも、自己とは他者との違いを通じてのみ、その輪郭が明らかになる。他者の視点を通じて自己を見つめる機会を得ることで、自己から一定の距離をとり、自己を客体化することが可能になるからである。よって、日本国内における日本型教育への自己理解は、どこまでも他者の視線に依存したものにならざるを得ない。また、このことは主要な他者が誰であるかによって、自己の認識も大きく変わることを意味する。言うまでもなく、日本型教育が語られるとき暗黙の裡に受容されている「他者」とは「西洋」のことであり、より厳密に言えばアメリカである。このことに十分に注意を払わないまま「日本型」を理解しようとするとき、日本型は「非アメリカ」と混同され、日本とアメリカの間に横たわるとされる「根本的差異」が二項対立的に強化されてゆく。つまり、日本型教育を理解しようとする行為は、その過程において理解する対称（日本型教育）自体を作り出しているという問題を避けることができない（Takayama 2011）。

この危険性を意識化するためには、どのような条件下において日本型を語ろうとしているのか、そしてその語りからは誰のどのような経験が排除されているのかについて常に反省的である必要がある（橋本 二〇一九）。反省的であるとは、言い換えれば一定のためらいが付きまとうということである。躊躇・逡巡しながら、「日本型」の構築に自ら加担していることを意識しながらも、学際的、文理融合的なアプローチにより少しでも「日本型」の理解のすそ野を広げようとする、というのが本書を貫くスタンスである。「三歩進みつつ、二歩下がる」スタンスと表現してもいいのかもしれない。

社会間多文化主義としての「日本型教育」

日本の教育研究者が日本型教育を検証することはどういうことあろうか。端的に言えば、それは日本を外から見る視点を要求する。さらに言えば、日本という国をひとまず有意な分析の単位として見なし、その特徴を浮かび上がらせる作業を必要とする（園田 一九九三）。だが、こうした外からの視点は、日本国内において教育を議論・研究しているとなかなか獲得するのが難しい。

その理由の一つとして、国内の政治的関心が教育の平等を巡る問題に集中する傾向があり、これは教育を巡る「平等神話」と大きく関係している。すなわち、教育は社会の平等を担保する手段として疑いのないものであり、教育が適切に機能しているのであれば、社会的平等は自動的に担保されるという考え方である。平等な教育機会が万人に与えられ、公平な競争の機会が担保され、教育の結果に応じて相応の身分と待遇が処遇されること、つまりメリトクラシーこそが近代社会の理想であり、その理想に現存の教育制度を少しでも近づけることが教育研究の役割となる。その結果、国内の教育研究は、日本に限らずどの国においても、階級、ジェンダー、性差、民族、地域差といった差異性に焦点を当て、個人の教育の機会と結果がこうした出自の違いに左右されることがないように監視し、必要とあれば介入する役目を担う。

こうした国内の差異性に目を向けた研究は、教育資源の配分に直接的に関わる問題を扱う故、政治的には極めて重要な意味を持つ。だが、こうした研究に盲点があるとすれば、それは国内の差異性に通底する共通性を不可視化してしまうことである。長く海外から日本社会を見てきた社会学者の杉本良夫は、この盲点を社会内(intra-societal)多文化主義と社会間(inter-societal)多文化主義の反比例の関係と呼んで、国内の研究者が国際的な教育の相対化のプロジェクトに参加できない理由を鋭く指摘している(Sugimoto 2014)。つまり、国内の多様性に焦点を当てた研究(社会内多文化主義)では、他の国との差異化が図れないのである(社会間多文化主義)。階級、ジェンダー、性差、民族、地域差といった差異の諸概念は、社会学的な構築物であり、それは抽象度の高い概念としておおむねどの国・地域にも当てはまる。よって、こうした概念に依拠している限り、社会間に存在する差異性は背景に押しやられてしまう。その結果、学術的な世界における西洋中心主義やそのヘゲモニーに対してなんら抵抗の術を持つことができなくなるという。日本型教育の文脈で言うならば、国内の差異性(社会内多文化主義)に特化した研究では、外から眺めて「日本型」を一つのまとまりとして提示することが著しく難しくならざるを得ない。もちろん、外からの視点が国内の複雑さを棚上げして、分かりやすい説明に陥っているという批判には傾聴するべきものがあるが(市川 一九八八)、それは社会間多文化主義がもたらす相対化の効果とその必要性を否定するものではない。

こうした社会科学の国内主義的傾向という問題に加えて、日本の教育学特有の問題も指摘されなければならない。それは、日本という国を単位に教育を語ることへの極めて慎重な姿勢が戦後一貫して存在してきたという事実である。戦後の教育学は、戦争への反省から出発したこともあり、とりわけ国を前面に出す語りや日本の近代以前の教育的伝統や思想を肯定的に捉えることに極めて慎重であった。その結果、超越、畏敬、融解体験、無心といったリベラリズムの前提や近代的自己を超えるうえで有用な「日本的」概念が、学校教育からことごとく排除されてきたという(矢野 二〇〇八)。またこうした前近代的な概念を研究するものは、自らの研究が排外的なナショナリズムに絡め取られる危険を常に意識する必要があったという(Nishihira and Rappleye 2021)。こうして、戦後の教育研究においては、日本的なるものを前面に出すことを回避する態度が広く浸透してきた。

さらには、「日本型」というナショナルな語りは以下の認識に逆行するものと感じられるかもしれない。すなわち、教育にまつわる情報や人は絶えず国境を越えて流通しており、どの教育実践や思想もこうした全世界的な交流の帰結として生まれてきたものである（Takayama 2011）。ナショナルな括りが前景化されるとき、豊かな越境の歴史を通じて形成された日本型教育の絶えず変化し続ける様が背景に押しやられる。よって、教育実践や思想に「国籍」を与えるという行為は、どこまでも問題をはらんでいると言わざるを得ない。

しかしながら、以上のような懸念は、日本型について問い直し、掘り下げることを厄介で、論争的なものにするにはせよ、その可能性と意義を打ち消すものではない。先に述べたように、海外から日本型教育を求める声があり、同時に国内においても経済的またはソフトパワー外交の理由から日本型教育を積極的に海外展開しようとする動きが存在する。こうした背景から生まれてきた日本型ブームを逆手に取ることで、日本型教育とされるもの自体を見つめ直す、そのような契機とすることはできないだろうか。

本書は、先に述べた国境を越えた教育交流の歴史と現実を意識して、日本語と英語で刊行される。本書で提示される日本型教育の表象が、国内外で流通し、様々な形で検証され批評されることで、日本型教育の言説的構築のダイナミックなプロセスの一部となる。この意味では、本書で提示される日本型教育は、あくまで変化し続けるそれのスナップショットでしかなく、それは本書が出版され、読者の手に渡った瞬間から刷新されるべきものでなくてはならない。

多元的世界（pluriverse）に向けた日本型教育「モデル」の発信

今日「日本型教育」を論じることの意義について考える上で、次の事実は注記に値する。すなわち、前述したように東南アジア、アフリカ、中東の国々が日本社会を「成功」モデルの一つと見なし、日本の教育に大きな期待を寄せているということである（Tsuneyoshi 2020）。確かに、日本の教育がどの程度「成功」だったと言えるのか、また戦後の経済成長と発展がどの程度教育に起因していたかに関しては議論の余地を残す。とりわけ、教育（人材づくり）と経済成長を直結させる人的資本論が世界的に幅を利かせる今日（Komatsu and Rappleye 2019）、こうした見立てを糊塗する形で日本型教育が語られるのは望ましいことではない。また、「モデル」には、模倣するに値する、望ましいものという前提が内在しており、日本の教育をモデルとすると、その影の部分が捨象されることの問題性も容易に指摘できる（橋本 二〇一九）。

だが、世界の途上国にしてみれば、一九世紀後半以降、圧縮型近代化を非西洋国で一早く達成し、その後、敗戦と荒廃から四〇年ほどで経済大国の地位を確立した日本の経験が、経済成長、民主化、社会秩序を達成する上での一つの「お手本」を提示していることに疑いはない。途上国を旅行したことのある読者であれば、日本がある種の羨望の対象となっていることに気づかされたはずである。多くの日本人は、こうした外からの肯定的な評価に対して、一抹の居心地悪さを感じるわけだが、かといって、こうした外からの要求に応じようとしないことも、国際貢献という視点からすれば、大いに問題であろう。

加えて、日本への途上国からの注目が、欧米先進国が提示する「ベストプラクティス」に対する反発を反映したものでもあることも押さえておきたい。ＯＥＣＤや世界銀行などの国際機関が推進する、学習者中心主義の教授法のような「ベストプラクティス」の多くが、西洋社会の文化的・制度的前提に基づいたものであることは多くの研究者により指摘されており（Komatsu and Rappleye 2017; Takayama 2018）、実施上または理念上の問題も多くの途上国から報告されている（Schweisfurth 2011）。よって、下村恭民も指摘するように、国際教育開発は、「人道、世界平和、貧困削減、格差是正、民主化、人権、グッド・ガバナンス、市場経済化などの普遍的価値の実現が、途上国の人々にとっても世界にとっても望ましいという確信」（下村 二〇二〇：一九九）、すわなち、西洋思想に根差した超越的な理念と普遍意志を前提にしている。こうしたグローバルな教育開発とは異なるオルタナティブな教育開発のモデルとして、日本の教育経験が要請されていることは見逃されるべきではない。

加えて、世界の教育が著しい均質化に直面しているという観点からも、日本型教育モデルを語ることの意義を押さえておきたい。途上国においては世界銀行が、そして先進国の間ではＯＥＣＤが著しい影響力を行使しており、文脈独立性を獲得した「ベストプラクティス」たるものがこうした国際機関により積極的に推進されている。言い換えれば、教育を国や地域の文化、歴史、伝統から切り離して語る政策言説が受け入れられる状況が生まれている（高山 二〇一八）。よって、グローバルに進行する教育内容とアプローチの均質化に歯止めをかけるという意味でも、そして脱文脈化された教育の語りに逆行する潮流を作り出すという意味でも、一つの代案モデルとして「日本型」を提示することに意味がある。

だが、こうした状況分析が正当なものであっても、日本型をモデルとして提示することにはいくつもの矛盾があることを指摘しなければならい。なぜなら、モデルという言葉自体に教育を脱文脈化する前提が組み込まれているからである。よって、私たちは脱文脈化する教育言説に脱文脈化した言葉で対抗することが可能なのだろうか、と問わなければならない。今日の教育政策を巡るグローバル化の状況を見回せば、「シンガポールの数学」や「フィンランドモデル」といった国の教育モデルがグローバルな流動性を獲得し、教育の商品化と教育の均質化を推し進めている（Le and Edward 2023）。ここで言われる「モデル」には、どのような文脈性を持った国においても適用可能だという普遍主義の前提が暗黙裡に含まれている。とすれば、日本型教育モデルは、日本の文脈性を意識したものである必要があり、そのためには、まず「モデル」の意味自体をずらす作業から始めなければならない。

さらには、モデルという言葉が非対称性――モデルを提供する側とモデルから学ぶ側の不均等な関係――を前提とした概念であることも押さえなければならない（Kudo, Allasiw, Omi and Hansen 2020）。従来、教育モデルの貸借関係においては、教えるものと学ぶものは明確に区分され、双方向の教え合いや学び合いは想定されていない。あくまで、学びは一方通行であり、モデルを提供される側にのみ生じるとされ、モデルを提供する側は、教える・援助する側という常に優越な立場に留まる。よって、「モデル」という概念に内在する非対称性をも意識しつつ、日本型教育モデルを提示することを試みなければならない。

国際教育開発の倫理を研究する橋本憲幸（二〇一八）によれば、教育や開発援助という行為においては、非対称性は成立条件そのものだという。教えるものと教えられるもの、または援助するものとされるものの間に非対称性なくしては、そもそも教育や援助という行為自体が成立しない。教えるものも援助するものも、その行為の対象を「欠如」の状態にあると見なすことで、その介入的行為が成立する。また、教えるものは教える内容や方法に関して、開発援助する者は開発の内実や援助の内容について圧倒的な決定権を持つ。さらには、教えるという行為は、教えられるものが教わる前の状態に戻ることを不可能にする。もちろん、教えられるものや援助を受けるものは単に受け身的であるわけではなく、実際には様々な形で教えるものと援助するものに働きかける。だが、そのことはこの両者の関係が圧倒的な非対称性により規定されていることを打ち消すことにはならない（橋本二〇一八）。

だが、だからと言って教育や開発援助から撤退することも不可である。なぜなら、自分以外の、非対称性がもたらす暴力に対して全く配慮のない個人や国が、他者を教育したり援助したりすることになるからだと橋本（二〇一八）は論じる。となると、教育・援助を唯一倫理的に行うには、行為者がその行為の不可逆性と暴力性にたたずみ、この非倫理性を伴う行為をできるだけ反省的に、躊躇・逡巡しつつ行うのみだと橋本は結論付ける。

本書では、これらの教育モデルに関する一連の懸念を考慮して、日本型教育モデルを次のように定めることとする。すなわち、日本の教育モデルは、世界の教育の多様化を担保するためのリソースの一つであり、それは普遍性主義を前提とした唯一絶対のモデルではない。西洋近代的な前提を持つ一つの教育モデルが世界的に拡散する状況において、それに対する代案の一つとして、さらには、他国のモデルづくりを誘発するようなモデルであることが期待されている。最終的に日本型教育モデルが目指すところは、多元的世界（pluriverse）であり（Mignolo 2011）、それは、世界中の国々が教育を固有の文化、歴史、伝統とつなぎ直すことで、多様な教育モデルが生み出される状況を指す。こうして生み出された各国の教育モデルが相互に交換されることで、国内の教育を相対化するためのリソースとして活用される状況が理想であり、本書ではそのための一歩として日本型教育モデルを検討する。

「日本型教育」の「原風景」を求めて——本書各章の問い

前近代〜近代初期からの視座

日本型教育モデルを考察するにあたり、その「基盤」——後に紹介する第1章の著者である西平直の言葉を借りれば「原風景」——を理解する作業から始めるのが妥当であろう。だが、この作業もなかなか一筋縄にはいかない。なぜなら、学校制度ができる前、つまり近代以前の日本の教育までも射程に入れる必要があるからである。教育制度がどこまでも近代の産物であり、「国民」を作り出すための装置として設置された歴史的経緯はすでに確認した。

これは世界中の国において共有された歴史であり、その意味では、教育制度は国に特有の文化、歴史、発展状況に左右されない普遍的特徴を有する。だが、日本を含む多くの非西洋国において、近代化はそれまでの社会の在り方との完全なる断絶を必ずしも意味しなかった。近代以前の文化的、制度的、歴史的空間に近代的教育制度が移植された結果、近代以前の要素の多くが制度内に組みこまれて独自の発展をとげたのが各国の教育制度の実態である。ならば、日本型教育をモデルとして深く理解するためには、まずは、近代以前から存在し、今日においても継承されている様々な育児・教育にまつわる概念や実践にも目配りする必要がある。例えば、近世に存在していた教育施設（寺子屋や藩校）、日本の伝統芸能における教育的実践（稽古）、さらには日本的な親子・家族関係を説明する上で使われる「甘え」、そして東洋思想や日本の武道・芸道の解説において用いられる「無心」といった概念である。こうした日本の「伝統」とされるものに直結した概念を検討することで、日本型教育の「原風景」へとアクセスすることが本書前半部のねらいである。

だが、こうした「原風景」を探す行為には若干の注意を要する。先に日本型教育を語ることの本質的な問題について論じ、常に逡巡しつつ語らなければならないことは確認した。ここでいう「原風景」とは、言い換えれば「伝統」と呼ばれるものである。言うまでもなく、伝統は常に何らかの権力関係を反映しつつ創出されるのであり、排除と包摂を必然的に伴う。ならば、私たちの日本型教育の「原風景」を探し求める作業も、排除と包摂の可能性を意識し、多くのためらい・逡巡を伴いつつ行われなければならない。換言すれば、それは「原風景」を構築しようとする動きとは逆の動き、すなわち、作ろうとする動きに対して、それをけん制する、崩そうとする、相対化する動き――脱構築――を必然的に伴う。先にも論じたように、「三歩進んで二歩下がる」ような動きが、日本型教育に関する議論には求められている。以下において紹介する章のいくつかが、日本型教育の原風景を描き出すこと以上に、その作業をより複雑に、またはより難しくしているように見えるのはこのためである。

第1章は、日本思想を中心にした教育学を長年展開してきた西平直が担当している。西平は、まず教育という言葉の前提自体を疑うところから議論を始める。すなわち、教育という言葉は、近代学校制度を中心にした教育観と同一視されるきらいがある。そこで、近代以前に存在していた――学校を中心とした教育理解からは零れ落ちる教育的営み――に注目することで、日本型教育の「原風景」または「土台」を探ることを提案する。具体的には、近代以前の教育的営みを指す言葉として「次世代を育てる（generational-cycle）」と「自己を磨く（self-cultivation）」といった言葉に注目して、これらの教育的営みという視点から、宗教思想や文学のテキスト（具体的には、禅の公案と源氏物語）を読み直す作業を行う。こうした近代以前に存在していた日本の教育の「原風景」を垣間見ることで、近代学校制度を中心とした教育の特殊性を逆照射することを試みている。こうしたスタンスは、近代教育制度を相対化する西平の長年の研究業績に通底するものであり、同時にそれは先述した当研究科の長い知的伝統をも色濃く反映したものである。

類似した近代以前の教育への意識は、続く近世教育史の専門家であるニールス・ファンステーンパールの第2章においても見出すことができる。ファンステーンパールは、この章において、近世の寺子屋に焦点を当てて、寺子屋に纏わる認識や語りの歴史社会学的な考察を展開している。まず、歴史的検証を通じて、近世において存在していた寺子屋が、そもそも制度化されたものではなく、師匠の属人性に依存したものであり、統一した制度として語ることが不適切だと指摘する。寺子屋における学習の内容に関しても、それは読み書きに特化した教育であり、多様な年齢の者が通うが故の個別指導が中心であった。指導内容も江戸時代の身分制度を反映して、その多くは模倣と反復を中心に組織されていた（辻本 二〇一二）。学びの目的は、身分に基づいた共同体における「一人前」を獲得することであり、流動的な近代社会における立身出世や近代以降の国民養成とは大きく異なるものであった。こうした寺子屋の実像を描いたのち、今日様々な形で寺子屋が日本型学習文化の象徴として言及されていること、そして歴史を振り返り、一九世紀後半に国民養成所としての公教育が成立・拡充されるとともに、寺子屋が「消滅」する過程、その後、大正デモクラシー期に欧米の新教育運動が日本でも大きなうねりとなる時代に、寺子屋が「復活」する過程を描き出す。こうして通史的に寺子屋の語られ方の変遷を検証することで、寺子屋の語りの背後には、常に外在的な政治性が存在しており、結果として現実からは乖離した虚像や理想化された寺子屋像が流布されることに警笛を鳴らす。言うまでもなく、この章は、寺子屋を日本型教育の「原風景」として位置付ける言説を脱構築するものであり、読む側に「一歩下がる」ことを促すものである。

「原風景」を取り崩すという傾向は、精神分析史が専門の西見奈子の第3章においても見出すことができる。この章において、西は日本の精神分析における「日本的教育」を精神分析の創設期にまでさかのぼって検討している。この「日本的教育」の創設において中心的役割を果たしたのが、日本の精神分析のパイオニアである吉澤平作である。フロイトの精神分析を学んだ吉澤であったが、フロイトのエディプスコンプレックスの解釈とそこから導かれる宗教理解に異議を唱える。そして、真宗大谷派の僧侶であった近角常観（一八七〇～一九四一）が著した『懺悔録』において言及される阿闍世物語を引用して、「阿闍世コンプレックス」なるものを提示した。阿闍世物語とは、端的に言えば、罪人救済の物語であり、罪を負ったものが無条件に許され、深い慈悲を感じるとき、身も心も解け合う気持ちが湧き、罪悪はとろかされ、結果として自らの罪を悔い改めるという物語である。そこから、古澤は、阿闍世コンプレックスを「母を愛するがゆえに母を殺害せんとする欲望傾向」と定義し、これに対処する手法として「とろかし」技法と呼ばれる独自の治療的態度を提唱する。この手法においては、患者を許し、深い慈悲を与えることで、患者の罪悪がとろかされ、同心一体の世界で救われることになる。

だが、この古澤のとろかし技法が、古澤の指導を受けた次世代の精神療法家により、日本的治療態度として批判されることになる。その批判の先鋒に立ったのが、後に「甘え理論」で有名になる土居健郎であった。土居は甘え理論の提唱者として有名だが、研究の初期段階においては、必ずしも甘えを肯定的に捉えていたわけではなかった。精神分析は西洋近代的個人観を基礎にしており、よって自他の区別、土居の言葉を借りれば「分離を完全にすること」を究極の目的としている。よって、土居の提唱した甘えの理論においては、甘えは近代的自己を確立する上で克服すべき課題として捉えられていた。つまり、甘えには否定的な意味が込められていたのである。これは、自他の融合を通じたコンプレックスの解消を主張した古澤の治療態度とは正反対である。こうして、土居をはじめとする次世代の精神分析者は古澤の手法を「日本的」（前近代的）として退け、古澤からの分離を提唱した。

西によれば、古澤のアプローチを「日本的」として棄却した土居であったが、西洋発の精神分析に「甘え」をどう位置付けるかに関しては揺れていたという。特に、土居の研究人生の後半においては、甘えに対してより許容的な態度が示されるようになることを指摘する。土居は、古澤の日本的なとろかし技法を乗り越えるすべとして、甘え理論を提唱したわけだが、その後、甘えは日本的愛着を代表する概念として知られるようになったことは皮肉であろう。日本の精神分析の礎を築いた古澤とその弟子である土居の関係を検討すると、日本の精神分析が西洋の自己観をベースにした精神分析と格闘する中で、様々な葛藤が引き起こされ、自他の融合と分離を巡る揺れが生じていたことが分かる。これこそ、後発国家として近代化を凝縮した形で受け入れた日本の「近代化の揺れ」であり、本書の日本型教育というテーマ自体もこの揺れから自由になることはできない。

「甘え」と母子関係

続く第4章と第5章においては、西が検討した土居の甘え理論が、日本型教育の「原風景」の一部として暗示的に位置付けられる。言い換えれば、西が歴史的考察を通じて甘えの脱構築（「一歩下がる」スタンス）を試みたのに対し、次の二章においては「三歩進」もうというスタンスで「甘え」が論じられている。

第4章において、西と同じく精神分析家である岡野憲一郎は、土居の「甘え」を日本的な母子関係を象徴する概念として位置付けている。具体的には、自身のアメリカでの子育ての経験を起点に、母子関係や子育て実践の文化差異に関連する実験心理や精神分析の研究、さらには土居自身の著作もレビューすることで、「日本型」子育てを特徴付けるとされる「甘え」について検討を加える。結論として、日本型子育てが、養育者への能動的な反応性の相対的な高さに特徴付けられる一方で、西洋型のそれは、その低さに特徴付けられていると述べる。この子育て観の違いは、より大きな文化的な差異に起因しており、キリスト教の影響を受けた西洋社会においては、自らのニーズを能動的に表現することが重視される。つまり、西洋社会では、他者の愛を受ける（甘える）側であることが感謝の念と同時に恥じらいの気持ちを呼び起こすため、恥の気持ちを打ち消すために、受け身的愛（甘え）を回避してきたという土居の推論を紹介する。すなわち、西洋と日本における自己観の違いが根底に存在しているのであり、土居の言葉を借りれば、「西洋的自由の概念が甘えの否定の上に成り立っている」ということになる。一方、日本では、おんぶや川の字の就寝に象徴されるように、子どもは心理的にも肉体的にも親（とりわけ母親）と親密な関係を築く育児方法が実践されてきており、それは甘える側と甘えさせる側の相互依存に特徴付けられるという。岡野は、こうした西洋型と日本型の二項対立的な議論が硬直化しやすく、ステレオタイプを生み出す危険性にも警笛を鳴らす。また、どちらかに優劣をつけるのではなく、併存する二つの子育て観として提示することにも注意している。

岡野の「甘え」に関する議論では、日本の教育への直接的な言及はなかったが、日本型子育てと日本型教育の継続性を検討することは有意義であろう。実際、海外の研究者による日本の幼児教育に関する研究においては、教室内の感情的なつながりを説明するうえで、土居の甘え理論が積極的に活用されてきた（Hayashi and Tobin 2020; Tobin 1992）。このことからも、岡野の議論の日本型教育への示唆は明らかであろう。また、日本の子育てや母子関係が西洋発の様々な概念や実験装置において分析される際に、様々な齟齬を生じさせたこと、並びに、そういった齟齬を起点として、受け身愛や愛着理論に内在する文化的バイアスが露呈されることになったことを岡野が指摘している点にも注意したい。岡野のこの指摘は、本章の前半部分で論じた「日本型」教育モデルを今あえて提示することの意義にも通じる点である。

次の第5章では、教育心理学者である楠見孝と西川一二が、土居の「甘え」を日本の母子関係を特徴付ける概念として位置付け、これを心理学的に測定するための尺度を作成している。より具体的には、土居が区別する二つの甘え、「素直な甘え」と「屈折した甘え」に注目して、成人における母親への甘えを捉える新たな尺度を作成し、信頼性と妥当性、尺度値の年齢変化、性差を明らかにしている。さらに、養育態度からの影響、成人愛着、人生満足度、母親への感謝、子どもとの一体化、利他行動に及ぼす効果を三つの大規模調査に基づいて検討している。三つの調査を通じて、尺度の技術的な信頼度を向上させつつ、測定される甘えの概念の精緻化を進めていることがこの章の特徴である。

この章においては、尺度の信頼性と妥当性を統計的に確認する作業を記述することに多くの紙幅が割かれており、日本型教育への直接的な示唆は提示されていない。だが、甘えに特徴付けられる母子関係が日本型教育モデルの文化的基盤の一部を形成していると想定すれば、この章は本書のテーマと間接的には関連している。事実、日本の学校における教師―学習者の関係は、感情的なつながりを特徴としており、その関係を理解するには甘えの教育学的な理解が必要となる。すなわち、教育空間において、いかに望ましい甘え（素直な甘え）を育てつつ、望ましくないそれ（「屈折した甘え」）を抑制するかは、教育実践的にも大きな課題である。

この視点から、楠見と西川の章において提示された調査結果を概観すると、日本型教育を考察する上での有益な示唆を見出すことができる。例えば、二つ目の調査からは、母親への「素直な甘え」が、母親への「一体化」さらに「感謝」に関連することが明らかにされている。そして三つ目の調査においては、母親への「素直な甘え」が、母親への「感謝」のみならず、他者をいたわる志向性（具体的には、家族、知人、他者への他利行動）に関連するかが検討されており、母親への「素直な甘え」は、友人と他人への他利行動への正のパスがあり、「屈折した甘え」には負のパスが存在することが示されている。ここで、あえて母親を教師に置き換えてみるとき、甘えを望ましい学習空間を形成する際のリソースとする視点が生まれてくる。

第6章では、同じく教育心理学者である溝川藍とエマニュエル・マナロが、学びのプロセスにおいて不可欠な「リンク付け」という概念に注目し、この視点から日本型教育、とりわけ日本の幼児教育への示唆を導く。まず、マナロ自身の先行研究に基づき、リンク付けの六つの形態（理解、統合、体系化、抽象化、推論、転移）を提示し、それぞれについて三歳の日本人男児とその母親（溝川）の日常会話を事例に、何事もない母親と男児の日常的な会話の一場面において、リンク付けの六つの形態がいかに現れるか具体的事例とともに解説する。母親としての溝川の子どもの発言に対する細やかな注意、並びに溝川が子どものリンク付けの作業に足場架けをしていく様子が鮮明に描かれている。この一例を取り上げて、日本の母子関係全般を論じることには注意を要するが、溝川とマナロが提示する母子間のやり取りは、先の岡野や楠見、西川の章が描くような濃密な母子関係の一部として見なすことも可能であろう。その後、リンク付けが日本の幼児教育の現場においていかに生じているかが「シャボン玉遊び」の事例とともに示される。日本の幼児教育・保育においては、子どもへの直接的な指導ではなく、遊びに重点を置いており、子どもたちの自発的な学びを促すための環境整備が教師の大きな役割とされてきた。この点は海外の文化人類学的研究においても長らく指摘されてきた点である（Hayashi and Tobin 2020; Tobin 1992）。こうした海外の研究においては、教師の非直接的指導が児童間の感情の共同体づくり等の非認知的学びに寄与する点が重視されてきたが、溝川とマナロの研究は、心理学的なアプローチを用いることで、日本の幼児教育・保育における非直接的指導の認知的学びへのポテンシャルを示唆するものである。

ジェンダーバイアスと家族関係

ここまで「甘え」や母子関係を中心にした論考が三つ続いたが、その中で母親が子育ての主体として想定されていることに疑問を感じた読者もいるかもしれない。当然のことながら、甘えの表出が母子関係に限定されたまま、日本型教育への示唆が考慮されるとき、教育現場にもジェンダーステレオタイプが持ち込まれることになる。認知科学者である明和政子は、第7章において、こうした子育て実践のジェンダー化に警笛を鳴らすことで、先の二つの章において構築されつつあった日本型教育の「原風景」を二歩後退させる。

明和は、議論の手始めとして霊長類研究を紐解き、人はそもそも複数の者が子どもの面倒を見る子育てを行いながら進化してきたという仮説を紹介する。事実、霊長類では人類だけが、女性は閉経後も長く生き続けるという。このことは、祖母世代が子育てを手伝うことで出産可能な世代の負担を減らし、繁殖の成功を高めてきたことを示唆する。この仮説はまだ立証されてはいないが、少なくとも母親のみが子育てを担って人類が進化したという見方を否定するには十分である。明和曰く、母親が子育ての中心だという考え方は、人類史の中では極めて特異であり、それは「つい最近起こった不自然な事態」だという。

こうして従来の母性を中心に据えた子育て論を否定したのち、明和は子育てを共有してきた人類の歴史を示唆する脳科学の知見を紹介する。とりわけ、他者への意識的共感という人に特有の心的機能に注目する。脳神経科学の知見から、人が他者の心を理解するとき、ミラーニューロン・システムとメンタライジングという二つの脳神経ネットワークが関与していることが明らかになっている。前者は、情動的共感、後者は認知的共感と結びついており、この二つの神経ネットワークが機能的に連動することで、ヒトはヒトらしく振舞える。子育ては、この二つの神経ネットワークの働きに大きな影響を与えることが分かっている。とりわけ、メンタライジングが、他者の行為や心の状態を理解するというより高度な他者理解にとって不可欠な神経回路であることが分かっている。つまり、メンタライジングが機能するがゆえに、ヒトは種に特有の他利的行動を行うことができるという。同時に、子育てに積極的に関わることで、二つの脳内活動が活性化することも分かっている。つまり、子育てに必要とされる脳や心の働きは、生まれながら女性に埋め込まれているのではなく、経験と共に形成されていくのであり、母性や父性という概念には科学的根拠がなく、代わりに親性を使うべきだと明和は主張する。明和の研究は、日本型子育てや教育を語るときに、ややもすればジェンダーバイアスが無批判に再生産される可能性に警笛を鳴らす。

歴史・教育社会学者である竹内里欧は、次の第8章において、日本型社会の「原風景」の一部を形成すると考えられがちな近代的な家族関係の成立過程を歴史的に検討することで、再び「原風景」を脱構築する作業を行う。竹内は、ユーモア作家の第一人者として知られ、大正期から昭和初期にかけて数多くの作品を発表した佐々木邦の小説の分析を通して、日本的な家族関係の社会構築のプロセスに接近する。佐々木の小説には、都市新中間層家庭を舞台にしたものが多く、よって竹内は、同氏の作品を通じて、戦前期に形成された都市新中間層の家庭における文化を照射することを試みている。とりわけ、竹内は、佐々木の作品の教育メディアとしての役割、具体的には、近代的な市民意識が涵養される過程において、佐々木の小説がどのような社会化の役割を担ったかに注目する。結論を先取りして言うならば、佐々木の作品は、新中間層家庭の生活やハビトゥスを広範囲に伝えるメディアとして機能したという。読者はモダンでハイカラな生活、それは、学歴志向、子ども中心主義、性別役割分業に特徴付けられるものであるが、それらへのあこがれと親しみを喚起されつつ、新しい中間層のハビトゥスと戦略を学んだ。同時に、佐々木の小説においては、こうした新中間層の価値観や規範を意図的にずらすことで、読者の笑いを誘う。よって、佐々木の作品は、新中間層の規範的コードを伝えるのみならず、実は、それを相対化する視点をも同時に提供していたという。竹内は、佐々木の小説を分析した後に、「愛読者からの声」や後年の知識人による佐々木の小説の読書体験を検討することで受け手側の反応にも注目する。この分析から、佐々木の小説が、「都市新中間層文化のお手本」として機能していた側面と同時に、ユーモアをふんだんに交えた文体により、「アクセス可能そうな親しみのあるモデル」を提示することで、「非啓蒙的なスタイル」により読者の新中間層の家庭文化への憧れを誘発したと結論付ける。

竹内の章から、長らく当然視されてきた日本の家庭像が、実は大正期から昭和初期において、ある特定の社会階級においてのみ存在していたことが明らかになる。竹内が園田英弘を引用して指摘するように、日本の新中間層は、独自の強固な文化を形成することができず、西洋文化を積極的に取り入れることでの他者との差異化、または「学歴エリート」という地位の継承が保証されていない制度に依拠した形で、その文化を形成せざるを得なかったという。こうして、新中間層の階層的脆弱性を反映したものとして、彼らの家庭文化が形成され、学歴競争を通じての地位の継承を達成すべく、様々な家庭内戦略が形成されていく。つまり、特定の階層を反映したものが徐々に大衆小説を含む様々な教育メディアを通じて規範的意味を持って流布されることで、全社会的に浸透していったのである。この意味では、竹内が描き出す日本型家庭文化の形成過程は、階層横断的な教育競争への参入を一つの特徴とした、日本型教育を下支えする社会・文化的基盤の形成過程としても読み解くことができる。

「いただきます」と「無心」

続く第9章と第10章では、認知心理学者が日本の文化的「基盤」にまつわる諸概念を検討することで日本型教育の「原風景」への接近を試みている。第9章では、齊藤智、柳岡開地、Munakata Yuko が日本の家庭や学校の食事場面において子どもたちが食事の開始を待つ機会が多いことに注目する。具体的には、全員が揃うまでは食事を始めないで「いただきます」と唱えて一緒に食事を始める習慣などのことを指す。心理学の分野では、これに類似した現象を捉える概念として「満足遅延」が存在する。いわゆるマシュマロテストと呼ばれる研究がこれに関連するわけだが、これまでの研究から、幼少時に自制心やセルフコントロールを学ぶことが、その子ども将来の様々な場面における成功を予測することが推測されてきた。

こうした心理学の知見を念頭に、齊藤らは、まず一九五〇年代から一九七〇年代の遅延選択、遅延維持に関する研究の研究手続き上の変遷を紹介し、研究結果を総括することで、満足遅延課題に影響を与えるのが個人の認知能力だけではなく、個人を超えた社会文化的な環境であるという視点を提示する。子どもを取り巻く集団（家族、仲間、学校、地域、文化）が子どもの満足遅延選択に与える影響を調査した研究をレビューすることで、集団規範や他者への信頼が個人の満足遅延にもたらす影響について検討する。中でも、著者らが関わった日本とアメリカの幼児の遅延報酬に関する研究を紹介しつつ、遅延維持が社会に特定の文化規範により規定された習慣に影響を受ける可能性を指摘し、「集合的セルフコントロール」という概念を提示する。こうして齊藤らは、日々の食卓習慣がマシュマロテストの結果に影響を与えており、その食卓習慣自体は、社会文化的な環境を通じて学習されたものであることを明らかにする。

子どもたちの学校内外の経験において、満足遅延を環境的な条件としてどのように組み込んでいくことができるのだろうか。この問いは、ポール・ロバーツ（Paul Roberts）の言うところの衝動的社会（impulse society）――際限のない自己欲求の即時的充足が経済制度のみならず社会全般を覆いつくしている今日の状況――に鑑みると、その意義が明らかとなる（Roberts 2014）。満足遅延を社会的な制度として組み込む上で、教育の果たす役割は過小評価されるべきではないし、この観点からも日本型教育の特徴を再検討する必要性を齊藤らの章は気づかせてくれる。

続く第10章では、同じく認知心理学者である野村理朗が、東洋思想や日本の武道・芸道の解説において多用される「無心」に注目し、心理学と脳科学分野における知見（対象化・表象の論理）と東洋思想（実存の論理）を融合させることで、新たな無心理論を提唱している。野村は、認知科学の成果を踏まえて、人間の心を二つのシステムの働きと定める。まず、無自覚的で自動的な迅速な処理過程をシステム1と呼び、これは偏桃体を含む大脳新部で行われる認知活動のことを指す。一方で、システム2は、意識的で統制的、かつ精緻な処理過程を指し、前頭前野を含む大脳新皮質を中心に組織されている。システム2は、五感から得られる情報への意識的なアクセスから、内的表象の操作、さらには個体間の関係構築・調整といった社会性に関連することを統制するという。システム1と2は相互に協調しつつ、無心の一側面とされるマインドフルネスや畏敬の念の基盤となるが、一方で、この二つの枠組みでは無心の全体像を把握することができないと野村は論じる。なぜなら、システム1と2は西洋的な論理（対象化と表象）により、還元論的に記述することができたが、東洋的な在り方（実存の理論）としての無心にはそれとは別のアプローチが必要だという。そこで、野村は井筒俊彦と井筒を教育思想的に検討した第1章の著者である西平の議論を受けて、井筒の「意識のゼロポイント」という言葉、そしてそれを「意識と存在との区別が成り立たない無分節」と解釈した西平を参考に、無心の実存的位相をシステム0として定める。

無心という概念は、日本の武道や芸道の稽古における学習過程を理解する上で不可欠な概念として広く認識されてきた（西平 二〇一九）。だが、無心につながる学習観がどの程度日本の公教育の実践を下支えしているかについてはこれまでほとんど検討されてこなかった。ここで野村が無心の一部を構成する関連概念として畏敬の念に言及し、道徳教育の学習指導要領に言及していることは注目に値する。心理学の研究をレビューした野村によれば、畏敬の念を涵養することは、自分がちっぽけな存在である（small self）という意識を促進し、結果として物理的・利己的・即自的な囚われから解放されるという。これは、持続可能な社会に向けた教育の在り方を構想する上で有益な視点であるし、現実に、こうした側面に焦点を当てて、日本型教育を論じる英語圏の研究も存在する（Komatsu, Rappleye and Silova 2021; Takayama 2023）。言うまでもなく、この「ちっぽけな自分」という感覚は、昨今流行りの個人主義的前提に基づいた自己肯定感（self-esteem）やウェルビーング（wellbeing）を中心とした教育言説とは著しく異なる。野村の章は、無心の理論化への試みがテーマであり、この概念の日本型教育への示唆については限定的であるが、この日本発の概念の理論化が心理学や脳科学のみならず、教育学にももたらす影響は計り知れない。野村の研究は、「無心」を日本型教育の「原風景」の一部と位置付け、その継続と断裂という視点から日本の教育実践を見直す必要性を示している。

学校制度内からの視点——授業研究を事例に

これまで、日本型教育の「原風景」にアクセスするうえで有益と思われる事象や概念（次世代を育てる、自己を磨く、寺子屋、甘え、満足遅延、無心）を検討してきた。いうなれば、日本の教育の外側から教育に接近することで、関連学問分野からの日本型教育論への示唆を導こうとしていたわけである。続く第11章以降の三章は、日本型教育を学校制度の内側から、しかも日本型教育を象徴するとされる教育実践の一つ——授業研究——に多様な視点からアプローチしている。今日、授業研究が日本の教育に特有の教員研修の在り方として国際的に脚光を浴びていることはすでに確認したとおりである。以下の三つの章に共通する点は、授業研究を日本型教育における様々な前提が凝縮された「葉」と例えるならば、その実践を下支えする「根」の部分を浮かび上がらせることに焦点を当てている。その意味では、安易な日本型教育の海外展開に警笛を鳴らす論文としても読むことができるだろう。

第11章では、教育方法学が専門である西岡加名恵が、学校のリーダー的教員のカリキュラム改善に向けた役割という視点から授業研究を検討している。自身も深く関わった京都府の二つの公立学校におけるカリキュラム改善運動を事例として取り上げ、リーダー的教員の役割を検討する中で、日本における授業研究のある特徴を浮き彫りにしている。それは、日本の学校における授業研究は、学校単位で行われているカリキュラム改善運動の一環として理解されるべきであり、同時に学校や教師が形成する多様なネットワークに下支えされて初めて機能するという事実である。実際、二校において中心的な役割を果たした教員は、実に多くの学校制度内外の教師ネットワークに参加することで、カリキュラム改革を指導する上での知見を獲得していた。このことは、授業研究を海外において展開する場合に多くの示唆をもたらす。すなわち、授業研究が、途上国支援の場合において、広範な教師ネットワークが存在しない状況下において行われる場合、それを補う「何か」が成立条件として提供される必要があるという理解である。同時に、国際的に注目される授業研究を「葉」の部分とすれば、葉に栄養を提供する「根」の部分への配慮が、これまでの国際的な議論においては欠如していたことも、西岡論文は示唆している。

第12章は、同じく教育方法学の石井英真が、授業研究、特別活動、全人教育的教育活動といった実践を、共同体意識を軸にした日本型学校教育の特徴として論じている。石井は、こうした特徴が生まれてきた歴史的背景を掘り下げることで、それが日本の近代教育制度が確立した二〇世紀初頭から戦後という特定の歴史的、制度的状況下において生まれてきたことを示す。その中で、日本の教育制度が西洋の影響や国家主義的意向の影響を受ける中で成立しつつも、現場の教師たちの努力により、日本の文化的文脈、並びに、戦後の民主化という時代背景に即した形で独自の教育実践を練り上げていった過程を描いている。西岡の章においては学校内外において形成される教師ネットワークにリーダー的教員が属することで彼らの教師としての成長が担保されている様子が描かれているが、石井はこの教師ネットワークの重要性をその歴史的形成過程を記述することでより可視化している。授業研究や全人教育は、今日、文部科学省やＪＩＣＡが対外的に日本型教育をアピールする際に言及する教育実践であるが、こうした実践が、長年にわたり築き上げられてきた教師・学校文化に下支えされているという視点は、日本型教育の海外展開の是非を論じる上では欠かせない視点である。

また、石井の論考のもう一つの特徴は、日本型教育の「光と影」の両方を描き出しているのみならず、その強みと弱みが日本型教育を支える同一の前提から生じている可能性を指摘している点である。具体的には、日本型教育の強みを支える集団主義的、精神主義的前提が、今日の学びの特異化と子どもたちの生きる環境のグローバル化の現実に直面する中で岐路に立っていることを指摘している。この視点も、日本型教育をその強みにおいてのみ捉えようとする日本型教育海外展開言説に警笛を鳴らすものとして傾聴に値する。

続くジェルミー・ラプリーと小松光の第13章も授業研究に関するものだが、西岡と石井の論文とは異なり、国際比較の手法を明示的に活用している。序章の前半部分で導入した概念を用いて説明するならば、ラプリーと小松は社会間多文化主義的アプローチを採用することで、世界的に「普遍」とされるものを相対化する手段として授業研究を位置付けている。具体的には、アメリカで授業研究がうまく根付いてこなかった理由を考察することで、その返し鏡で日本の授業研究を根底から規定する文化・存在論的構造を可視化しようとする。ここでいう存在論とは、哲学的な用語だが、著者らは、便宜上、人間の存在を規定する「世界、存在、真実、自己に関する原初的前提」と定義している。この原初的前提は文化や社会ごとに異なっており、日本のそれが色濃く反映される形で授業研究が存在するという立場をとる。この見立てからすれば、学校教育とは、この原初的前提が絶えず再生産・再構築される場であり、当然授業研究が本来の意図通りに機能するには、この暗黙の前提が参加者によって受け入れられていることが必須条件となる。

ラプリーと小松は、日本の文化的・存在論的構造の特徴を描き出す作業の中で、京都学派の思想家（西田、和辻哲郎、木村敏）やその影響を受けたもの（濱口恵俊）を含む日本思想に依拠しつつ議論を展開する。具体的には、絶対善の否定、超越の不可知性、経験の優位性、相互交流による世界と自己の同時構築という諸概念を彼らの著作から引き出しつつ、相互依存の関係性と共有体験を重視した「日本の構造」を描き出す。そして、授業研究の特徴と「構造」の相関性を指摘することで、授業研究を「構造」が凝縮されたものとして提示する。よって、相互依存的な存在の前提を必ずしも共有しないアメリカの教師にとっては、日本の授業研究を実施することは、不可能ではないにしろ、著しく難しいと結論付ける。

ラプリーと小松の見立てから西岡と石井の議論を捉え直すならば、次のようなことが言えるだろう。すなわち、比較哲学的な視点からすると、特定の個人（西岡）や特定の歴史的・制度的状況（石井）に焦点を当てるだけでは不十分で、個人や制度を包み込む「構造」のレベルまで下りることで、その「原風景」がより顕在化するという点である。当然、ラプリーと小松が強調するように、彼らの提示する日米文化・存在論的差異というものは、固定的に捉えられるべきではなく、文化決定論的・本質主義的なロジックには陥るべきではない。こうした危険性は意識しつつも、国際比較の手法を活用して、日本型教育の一特徴を浮かび上がらせること（社会間多文化主義）は、社会内の差異に注意を向けがちな（社会内多文化主義）国内の教育研究にとって有益な視点を提供する。西岡や石井は個人や制度の部分に授業研究の「根」の部分を見出していたわけだが、ラプリーと小松はさらに深いレベルにある日本社会の文化・存在論的構造に「根」を見出したのである。

残された課題

本書では、前半部において日本型教育の「原風景」にアクセスするうえで有益と思われる歴史的事象や概念（次世代を育てる、自己を磨く、寺子屋、甘え、満足遅延、無心）を検討し、後半の三章で具体的な教育実践（授業研究）の「根」の部分を検討した。だが、研究者個人の多様な専門性を生かすことを第一に心掛けた結果、よりすそ野の広い議論が可能となった一方で、前半部分と後半部分のつながりがあいまいなままであることは否めない。具体的には、前半部分で検討された甘え、満足遅延、無心といった諸概念が、後半部分で議論された制度、歴史、文化存在論的前提とどのように関連するのか、といった問いに対して本書は明確な回答を提示しえていない。後半部分の授業研究に関する議論においても、個人と制度と歴史を「根」と見なす視点と、文化的・存在論的構造を「根」と見なす視点が提示されたが、この二つの視点をどうつなぐのか、という問いに対しても答えを用意していない。コロナ禍においてこのプロジェクトが行われたということもあり、各章の担当者の間の議論が深まらなかったことも一因であったが、同時に、専門横断的な対話の難しさ、または我々自身がそういった横断的な対話に不慣れであったことも露呈されたといえよう。日本型教育の具体的な教育実践とその背後に存在する歴史、制度、文化、存在論的前提が有機的に結び付くとき、その「原風景」の全体像が初めて明らかになる。ここで求められている専門横断的アプローチを可能にするには、本書の基礎となった京都大学大学院教育学研究科の——専攻分野（これを当研究科ではコースと呼ぶ）間の連関も含めた——研究体制の在り方をはじめ、日本の教育学研究の在り方そのものを再考する必要があるのかもしれない。

本書の基になった日本型教育のプロジェクトでは、日本型教育を語ることの困難に向き合うことから始まった。日本型教育の「原風景」を探し求めようとする動きと、浮かび上がる「原風景」を相対化、脱構築しようとする動きという、一見したところ相反するベクトルを交錯させることで、日本型教育を語ることの「ややこしさ」を表現することにした。上述した通り、多くの課題を抱えたままのプロジェクトではあったが、本書が今後日本型教育をより包括的に検討する上でのささやかな布石となれば幸いである。

参考文献

〈日本語文献〉

アンダーソン　二〇〇七［Anderson 1983］（必要に応じて）

市川昭午　一九八八『教育システムの日本的特質—外国人が見た日本の教育』教育開発研究所。

奥井遼　二〇一五『「わざ」を生きる身体—人形遣いと稽古の臨床教育学』ミネルヴァ書房。

鎌田東二　二〇〇三『神道のスピリチュアリティ』作品社。

河合隼雄　一九九九『中空構造日本の深層』中央公論社。

国立大学法人京都大学　二〇二一『２０２０年度「日本型教育の海外展開の在り方に関する調査研究事業」最終成果報告書』文部科学省。https://www.eduport.mext.go.jp/epsite/wp-content/uploads/2021/10/EDU-PORT_Report_Kyoto-U.pdf

小松光・ラプリー、ジェルミー　二〇二一『日本の教育はダメじゃない—国際比較データで問い直す』筑摩書房。

斎藤泰雄　二〇一九「１９９０年以前の国際教育協力政策—逡巡と試行錯誤の軌跡」『日本の国際教育協力—歴史と展望』萱島信子・黒田一雄（編）、三一—五四頁、東京大学出版会。

下村恭民　二〇二〇『日本型開発協力の形成—政策史一・一九八〇年代まで』東京大学出版会。

園田英弘　一九九三「日本文化論と逆欠如論」『日本型モデルとは何か』濱口惠俊（編）、新曜社。

高山敬太 二〇一八「PISA研究批評―国際的研究動向と「日本」の可能性」『教育学研究』八五巻三号：三三二―三四三頁。
竹内洋 二〇一一『革新幻想の戦後史』中央公論新社。
辻本雅史 二〇一二『「学び」の復権―模倣と習熟』岩波書店。
西平直 二〇一九『稽古の思想』春秋社。
橋本憲幸 二〇一八『教育と他者―非対称性の倫理に向けて』春風社。
矢野智司 二〇〇〇『自己変容という物語―生成・贈与・教育』金子書房。
矢野智司 二〇二〇『贈与と交換の教育学：漱石、賢治と純粋贈与のレッスン』（第二版）東京大学出版会。
矢野智司 二〇二一『京都学派と自覚の教育学―篠原助市・永田新・木村素衛から戦後教育学まで』勁草書房。

〈外国語文献〉
Gerbert, E. 1993. Lessons from the 'kokugo' (national language) readers. *Comparative Education Review* 37(2):152–180.
Hayashi, A. and Tobin, J. 2020. *Teaching embodied: Cultural practice in Japanese preschools*. University of Chicago Press.
Komatsu, H. and Rappleye, J. 2017. A PISA paradox? An alternative theory of learning as a possible solution for variations in PISA scores. *Comparative Education Review* 61(2): 269–297.
Komatsu, H. and Rappleye, J. 2019. A new global policy regime founded on invalid statistics? Hanushek, Woessmann, PISA and economic growth. *Comparative Education* 53(2): 166–191.
Komatsu, H. Rappleye, J. and Silova, I. 2021. Student-centered learning and sustainability: Solution or problem? *Comparative Education Review* 65(1): 6–33.
Kudo, S., Allasiw, D. I., Omi, K. and Hansen, M. 2020. Translocal learning approach: A new form of collective learning for sustainability. *Resource, Environment and Sustainability* 2.
Le, H. and Edwards, B. 2023. Singapore's educational export strategies: 'branding' and 'selling' education in a favourable global policy marketspace. *Comparative Education* 59(1): 38-58.
Mignolo, W. 2011. *The darker side of Western modernity: Global futures, decolonial options*. Duke University Press.
Nishihira, T. and Rappleye, J. 2021. Unlearning as (Japanese) learning. *Educational Philosophy and Theory* 54(9): 1332–1344.
Roberts, P. 2014. *The impulse society: America in the age of instant gratification*. London: Bloomsbury.
Schweisfurth, M. 2011. Learner-centred education in developing country contexts: from solution to problem? *International Journal of Educational Development* 31(5): 425–432.
Sevilla, A. 2016. Education and empty relationality: Thoughts on education and the Kyoto School of Philosophy. *Journal of Philosophy of Education* 30: 639–654.

Standish, P. and Saito, N. 2012. *Education and the Kyoto School of Philosophy: Pedagogy for Human Transformation*. Dordrecht: Springer.

Sugimoto, Y. 2014. Japanese society: Inside out and outside in. *International Sociology* 29(3): 191–208.

Takayama, K. 2011. Other Japanese educations and Japanese education otherwise. *Asia Pacific Journal of Education* 31(3): 345–349.

Takayama, K. 2018. How to mess with PISA: Learning from Japanese *kokugo* curriculum experts. *Curriculum Inquiry* 48(2): 220–237.

Takayama, K. 2021. The global inside the national and the national inside the global: 'Zest for living,' the *chi, toku and tai* triad, and the 'model' of Japanese education. In Zhao, W. and Trohler D. (eds), *Globalization and localization: A Euro-Asia dialogue on 21st-century competency-based curriculum reform.* New York: Springer.

Takayama, K. 2023. Decolonial interventions in the postwar politics of Japanese education: Reassessing the place of Shinto in Japanese language and moral education curriculum. *Revista Española de Educación Comparada* 43: 71–87.

Tsuneyoshi, R. 2020. The Tokkatsu Framework: The Japanese model of holistic education. In Tsuneyoshi, R., Sugita, H., Kusanagi, K. and Takahashi, F. (eds), *Tokkatsu: The Japanese educational model of holistic education.* Singapore: World Scientific.

Tobin, J.1992. Japanese preschools and the pedagogy of selfhood. In Rosenberger, N. R. (ed), *Japanese sense of self.* pp. 21–39. Cambridge University Press.

Yano, S. and Rappleye, J. 2022. Global citizens, cosmopolitanism, and radical relationality: Towards dialogue with the Kyoto School? *Educational Philosophy and Theory* 54(9): 1355–1366.

第1部

前近代～近代初期からの視座

稽古・修養・養生

禅と「公案」無心

第1章

「日本型教育」の原風景を求めて

日本思想における「次世代を育てる」ことと「自己を磨く」こと

西平直

1……なぜ「教育」ではないか

「日本型教育」の原風景を探りたい。近代学校教育システムが様々な困難を抱えている今日、そもそも「教育」とはいかなる営みであったのか、その原風景を確認したい。あるいは、海外から「日本型教育」が注目を集める今日、日本文化に固有な原風景を確認しておきたい。

高山敬太の言葉を借りれば（本書序章）、「戦後教育学において疑いなく受け入れられてきた「発達」、「成長」、「進歩」、「個性」、「民主化」といった概念から距離を取り、学校教育や教育学における「主流なるもの」を自明視することなく、そこから零れ落ちたものに注目することで、近代教育の限界を乗り越える可能性を模索する」試みの一環である。

ところが、それを「教育」と呼んだ時点で、実は、既に道を踏み外しているのではないか。「教育」という言葉を使った時点で、原風景に接近する道を、自ら塞いでしまっているのではないか。

「教育」という言葉は、今日「近代学校システム」と固く結びついている。明治期以降「エデュケーション」の訳語として盛んに使われ始めたこの言葉は、「学校（近代学校教育システム）」と結びついてきた。江戸期以前の文献にも登場したが、頻繁に使われる用語ではなく、今日の用語法とは正確に一致するわけではない。

江戸期において、教育（今日の用語法で「教育」と語られる場面）は、領域ごとに異なる言葉で語られていた。寺子屋では「手習い」と呼ばれ、医者になるための教育課程は「医者修行」・「医者稽古」と呼ばれた。そして、今日の「生涯教育・生涯学習」に当たる実践は、江戸末期の都市住民によって「身を修める」と呼ばれた（Sawada 2004; 辻本二〇一一、大戸・八鍬二〇一四）。

江戸期の文献は、そうした営みのすべてを包括して「教育」と呼んだりしなかった。他の言葉を使ったのではない。むしろ、それらを包括する視点そのものがなかった。多様な仕方で語られていた営みをすべて包括して「教育」と呼ぶようになったのは、欧米の学校教育制度を採り入れ、すべての子どもたちが全国一律に学校教育を受けるようになってからのことである。

しかし話はそれほど単純ではない。「教育」という言葉は、一方では、「学校（近代学校教育システム）」と深く結びつきながら、他方では、学校に納まりきらない雑多な領域も総称してきた。問題の焦点は、「学校に納まりきらない雑多な領域」が、学校をモデルとして、理解されてきたという点である。つまり学校を中心に置き、そこに納まりきらない諸領域を、学校の周辺に生じた出来事として（補足的に）理解するという構図である。

問題が鮮明になるのは、前近代（古代・中世・近世）の「教育」を見る場合である。例えば、平安期の「教育」を見るに際して、「学校」を中心に置いた構図では、「綜芸種智院」に注目が集まる。確かにそれは今日の「教育」に近いのだが、しかしそれによって、それ以外の営みが隠れてしまう。雑多な領域で営まれていた「学校には納まりきらない諸領域」が視野に入らなくなってしまうのである。

試しに、ここで「学校」と「教育」の関係を整理してみる。まず「学校を中心とした教育」がある。それに対して、「学校とは異なる教育」が、例えば、「学校とは異なる形態で営まれる教育」として、あるいは、「学校が成り立つ以前の教育」として理解される（学校と教育の間にズレが生じる）。さらにその先に、「学校もそのうちに含んだより広い教育」がある。この「広い教育」は、従来、ドイツ語の Bildung 概念と重なることによって、「人間形成」と呼ばれてきた。

このBildungという言葉は、「陶冶」と訳されたり「教養」と訳されたり、多様な意味を持つが、「人間形成」という言葉も同じだけ多様であって、明確な定義を持たない。例えば、「教育は、人間形成のうち、意図的・計画的に遂行される領域を指す」という定義のように、人間形成という言葉は、常により大きな広がりをもって想定され、それ自身が定義されることはなかった。

他方、ゲーテに代表される「教養小説（Bildungsroman）」は、近代社会を生きる若者（多くは男子青年）の成長物語であり、夢と憧れに導かれて遍歴を重ね、最後には、ある種の断念が生じ、現実社会の一員として生きることになる。Bildungという言葉は、旅や恋や祭りを含んだ、人生の営みのすべてを包み込み、しかもそれが「教養」と訳されることによって、近代日本語における「教育」という言葉から遠ざかってしまった。

つまり、近代以降の「教育」概念は、学校に納まりきらない雑多な領域を包括的に総称するように見えながら、実は、その広がりをすべて「学校を中心とした教育システム」の内に回収してきたことになる。雑多な広がりを包み込むように見えながら、実は「学校（近代学校教育システム）」をモデルとした教育理解の中に組み入れてしまった。そうした領域をすべて「学校」の周辺に位置づけることによって、結局は、「学校を中心とした教育」理解の内に塗り込めてしまったことになる。

そこで、江戸期以前に、それとは異なる理解を求めようと遡ってみるのだが、しかし「教育」という言葉を使っている限り、気づかぬうちに、同じ理解に縛られてしまう。江戸期以前には、個々の領域でそれぞれ独自の言葉が使われていた。そしてその多様な領域を総称する言葉はなかった。それに対して、近代以降の「教育」概念は、その大きな包括的視点を提供した反面、それと引き換えに、暗黙の裡に、「学校を中心とした教育」という理解を強めてしまったのである。

「日本型教育」の原風景を求めようとする試みもまた、「教育」という言葉によって、気づかぬうちに、そうした理解に回収されてしまうことはないか。それを危惧するのである。

(1)なぜこれまで「日本型教育の原風景」が扱われてこなかったか

教育史は「教育」の歴史を語る。その際、その「教育」が、暗黙裡に、今日の常識である「学校(近代学校教育システム)を中心とした教育」として理解されてしまう危惧を見てきた。

確かに、近代以降の場合は、それで問題ない(本当はそこにも問題があるどころか、むしろその方が問題の根が深いともいえるのだが、今は触れないことにする)。それに対して、問題として見えやすいのは、前近代(古代・中世・近世)を語る場合である。

前近代の歴史の中に、今日の教育システムと同じものを探し求めるのであれば、前近代においては「教育(近代学校教育システム)」は未確立であったことになる。全国一律に整えられた「学校(国民教育)」は前近代にはなかった。しかし「学校」がなかったということは、教育がなかったということを意味しない。では、その「教育(広い教育)」はどこで営まれていたのか。一言では言うことができない。多様な領域でそれぞれ別個に営まれていた。そして記録されることが少なかった。日々の暮らしの中で営まれるそうした出来事は、何ら特別ではないため、特に注目されることもなく、記録されることもなかった。

例えば、『万葉集』を思い出してみる。そこでは、政治の世界(権力闘争)が語られ、歌の世界(男女の恋)が詠われた。しかし「子育て」の歌は出てこない。仮に子育ての話題が顔を出すとしたら、政治(公の世界)から見ても恋(私の世界)から見ても、その片隅に、おそらくは「足手まとい」として、顔を出す。そうした周縁を集める仕事から始めなければならないということである。

ちなみに、山上憶良(『万葉集』に登場する)には、例外的に、子どもや家族への愛を詠った歌がある。妻子が待つから酒宴を退席するという歌もある。他の歌人には見られない珍しい歌である。日本の男はこういう歌を作らなかったばかりか、ある時期以降、そのような理由で宴会から退出することを恥とした（加藤 一九七五：八一）。そうした事情の中に「子育て」の位置を確認したい。政治（公の世界）と恋（私の世界）という華やかな話題の背後に隠れてしまう「子育て」の領域を、例えば、文学作品の中に読み解くことから始めるのである。

あるいは、さらに時代を遡り、聖徳太子の国造りを思い出してみる。聖徳太子の「律令」は、政治によって人倫の道を実現する法体系を目指し、行政方針としての勧善懲悪を示したが、次世代養成の指針は示さなかった（「教育」の指針は含まれなかった）。もしくは、医療と仏教と福祉をつなぐ「四箇院（敬田院・施薬院・療病院・悲田院）」は、医療や福祉の領域には言及するのだが、そこには、子育てや次世代育成の視点は出てこない。つまりどちらの領域から見ても「子育て」や「次世代育成」は表に出てこない。文字通り「シャドウ・ワーク」（イヴァン・イリイチ）であって、話題になりにくく、陰に隠れてしまう。それは「私的領域（プライベート）」という意味ではない。恋の世界は、まさに私的領域であるからこそ、歌になる（文学になる）。それに対して、子育てや次世代育成は、公的世界でもなければ、私的世界でもない、その中間に紛れてしまうということである。

日本の歴史で言えば、「官吏養成機関（大学・国学）」が開始され、空海が「綜芸種智院」を構想するに至って初めて、次世代を育成するという領域が、制度として表に現れてくる。しかし、それ以前にも、子育てがあり、次世代を育成する営みが継続されてきた。「日本型教育」の原風景を探るためには、そうした雑多な領域（学校を中心とした教育理解に納まりきらない領域）に光を当てる必要がある。前近代（古代・中世・近世）のテクストにも子どもは登場する。親子の話も出てくる。しかし、「教育」としては語られない。教育というジャンルにおいては語られてこなかった。まとまった資料も研究もない。多領域にわたるそうした雑多な資料を読み直すことから始めなければならないのである。

（2）「次世代を育てる（generational-cycle）」

では、いかなる視点から読み直すのか。「次世代を育てる」と「自己を磨く」という二つの動詞に注目したい。「次世代を育てる」営みは、まず「産み育てる」に始まる。妊娠・出産・育児という一連の出来事を指す。人類学・社会学は「リプロダクション」と呼ぶ。日本では「産育」という言葉が使われた。例えば、産育儀礼に注目する仕方で民俗学的関心と重なり、あるいは、女性学の研究成果と関連しながら、従来、シャドウ・ワークとされてきた「リプロダクション」の出来事に光が当てられてきた[1]。

「精神分析」も、まったく別の角度から、そうした営みに注目した。精神分析の場合は、幼児期の記憶を遡り、意識される以前の「こころ」に刻印された記憶を探る中で、親世代との複雑に絡み合った関係性に目を留めた。いわば、生物学的な世代継承の視点と、個人的な情念世界を結びつける仕方で、親子の関係（世代を継承してゆく関係）に注目したことになる。

そうした世代間の関係を、発達心理学者であり精神分析家のエリク・H・エリクソン（Erik E. Erikson）は「ジェネレイショナル・サイクル（generational cycle）」と呼んだ。「親から子どもへ、子どもから孫へ」と伝わる「世代間伝達」のサイクルである。世代から世代へと継続してゆく大きなサイクルであり、「いのちのバトンリレー」である。親からもらった生命を次の代に手渡してゆく。そのリレーの中に「子どもを育てる」という営みがある（図1―1）。

1……教育思想史の宮澤康人は、教育文化を「次の世代の育成にかかわって、ある社会集団によって歴史的に形成され共有された、人々の生き方」と定義した。本書第2章のファンステーンパール論文も引用する。

興味深いことに、そのサイクルを読み広げてゆくと、「親を介護する」という営みが含まれ、のみならず、いずれ自分自身が「介護される側」に回る姿も含まれる。そうした大きな「サイクル」が「ジェネレイショナル・サイクル」という言葉には含まれることになる（図1―2）（西平 二〇一九c：第四章、第五章）。

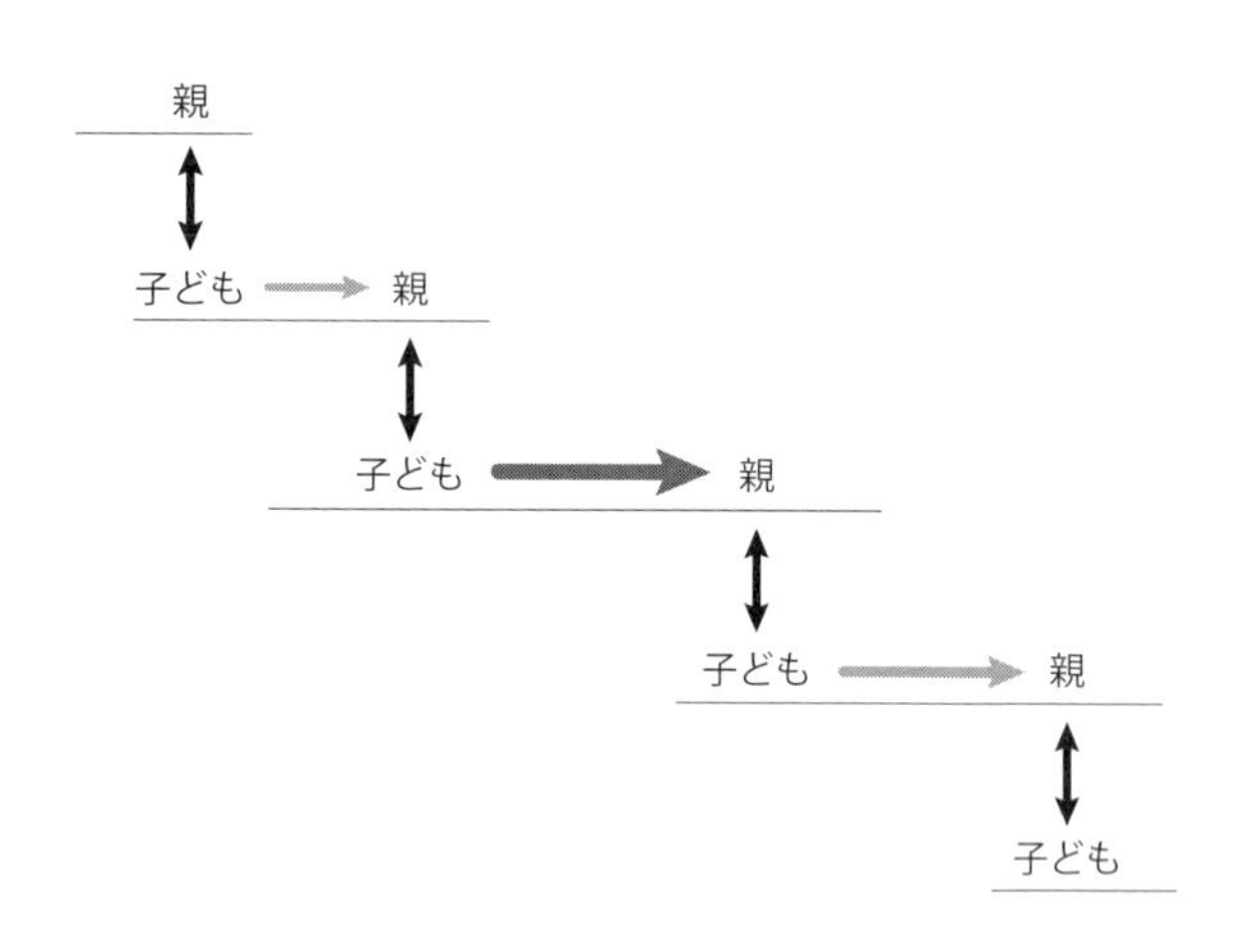

図1-1 「ジェネレイショナル・サイクル」
（親から子へ、子から孫へ）

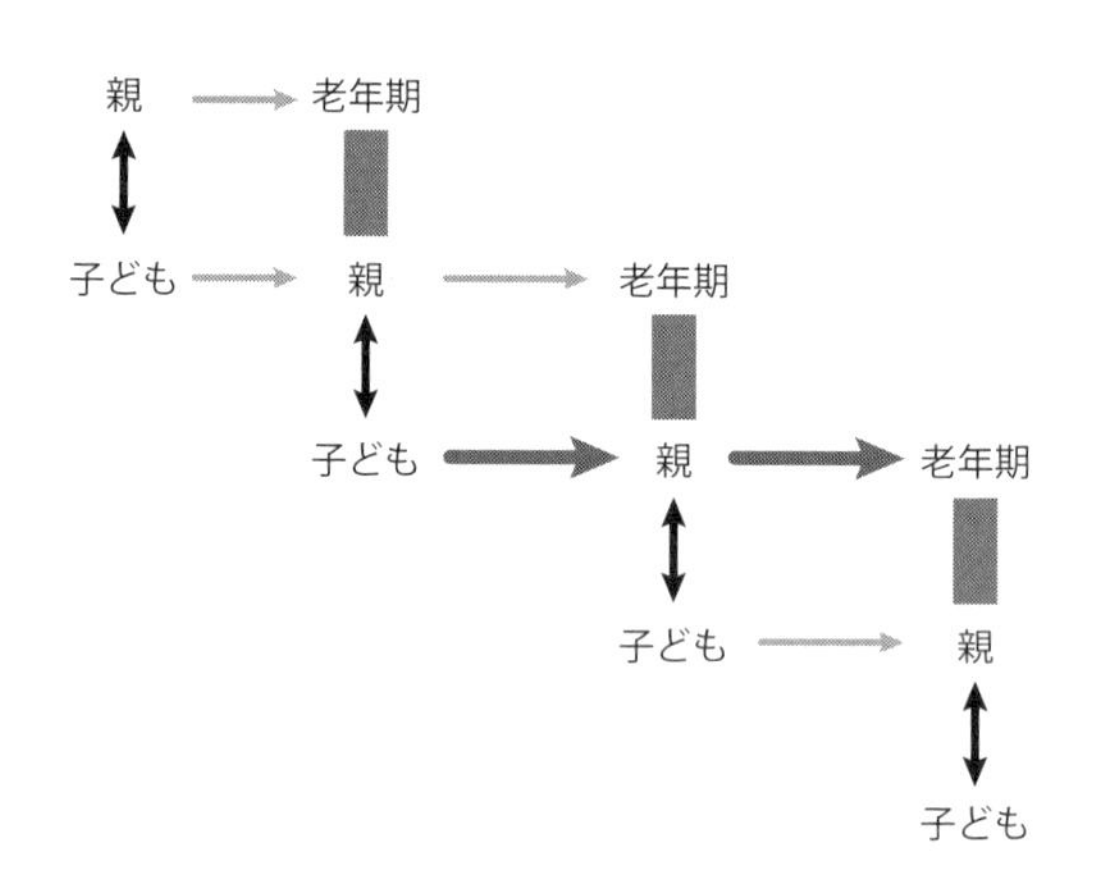

図1-2 「ジェネレイショナル・サイクル」読み広げ
（親世代の介護も含まれる）

（3）「自らを磨く」

もう一つは、「自らを磨く」という視点である。英語のself-cultivationを念頭に置く。現代の課題として見れば「自己実現」や「自分探し」の問題と重なり、あるいは、「精神世界」や「セラピー文化」の問題しも重なるのだが、ここではむしろ、そうした営みの原風景を探ろうとする。

日本思想史の中には、修行・稽古・修養・養生といった言葉が登場する。しかし、それらは、それぞれ異なるジャンルの中でバラバラに、例えば、修行は宗教史、養生は医学史、修養は道徳史・文学史、稽古は芸道史・武道史で語られ、しかも、個々のジャンルにおける中心主題ではなく、その周辺で語られていた。

ところが、こうした用語が英語に訳されると、どれもcultivationとなる。修行も稽古も修養も、時には養生も、cultivationと訳される。むろん他の訳語も、（例えば、稽古の英訳はexercise, lesson, training, discipl ne など）たくさんあるのだが、しかしcultivationという言葉は、かなりゆるやかな広がりを持ち、どこにでも顔を見せていた。

もっとも、正確には話は逆であって、欧米の研究者たちが、日本の民衆の中に、英語では表現することのできない、一つの志向性（態度・意志・願い）を見た。一九世紀日本の民衆宗教を検討した研究は、その鍵概念が「身を修める」という言葉であるという。そしてそれをpersonal cultivationと呼んだ。「この領域は、英語で言えば、religion, morality, divination, health, educationと表現するしかないが、当時の日本語としては、一つのまとまりをもった努力を指していた」（Sawada 2004）。

つまり、一九世紀の日本の人々は、今日から見れば雑多な領域にまたがりながら、一貫して「身を修める」ことを願っていた。正確には、そうした「身を修める」というひとまとまりの領域が、近代化が進む中で、宗教・占い・教育・健康管理という新たな区切りの中で、異なるジャンルに分断されてしまったことになる。

（4）稽古、修養、養生

このように日本思想の中には、「身を修める」に関連する言葉が、様々に登場した。さしあたり、稽古、修養、養生を見ておく。大まかに言えば、次のような棲み分けである。

まず、稽古は、「わざ」を磨き「道」を求める。「わざ」の習得を通し、それを超えた「道」を極めてゆく。書・弓・華など、わざを磨くことを通して、人格を成長させてゆく。その際、「お点前」など、所定の作法や所作が決められ、師匠から評価を受ける。「段位」など評価基準が明確であり、「資格」の制度と結びつき、さらには、「家元制度」などの組織体を形成する場合もある。多くは禅思想を基盤にした系譜であり、自己を律することを通して、人為を越えてゆく。なお、他の諸実践と比べて、稽古においては、生まれつきの才能が重要な意味を持つことが多かった（西平 二〇一九a）。

次に、修養は、暮らしの中で自己を磨く。必ずしも特別なわざを必要としない。文化を継承する中で修養することもできれば、与えられた務めを果たす中で修養することもできる。闘病生活が貴重な修養の機会になるとも語られる。つまり修養は人生の困難を意味づける。「人生の苦難がすべて修養になる」ともいう。その点においては、「新宗教」と近く、「養生」からは遠い。養生は人生の困難に特別な意味を与えたりしない。その代わり、準備という機能を持つ点は養生に近い。例えば、成功を望むなら、常にそのために心掛けておく。その準備を日頃の修養と呼ぶ。もう一点、修養には「社会・共同体」の視点が強い。朱子学の「修己治人」がその典型であり、徳川儒者たちの修養論は、それぞれそれとは異なる仕方で、自己と社会の関係を問い、社会の中の自己形成を語った（西平 二〇二〇）。

三つ目に、養生は、「身をたもつ」営みである。今日の用語で言えば「健康」を願い、自分で自分をケアする。

鍛えるという意味合いは弱く、「いたわる」に近い。しかも医者から治療してもらうのではなく、自ら「癒えてゆく力」を養おうとする。「自然治癒力」という言葉は近代以降の用語であるが、気を養い、天地の気と循環することによって、自己治癒力を養ってゆく。養生は個人の努力である。それは、第一に、家のため・国のために養生するのではなく、その人自身が宇宙の気と循環することを願うという意味であり、第二に、信仰とは異なり、神仏の加護を求めるのではなく、合理的・実用的に、自らの健康を工夫するという意味である（西平二〇二一）。

こうして、自己を磨く思想は、多様なジャンルにおいて語られてきた。一つのまとまった領域としては語られなかった代わりに、文学・政治・医学・教育など、多様な領域と関連していた。そうした記録を寄せ集めたい。教育史を書き換えたいのではなくて、「学校をモデルとしない広がりのある教育」の視点を求めたい。その視点を求めることが、「日本型教育」の原風景を求める課題の前提をなすと考えているのである。

では、「産み育てる（generational-cycle）」や「自己を磨く（self-cultivation）」は、いかなる場面で語られてきたか。正確には、いかなるテクストを、いかに読み替える作業の中で、そうした視点を問い直すことが可能になるか。

以下、二つの例を見る。一つは、『源氏物語』、もう一つは、禅の「公案」である。どちらも、「次世代を育てる」ことと「自己を磨く」ことに関わる、日本文化を代表する古典である。[2]

2……こうした視点から近代の「寺子屋」を読み直す作業は、例えば、本書第2章のファンステーンパール論文に見られるような、「寺子屋」概念それ自体の丁寧な歴史研究を踏まえてからなされるべきことになる。

2……『源氏物語』の「宿世」——親から子へと受け継がれてゆく

『源氏物語』には「宿世」という言葉が登場する。思想史的に見れば、それは「輪廻」の観念が日本に受容される中で変容した思想であるのだが、重要なのは、この「宿世」が「親から子へと受け継がれてゆく宿命（業）」を物語っていたという点である（詳細は、拙論「めぐる時間・めぐる人生—輪廻とは異なるめぐるめぐる時間」、西平二〇一九c所収）。

「宿世」が、『源氏物語』の「精神的基底」であり、物語の中核をなすことは既に知られている。登場人物たちは、物語の節目ごとに、自らの宿世を自覚する。過去の行いが現在の運命を支配し、そこから逃れることはできない。源氏物語の登場人物たちはそうした「宿世の因縁」に抵抗しない。現実の苦悩を宿世によって理由づけ、あらゆる出来事を宿世の因果律として受け入れてしまう（逆に、自らの宿世を受け入れることができない場合に「物のけ」となる）[3]。

(1) 不思議な運命への詠嘆

では「宿世」とは何か。「宿世」は、現在が、過去によって、あらかじめ、決められているという構図をもつ。過去の「因縁」を指す場合もあれば、現在の「果報（結果として身に受ける運命）」を指す場合もある。ところが、過去の「因縁」の内容を問うわけではない。その点が仏教思想と違う。

いかなる御宿世にて、安からず物を深くおぼすべき契り深かりけむ。（夕霧）

そう語られる「いかなる」は、問いではなく、むしろ詠嘆である。「現在」の原因を知ろうとするのではなく、知られるはずのない宿縁を問うという形で、宿縁に惹かれる心が詠われる。宿世は、現在が過去によって決められているという時間の構図においては輪廻と一致するものの、（仏教思想が重視する）「三世因果の理法の認識」を目的にするわけではなく、あるいは、自らの魂の過去世を問題にするわけでもない。あくまで、直面する「不思議な運命」の詠嘆なのである。[4]

悲運を嘆く場合もあれば、栄華を極める場合もある。苦境悲運に対する無力を嘆く場合は、宿命の力を受け入れるしかないが、栄華を極める場合は、その予告の成就という形を取る。桐壺巻の「高麗人の観相」や若紫巻の「夢占い」に見る通り、あらかじめ宿世が予言として語られ、物語はその予言の成就を語ってゆくことになる。光源氏の生涯は、その宿世の実現としての栄華への道であり、予言の成就なのである。

3……その意味ではこの物語の登場人物たちは無気力である。前世からの宿命に対する意気地のない諦めがある。そうした生き方が、平安貴族たちの社会状況に由来するという指摘もある。狭い宮中の限られた文化を因襲的に継承する以外に将来への展望を持たず、農村から遊離して生活を自分の手で建設してゆく自信を持たない脆弱な社会状況と、そうした「宿世」に対する意気地のない諦めが密接につながっていたというのである（家永 一九九三：一一三）。

4……こうした「宿世」の理解は、本書第13章のラプリーと小松論文が描く「システムⅡ（日本の文化的・存在論的構造）」の一端である。「絶対善の否定」、「超越の不可知性」、「経験の優位性」は、すべて『源氏物語』の基底に流れるコスモロジーである。

（2）親子の生き方の類似

さて、このように「宿世」をめぐる議論は多様なのだが、ここで注目したいのは、この「宿世」が「親子の生き方の類似」を語るという用例である。親の生き方を子どもが繰り返す（繰り返してしまう）。その宿命的な事実を前に「宿世」という言葉が語られる。しかもそうした世代の連鎖こそ、五十四章からなるこの長編物語の中心主題なのである。

この物語は、光源氏を中心とした父親と息子の関係において、「父親の生き方を踏襲する」という構図を積み重ねてゆく。過ちは繰り返され、苦悩が世代を超えて反復される（「世から世へとうけつぐ」）。光源氏の生き方は、父帝の生き方と、「あたかも符節を合わせるかのような暗黙の一致」をもって類似する。むろん光源氏の子世代とも類似してゆく。父と子の「相似た魂の刻印」、あるいは、「父と子の類縁性」である。少しばかり物語の中に立ち入ってみる。

まず一つは、光源氏の出生である。その出生の語りが、後の、息子（冷泉）の出生と類似している。光源氏の誕生は、父・桐壺帝と母・更衣との「前世における宿縁が深かったからであろうか（「前の世にも、御契りや深かりけん」）」と語られる（桐壺）。宮廷社会の掟に逆らって更衣を愛し通した桐壺帝。

月日が流れ、今度は、藤壺が光源氏の息子・冷泉を懐妊する。不義の子を懐妊する他なかった藤壺の、光源氏との宿縁が「あさましき御宿世のほど心うし」と語られる（若紫）。冷泉は、藤壺と光源氏の宿世の因縁によって誕生することになっていた。光源氏の誕生が、桐壺帝と更衣との「前の世の契り」によるのと同じ構図である。「不義の子」として生まれた光源氏は、成長し、今度は不義の子の父となる。父・桐壺の生き方を光源氏は踏襲し、息子・冷泉の出生は光源氏の出生を踏襲する。「生き方」の世代連鎖を通して、同じ困難が反復される、まさに、その場面で「宿世」が語られる。正確には、「宿世」が最も典型的に浮かび上がる話の筋として、物語の作者は、こうした「世から世へとうけつぐ」構図を設定したことになる。

第二に、今度は、父・光源氏と、息子・夕霧の生き方について。父は女三宮を妻に迎え、息子は落葉宮への恋に陥る。夕霧は父の方針に従い、父とは異なる安定した人生を歩んでいたにもかかわらず、結局、父と同質の魂の導きによって父と同様の破綻に向かう。どちらも、過去の女性への憧憬によって引き起こされた年若い女性への思い入れである。光源氏においては、藤壺への憧憬が「紫上」に重なった。夕霧においては、紫上への憧憬が「落葉宮」への思いを起こさせる。父・光源氏はそうした息子の恋を評して嘆息する。「宿世といふもの、のがれわびぬる事なり」（夕霧）。「好き者」の父親に対し「まめ人」と語られたこの息子は、実際上は父親のような困難には直面しなかったとしても、相似た魂の刻印を抱えて生きた。

三つ目に、柏木密通事件である。それは光源氏に深刻な反省を促した。妻として迎えた女三宮が、青年貴族・柏木の子を身ごもり、光源氏の子として出産する。この深刻な事件は、光源氏の内で、藤壺との間に起こした自らの過ちと同一視された。今の自分がかつての桐壺帝と同じ立場にあり、今の柏木がかつての自分である。


……故院の上も、御心には知ろしめしてや、知らず顔をつくらせ給ひけむ、思へばその世のことこそは、いと恐ろしくあるまじきあやまちなりけれ……（若菜　下）

父である桐壺帝は、今の自分と同じように、知って知らぬふりをなさっていたのではないか。しかしこの物語は「応報の教訓」を目的としない。もし正確な応報が必要ならば、実の息子（夕霧）が継母（紫上）と密通するのでなければならない。あるいは、仏教説話の「現報譚（応報を来世ではなく現世において受けるという説）」と比べてみれば、光源氏はこの事件によって現実的な「報い（現報）」を受けることはなかった。実際的な「報い」を受けて身を破滅させたのは青年貴族・柏木の方であった。にもかかわらず、この事件が深刻な「応報」であるのは、光源氏の内面においてである。

さてもあやしや、わが世とともに恐ろしと思ひし事の報いなめり。　（柏木）

この場面の理解は多様な議論を招くのだが、やはり源氏の受けた衝撃は大きかった。実際的な災禍ではなくて、過去を内省する心において、父に対して自らが犯した過ちを、今度は自らが、立場を逆にして、受け取らざるを得ない。そこに「宿世」が語られる。正確には、作者・紫式部は、源氏がそのような受けとめかたをするしかないように、周到な展開を試みた。物語の方法として言えば、この物語の作者は、宿世という「めぐる時間」を際立たせるために、親の苦悩を子が繰り返す構図を用意した。それが最も自然な話の運びであり、当時の貴族社会が最も「宿世」を深く感じる場面であったことになる。

宿世は「前の世」で定められた自己の運命である。しかし、この「前の世」は、自らの魂が過去世において為したことではない。その点において仏教思想の「三世因果の理法」とは大きく異なる。輪廻のように魂が転生するのではなく、親の生き方が繰り返される（繰り返さざるを得ない）。その場面で「宿世」を思い知る。父と母の関係性を自らもまた世代を超えて踏襲し、あるいは、不義密通という妻による裏切りが世代を超えて繰り返されてしまう。そうした「世から世へとうけつぐ」親子の連鎖が『源氏物語』に流れる「時間」であった。

むろん、それは、平安貴族という極めて特殊な世界を生きた人々の観念である。しかしその物語は長く語り継がれ、とりわけ、江戸期においては多くの庶民に親しまれることとなった。日本の人々は、こうした「親から子へと受け継がれてゆく宿世」の観念に対して違和感を抱かなかったのである。確かに、江戸期の庶民が実際の暮らしの中でこうした「宿世」の観念を持っていたのかどうか、それを検証することは、今はできない。しかし少なくとも、この宿世の物語が、多く庶民によって親しまれてきたことは間違いない（野口一九九五）。

こうした人生観・世界観を含めた地平を「コスモロジー」と呼んでみれば、コスモロジーの位相で「親子」の関係を見る視点。特有のコスモロジーの中で色づけられた「次世代とのつながり」の立体空間。そうした下準備を積み重ねる中で、少しずつ「（教育ならぬ教育の）原風景」に近づきたいと思っているのである。

3……宋代の禅（公案）の読み直し――唐代の禅（公案以前）へと遡る

次に、禅を見る。禅が日本文化に与えた影響は大きい。仏教宗派としての禅宗の影響もさることながら、禅を基盤とした芸道・武道の思想が日本文化に残した影響は大きかった。5

興味深いのは、禅における「師と弟子の関係」である。禅においては、師（老師）と弟子（修行者）との関係が決定的に重要な意味を持つ。しかしその関係は「教育（近代学校教育システム）」とは異なる。

この点は少し丁寧に確認しておく。禅における「師と弟子の関係」は、他の宗教・宗派と比べても特別なのであ

5……「無心」という言葉は、禅を基盤とした芸道・武道の思想を通して、日本文化の中に根付いた。しかしそれに類する思想は、例えば、朱子学では「居敬（きょけい）」と語られ、老荘思想では俗気を去った風雅を求める姿勢として尊重され、神道では「かんながら」と語られる神に委ねる清き心として理想的に語られてきた。日常語として使われる「無心」には、そうした多様な思想的伝統が流れ込んでいる。無心については、本書第10章の野村論文が、畏敬の念との関連で、考察している。

る。禅宗は「聖典」を持たない。『聖書』や『クルアーン（コーラン）』のような聖典がなく、あるいは、日蓮宗における『法華経』のような特別な経典（所依（しょえ）の経典）を持つこともない。

禅は、まさに、老師と弟子の問答を通して、「法（ダルマ・真理）」を伝えてきた。聖典や規範に依拠するのではなく、老師と弟子の一対一の問答の中で、「法」を受け継いできた。この問答は、一対一であると同時に、一回限りである。他の人の問答を真似しても「法」は伝わらない。生きた人と人との、特別な一回限りの場面を通してしか、「法」は生きて伝わらないというのである。

別の視点から言い換えれば、禅は、超越者や絶対者を根拠としない。そうではなくて、生きた生身の「自己」を根拠とした。「法」の正統性を保証するのは、超越者でも聖典でもない。あるいは、それを正統と認める公認団体もない。自己の中に顕れ出てくる「法」以外に根拠はないというのである。

ところが、他方で、その出来事は個人の中で完結しない。「法」は必ず誰かと誰かの間に顕れる。「法」は、生きた老師と生きた弟子との関係性の中に顕れる。それが唯一の根拠となるというのである。しかし、「教えられる」わけではない。「法」は、他人から教えてもらうことはできず、自ら発見するしかない。外から授けられるのではなく、師と弟子との関係性の中で、弟子は、自ら獲得するしかない。そうした意味をすべて含めて、禅は、老師と弟子の関係を大切にしてきた。師から弟子へと受け継がれてゆく生きた世代継承関係を唯一の根拠と考えてきたのである。

（1）宋代の「公案」から、唐代の「実際のやりとり」へ

さて、そうした継承関係において有名なのが、「公案」と呼ばれる問答である。修行僧は、老師から「公案（問い）」を与えられ、時間をかけてその問いに参究する（全生活の中でその問いに集中し、全身全霊を賭けて問いと格闘

する)。問いに答えるのではない。自分自身が疑問の塊となって老師と向き合い、「法」が顕れるきっかけを待つ。

そこで従来この「公案」は、禅修行におけるテクストと理解されてきた。弟子を悟りに導くための教説。「禅問答」といえば、テクストとしての「公案」を用いた対話と理解されてきたのである。[6]

ところが、今日、そうした「公案」が、実は、宋の時代の末期(一二〜一三世紀)になって初めて確立したことが明らかになっている。それより前の時代、つまり唐の時代(七〜九世紀)の禅は、「公案」を使わなかった。というより、そもそも「公案」などなかった(入矢二〇一二a、b)。

ところが、興味深いことに、唐代にも「禅問答」はあった。というより、その時代は、老師と弟子が共に暮らしていたから、日々の暮らしの中で言葉を交わしていた(そのやりとりが後になって「問答」と呼ばれた)。そして、この「やりとり」が弟子を導く貴重なきっかけとなっていた。つまり、唐代の禅においては、既成のテクスト(公案)を使うのではなく、集団生活の中で、老師と弟子が実際に言葉を交わす、その生きたやりとりが、「法」の顕れる場であり、「悟り・覚り」の成就する機会であった。

その「やりとり(問答)」は、修行生活の中で、偶発的に生じた。計画的ではなく意図された場面でもない。たまたまその場に生じた一回限りの出来事である。そのやりとりが「法」を伝える機縁となり、そのやりとりの中に「法」が顕れる。そしてそうしたエピソードを書き残した記録が、後に整理されて、「公案」となったというのである。


6……公案をめぐる問答は、師と一対一で行われる。師の室内において秘密裡に行われてきたことも影響して、必要以上にその「非合理的」側面が強調されてきた。そこで「禅問答」と言えば、意味不明な会話を指すことになった。また有名な落語の「こんにゃく問答」のように、「師(ニセ住職)」と「弟子(真摯な修行僧)」との間に交わされる互いにかみ合わない(無意味な)問答が「禅問答」に似せて物語られることとなった。

こうして、禅の歴史として見れば、宋代の禅は「制度化された」ということになる。指導方法が工夫され、「公案」が効率的な指導方法として整備された。つまり、禅が「学校化」されたことになる。

実際の暮らしの中で偶発的に生じる場面を待つのではない。あらかじめ用意された先人の体験記録を使って問答を進め、弟子は、自分の身に起こった出来事ではなく、過去の別の人の体験に即して、老師とやりとりをすることになった。[7]

公案は、頭で考えている限り、解答不能である。例えば、よく知られた「隻手の音声（せきしゅのおんじょう）」。両手を叩くと音がする。では、片手の音は。日常的な常識に留まっていては答えることができない。そうではなくて、その常識を崩してしまう。頭で考えている限り答え得ない問いの前に弟子を連れ出し、自明の前提が意味をなさない地平を体験させようとするのである。

(2)「有意味」と「無意味」

さて、以上のような唐代の「問答（実際のやりとり）」と宋代の「問答（公案）」について、現代日本を代表する哲学者・井筒俊彦は、「有意味」と「無意味」という視点から、次のように説明する（井筒 一九八三：「禅における言語的意味の問題」）。

唐代の問答は、実際の場面の中で交わされた言葉であったから、その場面の中では意味を持っていた。先の「片手の音」も、特別な状況の中では（例えば、ジェスチャーを伴い、前後の会話の脈絡に沿って、一連の共同作業のコンテクストの中で）、老師と弟子の間には共通の理解が成り立っていた。実際の場面においては、そこで交わされていた言葉は、有意味であった。その場を共に体験している者同士には、その状況に特有な意味が共有されていた。そしてそれが悟りへの転換を促す重要な目覚めとなった。

ところが、宋代においては、その記録が「公案」となって使われる。ということは、場を共有していない者によって読まれる。当然、その読み手には、「状況に特有な意味」は共有されないから、無意味な言葉の掛け合いに見える。あるいは、互いにかみ合うことのないチグハグなやりとりに見える（まさに、禅問答のような会話に見える）。井筒によれば、宋代の禅は、まさにそうした無意味を弟子たちに突きつけるために、「公案」を用意した。無意味を突きつけることによって、言葉の常識的な使用法から離れることを促したというのである。

そこで、井筒は、禅における言語の意味（無意味）について、二つの異なる次元を区別する。順序は、時代とは逆になり、まず宋代の「公案」の無意味性から語られる。宋代の公案は「無意味」であるからこそ、修行の中で、方法論的に有効な意味を持つ。

その第一は、臨在禅において確立された公案組織の中で意図的に活用される無意味性。つまり、ある決定的瞬間に偉大な前者が発した言葉が公案として取り上げられ、その言葉の無意味性が方法論的に使われる次元。この次元においては禅的言語は徹底的に無意味であり、無意味にとどまり、無意味性において深化されなければならない。（井筒 一九八三：三七七）

つまり、無意味を修行者に突きつけ、日常的意識をその極限に追い詰め、遂には、その地平を打ち破らせようとする。そのための手段として使われる無意味である。

修行者は、無意味な言葉について必死に考えるのだが、いかに答えても、老師によって否定されてしまう。そこ

7……むろん公案においても「過去の他人の体験」を正確に理解することが期待されているわけではない。そうした体験記録を機縁として、我が身に何らかの転換が生じることを願い、老師もその転換を促す。

で、いかなる意味を持つのかと考えるのではない。意味を考えつくし、遂に、理性的思考の限界に至り、それを飛び越えて「無意味」の世界に飛躍した時、突如として大きな転換が生じ得る。意味を考えるということ自体が意味をなさない世界に追い込む手段として、「無意味」を用いるのである。

それに対して、第二の次元は、唐代の「問答」であって、それは、公案になる前の元々の体験であり、そこで語られる言葉は立派に意味を持っていた。

> 第二の次元は公案以前の、公案とは何の関連もない生の姿の禅的言表であって、この次元においては、言語は日常的自然的理性にとっては全く無意味でありながら、禅の元体験の見地から見れば立派に意味をなすのである。（前掲書：三七八）

では、こうした「公案以前」の言葉のやりとりは、修行者に何を示したのか。興味深いことに、井筒によれば、そのやりとりは、「公案」を使った問答の「後」に生じる出来事を語っている。公案を使ってわざわざ「有意味」を崩す必要はない。

共同生活を送る中で老師と弟子は、すでに「無意味」の世界を共有している。（公案の「無意味」な問答を用いて）「無意味」の世界を切り拓くまでもない。老師も弟子も、既に「意味を考えるということ自体が意味をなさない世界」にいる。そして、その地平で語られた言葉は、当然、理性的思考の地平とは異なる位相の言葉であるのだが、その場面においては、明確な意味を持って使われている。[8]

その場面で語られた言葉は、その場の中で（場面依存的に）、一回限りの貴重な意味を持つ。しかしその位相を共有することのない、理性的（常識的）に理解している者には、その「意味」は見えない。逆説的だが、日常的条件の下では無意味としか考えられないような言語のやりとりが、現に問答している二人の禅者にとっては普通以上に有意味である。

井筒は、そのような場で成立する言語的意味を問いながら、実は、宋代の「公案」を見ているだけでは、この生きた位相が見えてこないという。「公案以前」の地平に遡り、その元々の体験地平においてはじめて、その実際的な意味が体験される。そしてその実際的な意味に触れないことには、「公案」と生きて向き合うことができない。

ところが、禅が日本で広まったのは、一二世紀・宋代の終わりであったから、日本においては、宋代の公案禅が「禅」とされてきた。禅の問答と言えば「公案」となり、その土台にあった元々の体験の地平（公案以前）に目を向けることがなかったというのである。

「公案」だけでなく、「公案以前の原体験」を見る。「公案」となる以前の実際的な現場の体験に遡り、その現場の身体感覚の視点から「公案」を読み直す。

まさに、それと同じ構図をもって「学校（近代学校教育システム）」を読み直したい。「学校」だけでなく、「学校が成立する以前」を見る。「近代学校教育システム」が成り立つ以前の、多様な仕方で生きられていた体験に遡り、その視点から、「学校」を読み直してみたいと思っているのである。


8……いかなる位相か。井筒は臨済の「四料筒」を解き明かしている。その一部分のみ見るならば、それは「主（認識主体）と客（事物的世界）をそれぞれに主と客として成立させる可能性を含みつつ、しかもそれ自体は主でも客でもない或る独特の「場（フィールド）」の現成を意味する。主と客（我と物）とを二つの可能的極限として、その間に張り詰めた精神的エネルギーの場」である（井筒 一九八三、あるいは、西平 二〇一四：第五章）。

4……日本型「教育」の原風景を求めて

フランスの哲学者フーコー（Michel Foucault）に影響を与えたことで知られるフランスの古代哲学研究者アド（Pierre Hadot）によると、古代ギリシアの哲学はすべて、ある種の「実践」を伴っていた。アドは「exercices spirituels」と呼ぶ。「精神修養」「精神の修練」「エグゼルシス」などと訳されるこの言葉は、日本の思想で言えば「修養」に近い。彼自身の定義によれば、「自己の変容を目指して行われる、個人的で、意志に基づいた実践 une pratique volontaire, personnelle, destinée à opérer une transformation de l'individu, une transformation de soi」である（Hadot 2002: 154）。

この「spirituel（精神の）」という形容詞は興味深い。アドによれば、それは「人格全体の」ということを意味する。英語版の「spiritual exercise（スピリチュアル・エクササイズ）」という言葉の場合は、身体や心理と異なる「スピリチュアル」な位相の実践という誤解を招く恐れがあるが、そうではなくて、むしろ身体も情動も認知機能もすべて含んだその人全体のエクササイズを意味する。

しかし「修行」ではない。この「実践」は、宗教や霊性探究における実践ではなく、あくまで、哲学の一環である。ギリシアの哲人たちは弟子を育てようとした。体系的な理論を整合的に示そうとしたわけではなく、弟子たちが「自らを導く方法」を体得するために哲学を説いた。そこでアドは「生き方としての哲学」という。哲学は「生き方（une manière de vivre）」である。哲学が実際の暮らしを変える。

つまりアドは、古代ギリシアのテクストを読み直す中で、哲学そのものの理解を変えた。哲学は、実践から切り離れた「理論」や「思弁」ではない。哲学はある種の「実践」である。人格全体を育てる実践である。「自らの意志によって自己を変容させようとする個人的な実践」であったというのである。

なお、こうした話を聞く場合、私たちは、翻訳の限界を痛感する。異なる言語に翻訳される中で、本来の意味合いがぼやけてしまい、あるいは、異なる意味合いが加わってしまう。「exercices spirituels」を日本語の「修行」と訳してしまうと、宗教的実践ではないと繰り返し強調したアドの意に反して、宗教的ニュアンスが含まれてしまう。他方「哲学的実践」と訳してしまうと、（常識的な哲学理解の下で）理論を構築する実践と誤解されてしまう。

内容としては、まさに先に見た禅の実際的な現場、つまり「公案以前」の共同生活の中で交わされる師と弟子のやりとりである。身体と心が区別される以前（身心一如）であり、理論と実践が区別される以前である。より禅に即した表現で言えば、「悟る前」と「悟り」が区別される以前の地平であり、本章の用語でいえば「次の世代を育てる」ことと「自らを磨く」ことが区別される以前の生きた地平であったことになる。[9]

アドは、それを「哲学」の原風景と見た。「（単なる理論としての）哲学」ではないが、しかし「（宗教的な）修行」でもない。「exercices spirituels（人格全体の実践）」。それを哲学の原風景と見たことになる。

本章は、同じ構図を「教育」に見る。教育の原風景を見ようとする。「近代学校教育システム」の萌芽を見るのではない。むしろ、今日の「教育」概念から離れ、「教育」の前提が成り立つ以前の土台に降りてゆく。近代西洋の「学校教育システム」は、その土台に替わって（その土台の上に・その土台を塗りこめる仕方で）成立した。そう

9……こうした翻訳における不可避のズレは、しかし、そこに目を留めることによって、むしろ問題の所在を確認する機会となる。「日本型教育」の検討は、日本の事情を異国の言語に翻訳して発信し、逆に、海外の日本研究の視点から刺激を受ける中で、初めて生き生きと遂行されることになる。

した「土台」に遡り、そこから今日の「教育（近代学校教育システム）」の特殊性を考え直してみたいのである。

そこで「教育」という言葉を使うことには慎重になる。そのために、「次世代を育てる（generational-cycle）」と「自己を磨く（self-cultivation）」という用語を、暫定的に、用いてきた。

そうした視点から、宗教思想と理解されてきたテクストを読み直し、あるいは、文学作品とされてきたテクストを読み直す。そうした作業を通して、「教育」という言葉の原風景に触れようとする。

日本の思想の中で、「産み育てる（generational-cycle）」や「自己を磨く（self-cultivation）」という営みは、いかに語られてきたか。その原点から「教育」概念を練り直したいと思っているのである。

参考文献

〈日本語文献〉

家永三郎　一九九八『日本道徳思想史論』（『家永三郎集　第三巻』）岩波書店。
井筒俊彦　一九八三「禅における言語的意味の問題」『意識と本質―精神的東洋を索めて』岩波書店。
入矢義高　二〇一二a『自己と超越―禅・人・ことば』岩波書店。
入矢義高　二〇一二b『求道と悦楽―中国の禅と詩』岩波書店。
大戸安弘・八鍬友広（編）二〇一四『識字と学びの社会史―日本におけるリテラシーの諸相』思文閣出版。
加藤周一　一九七五『日本文学史序説　上』筑摩書房。
辻本雅史　二〇一一『思想と教育のメディア史―近世日本の知の伝達』ぺりかん社。
西平直　二〇一四『無心のダイナミズム―「しなやかさ」の系譜』岩波書店。
西平直　二〇一九a『稽古の思想』春秋社。
西平直　二〇一九b「修養の構造翻訳の中で理解される日本特有の教育的伝統」『教育学研究』第八六巻四号：四七三―四八四頁。
西平直　二〇一九c『ライフサイクルの哲学』東京大学出版会。
西平直　二〇二〇『修養の思想』春秋社。
西平直　二〇二一『養生の思想』春秋社。
野口武彦　一九九五『「源氏物語」を江戸から読む』講談社。

〈外国語文献〉

Hadot, P. 2002. *La philosophie comme manière de vivre: Entretiens avec Jeannie Carlier et Arnold I. Davidson*. Paris: Albin Michel. [English translation: Djaballah, M. and Chase, M. (trans). 2011. *The present alone is our happiness: Conversations with Jeannie Carlier and Arnold I. Davidson*. 2nd ed. Stanford University Press.]

Nishihira, T. 2021. Self-cultivation in Japanese traditions: Shugyo, eiko, yojo, and shuyo in dialogue. In Peters, M.A. Besley, T. and Zhang, H (eds), *Moral Education and the Ethics of Self-Cultivation: Chinese and Western perspectives*. Singapore: Springer.

Sawada, J. T. 2004. *Practical pursuits: Religion, politics, and personal cultivation in nineteenth-century Japan*. University of Hawaiʻi Press.

寺子屋の行方
新教育
時代錯誤

第2章

小利大損

「寺子屋」から考える「日本型教育文化」

ニールス・ファンステーンパール

1……日本型教育文化という視座の得失

「日本型教育文化」とは何をするための視座なのか。[1]「教育文化」という用語と方法論の発端については、いろいろと議論の余地は残されているが、それを体系化させた重要人物に、教育学者の宮澤康人がいる。宮澤（二〇〇二：四―六、一六―一九）は、教育文化を「次の世代の育成にかかわって、ある社会集団によって歴史的に形成され共有された、人々の生き方」と定義した上で、それに「近代」を歴史的に相対化できる視座を求めた。厳密にいえば、「近代」の所産である「国民国家」と「学校」に束縛されてきた従来の教育観念を乗り越えるために、「より深いところで制度や思想を基底し、機能させ、左右している」ものとして教育文化観念を設置したのである。

宮澤が提示した教育文化論ならば筆者も共鳴できる部分が多いが、それを「日本型」のものとして展開させる意義については疑問がある。むしろ、教育文化論の意図が「国民国家」の相対化にあるならば、それがもとより「日本型」と相いれないものであるはずである。矛盾を冒してまで「日本型」にこだわる理由はどこにあるのだろうか。先行研究を見渡すと、名付けて「国益の追求」、「海外への追従」、そして「海外への反抗」の三つの立場が示唆されている。

第一に、「国益の追求」の立場を表すものとして、本書序章で高山敬太が俎上に上げた「日本型教育」の海外展開をめざす、文部科学省支援の「ＥＤＵ－Ｐｏｒｔニッポン」という大規模なプロジェクトが挙げられる。「日本型教育」は定義されていないものの、その海外展開に期待されている結果として、「将来の親日層の拡大」、「日本の教育機関の国際化」、「経済成長への貢献」が明記されている。[2] 要するに、国益を得るためのソフトパワー戦略としての「日本型」である。

第二に、「海外への追従」というのは、海外の研究動向が求めているものを提供するということである。というのも、「近代」を相対化しようとする動きは、日本に限らず海外においても課題とされている。その際、たとえば教育哲学者の鈴木晶子（二〇一一：五）が指摘するように、「諸外国の共同研究者からは、東洋とりわけ日本的発想法と、西洋のこれまでの思考枠組みとを、正面からぶつけ合い、議論していくことに期待が寄せられている」という。そういった期待に沿うこともまた「日本型」の一つの用途であろう。

最後に、「日本型」を「海外への反抗」として持ち出す立場も見かける。たとえば、比較教育学者のジェルミー・ラプリー（二〇一九：九）は、ＰＩＳＡなどを媒介に、「教育理念、あるいは政策、哲学の国際的な均質化」が推し進められている状況を危惧し、この「支配的なグローバルトレンドに対するカウンター」になりうるものとして「日本型」教育を位置づけている。高山敬太（二〇一九：六一）はさらに危機感と言葉を強めて、国際的な均質化を

1 本書の鍵観念となる「日本型教育」と違って、筆者がここで「日本型教育文化」という用語を採用している理由は二つある。まず、本書の基となった共同研究が二〇一八年当時「「日本型」教育文化・知の継承支援モデルの構築と展開」という名称で出発されたからである。もう一つ、「日本型」という概念自体には「文化」という意味合いが暗示的に組み込まれているため、それを明示化した方が妥当であると考えるからである。ただ、本章の立場として、「日本型教育文化」とは何らかの具体的な事象をさすものではなく、玉虫色的な表象でしかないため、名称自体にあまり拘りがないことは断っておきたい。定義しないのもそのためである。

2 文部科学省「官民協働プラットフォームを活用した日本型教育の海外展開（ＥＤＵ－Ｐｏｒｔニッポン）（資料③）」https://www.eduport.mext.go.jp/epsite/wp-content/uploads/2021/03/jishicushin_d1_data3.pdf

＊本章で引用するすべてのウェブサイトの参照日は二〇二一年七月一日。

「強圧的な同一化」と認識し、その動きに対して「ラディカルな差異性」すなわち「日本型」教育をもって対抗すべきだとしている。

「日本型教育文化」という、矛盾性を孕む視座を採用するほど、上記の立場に十分な根拠があるのか、各立場が前提とする現状認識が的を射ているのか、またその現状を改善するには「日本型」を持ち出すことが本当に最善策なのか。この現代的な問題について教育史を専門とする筆者が語るのはお門違いにも見えるかもしれないが、歴史学がまったく関係ないともいえない。というのも、「近代」の教育モデルを「日本型」のレンズを通して相対化しようとする試みは、今になってはじめて現れたものではないからである。「日本型教育文化」という用語だけは耳新しいが、それを支えている問題意識は実は百年も前の大正時代に既に誕生していたのである。ならば、当時、「日本型教育文化」に託された期待とは何だったのか、そしてその視座によって得たものと失われたものとは何だったのかを明らかにすることは、あらためて「日本型教育文化」を構築しようとする現在にも十分な知見を提供するものであるはずである。

以上の問題意識を踏まえて、本章では大正期における「日本型教育文化」の創出を、「寺子屋」という事例を通して見ていきたい。具体的には、寺子屋という近世教育機関が大正期の新教育運動のもとで、まずは「近代」、次は「欧米」を相対化するための「日本型寺子屋」として読み直された過程を解明する。その微妙な読み替えによって、世間一般の寺子屋像が次第に現実離れしていき、大きな弊害をもたらすことになった結果にちなんで、本章の題名を「小利大損」と名付けた。この教訓は今後の「日本型教育文化」の（再）構築の際にもっとも念頭においておくべきものであると考える。

寺子屋が「日本型教育文化」として創出される過程を解明する準備作業として、まず創出された事実そのものを確認する必要がある。要するに、近世当時と現在の寺子屋の姿が異なっていることと、後者は「日本型教育文化」として認識されていることの確認である。混乱を避ける工夫として、本節以降、近世の寺子屋を「寺子屋」と、近代において新たに創出された寺子屋を「日本型寺子屋」と表記して区別する。

2……寺子屋の古今

(1) 寺子屋——子どもの文字学習

寺子屋とは何か。江戸時代に普及した初等教育機関として日本ではよく知られているが、その本質ともなると意外とややこしい問題である。そもそも物事の本質というのは、そう簡単にとらえられるものではなく、視点によって変わるものである。我々が寺子屋を見定める物差しは、設備にあるのか、カリキュラムや教授方法にあるのか、また、それを中世の状況と比較して考えるのか、それとも近代に照らして考えるのか。寺子屋の本質は、問い方の数ほど存在するわけである。

たとえ一つの明確な視点に絞ったとしても、次に直面する問題は「近世」という時代ならではの多様性である。「近代」の一つの特徴として、合理化の追求による社会機関の均一化があげられる。カリキュラム・時刻表・入学年齢などが、国家レベルで包括的に規定されている近代学校制度もその好事例である。近世では、こういった均一化の求心力が働いていなかったため、そもそも寺子屋を「機関」と表現するのは一種の時代錯誤であり、本来は「師匠」そのものと考えた方が妥当である。教師の任期を越えて「機関」として継続される現代の小学校と違って、近世の寺子屋は師匠と不可分であった。実際、二〇年間未満で閉業する、すなわち一世代で終わる寺子屋の割合は五六％にも上る（乙竹 一九二九b：九二一）[3]。師匠そのものが寺子屋であるため、そこに展開される教育もまた師匠次第で多種多様であった。現在知られている七〇〇〇種にも及ぶ往来物（寺子屋の教科書）の厖大な数もまたその証しである（石川 一九九六：i）。

このように、寺子屋とは何か、とは一概に答えられない問題だが、近世の寺子屋と現在の日本型寺子屋との差異に絞って考えると、前者の特徴を「子どもの文字学習」と表現することができる。というのも、寺子屋への入学年齢（男子の場合）の割合をみると、五歳（〇・四二％）と一八歳（〇・〇四％）も例外的に見られるものの、六歳〜一二歳の間に入学する者が圧倒的である（九七％）。また、在学年数が短かったことも特徴である。ごくまれに一年間未満（〇・九一％）か一八年間（〇・〇四％）在籍する者もいたが、二年間〜八年間しか通わないのが主流であった（九〇％）（乙竹 一九二九b：九四七―九四九）。要するに、寺子屋に通った者の圧倒的多数は子どもであった。

また、寺子屋の教育内容について、世間ではよく「読み書き算盤」と言われているのだが、実際に教えられた科目の順位は、「書き」（九七％）と「読み」（九二％）と「算盤」（四四％）であり、「書き読み」すなわち文字学習こそが主な目的であったことがわかる（乙竹 一九二九b：九六〇―九六一）[4]。もちろん、文字学習の手本となる往来物は、当時の生活に役立つ文章から構成されているため、子どもが文字を習得すると同時に、地理・職業・村行政等にかかわる知識もおのずと吸収していた。しかし、その知識は、寺子屋でなくともあらゆる生活の場で覚える機会が存在した。寺子屋に課せられた役割は、あくまでもそういった知識を、精確かつ巧みな文字で著せるスキルの習得であった[5]。

以上の考察を踏まえて、近世の寺子屋は、子どものための文字学習の場であったとまとめることができよう。念のために付記するが、近代国家以前の世の中では、このような寺子屋のことを、「日本型」の枠組みでとらえる人は皆無であった。そういった用語はもちろん、思考概念さえ存在しなかったのである。

（2）日本型寺子屋——日本の学習文化

現代社会を見渡していくと、寺子屋は今もなお脈々と生き続けているかのような風景が広がっている。「○○寺子屋」の名のもとで展開されている事業が枚挙に暇ないほど存在している。しかし、これらの活動の中身をのぞいてみると、かつての寺子屋が使命と掲げた「子どもの文字学習」とまったく性質の異なるものであることに気づく。大学の市民講座や、新聞の生涯学習の情報発信、ビジネスリーダーの養成塾、体育館でのスポーツ体験イベントなど、現在において「寺子屋」と名乗っているものは、あらゆる年齢層を対象に、ありとあらゆる学習サービスを提供している。本章では、これらのものを寺子屋と区別して日本型寺子屋と呼ぶ。

日本型寺子屋の現況には、一つの興味深い問いが潜んでいる。寺子屋と趣旨が異なるにもかかわらず、これらの

3……乙竹の統計データは、大正四（一九一五）年から同六（一九一七）年まで、寺子屋経験者の古老を対象に行われたアンケート調査に由来するものである。配布されたアンケート一万二〇〇〇通のうち、三〇九〇通（元師匠八三通、元在学生三〇〇七通）が返送され、分析データとなった（乙竹 一九二九a：六七五—六七六）。

4……同書によれば、「算術」に次ぐ科目として、「謡曲」（三％）、「修身」（二％）、「礼法」（二％）、「作文」（一％）、「武道」（一％）、「歴史」（一％）などがある。

5……文字学習（近世でいう「手習い」）の機能を強調するため、近世教育史分野では、寺子屋という用語に代わって手習塾を採用することは、早い場合は七〇年代から現れ、現在において一般的に定着してきた（入江 一九九六：一）。本章は、寺子屋という用語の連続性に着目するものとして、この通例に反してあえて寺子屋と呼ぶことにした。

活動はなぜ「寺子屋」と自称しているのか。言いかえれば、「子どもの文字学習」を目的としない日本型寺子屋を運営する人々は、寺子屋をどのように認識しているのだろうか。日本型寺子屋事業を調査すれば、おそらく「地域」「コミュニティ」「遊び」「学び合い」「個性」「ボランティア」「全人教育」「信頼関係」「個別指導」といったキーワードが浮上してくることが予想される。しかし、この調査を本章で行う余裕も必要もない。ここで問われるのは、その認識の一つに、「日本型」があるかどうかのみである。

この点について、最初に指摘しなければならないのは、現在の中学校の社会教科において、江戸時代の生活文化を「藩校や寺子屋などによる「教育の普及」や社会的な「文化の広がり」と関連させて、現在との結び付きに気付かせるようにする」ことが学習指導要領において義務化されていることである。[6] この事実が二点において「日本型」と結びつくのである。まず、寺子屋という存在が義務教育の内容として指定されている以上、それが日本人なら知っておくべき教養、いわば現在「日本型」教育文化の対象として認識されていることである。もう一つは、寺子屋のことを「文化」と関連させることによって、寺子屋自体が江戸文化を開花させた機関として、いわば当時「日本型」教育文化の主体として位置付けられていることである。このように、きわめて暗示的な形ではあるが、「日本型教育文化」としての寺子屋認識は既に中学校において教え込まれているといえるのである。

しかし、日本型寺子屋に関する情報が、日本人によって日本人に向けて日本語で伝達されるかぎり、暗黙的な「日本型教育文化」認識をあえて明示化する必要は生じない。それが顕になるのは、この国民的教養が通用しなくなる場合のみである。この点において、「世界寺子屋運動」と「二一世紀型寺子屋」という二つの海外展開の教育事業が示唆的である。「世界寺子屋運動」は日本ユネスコ協会連盟が、発展途上国で「寺子屋」と名乗る「地域学習センター」を設置し、「地域に暮らす人びと自身が運営し、基礎教育や職業訓練の場にとどまらず、図書館、地域のお祭り会場、互助やボランティア活動」の拠点として展開させている事業である。[7] そして、この事業の正式英訳として採用されているのは「World Terakoya Movement」である。もちろん、日本語が話せない人に「Terakoya」

は通じないため、それを「Community Learning Center」として説明もしている。[8]あえて補足説明の道を選ぶほど「Terakoya」すなわち日本語にこだわったことに、「寺子屋」の翻訳不可能性、転じて文化的独自性、すなわち「日本型教育文化」の主張が読み取れる。

同じく、一般財団法人「地域・教育魅力化プラットフォーム」が推進する「ブータン王国での学校魅力化プロジェクト」の重要施設である「二一世紀型寺子屋」事業にも「日本型教育文化」の姿勢が表れている。上述の「世界寺子屋運動」と同様に「二一世紀型寺子屋」は「21st Century Style Terakoya」と英訳され、文化的独自性が強調されている。[9]さらに、この事業は「日本型教育」の海外展開をめざす「ＥＤＵ－Ｐｏｒｔニッポン」事業にも採用されているため、「寺子屋」は「日本型教育」として公認されているといえる。

以上、現在の日本型寺子屋は、近世の寺子屋と趣旨を異にしていること、「日本型教育文化」として認識されていることを確認できた。では、日本型寺子屋はいつから寺子屋から遊離し、「日本型教育文化」の道を歩み出したのか。その過程をこれから解明する。

6……文部科学省『中学校学習指導要領（平成二九年告示）』五五頁。https://www.mext.go.jp/content/1413522_002.pdf

7……日本ユネスコ協会連盟「世界寺子屋運動について」https://www.unesco.or.jp/activities/terakoya/

8……日本ユネスコ協会連盟「世界寺子屋運動について」https://www.unesco.or.jp/en-activities/

9……文部科学省『日本型教育の海外展開推進事業（ＥＤＵ－Ｐｏｒｔニッポン）』四四頁。https://www.eduport.mext.go.jp/epsite/wp-content/uploads/2021/03/pilot-poster201803en.pdf

3 寺子屋の消滅

日本型寺子屋が成立するためには、まず寺子屋がその姿を消さなければならなかった。では、寺子屋は、いつ、どのように消滅していったのかについて、背景、過程、結果にわけて整理する。

(1) 背景——国民養成

極端にいえば、寺子屋は「国民」の養成のために犠牲になったといえる。「想像の共同体」として表現されるように、「国民」とは、実際にお互い顔を合わせたこともなければ、必ずしも言語的・文化的・経済的な接点もないにもかかわらず、なんらかの想像を媒介とする親近感すなわちアイデンティティを共有する共同体のことである(アンダーソン 一九八七)。この想像の中で長く生活してきた近代人はこの共同体を自明的な事実と感じてしまうのだが、近代国家成立以前の人々にとっては紛れもない虚像であった。わずかな知識人を除けば、人を「日本国」という枠組みでとらえる発想は近世人にはなかった。むしろ、近世の身分制は、人々と物事を「家」や「職」といった組織に細分化することで成り立っており、「国民」の概念とは根本的に相いれないものであったのである。

身分を前提とする近世社会に形成された教育もまた身分を根本原理としていた。その最終目標は、人をその所属する家や職の共同体によって課せられた役割を無事に全うできる「一人前」に育てることにあった。その結果、寺子屋にはおのずと限定性、実用性、自主性といった三つの特徴が生まれたのである。

第一に、身分は生まれながらにして固定されたものであるため、教育という営みは人生のあらゆる出世コースの可能性に備える必要もなく、百姓の子どもには『百姓往来』（農業に必要な知識・技術・生活心得などを記した往来物。江戸期には同名の往来物が多数出版された）、商人の子どもには『商売往来』（商業に必要な知識・技術・生活心得などを記した往来物）といったように、身分に特化した、限定的な教育が求められていた。第二に、身分は社会的実践を通して達成するものであるため、実用的な教育が求められた。実用性のない知識は身分の邪魔となる虚栄心や自己満足に繋がるものとして危険視され、それを追求する人たちは「文字芸者」や「人の書物箱」などと呼ばれ、無用の長物として貶められていたのである（辻本 一九九六：一二〇）。身の程を知る「余力学問」こそが、近世の命題であった（高橋 一九七八：一七二—二四五）。第三に、身分とは、ある共同体において「一人前」であることを意味するので、その人材の育成は共同体にとっても他人事ではなかった。政府による促進や強制をまたずして、身分的共同体から発生する同調圧力に基づく自主性こそが近世教育の原理であった。実に、幕藩権力は基本的に民衆の教育に不干渉であった。

以上のような、身分の原理に根差した限定的・実用的・自主的な教育を施す寺子屋が、明治政府によって消滅に追い込まれるのは時間の問題であった。富国強兵を通して独立を維持できる近代国家を形成し、西洋列強に合流することを急務とした明治政府にとって、その目標達成のカギとなるのは「国民」の存在であった。「国民」からの徴税徴兵こそが富国強兵の前提であったのである。「想像の共同体」となりうる「国民」を養成するために、義務教育が設置され、表裏一体となる二つの作業が開始された。言語的・文化的な同化政策を通して共通したアイデンティティを養うこと、そしてその際に邪魔となる身分の原理を取り除くことである。「国民」の登場は寺子屋への余命宣告でもあった。

（2）過程――寺子屋風

国民養成をめざす明治政府は、明治五（一八七二）年にそのロードマップである学制の発布に合わせて、障害となる寺子屋を廃止した（石戸谷一九五八：二四）。しかし、これは名目上の処理に過ぎなかった。学制は、小学校（五万三七六〇校）、中学校（二五六校）、大学（八校）の設置を構想していたが、その実現はほど遠いものであった。制度が軌道に乗るまでの臨時的な対策として、寺子屋の圧倒的多数が「学校」と読み替えられた上、そのまま近代教育制度のなかに取り込まれたのである（吉田 二〇〇八：三二）。

寺子屋の読み替えにおいて指標となったのは文部省の「小学校教授細則」であった。この「細則」にどれほど適合しているかによって、以下のいずれかの処理がなされたのである。適応度が高いものはそのまま「公立小学校」に採用された。現時点での適合度は低いが今後高くなる見込みのあるものには、寺子屋師匠を教員講習所で研修させ、「細則」への追従を確認できた上で、「私立小学校」と任命された（乙竹 一九三四：七―八）。適合度を満たす見込みがないものは、制度化されない「各種ノ学校」として片づけられた。

「細則」が遵守されているならば、以上の読み替えは実態の変更を伴うものであったはずである。しかし、明治政府は慢性的な人材と資金不足により、公立小学校の整備を最優先した結果、小学校の七五％をも占める私立小学校への監視を蔑ろにしていた（深谷 一九六九：七四）。その結果、寺子屋という名称自体はなくなったものの、その設備・教授方法・教材などは、多くの「学校」の中に生き残っていたのである。寺子屋が制度の水面下に潜った現象を象徴する言葉として、この時期の新聞には「寺子屋風」[10]や、「寺子屋的」[11]、「寺小屋流」[12]といった言葉が使われ始めた。

寺子屋がしばらく「寺子屋風」教育として生き残ることができた背景には、政府の監督の甘さのほかに、その存続を強く希望する民衆の存在もあった。政府主導の国民養成に違和感を覚えた民衆は、その養成機関であった「学校」も疑わしいものとして見ていたのである。学費が高いこと、通学距離が遠いこと、子どもの労働力が失われること、教員の熱意が足りないことなど、小学校への反感は様々な形で浮上したが、共通しているのは、従来どおりの寺子屋のままでいいという考えであった（石戸谷 一九五八：二〇—三二）。

(3) 結果——寺子屋時代

政府の私立教育に対する怠惰と民衆の「学校」に対する疑念によって、寺子屋を延命させる隙間が存在していた。しかし、その隙間も時間が経つにつれ消えることとなる。二〇世紀に入ったところ、公立小学校の整備がいよいよ完成され、明治政府に私立教育の監視を強める余裕がでてきた（土方 二〇〇八：一一）。その結果、わずかに残っていた「寺子屋風」教育も次々と姿を消していく。一方で、就学率の向上によって学生同士の競争が次第に高まり、学歴社会が登場する。それまで「寺子屋風」教育を支持してきた民衆の中にも、自分の子どもを出世させるためには国家に権威付けられた学校で学ばせることが唯一の術であるという心境の変化が起こっていた。政府には監視され、民衆には見放された寺子屋は、ここでついに居場所をなくしたのである（乙竹 一九三四：一四）。往来物もこの

10……「生徒解散」『読売新聞』一八八七年一一月一一日、「学務課長の諭示」『読売新聞』一八八九年一月二四日、「金子小学校の改正」『読売新聞』一八八九年三月一二日。

11……「二厘教育」『読売新聞』一八九二年九月二四日。

12……「東京市の小学校」『朝日新聞』一八九九年六月二二日。

時期から出版されなくなっている（高橋 一九三〇：一一三）。

このように、次第に寺子屋は過去の遺物として認識されていくようになった。明治四〇（一九〇七）年に執筆された回想録では、「皆さんはむかしの小学校、即ち寺子屋の状況は多分御存じなからうと思ひますから、茲に本誌の数頁を拝借して当時の状況を書いて見ませう」と、寺子屋はもはや遠い過去として描かれている（菅原 一九〇七：二〇）。同年の新聞記事では、日本式建築で畳を敷いている学校を訪問した記者が、「全然昔の寺子屋を今日前見るやう」なものと感想を述べ、入学者はその姿に「一驚を喫する者もあった」と述べている。[13]

さらに時代が進むと、寺子屋は歴史的好奇心の対象ともなった。明治四四（一九一一）年、「所謂寺子屋時代より継続して来たりたる」小学校が、その当時の所蔵品を展覧会で公開する際、それらを「珍奇なる古器物、教具、標本」として表現するようになった。[14] また大正二（一九一三）年に「寺子屋并に天神様に関する物」をテーマとする集古会が開催された。[15] 大正四（一九一五）年には逓信博物館新陳列において、「維新前寺子屋に於て教科用となしたる往来物」と名付ける展示会が開かれたのである。[16]

明治末年あたりから、寺子屋はもはや「珍奇」と「一驚」を覚える過去のものとなった。それもそのはずである。この頃には、明治維新から既に四〇年も経過しており、正真正銘の寺子屋を体験した世代は、五〇歳ごろで晩年にさしかかっていたのである。もちろん、明治以降の「寺子屋風」教育をなんらかの形で経験している人たちはまだそれなりに存在していたが、本当の寺子屋の実態を知らなければ、具体的に何がどのように「寺子屋風」なのかはわかりようがない。多くの人にとって、寺子屋は自分ともはや何の関係もない、一種の別世界、別時代を象徴するものとなった。世代交代とともに、寺子屋は人々の記憶から消えてしまった。そしてそれを弔うかのように、近世教育を指す意味での「寺子屋時代」という言葉が明治末年に現れ始めたのである。[17]

4……日本型寺子屋の誕生

近世の寺子屋が「寺子屋風」を経て「寺子屋時代」という過去の存在となったが、大正期に再び顔を出し、「日本型寺子屋」として復活する。以下では、その復活の背景、過程、結果を整理する。

(1) 背景――国民危機

明治政府が最終目標として長年追求してきた富国強兵によって担保された近代国家は、明治三八(一九〇五)年の日露戦争の実質的な勝利に象徴される形で二〇世紀初期に実現された。近世の幕藩体制が崩壊して半世紀、西洋列強による植民地化の危機をしのいで、アジアで唯一「近代」の仲間入りを果たした国家となったのである。当時

13……「〈都下〉女学校風聞記(廿八)」『読売新聞』一九〇七年三月一三日。

14……「古器物展覧会」『読売新聞』一九一一年一〇月一三日。

15……「浮世を外の長閑さ」『読売新聞』一九一三年三月九日。

16……「逓信博物館新陳列」『読売新聞』一九一五年六月一八日。

17……「寺子屋紀念の小学校と百年祭」『読売新聞』一九〇七年三月九日、小松崎古登子(一九〇九)。

の日本にとっては誇らしい事実であったと同時に、海外においても関心を集めた。その偉業を可能にした秘訣とは何であったのか。国内外が声をそろえて、愛国心と団結力にあふれる国民を養成してきた日本の近代教育制度であると答えた（加藤 一九三二：九）。

しかし、国民養成を最優先してきた近代教育がもたらしたのは富国強兵のみではなかった。「皆学」に近い就学率の結果、大量に学校に流れ込む様々なバックグラウンドを持つ子どもたちは、教室の中に、ある矛盾的状況をもたらしたのである。子どもの「量」が増えたが故に、教育が一斉授業に頼らざるを得なくなった。ところが、子どもの「質」が多様化した点において、一斉授業の利点が消えたのである。もちろん、現場の教員はこの矛盾した現状にいち早く気付いたが、政府の教育管理政策の束縛が強く、有意義な改善策を打つ術がなかった。

現場で苦悩する教員のみならず、学校の難儀は家庭にとっても他人事ではなかった。自分の子どもが競争の一層激しくなった社会を勝ち抜くために有利となる教育を、積極的に学校に求めたのである。さらに、学生たちも悲鳴をあげていた。学生同士の競争において勝ち組となる「成功」青年も多数輩出されたのだが、同時に落ちこぼれた「堕落」青年も、疲れ果ててしまった「煩悶」青年も、数多く現れたのである。当時の社会に居場所が見つからず「閉塞感」の中で人生や将来に迷う書生が、国民として国家へ奉仕する出世コースに代わって、人格の「修養」にこそ生き甲斐を求め、内面的な世界に逃走した（筒井 二〇〇九）。

政府にも、近代学校制度が生み出した国民の適否を再考させる事件が次々と勃発した。日露戦争の講和条件に対して、多くの民衆が不満を表して暴動を起こした明治三八（一九〇五）年の日比谷焼打事件や、明治天皇の暗殺を企てたとされた明治四三（一九一〇）年の大逆事件は、制御不可能の「群衆」の恐ろしさを政府に知らしめた。次いで、同じ後発資本主義国の日本にとって、大正六（一九一七）年のロシア革命も警鐘を鳴らす出来事であった。実際に、国内に広がりつつあった労働問題や階級摩擦によって、同七（一九一八）年の米騒動、同九（一九一九）年の労働争議が起こっていた。大正一一（一九二二）年に設立された日本共産党も、ロシア革命の余韻がまだ響いている時勢においては、さらに政府に危機感を抱かせたのである（山田二〇一四：一二二―一四四）。

以上、大正期は近代学校の最大目標であった「国民」養成を見直す時代であった。子どもの「国民」性よりも出世こそを願う家庭や、自分の人格が「国民」という枠に収まりきらないと悩む学生と、今の制度のもとで育成される学生たちは必ずしも求めていた良き「国民」ではないと反省している政府、いずれもが近代学校制度の改革を求めたのである。

(2) 過程――新寺子屋

近代学校がもたらした「国民」養成の危機を克服するために参考とされたのが、欧米の新教育運動であった。というのも、この危機は、近代学校が孕む内在的な問題であり、日本より一歩先に近代学校制度を打ち出した欧米諸国は既にこうした状況に直面し、対策に着手していたからである。新教育運動の実践は多種多様であったが、総じていえば、子どもを芸術や自然に触れさせながら、共同作業と実体験と個別指導を通して、その個性や想像力を伸ばすことを目的とする試みであった。「国民」性より「個人」性を重視した教育ともいえる。

この新教育運動は日本にも紹介され、いくつかの師範学校でも部分的かつ一時的に試行されたのだが、特に大正期の私立学校において飛躍的に開花した。抵抗感なく受け入れられた背景には、従来の教育制度に対する絶望感のほかに、新教育自体に対する親近感もあった。特に新教育が唱える小規模での個別指導が寺子屋の教授方法と類似するものとして認識されたのである。たとえば、「今日新発明らしく分団式だの個別扱ひだの大層にいってゐるが、畢竟寺子屋の型を採ったに過ぎない」（熊佐一九一四：二〇）や、「新学校と云ふといかにも新しいやうにきこえるが（略）寺小屋の復活にすぎない」といった当時の発言には、そういった認識がうかがえる（志垣一九二五：三二）。

新教育がある種の「寺子屋」性を帯びたものに見えたのは当然のことであった。そもそも欧米の新教育運動は、

「近代」教育を相対的にとらえ直すための視座を、ルソー（Jean-Jacques Rousseau）やペスタロッチ（Johann Heinrich Pestalozzi）といった、「前近代」を美化するロマン主義の教育思想に求めたのである。日本にも同じ現象が起こり、新しい教育を唱える運動は、古い寺子屋の復活を呼びかけることとなった。[18] この皮肉な現象を表した言葉として、「文明的寺小屋」[19]、「現代版寺子屋」[20]、「モダン寺小屋」[21]、「新寺子屋」が現れ始めたのである（小野 一九二八）。

忘れてはいけないのは、こういった「新寺子屋」の類は、あくまでも表面的な戦略であったことである（Mehl 2003: 224）[22]。近世の寺子屋が万能薬ではないことは、新教育者も十分に承知していた。そのため、寺子屋をほめたたえる一方で、「勿論今日は寺小屋式の教育ばかりぢゃ迚も満足な教育は出来まい」（中村 一九一九：二一―三一）や、「勿論寺子屋教育にも欠点はある。のみならず、今日の時勢には徹底通せない点も多々ある」（熊佐 一九一四：一二）、「直に徳川時代の寺小屋をそのまゝ模倣することは考へ物であろう」といったような表現で、極端的かつ単純な寺子屋復活を戒めている（小野 一九三六：一七）。彼らの関心は近世の寺子屋そのものではなく、あくまでも新教育に通じる寺子屋の一部分、特に小規模の個別指導のみであった。「新寺子屋」の主張は、その場しのぎの作戦に過ぎなかったのである。

（3）結果――日本型寺子屋

「新寺子屋」が流行しはじめた時期には、それは特に日本独自の教育機関だとは思われていなかった。むしろ、これまでの寺子屋は、単に「近世」の未発達な教育施設として認識されていた。たとえば、朝鮮の書堂を「日本の寺小屋」[23]、台湾の書房を「土人の寺子屋」や[24]、「寺子屋的書房」[25]、中国の小学堂を「寺小屋」として説明する記述が見られる。[26] 大正期の新教育者は、この寺子屋の「近世」性を「未発達」という否定的な意味から、「小規模での個別指導」へと肯定的に読み直したが、寺子屋というものを万国共通の普遍的現象としてとらえる姿勢に変わりはなかった。

しかし、当時の時勢では、この認識は大変維持しにくいものであった。というのも、日本の教育制度は明治二三（一八九〇）年に発布された「教育勅語」以降、「万古不易」かつ日本特殊であるとされた「国体」を基礎原理として展開したからである。日本の教育制度は「国体」の特殊性を強調した以上、それに世界に通用する普遍性を認め

18……中村春二（一九一九）、遠藤隆吉（一九二五）など。大正期以前にも、寺子屋の復活を唱える声は見られるが、それはいずれも、コスト削減の対策であり、その教授法に積極的な価値を見いだしたものではない（『権衡論』『読売新聞』一八八七年二月一日。「単級小学校の制度を全国に及すべし」『読売新聞』一八九一年四月二五日。「寺子屋の再興は如何」『朝日新聞』一八九三年一〇月五日）。

19……「寺小屋式の湖畔大学」『朝日新聞』一九二〇年八月六日。

20……「〈自由を喜ぶ〉児童の群れ」『読売新聞』一九二四年六月八日。

21……「画一教育打破にモダン寺小屋」『読売新聞』一九二九年四月一九日。

22……メール（Mehl 2003）の著書は近代以降の私塾の行方をテーマとするが、大まかな論点は寺子屋にも当てはまる。そもそも、近代以降の寺子屋の行方を見ようとする本章の着想もメールの著書から得たことをここで付記する。また、筆者がいう「新寺子屋」を、寺子屋の皮相を装った新学校と考えるメールの立場と対照的に、新学校の皮相を装った寺子屋ととらえる立場もある（小林 一九六八：一〇二、二七六）。

23……「小学校」『朝日新聞』一八九五年九月一二日。

24……「台湾の真相（第31）」『朝日新聞』一八九七年一二月一四日。

25……「台湾の真相（第32）」『朝日新聞』一八九七年一二月一五日。

26……「清国教育の惰気」『朝日新聞』一九〇八年七月一四日。

る、もしくは新たに取り入れることは、イデオロギー上望ましくないことであった。当初は政府も新教育を実験的に実施したものの、大正後期に保守勢力がだんだんと強まると、それを「国体」に反するものとして取り締まるようになったのである。「国民」養成の危機を乗り越えるために政府がたどり着いた対策は、国際的な普遍化ではなく、国粋的な特殊化であった。

上記のような時勢をうけて、「近代」教育をとらえ直すための「近世」的な「新寺子屋」が、いつのまにか「欧米」教育をとらえ直すための「日本」的な「新寺子屋」、すなわち「日本型寺子屋」として再解釈されるようになった。たとえば、中村春二（一九二三：一六四―一六七）は「教育先輩家」に向けて、「我国民性と寺小屋式教育法との関係を考へずして、泰西の物質的文明の輸入と共に教育方法迄そのまゝを採用した」と戒めている。また、志垣寛（一九二六：一一六）は自分の新教育に対する意気込みを、「明治の維新は科学と文明と資本とに憧れて、大きな一つの失敗を残してゐる。それは寺小屋の廃滅である。自分はこの日本特有の埋められた宝玉を掘り返さうと努めてゐるのである」と表している。さらに、小野武夫（一九二八）は「日本」を強調してはいないが、「新寺子屋」が打破すべき状況として、「欧風講堂」の中で「洋服を着た先生」に「西洋教育学の型にきちんと嵌っ」た「西洋風の画一教育」によって、「人間商品」が「大量生産」されることと表現している以上、その念頭にある比較軸は明白であろう。

長い道のりを経て、ついに寺子屋は「日本型教育文化」となった。近世の寺子屋が、面影の残る「寺子屋風」と、過去となった「寺子屋時代」を経て、普遍的な「新寺子屋」として再着目されてから、間もなくして日本特有の日本型寺子屋として定着したのである。もちろん、「寺子屋」像は大正期以降にも時勢に応じて変化し続けるが、本章の着目点はあくまでも日本型寺子屋の誕生にあるため、その後の展開については省略する。

5……日本型寺子屋の弊害

日本型寺子屋を創出した新教育者の立場には共感できる点もある。当時の教育における「国民」性と「個人」性の比重はバランスを欠いており、教育方法においても、注入型の一斉授業に頼りすぎていた。この状況を改善するために、新教育は確かに有力な視座ではあった。保守主義に傾向する時勢のもとで、「欧米」由来の「新」学校の実践を導入する手段として、それを「日本」由来の「旧」寺子屋として読み替えたことは優れた戦略ともいえる。

しかし、いくら良い戦略だとはいえ、それが誤った判断であったと筆者は考える。目の前の教育状況に憤慨するあまり、改革を呼びかける方便として、寺子屋を都合よく読み替えた、「日本型寺子屋」という、一見たわいない「嘘」をついてしまったからである。新教育運動は昭和期の国家主義によって抑圧されたことから、この戦略は最終的に失敗で終わったと評価せざるをえないが、「嘘」そのものは世間に広まってしまった。それだけでなく、いったん現実離れした寺子屋像は、その後、日本型寺子屋として自由奔放に独り歩きし、教育的な万能薬として圧倒的な支持を受ける神話となった。

この結果の何が悪いのか。つまるところ、日本型寺子屋という視座からは、「より良い」日本教育を想像することができないことである。というのも、筆者が考えるに、「より良い」教育を想像するために必要なのは他者性と現実性である。他者性というのは、「今日」を相対化できるための、何らかの意味において異なる「明日」を提供する要素である。可能性や差異性といってもいいのだが、本書で課題とされている「日本型教育」概念には、非「日本」的他者が否定的媒介として暗示されているため、ここでは他者性と呼ぶことにする。それに対して、現実性というのは、「今日」をその異なる「明日」まで持ち運ぶことが可能であることを担保する要素である。想像力に関する議論は、よく他者性のみで展開されるが、まったく現実にもとづいていない想像は空想となり、現実と区別が付かない想像は幻想に陥る。「より良い」教育を想像するために、必ず他者性と現実性の両方を確保しなければならないが、日本型寺子屋という虚像はその障害となるのである。誕生してから一〇〇年も経っており、その間に日本型寺子屋が悪用・誤用された事件簿を整理する余裕はないが、その弊害の大分類（視野狭窄、時代錯誤、期待過剰）だけは展望しておきたい。

（1）視野狭窄――拒否される他者性

日本型寺子屋とは、新教育者たちが新学校を「日本」というレンズを通して再解釈し、それを無理して「寺子屋」という枠にはめこんだ産物であった。大正期当時では、教育改革を敢行するために必要な戦略であったかもしれないが、長期的視野に立てば、こういった「日本」にこだわった視野狭窄にはデメリットの方が多い。というのは、それは日本以外の地域に秘められている他者性を拒否することになるからである。

そもそも他者性とはそう簡単には出会えないものである。もちろん、「自分」でない意味での「他者」は数多く存在するのだが、それらの他者が自分を相対化できる「他者性」をそのまま提供しているかというと、そうでもない。理由は二つある。第一に、我々が自分を相対化したいと積極的に希望しない限り、ヒトという生き物はよほどのことがない限り思考や慣習を変更しないようにできていることである。第二に、世界中の人々がホモサピエンス同士として普遍的な人間性を共有しているため、他者の立場を真に理解しようと思えば、大体は理解できてしまう。要するに、他者性に触れるために強力な自己探求の努力が必要だが、皮肉にも、努力すればするほど他者性の大半が目の前から消えてしまうカラクリである。それだけに貴重な出会いを、地域制限によってさらに限定させることは、想像力を育てるには自己破滅的な行為である。

さらにいえば、仮に地域制限するにしても、その地域がそもそも「日本」でなければならない理由もない。「より良い」日本教育のためのヒントは、必ずしも「日本」に潜んでいる必然性はない。小説家の坂口安吾（一九〇六―一九五五）がかつて喝破したように、「日本人には必然の性格があって、どうしても和服を発明し、これを着なければならないような決定的な素因」がないため、「日本人にはキモノのみが美しいわけでもない」。要するに、一つの地域に「文化」として形成されてきたものは、過去にも未来にも、この地域にもっとも「ふさわしい」ものであるという根拠はないということである。「文化」に必然性もなければ、それにこだわる必要性もないため、「より良い」社会を構築するために、広い視野での取捨選択が望ましいのである。

欧米由来の新学校が「日本型寺子屋」として売り込まれた戦略は、日本の教育を良くするためには日本文化の材料・概念・思考を使わなければならない、という発想に対応する妥協案であった。その結果、他者から刺激をうけ、その他者性を極めようとする精神や努力を通して、自分を相対化できる可能性あるいは必要性が、視野から消えてしまったのである。いうまでもなく、こうした余計なハンディキャップを設けた立場から「より良い」日本教育を想像できることは期待できない。

(2) 時代錯誤——同化される他者性

寺子屋教育を大正期にも通用する教育としてアピールするために、新教育者はその本質を「近世」という歴史性にではなく、「日本」という文化性に求める必要があった。言い替えれば、近世の寺子屋と大正期の日本型寺子屋の相違点を隠蔽するために、歴史の他者性を無視する必要があった。その結果生まれたのは、「近世」と「近代」を同じ時代として認識し、同じ目で見てしまう、アナクロニズムすなわち時代錯誤である。

時代錯誤を簡単にいえば、ある時代を、別の時代の常識で解釈してしまうことである。大正期に唱えられた個別指導を近世の寺子屋に求めることは典型的な時代錯誤であった。そもそも、何らかの形で一斉授業を取り入れていた寺子屋は三三％もあったため、寺子屋を個別指導にのみ依拠する教育と考えるのは早計である（乙竹 一九二九b：一〇二二）。さらに、百歩譲って、寺子屋は専ら個別指導で行われたと想定したとしても、それを新教育の個別指導と同一視することはできない。後者は子どもの個性や自発性を開発させるための積極的な教育学的工夫であったのに対して、寺子屋の個別指導は単に必要性に迫られた対策であった。就学率が低い近世では、寺子屋に集まる子どもの年齢や通学時刻がばらばらであり、その多様性に対応するためには個別指導はほぼ必然的な結果だったのである。

また、寺子屋の本来の目的であった文字学習すなわち技術習得にも個別指導は不可欠であった。しかし、この場合の個別指導は、個性や自発性を育てるどころか、師匠の手本を完璧に模倣させるための指導であった。さらにいえば、ある学生が個別指導を受けている間、ほかの学生は何の指導も受けられていないことも忘れてはならない。個別指導と大勢放置とは表裏一体の現象である。たとえば、ある回想録によると、自分の寺子屋師匠が「弟子を一順するのにはその教え方が懇切であったためか、約一週間を要」したという（中西 一九三八：五〇三）。このようにして、時代錯誤はまったく本質を見失った解釈を生み出してしまうのである。

教育社会史を講じた江森一郎（二〇一三：一八二）はかつて「学生諸君は寺子屋に教育の理想をすぐ夢見たくなるようである。しかし、彼らにはその背後にある貧しい経済的・物質的条件と、それに制約された困難な勉学条件になかなか思いが至らないらしい」と指摘した。では、なぜ学生がそこまで「思いが至らない」のか。近世の現実に関する知識が足りないことはもちろんだが、本当の問題はもっと深刻で、近世は現在の基準で正しく評価することができない別の時代であるという認識すらないことである。この正しい時代認識を妨げているのは、言うまでもなく日本型寺子屋の神話である。

（3）期待過剰――消失される現実性

大正期の新教育者は、新学校を寺子屋に包んだ日本型寺子屋を創出した。実際には、それは寺子屋でもなければ、新教育でもない、どの時代においても存在したことのないものであったが、その不都合な真実は「寺子屋」という名称のベールの下に隠された。その後、日本型寺子屋は、名実が伴わないまま広まったあげく、多くの人はそれに過剰な期待を寄せ、教育史家の入江宏（一九九六：一）が指摘したように「反近代・反公教育的教育施設のシンボル的存在にまで祭りあげられ」るようになった。しかし、この非現実的な期待の行き先に待っているのは絶望とその失敗の責任のなすりつけ合いしかない。

まず、現実を非現実的な尺度ではかれば、必ず過小評価する結果になる。有り得ないほど美化された基準と比べてしまえば、実際にはさほど悪くない現状でも、まるで最悪に見えてしまう。ちょっとした欠陥が気になり始めると、余計な心配をはじめ、無駄な不満や、やり場のない憤慨を募らせ、やがては改革を声高に叫び始める。しかし、日本型寺子屋とは、いくら頑張っても手に入れることができないユートピアである以上、改革は失敗で終わるに決まっており、最終的に絶望感で終わるというカラクリなのである。

この時点で、日本型寺子屋の虚像性に気づけばいいが、それでもまた実現可能だと思いこんでいれば、次に始まるのは改革の失敗要因の追及である。日本型寺子屋という目標設定に問題がなければ、それを実現しようとする手段や主体など、他の何らかのものに阻害要因を求めるしかない。現在の学校教師は、昔の寺子屋師匠ほど教育に対する熱意いわば「聖職」観が足りないとか、現代の子どもは学びの精神や、先生に対する敬意に欠けているとか、実現不可能な目標の追求の果てに、このような責任の所在をめぐるなすりつけ合いが待ち構えている。

そもそも、大正期の新教育運動の衰退の背景には、国家主義による抑圧に合わせて、その非現実性も指摘することができる。たとえば、子ども一人ひとりに徹底した個別指導を施すのは、理想としてはいいかもしれないが、時間と資源が限られているなかでは、現実的には不可能である。教育社会学者の広田照幸（二〇〇九：九七）が指摘するように、近代の教育には「社会の中のあらゆる子どもを」、「かぎられた年限の間に」、「人間形成の多面的な側面に配慮しながら」、「読み書き算にとどまらない多様な科目を」、「一定の達成水準に向けて、教育する」といった、近世に存在しなかった「ハードルの高い」条件が設けられている。「より良い」日本教育を想像するために、こういった現実を無視することは無責任かつ非生産的である。

6 虚像のコストを誰が払うのか

「文化」と「歴史」はもとより相性が悪い観念である。文化は物事の再生に着目することによって時間を連続的にとらえがちであるのに対して、歴史は物事の変容に着目することによって時間を断続的に見がちである。文化か歴史のどちらか一方の視点を完全に優先させれば、もう一方は視界から消えてしまう。このような一歩間違えば危うい関係性だからこそ、そのどちらかを語る際には、史実に忠実で、精密な学問的検討が必要なのである。残念ながら、大正期の新教育者は、学問的検討より政治的利便性を優先させて、文化に偏った「日本型寺子屋」像を構築してしまった。そして、この虚像によってもたらされた視野狭窄と時代錯誤と期待過剰は、現在においてもなお、「より良い」日本教育を想像できる力を委縮させている。

この寺子屋の展開を踏まえて、本書の課題となる「日本型教育文化」に対する筆者の懸念は明白であろう。すなわち、「日本型教育文化」の（再）構築もまた、日本型寺子屋の二の舞を演じることになるのではないかということである。「国益の追求」「海外への追従」「海外への反抗」という目先の政治的課題に対応すべく、歪んだ歴史認識に根差した理想像をむやみに追究して、小利大損の結果となるのではないか。しかも、それによってもっとも損害を被るのは誰かというと、皮肉にも教育に啓蒙されるはずの次世代ではないか。今後「日本型教育文化」の構築に携わる方々には、筆者のこの不安をぜひ払拭していただきたい。

参考文献

〈日本語文献〉

アンダーソン、Ｂ　一九八七『定本想像の共同体―ナショナリズムの起源と流行』白石隆・白石さや（訳）書籍工房早山。

石川松太郎　一九九六「発行のことば」『稀覯往来物集成　第一巻』小泉吉永（編）大空社。

石戸谷哲　一九五八『日本教員史研究』野間教育研究所。

入江宏　一九九六「教育史用語を考える『寺子屋』と『手習塾』」『日本教育史往来』一〇三号。

江森一郎　二〇一三『体罰の社会史　新装版』新曜社。

遠藤隆吉　一九二五「寺小屋式教育を振起すべし」『日本公論』第一三巻七号。

乙竹岩造　一九二九ａ『日本庶民教育史　中巻』目黒書店。

乙竹岩造　一九二九ｂ『日本庶民教育史　下巻』目黒書店。

乙竹岩造　一九三四「寺子屋から小学校へ」『教育学研究』第三巻三号。

小野武夫　一九二八「新寺小屋教育」『文芸春秋』昭和三年三月号。

小野武夫　一九三六「寺子屋教育について」『青手教育』第一五七号。

加藤仁平　一九三三「日本教育史学史管見」『教育学研究』第一巻一一号。

熊佐弧堂　一九一四「寺子屋式の教育を鼓吹す」『芸備教育』一二七号。

小林健三　一九六八『日本教育の思想的系譜』理想社。

小松崎古登子　一九〇九「寺小屋時代の女学生」『女鑑』第一九年二号。

坂口安吾　二〇〇八「日本文化私観」『堕落論・日本文化私見』岩波書店。

志垣寛　一九二五『新学校の実際と其の根拠』東洋図書。

志垣寛　一九二六「ハウス・システム」『私たちの学校と其研究』教育問題研究会（編）文化書房。

菅原雅輔　一九〇七「〈国民教育〉寺子屋の話」『新国民』五巻六号。

鈴木晶子 二〇一一『教育文化論特論』放送大学教育振興会。
高橋敏 一九七八『日本民衆教育史研究』未来社。
高橋俊乗 一九三〇「明治初年の寺子屋教育」『龍谷大学論叢』第二九三号。
高山敬太 二〇一九「ポストコロニアルな時代における日本の教育のグローバルな展開と可能性と限界」『グローバル時代における「日本型」教育文化のあらたな可能性─「グローバル教育展開オフィス」開設記念シンポジウム』京都大学大学院教育学研究科グローバル教育展開オフィス。
辻本雅史 一九九六「マスローグの教説」『江戸の思想 第五号 読書の社会史』子安宣邦（編）、ぺりかん社。
筒井清忠 二〇〇九『日本型「教養」の運命─歴史社会学的考察』岩波書店。
中西紫雲 一九三八「紫雲雑記」『集古』戊寅第四号。
中村春二 一九一九「寺小屋教育の美点」『東亜之光』第一四巻一一号。
中村春二 一九二三『斯の道の為めに』成蹊学園出版部。
土方苑子 二〇〇八「なぜ各種学校か?─「各種学校」の提起する問題」『各種学校の歴史的研究─明治東京・私立学校の原風景』土方苑子（編）東京大学出版会。
広田照幸 二〇〇九『教育学』岩波書店。
深谷昌志 一九六九『学歴社会の系譜』黎明書房。
宮澤康人 二〇〇二『教育文化論─発達の環境と教育関係』放送大学教育振興会。
ラプリー、J 二〇一九「趣旨説明」『グローバル時代における「日本型」教育文化のあらたな可能性─「グローバル教育展開オフィス」開設記念シンポジウム』京都大学大学院教育学研究科グローバル教育展開オフィス。
山田恵吾 二〇一四「大衆化の中の教育（一九二〇〜一九三〇）」『日本の教育文化史を学ぶ─時代・生活・学校』山田恵吾（編）ミネルヴァ書房。
吉田昌弘 二〇〇八「各種学校のはじまり」『各種学校の歴史的研究─明治東京・私立学校の原風景』土方苑子（編）東京大学出版会。

〈外国語文献〉
Mehl, Margaret. 2003. *Private academies of Chinese learning in Meiji Japan: The decline and transformation of the kangaku juku*. Copenhagen: NIAS Press.

第3章 日本の精神分析史に見る日本型教育

「とろかし」をめぐって

西見奈子

1……日本の近代化と精神分析

精神分析には同一化という概念がある。これは外界の対象を自分の心の中に取り入れることを指す。例えば、思春期の子どもたちが好きなアイドルの髪型や話し方、メイクなどを真似たり、あるいはアイドルのコンサートでまるで自分が舞台に立つかのように緊張したりしてしまうのは典型である。この同一化概念の面白いところは、まるでアイドルのようになれたとしても、そのアイドルそのものにはなれないというところにある。どうやっても自分が滲み出てしまう。どんなに真似したとしてもアイドルに似た自分にしかなれない。実は、精神分析の立場から言えば、近づくことはできるけれど、自分をその人そのものにすることはできないところに発生する諦めが、何より重要ということになる。なぜならジークムント・フロイト（Sigmund Freud）が、一九二三年に発表した論文「自我とエス」において、この同一化に言及したのは、エディプスコンプレックスにおいて、息子が父親を取り入れる場面でのことであったからである（フロイト［1923］二〇〇七）。すなわち、父親のようになりたいと思って父親の真似をすることはできるけれども、父親そのものになって母親と結婚することは残念ながらできない。母親とは異なるパートナーを見つけて自分は別の家庭を築く必要がある。それが自分の人生を生きることであり、大人になることなのである。

日本の近代化にも同じことが言えるのかもしれない。日本は近代化において西洋に同一化しようとしたが、もちろんそのものにはなれなかった。第1章で西平が詳しく論じている通り、西洋の近代化概念としての教育はそれまでの日本における文化や歴史と断絶するものでは決してない。似たようなものはすでに存在していた。近代化によって蒔かれた教育という種は、日本という土壌でまた似て非なる花を咲かせることになった。

本章は、こうした視座のもと、精神分析から日本型教育について考えてみようと思う。精神分析は近代化とともに日本に輸入された。周知の通り日本は二〇〇余年もの間、鎖国体制を維持していたが、それが江戸時代の末に終わりを迎えることとなった。そこから明治、大正、昭和、という時代の流れの中で、日本は国を挙げて近代化を推し進めた。政治も医学もヨーロッパ列強を手本に改革が進められ、人々の生活や考え方は大きく変わった。日本は特に精神分析運動の拡大と日本の近代化が同時期だったことから、アジアの中でもインドに次いでいち早く精神分析を取り入れることになった。ご存知の通り、精神分析はフロイトによって創始され、ヨーロッパで発展した日本にとって完全に外のものである。海外に留学した日本人、あるいは来日した外国人によって精神分析は日本に持ち込まれ、少しずつ日本人の精神分析家の数を増やし、日本の精神分析コミュニティが作られていった。

そうした精神分析の広まりには教育が不可欠である。精神分析家になるための訓練は、訓練分析[1]、スーパーヴィジョン[2]、系統講義の三本柱である。精神分析家は訓練分析家によって育てられ、認められて、授与される資格であり、そこには教育が欠かせない。そのように日本でおこなわれた精神分析の教育にもやはり「日本型」なるものは

1……訓練分析は訓練分析家の資格を持つ精神分析家に、精神分析家を志望するものが自らの精神分析を受けることを指す。訓練分析に入る前には審査分析を一年以上受ける必要があり、その中で精神分析家に相応しい適格性を持つと判断されると訓練分析が開始されることになる。

2……臨床心理学においては、スーパーヴィジョンは様々な領域や現場で活用され、それぞれ独自のスタイルを持つものであるが、精神分析の場合、セラピストが自分の受け持つ分析症例に対して、スーパーヴァイザーから定期的に指導を受けることを指す。

あるかもしれない。日本の精神分析の礎を築いた古澤平作とその弟子たちとの関係、なかでも「甘え」概念で著名な土居健郎との師弟関係を取り上げて考えてみたいと思う。

2 古澤平作と「とろかし」

日本に精神分析はどのように導入されたのだろうか。現在分かっているところでは、精神分析が日本に最初に紹介された記録は、一九〇二年の雑誌『公衆医事』だと言われている。それは小説家で医師（後には日本陸軍の軍医総監となる）である森鴎外が医師として挾書生の名前で書いた記事で、フロイトの名前が認められる。その四ヶ月後に出版された『哲学雑誌』には、佐々木政直（一九〇三）が「心理学に関する精神病理学」において、フロイトのヒステリー研究を紹介している。そして一九一〇年代になると、日本で精神分析に関連する書籍が盛んに出版されるようになり、一九二〇年代から三〇年代にかけては本格的にフロイトの著作の翻訳がなされ、全集や著作集も複数の出版社から出版された。やがて一九三〇年には心理学者の矢部八重吉が欧州に留学してフロイトと面会し、精神分析の訓練を受け、晴れて日本初の精神分析家となった。そして一九三〇年代には日本にも複数の精神分析に関連する組織が創設され、精神分析家が次々に誕生し、精神分析が実践されるようになっていった（西 二〇一九）。

そうした中、一九三二年に古澤平作は欧州に留学し、フロイトと面会し、精神分析家のステルバ（Richard Sterba）から精神分析の訓練を受けた。一九三五年に国際精神分析学会（ＩＰＡ）の精神分析家として登録され、東京で精神分析学診療所を開き、実践をおこなった。後述するように、アジア・太平洋戦争の戦時下において日本の精神分析が衰退する中を生き延び、戦後に国際精神分析学会（ＩＰＡ）日本支部の会長となり、さらに日本精神分析学会という日本最大の精神分析組織を創った。そして、彼が提唱した「阿闍世コンプレックス」は、日本が世界に発信する代表的な概念の一つとなった。

古澤は一八九七年七月一六日、神奈川県厚木町（現在の厚木市）船子に生まれた。十人兄弟の九番目であった。母親は家の切り盛りに忙しく、養育はいち（イシ）という子守に任されていた。古澤は仙台の第二高等学校の理科に進学し、浄土真宗系の寮に入った。般若心経を唱えて朝食をとるような寮生活で、著名人を招いての公開講演には真宗大谷派の僧侶である近角常観が招かれた。常観による浄土真宗の教えに古澤は強く惹かれた。この常観との出会いが日本の精神分析に大きな影響を与えることになる（岩田 二〇〇九）。古澤はその後、東北帝国大学医学部に進学、卒業後は精神医学教室に入局し、精神分析と出会う。そして、一九三二年に精神分析を学ぶために欧州に留学したが、この留学中、古澤は「罪悪意識の二種」という論文を完成させ、フロイトに渡したと言われている。これが阿闍世コンプレックスの元となる論文であった。この「罪悪意識の二種」という論文は、フロイトの「トーテムとタブー」の引用から始まる。フロイトは、一九一三年に出版した『トーテムとタブー（*Totem und Tabu*）』の中で、トーテム動物の殺害と饗宴を次のように描写する。

> クランはトーテム動物を厳粛な機会に残酷な方法で殺し、生のまま肉も血も骨も食い尽くす。そこでは部族同胞はトーテムの似姿に変装し、あたかもトーテムと彼らの同一性を強調するかのように、声と動きを真似る。そのとき、個々人には禁じられているが全員の参加によってのみ正当化される行為を自分たちは実行しているのだということが意識されている。だからこの殺害と饗宴からは誰ひとり除外されてはならない。この行為が終わると、殺され、跡形もなくなったその動物の死が悼まれ嘆かれる。この死の嘆きは強制的なものであり、報復されはしないかという恐れによって無理強いされた嘆きである。
>
> （フロイト［1913］二〇〇九：一八〇）

フロイトは、このトーテム動物を父親の代替物であると考えた。昔、追放されていた兄弟たちは共謀して、父親を殺し、食べ尽くし、父との同一化を成し遂げ、父の強さの一部を自分たちのものとした。トーテム饗宴は、こうした犯罪行為の反復であり、追悼式典であり、そして宗教の原点として、フロイトは考えた。父との同一化を果たした後、兄弟たちは後悔におそわれることとなる。これもまた、エディプスコンプレックスの物語である。エディプスコンプレックスとは愛と憎しみの関係であり、父親への激しい罪責感情を鎮めようとする試みが、トーテム宗教を作ることとなったとフロイトは考えた。すなわち、フロイトによれば、宗教とは「息子たちの罪責意識を鎮め、侮辱した父を事後的な服従によって宥めようとして出現した試み」ということになる。そこに古澤は疑問を呈した（古澤 一九五四）[3]。古澤は言う。「果たしてこの状態のみが世界に存在する宗教の全部であろうか」と。罪悪意識から生じるのではない宗教も存在するのではないかというのが彼の問いであった。古澤は子供の例を挙げる。皿を割った子供は罪悪の意識を感じるが、それを親が許した時には罪悪の意識の変化が生じて別の罪悪が生じる、それは懺悔である。古澤はこの懺悔心を罪悪意識より高次のものとみなし、さらに罪悪意識は宗教的欲求であって、宗教心理ではないとして、宗教心理を明確に次のように位置付けた。

> あくなき子供の「殺人的傾向」が「親の自己犠牲」に「とろかされて」始めて子供に罪悪の意識の生じたる状態であるといいたい。
> （古澤 一九五四：六）

そして常観（一八七〇～一九四二）による『懺悔録』（一九〇五）から阿闍世物語を引用する。阿闍世物語には、古来より様々なバージョンが存在するが、ここで引用されたのは、常観によるものだった。常観は、上述したように真宗大谷派の僧侶で、親鸞の教えを説き、近代仏教において重要な役割を果たした人物である。この『懺悔録』は、近角常観自身が回心に至った経緯が阿闍世王の物語と重ね合わせて書かれているもので、信州飯山附近で開いた修養会で『歎異鈔』を講じた時の開題でもあった。概要としては、次のようなものである。

阿闍世は提婆達多（ディーバダッタ）に教唆され、父王頻婆娑羅（ビンビサーラ）を幽閉した。しかし母韋提希（ヴァイデーヒー）が食事を与え、密かに父を助けていたことを知り、母を殺そうとする。それを大臣の耆婆（ジーヴァカ）が止め、思いとどまったものの、その母のことも幽閉し、父を殺して王位に座った。しかしながら、その後、阿闍世は罪のない父親を殺した罪悪感にひどく悩み、苦しむようになった。そこにどこからともなく、仏陀に助けを求めなさい、あなたが不憫だから勧めているのです、という声がしたので、誰かと問うと、それは阿闍世が殺した父親であった。そこで、阿闍世は仏陀の深い慈悲に触れ、「結びつめた深闇な胸が一時に開けて、丸で長い長い隧道の中を辿り辿って、急に広い海辺に出たような心地」となって仏道に帰依することとなった。

すなわち、これは歎異鈔における悪人救済を説いたものである。このように古澤は阿闍世物語を引用して、罪を負ったものが許されることによって生じる懺悔心を描き、阿闍世コンプレックスを「母を愛するが故に母を殺害せんとする欲望傾向」と定義した。また、この論文で古澤は「とろかされて」罪悪の意識が生じることに注目した。後に古澤が主張した「とろかし」技法はここに原点があると岩田文昭（二〇〇九）は指摘している。近角常観による『信仰之餘瀝』において、「宗教的同朋」という最初の章に以下のような文章が認められる。

然るに満々一親切なる人ありて、私の所作をつくづく眺めて憐むべきものと思い、私がその親切なる忠告を拒めばこれを不憫に思い、遂に私がその人を打たんとするに至るも、怨むだけ可愛がり、打たんとする

3……古澤の「罪悪意識の二種（阿闍世コンプレックス）」が発表されたのは一九五四年であるが、執筆したのは一九三一年であった。

手の下から涙を以て眺めて居る人あらば如何、いかなしぶとき私も此の如き友人が全身込めた同情の涙は、唯一滴で五臓六腑にしみ渡り、身も心も融け合う心地して、其友情の深さに感得せられ、其親切の厚さに感泣して、油然として感謝の念を生じ、自から頭が下りて慚愧に堪へぬ、実に此の如き友人は二人とはいらぬ、唯一人あらば十分である、如何な罪悪の塊りなる私も融かされ（とろかされ）、闇の世界も夜が明ける、此様なる人は慈悲深き人と云うよりは、寧ろ慈悲が凝り固まりて人となった者と云う方が良い、して私は此友人を持ちながら今迄其親切に気が付かなんだ、実に仏陀は此方である、かく気を付けられた一刹那に仏陀の慈悲が全身に染み渡った、仏の光が胸の奥まで徹到（てっとう）したのである、我心は仏心に融かされた、実に同心の最大良友を得たのである、実にこれ我精神界の生命である、而（しか）して翻りて見れば真実の仏教信徒諸君は、何も同じ仏心を融合されたのである、してみれば真に御互に同一仏心と交りたる同心一体の宗教的同胞である

（近角 一九〇八：五―七、傍点は筆者）

ある親切な人が自分の行動を哀れんで親切な忠告してくれる。たとえそれを拒否しても不憫に思ってくれる。さらにその人を打とうとしても恨む分だけ可愛がってくれて、打とうとする手の下から涙を流して眺めてくれる。そうした人の同情の涙の一滴が全身に染み渡り、身も心も溶け合う気持ちがして、感謝の気持ちが湧き起こり、自分の行為を恥ずかしく思う。どんな罪悪の塊である私も「融かされ（とろかされ）」て、闇の世界も世が明ける。そして、これこそが「同心一体の宗教的同胞」なのだと論は続く。深い慈悲に触れることで、「融かされ（とろかされ）」、そして救われる。ここでいう深い慈悲は、仏陀による慈悲であり、心が仏心に融かされる体験を指している。「同心一体」という、まさに融かされ、境目のない世界がここにはある。これまで古澤の「とろかし」には「蕩し」などの字が当てられてきたが、近角に原点があることを考えるなら、近角が記したように「融（とろ）かし」（ふりがなは近角）となることだろう。

これを古澤は精神分析に応用した。患者のあらゆる葛藤は、母子の一体感の喪失にあると捉え、精神分析を通して母子の融合感を体験すると、分離についての葛藤が解消されると考えた。すなわち、母親から愛されたかったが満たされなかったその欲求を十分に満足させることで母親への執着から解放され、他者を愛することができるようになるという治療機制を考えたのである。そのため、「とろかし」技法によって、患者が分析治療の中で治療者との融合感を体験することが一つの目標とされた。

こうした考えは、古澤が戦後間もない頃に『小学一年生』という雑誌でおこなった教育相談の連載にも色濃く反映されている（西 二〇二一）。『小学一年生』は小学館が出版している小学一年生を対象とした総合雑誌である。一九二五年三月に『セウガク一年生』として創刊され、一〇〇年近い歴史を持つ。現存している資料の中で、古澤による「愛児の教育相談」や「おかあさまの教育相談」が見られるのは、終戦から四年後の一九四九年一一月から一九五一年八月までの約二年間であり、全二一回、延べ二六件の相談が確認できる。相談者は主に母親であり、相談内容は子どもが小学校に上がる不安から、内弁慶や欲張り、腕白といった子どもの性格上の心配について、さらには「どもり」や「耳だれ」といった症状まで幅広い。古澤は医学博士という肩書で相談に答えており、精神分析という言葉は見られないものの、回答内容は明らかに精神分析的視点を含んだものである。そして、その助言には一定の傾向が見られる。それは、子供を自由にして十分に甘やかしなさい、というものである。相談内容は種々であるにも関わらず、具体的に助言をおこなっている回答のうち、実に半数以上で同種の助言が認められる。「幼い頃の世話（愛）の不足を補うように、我儘を多めに見てあげてください」「子供の言いなりにしてやってみてください。我儘になったらますます自由にさしてみてください」「この子どもの満足いくまであらゆる方法で可愛がり「あなたが悪いと思うことを思う存分させるのです」こうした助言の背景として述べられているのは、幼少時代における母親からの世話や愛情の不足という理解である。そして、その愛情不足が満たされることによって、問題が解決されると考えられている。

古澤から精神分析の教えを受けた木田恵子（一九七二）は、古澤が指導の中で、仏の慈悲は無償の愛であり、人間の生活の中にある最も純粋な無償の愛は子に乳を与える母の中にあるということをしきりに説いていたと書いている。古澤から「心を病む人々は、たとえ母がいてもその母が母乳のような愛を与えなかったのだから、治療者がそれを与えるほかはない」と説かれた木田は、古澤平作という人物を「どうしたら自分自身も含めた母乳を十分に享受できなかった人々に対して、この人生最初の欠損を埋め合わせることができるかということを一生をかけて追求」した人だったと評する。

すなわち古澤の原風景には、十分に与えられなかった母親からの乳を求める姿があった。彼は母親からの無償の愛を求め続け、それが精神分析の技法として応用されたのが「とろかし」であった。患者を許し、深い慈悲を与えることによって、患者の罪悪はとろかされ、同心一体の世界で救われると考えた。このようにして、古澤は近代化の流れの中で日本にやってきた精神分析に対して、近角常観の考え方を応用して独自の解釈を加え、新たな概念や技法を創造したのである。そして、これは日本での精神分析運動において、つまり精神分析の実践や教育において古澤の核心となった。

3 「とろかし」に対する弟子たちの批判

しかしながら、この古澤の核心はその後、様々な波紋を呼ぶことになった。戦後、古澤のもとには、精神分析を学びたいという優秀な若者が集まった。彼らは古澤から精神分析の教育を受けた。上述した精神分析における訓練、すなわち訓練分析やスーパーヴィジョンを受け、精神分析を学ぶ研究会を開き、古澤の講義やコメントを聞いて議論を交わした。そうした集まりは、やがて古澤を会長とした学会へと組織化され、さらに多くの人を集めた。戦争で消えかけていた日本の精神分析を再興したのは紛れもなく古澤とその弟子たちであった。

彼らは具体的にどのように古澤から精神分析を学んだのか。一九五八年一〇月一二日に開催された日本精神分析学会第四回総会において「われわれはどんな風に精神分析を学んできたか」と題されたシンポジウムは、それを知る上で貴重な記録である（懸田、前田、土居、小此木 一九五八）。座長は懸田克躬、シンポジストは前田重治、土居健郎、小此木啓吾の三名で、いずれもが、その後の日本の精神分析の中心的役割を果たし、社会的にも学術的にも日本の精神分析界で活躍したメンバーである。そこには、実に三者三様の古澤との出会いと教えを受けた体験が綴られている。当時はまだ二〇代後半から三〇代後半の、精神分析家になるための訓練途中にあった若者たちの語りは、具体的で生々しく自由である。以下、前掲書より、前田、小此木、土居がそれぞれ述べたことを詳しく見てみることにしよう。

それによると、前田重治は九州大学の精神科に入局して、先輩の真似をしたり、文献を読んだりしながら、催眠や自由連想を手探りでおこなっていたが、自分のやり方に自信が持てないことや精神分析の正しい概念が身についていないことによる行き詰まりによって「混乱と疑問」に陥ったことから古澤の訓練分析を求めた。その中で、それまでは理解しがたかった転移感情に「すっぽりはまり込んでしまい」、自分の理性ではどうにもならない無意識的な感情のエネルギーに圧倒されたのだという。「解釈とはこんなに生き生きとした有機的なものなのか」と述べられているくだりからは、古澤との訓練分析が深い情緒的体験であり、それまで知的にしか理解できていなかった精神分析の技法が実感を伴って理解できるようになったことが感じられる。

一方、小此木啓吾は、大学の三年生の頃より古澤から訓練分析を受けた。そして、大学四年で訓練分析を終結し、インターンになり正式に精神医学を学ぶ決心をしてから、スーパーヴィジョンを受けた。その間に半年間、再び訓練分析を受けた期間もあったという。古澤との訓練分析は「精神分析学を学ぶ出発点、全ての理解が発展する萌芽、

Hegel のいういわゆる Anfang でありました」と書いているところから、前田と同様に精神分析を理解するために重要な体験であったことが窺える。しかし、その論考の後半にかけてのトーンは、明言を避けながらもやや古澤に対して批判的である。小此木はフロイトを何度も引用しながら、「日本的な（傍点は原著者）「教育分析」の経験を積み重ねて、古沢先生にとってもようやくこれから組織的な精神分析の教育制度、というものを日本に発展させる時期にさしかかっていたのではないかと思います」と述べ、日本の訓練分析は「不完全な状況」、「形式が整えられない中における教育分析だった」と述べている。

何が「日本的」だったというのだろうか。小此木の婉曲的な表現から推測されるのは、訓練分析家が「極く限られている」という事情から、「どこ迄が個人分析・教育分析上の教育分析者・被分析者関係か、どこからが現実的な社会的人間関係か不明瞭になったり、社会的人間関係と分析者を中心とした分析的人間関係が入り混じってしまうという状況」だったということである。先に述べたように、日本では一九三〇年代に精神分析が盛り上がりを見せ、複数の精神分析組織ができるまでに発展したが、戦争を通して、その活動の多くが途絶えてしまった。登録されていた精神分析家もまた戦争に巻き込まれ、学問や臨床実践を続けることはもはや困難となった。おそらく徴兵された人も、亡くなった人も、疎開を余儀なくされた人もいたことだろう。第二次世界大戦時におけるこうした状況は日本だけではなく、海外の精神分析コミュニティでも同様に起きたことであった。フロイトはナチスの侵攻によって、ウィーンを離れロンドンに亡命せざるをえなかった。戦争が精神分析に与えた影響は甚大である。やがてようやく戦争が終わった時、空襲のひどかった東京で精神分析を実践し、指導をおこなうことが可能だったのは、古澤ひとりという状況だった。

そもそも精神分析はその広がりと共に精神分析家をどのように育成していくかが課題となり、紆余曲折を経て、アイティンゴンモデルと言われる教育システムに落ち着くことになった。それは一九二〇年にマックス・アイティンゴン（Max Eitingon）がベルリンで系統講義、症例のスーパーヴィジョン、訓練分析という三本柱によるベルリン・インスティチュートを創設したことに端を発するものである。それ以降、この訓練モデルが世界中に広まっていったが、当初は、古澤が小此木におこなっていたようなスーパーヴィジョンと訓練分析を同じ精神分析家がおこなうというモデルも存在していた。しかし、それは徐々に途絶え、現在ではそれぞれを異なる精神分析家が担当することになっている。さらに系統講義や事例検討会においては、できるだけ精神分析家と訓練生が同席することのないように十分な配慮が、通常、求められる。なぜなら、前田が述べる通り、精神分析においては自分でコントロールできない転移関係が患者と精神分析家との間に生じ、そこには深く激しい情緒体験が伴うからである。それは訓練生が受ける精神分析である訓練分析でも同様である。そのため、可能ならば、精神分析を行う精神分析家と症例のスーパーヴィジョンを行う精神分析家は別の人が望ましい。

けれども実質的に精神分析の指導者が日本にひとりしかいない当時の現状ではそれは叶わなかった。結果、小此木が述べたように「教育分析者と統制分析者あるいはsupervisorが同一人物である場合には、厳しいしつけをする監督教育者と、教育分析中にでき上った分析者としての支持的で寛容な態度とか入り混ってくると、練習生は非常に複雑な矛盾した立場に追いやられる」事態が生じたのである。具体的なことは書かれていないものの、おそらく古澤と小此木の間には、様々な情緒的混乱が生じたのだろう。

しかし、こうした訓練分析家とスーパーヴァイザー、すなわち臨床家と教育者の区別の曖昧さは、訓練をおこなうことができる分析家が古澤だけだったという現実的な状況だけによるものだけではなかったのかもしれない。先に述べた通り、古澤が精神分析で目指したのは、とろかされ、同心一体の世界になることであった。こうした古澤が目指した「とろかし」という境目のない関係性が、弟子たちに葛藤や混乱をもたらしたところはなかったのだろうか。

この疑問に触れているのが土居健郎である。土居は、終戦後、聖路加病院に内科医として勤務していた時、病院の本館を占領していた米軍陸軍病院の図書館にある医学書や医学雑誌を読む中で、医学の新しい動向として、精神身体医学を知り、その基礎に精神分析があるところから、精神分析に関心を持った。そして、『東京医事雑誌』に掲載していた「精神身体医学の理解のために」という連載をきっかけに古澤を紹介された。その後、古澤の紹介で一九五〇年にアメリカのメニンガー・クリニック（Menninger Clinic）に留学し、その間に古澤との間で、通信分析[4]をおこなったものの、それは帰国とともに途絶えてしまった。帰国後、古澤からスーパーヴィジョンを受けたが、それはうまくいかなかった。土居は次のように述べている。

……一九五四年頃より容易ならぬ暗礁にのりあげてしまいました。というのは、日本においてこの人をおいて精神分析の先生はないと信ぜられる古沢先生に必ずしもついていけない自分を発見したことであります。意見の相違は患者治療上の技術に関して起ったのでありますが、しかしそれは技術上の問題にとどまらず、もっと全面的な相違に発展していこうとする勢を示しました。先生は勿論分析医としての立場から私のこのような態度を分析的に理解し、同時に私をどこまでも容認しようとなされましたが、私にはそれがまた我慢できないことでありました。私はついに先生を離れて再び米国に留学し、彼の地で始めから教育分析を受けてみようと決心するに至ったのであります。（懸田・前田・土居・小此木、一九五八：二〇）

そして、土居は一九五五年にアメリカに旅立ったが、アメリカでの訓練分析もうまくいかなかった。「打ち切ることが唯一の解決であるという行き詰まりに逢着」し、訓練分析は中断した。その論考の中で、古澤とどのような意見の相違があったのか、またアメリカでの訓練分析で何が起きたのかは書かれていない。土居は文中で、具体的なものに触れられないことを許してほしいと断りを入れている。一九五八年のシンポジウムがおこなわれた当時、土居はまだ帰国したばかりであった。傷は癒えていなかったのだろう。他のメンバーよりはずっと短い文章であるが、逆にその傷の深さや葛藤の生々しさがその分、伝わってくるようである。どこまでも容認されることは我慢できないことだと土居が述べたように、同心一体の世界がもたらすのは心地良さだけではない。恐怖や嫌悪もまたそこには存在するのである。

この年、古澤は精神分析中に脳梗塞で倒れた。そこから病気療養に入り、一〇年後の一九六八年一〇月五日に逝去した。

4……「とろかし」と「甘え」

古澤が逝去した一九六八年の精神分析学会のシンポジウムで、小此木は、土居と古澤の関係を通して、再び古澤との関係に触れている（小此木 一九六八）。それは、土居がアメリカに旅立つ際、「自分が米国に行くのは、日本には古沢平作という一人の分析医しかいないので、別の分析医との接触によって古沢先生の治療態度についての疑問を解くためである」と言ったというものである。このシンポジウムは、土居が提唱した概念である「甘え」をテーマにしたものであった。土居は一九五七年第五四回日本精神神経学会総会において、「神経質の精神病理」という発表をおこなった。これが甘え理論の始まりとなった。そこから土居は、「甘え」に関する論文や著作を次々に発表し、一九七一年に一般に向けて出版された『「甘え」の構造』は日本でベストセラーとなった。この甘え理論は、

4……通信分析とは、古澤平作が独自に編み出した手紙のやり取りによる精神分析のことである。遠方の患者との間で実施されていたが、現在ではおこなわれていない。通信分析については、古澤による著書『精神分析学理解のために』（一九五八）がある。

海外からも多くの注目を集め、土居が提示した「甘え」(amae)は、古澤の「阿闍世コンプレックス」に続く、日本を代表する精神分析概念となっていった。精神分析における甘え概念の広がりについては本書第4章の岡野の論考を参考にされたい。そうした流れの中で、このシンポジウムは開催された。

そこで小此木(一九六八)は、土居が発見した「甘え」は「古澤の治療的態度に対する西欧的フロイト的態度からの批判」であったことを指摘している。すなわち、土居の甘え理論は、「精神分析療法は基本的分離いわばおさらいをして分離を完全にすることを目的」とするもののはずなのに、古澤が「とろかし」によって母子の一体感を精神分析の治療目標としたことに対する批判だったというのである。小此木は、古澤に対する問題意識は自分もまた共有していたものであり、そこから土居は甘え理論を形成し、自分は禁欲原則や治療契約と言ったフロイトの治療的態度を明確化する試みをおこなうことになったと綴っている。つまり、日本を代表する彼らの精神分析における功績は、それぞれが古澤の「とろかし」という治療態度に対する葛藤の結果だったというのである。

小此木のこの考えは、最初のシンポジウムから約四〇年後の一九九七年におこなわれた第四回日本語臨床研究会においてさらに明確に述べられている(小此木 一九九九)。小此木によると、一九五〇年代から一九六〇年代にかけて、土居と小此木は、古澤からの「エディプス的離脱」を遂げるために、日本の精神分析学界に対して、「フロイト的治療態度」を取る必要に迫られていた。その結果、土居は甘え理論によって分離と自立を語ることになった。「西欧的な人間像に立脚した」精神分析を日本に定着させるためには甘え理論が必要であり、それは同時に古澤からの脱却も意味するものであったのだという。すなわち、ここで、土居が甘え理論を通して示したのは「甘えから逆照射される分離や自立というテーマ」だったと小此木は明言した。

本当だろうか。上述したように、土居が甘え理論として最初に発表した「神経質の精神病理—特に「とらわれ」の精神力学について」(一九五八)は、それぞれ異なるとらわれを持つ五つの症例を提示し、共通する心性として「甘えたくても甘えられない心」があることを指摘し、それが神経症患者の特徴的な対人関係であるとするものである。神経症患者における本能的衝動は「甘えたい」心であるが、その甘えたい衝動が抑圧ないし分離された結果、「とらわれ」が症状として現れる。それが精神療法によって、抑圧や分離が解消され、それまで隠されていた「甘えたい心」に直面することによって症状が消失する。これが、土居の示した治療機制であった。これは一見、古澤が提示した「とろかし」による治療機制とよく似ているように見える。古澤は、患者は母親に対する甘えたい気持ちが十分満たされないのだから、それを満たしてあげることが心の回復につながると考えた。甘えという着眼点は同じであるが、土居が古澤と異なるのは、甘やかすのではなく、むしろ甘えられない環境の中で、自身の甘えを自覚することが、回復につながると考えた点であろう。甘えを満たすのではなく、甘えている自分を自覚することが治療につながるというのがこの時点での主張であった。

この土居の考えは、次の論文でさらに明確となる。「『自分』と『甘え』の精神病理」（一九六〇）と題された論文は、冒頭で、この論文に先行して発表した前掲論文（一九五八）について触れている。すなわちそこでは、「今まで自分がなかった」ことに目覚め、自分を意識することに焦点を当てた。そこでは三つの症例を通して、甘えと自分を意識することの関係を考えている。土居がそこで結論づける治療機制は「『甘えたい心』を十分に自覚させるとともに、もはや甘えられないという危機に患者を追いやることによって、失われていた『自分』を回復させる」というものであった。そして、「『自分』の意識は、甘える関係の中に埋没して失われていた自分を、甘えていた対象から分離して見つめるところに生起する」と考える。そこで土居は、哲学者カント（Immanuel Kant）の『人間学』から「人間がその表象の中に自我を持ちうるということは、地上に生ある他の一切の存在者以上に人間を高める」という言葉を引用する。すなわち土居の考える、自分がある、あるいはない、という状態とは、「分離された存在としての自己の表象」を持つかどうかということである。土居はこの論文の中で「自分がある」という心的状態を「成熟した自我意識」であると何度も強調している。さらに土居は「自分がある」という心的状態はシュプランガー（Eduard Spranger）の「自我の発見」、ホリングワース（Leta Hollingworth）の『心理的離乳』、さらにはエリクソン（Erik Erikson）の「自我同一性」に相当するものであるとも述べている。次に四つの症例から統合失調症における自我障害を「自分」の意識の異常形成または形成不能の状態として位置付け、その背景に生きた「甘え」の体験の欠如があることを指摘する。そして最後に「とらわれ」や「甘え」、さらに「自分がない」は、欧米語では正確に表現できない日本語特有の表現であり、他の言語圏では気づくことのできない問題であることを指摘して論を終えるのである。

このように概観すると、初期の土居の甘え理論は確かに小此木が指摘する通り、甘えから逆照射される分離をテーマとしたものであったことが分かる。甘えの世界から脱却し、自立することが成熟としてみなされ、目指されるべき心的状態として考えられていた。これは、古澤の「とろかし」世界における母子融合の世界への批判として受け取ることが可能なものである。さらに重要なのは、甘えという西洋にはない日本語特有の表現を自覚することで、自立した西欧的な人間像が確立されると考えた点である。土居は精神分析を通して、自立した西欧的人間になることを求めた。土居による甘え理論は、一九五七年の最初のものから晩年まで発表が続き、多様な水準での論考が認められる。甘え理論は、社会的にも多くの関心を集め、議論され、それに答える形で土居の考えもさらに広がりを見せていくこととなった。

5……自他の融合と分離をめぐる揺れ——日本型教育を考える

日本の近代化とともに輸入された精神分析と、そこにおける教育を、日本の精神分析の礎を築いた古澤平作とその弟子たちとの関係から検討した。古澤が精神分析でおこなった「とろかし」という独自の治療態度は、浄土真宗由来のものであり、対象との融合を目指すものであった。古澤から精神分析を学ぶにあたって、この「とろかし」は様々な葛藤を弟子たちにもたらした。彼らに生じたのは、二つの疑念である。一つは精神分析の正当性に対する疑念であり、外来のものである精神分析が正しく輸入されていないのではないか、という問題であった。そしてもう一つは近代的自己の確立という見地からの疑念である。「とろかし」という同心一体の関係性は、近代が目指す自立した自己を確立できないのではないかと彼らは考えた。この二つの疑念は、精神分析が近代化とともに外から日本にやってきたという背景に直結するものである。

そこで土居健郎が持ち込んだのは、「甘え」であった。土居は古澤と決別して渡米した先での訓練分析で自らの中に「甘え」を発見し、「甘え」からの分離をテーマに据えた。日本語でしか表現できない甘えを自覚することが西欧的人間像に近づけるものだと考えた。しかし、皮肉なのは土居の甘え理論が日本のみならず、世界的に広がりを見せる中で、日本特有の「甘え」という心的状態に注目が集まり、精神科医で精神分析家のバリント（Michael Balint）の一次愛や受身的対象愛、さらには母子の原初的な二者関係などとの共通点が見出され、甘えの重要性が強調されるようになり、本来、そこにあったはずの「とろかし」に対する自立や分離というテーマは見えづらくなっていったことである。そうなると、古澤の「とろかし」と土居の「甘え」は、同じ原始的な母子一体の世界についで語っているようにも見えてしまう。海外から見るならば、やはりその一体感の世界こそ、欧米では語られていない日本的なものであり、西洋の感覚では捉えきれなかった新たな心的状態として注日されてしまうのかもしれない。

西洋の近代化と日本の近代化は事情が大きく異なる。開国して一気に西欧文化が雪崩込み、日本の近代化は加速

5……日本語では「自分がない」と「自分はない」は区別されるが、英語ではこれを区別できないという論に基づく。

されるわけだが、末木（二〇〇四）が指摘している通り、当時の西欧はすでにポストモダンに突入していた。そのために日本には近代とともにポストモダンの考えも導入されることになった。結果、日本の近代化は非常に複雑な経路を辿る。前近代、近代、ポストモダンの考えが入り乱れ、さらにポストモダンは容易に前近代への回帰に活路を見出そうとすることから事態はよりややこしくなる。日本の近代化においては、土居が指摘したような西欧的な人間像、すなわち自立した個人という人間観をどのように身につけるかは一つの目標とみなされ、それが身についていないことは問題とされやすい。しかし、そうした近代の自己の確立という考えが、絶対的なものでもないことも当時、すでに指摘されていたことであった。厄介なのは、そうした問題点を知りつつも、西洋の後を追って、近代化を推し進める日本においては「個人としての自己を確立する思想の樹立」がまず求められるもの（末木二〇一二）となったことである。

一九六三年の一〇月七日、第九回日本精神分析学会総会で土居は特別講演をおこなった。タイトルは「精神分析療法と「西欧的人間」」（一九六三）である。そこで土居は、精神分析は自他の区別が意識される欧米社会の文化を背景として作られたものであり、「精神分析療法は基本的分離のいわばおさらいをして分離を完全にすることを目的とする」ものであると論じている。そして日本も国家主義成功のため、近代化すなわち西欧化を余儀なくされ、大戦以来、その傾向が決定的になったと述べる。しかし、その中で、西欧社会では、逆に近代的人間像への価値が揺らぎ、禅などの主客未分の東洋思想への憧れが起きていることに触れていることは興味深い。けれどもやはりその論考の結論としては、「いかなる社会においても治療者が真に独立した自分を確立していなければならない」と結ばれている。すなわちこの論文では、自立した自己を目指すことへの揺らぎも見せるものの、結論としては分離を達成することが治療者としての態度として明示され、それはやはり古澤の「とろかし」の関係とは異なることが強調されるのである。

このように日本の精神分析において日本型教育を考えるなら、こうした自他の融合をめぐる揺れこそ日本型と呼びうる特徴を見出すことができるのかもしれない。古澤は、フロイトが描き出した罪悪感を抱く二者の関係性に、許されて同心一体となるという視点を加えた。そして土居はそうした同心一体の世界を超え、自他の区別をつけることを目指した。開国ははるか遠い昔のことである。しかしながら、私たちは当時の日本が体験した近代化の揺れの中にまだいるのかもしれない。完璧な同一化はあり得ない。私たちは外のものをそのまま取り入れることはできないことを知りながら、諦めることなく、日本と西洋の間をいまだ揺れ動いているようである。

参考文献

岩田文昭 二〇〇九「阿闍世コンプレックスと近角常観」『臨床精神医学』三八巻七号：九一五―九一九。
小此木啓吾 一九六八「甘え理論の主体的背景と理論構成上の問題点」『精神分析研究』一四巻三号：一四―一九。
小此木啓吾 一九九九「展望　甘え理論―その歴史的背景と発展」『「甘え」について考える』北山修（編）星和書店。
懸田克躬、前田重治、土居健郎、小此木啓吾 一九五八「われわれはどんな風に精神分析を学んできたか」『精神分析研究』五巻六号：二九―四〇。
木田恵子 一九七一「精神分析的な追想―古沢博士とのかかわりに於て」『自己分析を語る』霜田静志、国分康孝（編）誠信書房。
挟書生 一九〇二「性欲雑説（男子の性欲抑制）」『公衆医事』七巻五号：六二―六六。
佐々木政直 一九〇三「心理学に関する精神病理学」『哲学雑誌』一八（一九八）：二一―三六。
近角常観 一九〇五『懺悔録』文明堂。
近角常観 一九〇八『信仰之餘瀝』求道發行所。
土居健郎 一九五八「神経質の精神病理―特に「とらわれ」の精神力学について」『精神神経学雑誌』六〇巻七号：七三三―七四四。
土居健郎 一九六〇「「自分」と「甘え」の精神病理」『精神神経学雑誌』六二巻一号：一四九―一六二。
土居健郎 一九六四「精神分析療法と「西欧的人間」」『精神分析研究』一〇巻五号：六―一〇。
土居健郎 一九九九「甘えと言葉―討論」『「甘え」について考える』北山修（編）星和書店。
西見奈子 二〇一九『いかにして日本の精神分析は始まったか―草創期の5人の男と患者たち』みすず書房。
西見奈子 二〇二一「精神分析から教育を考える：古澤平作による雑誌『小学一年生』の教育相談をもとに」『教育哲学研究』一二三号：一三―一二一。
古澤平作 一九五四「罪悪意識の二種（阿闍世コンプレックス）」『精神分析研究』一巻四号：五―九。

古沢平作　一九五八『精神分析学理解のために』日吉病院精神分析学研究室出版部。
フロイト、S〔一九一三〕二〇〇九『トーテムとタブー──一九一二～一三年』須藤訓任、門脇健（訳）岩波書店。〔原著：Freud, S. 1913. Totem und Tabu: Einige Übereinstimmungen im Seelenleben der Wilden und der Neurotiker.〕
フロイト、S〔一九二三〕二〇〇七「自我とエス」『自我とエス／みずからを語る──一九二二～二四年』本間直樹ほか（訳）岩波書店。〔原著：Freud, S. 1923. *Ich und das Es.*〕
末木文美士　二〇〇四『近代日本と仏教』トランスビュー。
末木文美士　二〇一二『哲学の現場──日本で考えるということ』トランスビュー。

第2部

「甘え」と自他／母子関係

「甘え」理論
「西欧型子育て」
「日本型子育て」

第4章 母子関係における養育観の二タイプ

文化的、生物学的、心理学的視点から

岡野憲一郎

前章において西見奈子は、精神分析家土居健郎が提示した甘え論（代表的には一九七一年の『「甘え」の構造』）の脱構築を試みている。それに対して本章は、同じく土居の「甘え」をむしろ積極的な鍵にして、日本型の教育モデルの中でも特に母子関係に関するモデルを提案することを目的とする。この論文は教育学の文脈の中で書かれるが、実は母子関係を教育学の文脈から論じることにはいくつかの困難さがあることを最初に述べておきたい。一つには母子関係は教育学の見地からだけでなく、心理学的、精神医学的、社会学的な立場からも幅広く論じられている問題である。それらの議論や知見を援用しつつ教育学的な見地から論じることは、議論の焦点付けを難しくする可能性がある。さらに筆者の専門とする立場が心理学、精神医学、精神分析学に偏っており、社会学的な立場からの視点を論じるだけの学問的な背景に乏しいことも、この論文に独特のバイアスを与えることになりかねない。

そこで本章は主として精神分析学的な考察をベースにして心理社会学的な文献を渉猟しつつ行うことにする。筆者が主として多く言及するのは土居健郎の「甘え」理論であるが、この理論は幸い国際的な認知度が高く、また土居自身が精神科医であり精神分析家であったこともあり、主として精神分析的な土壌で論じられたため、筆者にとってなじみが深く論じやすいテーマだからである。

またこの論文では最終的に母子関係の二つのプロトタイプを提案することになるが、それは大雑把に言えば欧米型と日本型という形に括られる。しかし私はこれらのどちらかに優劣をつける目的も、またどちらかの二者択一的な選択を促すという目的も持たない。それは物事を理解する上での一つの区分という意味合い以上を持たないことを最初にお断りしておきたい。

1……本研究のバックグラウンドとしての個人的な体験

このテーマのモチーフを示すうえで、子育てに関する、筆者の個人的な異文化体験について述べることにしたい。私と妻が子育てを行ったのはアメリカの中央平原にある、カンザス州トピーカ（Topeka, Kansas）という田舎町だった。この町は州都であることとメニンガー・クリニック（Menninger Clinic）という著名な精神病院があることくらいで、それ以外はあまり特徴のない人口二〇万人程度の町であった。米国の大きな都市なら日本人のコミュニティも存在し、日本語での教育を行う施設も整っているであろうが、トピーカにはそのような施設はなかった。ただし日本からの精神科医や心理士の数家族がメニンガー・クリニックで精神分析を学ぶために二、三年の期間そこに滞在し、彼らを中心として小さな集団が維持されていたのである。

そのようなアメリカでの暮らしの中で生まれた我が家の一人息子は、幼稚園から小学校に進む間、常にクラスや学年で唯一の日本人という状況が続いた。そこで私と妻は息子の成育環境を通して異文化体験を豊富に持つことになった。アメリカでは友達同士がお互いの家に泊まりに行き、その送り迎えを親がすべて車で行い、お互いの家に滞在していた時の様子を簡単に親同士が報告し合うということが頻繁に行われた。こうして子どもを通して私たちはアメリカの複数の家族との付き合いが深まることとなった。そして日本では常識的に行われていると私たちが考える子育てと、アメリカ人の中流家庭での子育てを、それこそ左右に並べて比べるような体験を一〇年以上持ったのである。そしてそこで私たちはとても顕著な形で両文化の違いを見ることとなった。

その中で私たちが一番文化の違いとして感じるのは、親と子どもとの密着度の違いであった。私たち家族は、夜は一緒の寝室で親子三人が「川の字」で就寝した。それは私たち夫婦がそれぞれ幼少時に、母国でそのようにして就寝していたからに他ならない。また私たち夫婦は息子をベビーシッターに預けて外出するという発想は持ちえなかった。これは平均的なアメリカの家庭ではベビーシッターがしばしば登場することを考えれば顕著な違いであった。もちろん私が息子を見ている間に妻が外出するということは当たり前にあったので、妻は息子から離れることに特に不安があったわけではないが、おそらくベビーシッターをあまり信用していなかったのだと思う。というより子どもを預けて私たち夫婦が外出するような重要な出来事にそもそも遭遇しなかったのかもしれない。

ただし、もちろん私たち夫婦の両親や親戚は遠く離れた日本にいたので、もし彼らが近くにいたら、子どもを彼らに任せて夫婦で外出するということは起きていただろう。それに最近の日本では幼い子どもを保育園に預けて母親が仕事に出かけることは普通になりつつある。それでも親が幼い子どもから離れることへの抵抗という点で、やはり私たちは日米の大きな違いを感じたのである。

そのことを身をもって実感する一つの出来事があった。息子は幼少時に病を得て外科手術を含めた入院が必要になった。アメリカの田舎町という異文化空間で、息子は一四日間ほど入院することになったわけだが、私たち夫婦にとっては、そこで四歳半の息子を一人ぼっちで入院させる、ということはおよそ考えられないことだった。そこで私たちは、息子の病室に一緒に泊まり込むことにした。病院側も息子の病室に簡易ベッドを持ち込んでくれた。結果として私たち親子は、息子のこれまでの人生で一番集中的な医学的治療を行ったこの期間、息子の病室で「川の字」で寝ていたことになる。

ところで偶然この時期に同じ病状で入院していたアメリカ人の少女がいた。彼女は息子とほぼ同年代だったが、日中は家族が見舞いに来ても、夕刻には帰宅してしまい、その後は一人で過ごすということが当たり前のようであった。小児病棟で両親と「川の字」で寝ていたのは私たちの息子だけだったのである。（病院もそれをよく許してくれたと思うが、そのほうが看護の手間が省けたからかもしれない。）

さて息子は無事回復して自宅に戻った。しかし、この後に彼は「夜驚症」を発症した。私たちは、それが起き始めたタイミングからも、手術の影響ではないかと考えた。それから、彼は就寝時に、寝付くまで母親に手を握ってもらうことを、その後も望んだ。私はこんなことでは子どもを余計に依存的にしてしまうのではないかと、多少なりとも苦々しく思っていたが、妻は意に介さず、息子の手を握り続けた。すると一年もすると彼はこう言ったのだ。「ママ、汗をかくから、もう手を離していい?」こうして彼は自分から一人で寝るようになった。不思議なことに彼の中では手を握るという行為は母親からの働きかけのように感じられていたようなのだ。

さてそれから数年内に何が起きただろうか。あれから夜驚症はおさまり、思春期になると彼はさっさと自分の部屋に閉じこもるようになり、友達と遊びの約束をする一方で、親とはあまり口をきかなくなったのだ。その後、地方の大学の受験を決め、入学後は一人暮らしを開始し、盆と暮れに一瞬実家に顔を見せてくれるだけになった。彼は依存的な青年になるどころか、こちらが寂しくなるほどに自立して一人暮らしを満喫し、遠くの世界に行ってしまったのである。

私は息子を通じて一つの重要な個人的体験を持つことが出来た。それは「好きなだけ甘やかせても、独り立ちをする子は勝手に巣立っていく」ということであった。もちろん例外はあるだろうが、こういった子どもの変化を身をもって経験したことは大きかった。

この出来事の経緯を心理的にもう少し掘り下げて考えると、次のように考えられる。息子は幼少時はどちらかと言えば病弱で、その後、大病を患ったせいもあり、私たち両親は彼を過保護気味に扱っていたところがあった。そして、もともと寂しがり屋だった息子もまた私たちから少しでも離れることに不安を覚えているようだった。息子は自分自身のそのような傾向に懸念を持ち、思春期に至るとやや反動形成気味に親の影響下から外の世界に飛び出してしまったという可能性がある。

以上の私の個人的な体験から得た教訓は、依存させることの逆説的な意味についての仮説を含んでいることになる。

子どもが依存したければそれに任せよ。なぜならそれはさらなる依存を必ずしも促進しない。依存を許容することは、逆説的に分離個体化を促進する可能性すらあるからだ。

これは私個人の子育て経験により得られた、その意味では大きなバイアスのかかった見解ではある（Okano 2019）。しかしそれでも私の子育て観、人間観、臨床におけるものの見方に大きな影響を与えたのであり、この論考の重要な一つのモチーフとなっているのである。

2……日本における子育てと依存、そして「甘え」

ここからは日本と欧米における子育ての比較という本章のテーマに沿い、より学術的に論を進めたい。日本ないしはアジアにおける子育てを欧米との対比で論じることは、従来からなされてきた。キリスト教においては、子どもは悪魔であり、厳しいしつけが必要であるという考えが一般的であるとされる（Jolivet 2005）。他方アジアでは、子どもは天使であるという見方が多いという（Chao and Tseng 2002）。日米の比較研究として有名なルース・ベネディクト（Ruth Benedict）の『菊と刀』には、赤ん坊が泣くと、日本人の母親ならすぐ抱いてお乳を与えて泣きやまそうとするが、西洋人は決まった時間にしか乳は与えないで放っておくといった趣旨の内容が描かれている（Benedict 1946）。

ベネディクトが実際には自身で日本を見聞することなくこのような記述をしたことはよく知られているが、従来の日本における子どものあり方は、実際に日本を訪れた西洋の人々にどのように映ったのだろうか。それを知る一つの手がかりとして、江戸期に日本を訪れた西洋人の記録が参考になる。それらには、日本における子どもに対する寛大さや子どもの自由さを許容する傾向が驚きをもって紹介されている。日本では町中に子どもがあふれていて、町は子どもの遊び場のようであり、車夫も叱ったりすることなく、子どもに道を譲っている。イギリスの初代駐日総領事であったラザフォード・アルコック（Rutherford Alcock）はそれを「子どもの楽園（a very paradise of babies）」と称し「町はほぼ完全に子どもたちのものだ」といったという（Alcock [1863] 2005: 82, 訳は著者）。また日本では子どもが大人により鞭打たれたり折檻されたりするのを見たことがないことに驚く、とも伝えている。しかし、その子どもたちは、年下の子が生まれると、年下の子どもたちの世話をする立場となる。今度は幼い子が赤ちゃんをおんぶして世話を焼くという役割を演じるのだ（渡辺 一九九八）。

当時日本を訪れた西洋人により描かれているのは、大人が子どもに対して寛大で放任主義を発揮している姿だけではない、ということは重要である。その子どもが年上や大人になった場合には、年下の子どもの悪戯に対して寛容で忍耐強さを発揮し、その世話をする側に立っているという事実もそこに同時に描かれているのである。日本においては、子どもの依存的な立場は、その依存を受け入れる寛容な立場と表裏の関係にあることがここで示されているのである。

このような日本における子育てを説明する上で、土居健郎が一九五〇年代に取り上げた「甘え」は一つの鍵概念として扱われる。甘えは「甘える」という動詞の名詞形であり、「to depend and presume upon another's benevolence（他者の慈悲に依存し、またそれを前提とすること）」（Skelton 2006）などと表現される。

この甘えの概念を用いると、日本において昔から見られた子育ての基本は子どもが親に「甘え」、親は子どもを「甘えさせる」という関係が古くから成立し、また成人間でも同様の「甘え」、「甘えさせ」を日本においては相互的に行っているということである。甘えについては後にまとめて論じるので、ここまでにとどめたい。

3……日本におけるストレンジ・シチュエーション法

日本と欧米の子育て環境の違いに関する実証的な研究としては、いわゆるストレンジ・シチュエーション法（strange situation procedure：ＳＳＰ）が挙げられる。そしてこの分野ではかつて子育てと文化の関連性に関して、一つの議論が起きた経緯があるので、それを検討したい。

まず、ＳＳＰについてであるが、これは乳幼児の研究者であり精神分析家ジョン・ボウルビィ（John Bowlby）の後継者でもあるメアリー・エインスワース（Mary Ainsworth）が子どもの愛着のパターンを知るために一九六〇年代末に考案してセンセーションを巻き起こした実験的な手続きのことである（Ainsworth and Wittig 1969）。それは以下のような一連の流れにより構成されている。

ある部屋に母親が子ども（九～一八か月）と一緒に入り、次に見知らぬ他人が入って来て、さらに母親は子どもをおいて出て行く。そしてそれに対する幼児の反応を観察し、次に母親が戻ってきた時の反応を観察するのである。

エインスワースは子どもの反応について、それをA型、B型、C型に分類した。

A型　「不安定（回避）型」では、子どもは戻ってきた母親に無関心で、母親が出て行っても戻ってきてもあまり関心を示さない。
B型　「安定型」では、子どもは戻ってきた母親に抗議するが、すぐ落ち着く。
C型　「アンビバレント（両価）型」では、母親が部屋に戻ってきたときに抵抗を示し、身体接触は求めるが同時に抵抗も見せるという。
D型　「無秩序型（無方向型）」上記のいずれにも該当せず、混乱し、奇妙な行動をとる。

ちなみに最後のD型は、エインスワースの後継者のメイン（Mary Main）とソロモン（Judith Solomon）が追加したものである（Main and Solomon 1990）。

ところでエインスワース自身の米国での研究による各型の比率構成は、A型が二一％、B型が六七％、C型が一二％というものであった。この比率は、その後、世界八カ国で行われた三九の研究、約二〇〇〇人の乳児のデータを総括して得られた各型の比率とほとんど変わらないものであった（van IJzendoorn and Kroonenberg, 1988）。ただし社会文化による違いが存在しないというわけではなく、例えば、ドイツではAタイプの比率が、またイスラエルのキブツではC型の比率が相対的に高いということが知られている。

では我が国におけるSSPの研究はどうだっただろうか。日本では一九八四年に一度SSPが行われたが、それは世界の研究結果とあまり変わらなかったので特に議論は起きなかったという（Behrens 2016 10）。しかしその後の札幌での三宅や高橋のグループの研究（Miyake, Campos and Kagan 1986; Takahashi 1986）が注目を浴びることになった。彼らの研究結果は大部分が安定型であったという点は諸外国と変わりがなかったが、不安定型のうち回避型が全く見られなかったという。日本のサンプルでは、A型がゼロで、C型が三〇％であると報告されたのである。つまり約三分の一がアンビバレント型であり、子どもは自分を残して出て行った母親が戻った際に大きな情緒的な反応を見せたのである。

これについて三宅らは、このＳＳＰの結果が日本の子どもの愛着スタイルの異常を示すわけではない、という立場をとった。三宅は「日本の母子は常に近い身体接触を持つので、この実験状況自体があまりにも奇妙でストレスフルである」と述べた。そのため日本におけるＣ型の多さは不安定な愛着を示しているわけではないとしたのだ(Ujiie 1986)。

この日本におけるＳＳＰの結果については、その背景に様々な文化間の差異を考慮すべきだという立場が論じられた。それらは子どもやその養育に対する基本的考え方の相違(Harwood, Miller and Irizarry 1995)や家族形態や養育システム(van IJzendoorn and Sagi 1999)の差異などである。すなわちＳＳＰは両文化間の愛着の相違を表すような共通の尺度とはなりえないという見解が多く出されたのである。

なおこの後日本におけるＳＳＰ研究は下火となったが、それから三〇年が過ぎて再び札幌でＳＳＰの実験が行われた。しかしその結果は一九八〇年代の三宅らのものとあまり変わらなかったという(Kondo-Ikemura et al. 2018)。すなわち「Ａ、Ｂ、Ｃの分類は似たような結果になった。そこでは不安定型の子どものうち両価的な子ども(Ｃ型)が再び主たる位置を占めた。そしてＤ型の割合も世界と同じレベルだった。またＤ型の子どもの反応は、母親の未解決の心的状態によって予測されていた」のである。

4……ロスバウムの論点——子どもからの能動的な表現か、養育者からの先取りか

ＳＳＰをめぐる議論に一石を投じた研究者としてフレッド・ロスバウム（Fred Rothbaum）の説を取り上げたい（Rothbaum et al. 2000）。ロスバウムらもまた愛着に関する文化間の比較を行う上でＳＳＰが持つ限界について論じた。そしてそもそも愛着理論は西欧社会以外の文化、特に日本文化における親子関係を正確に説明することが出来ないと主張したのである。その説は以下のとおりである。

ＳＳＰの発案者であるエインスワースたちは、愛着の前提として親の持つ敏感な応答性（sensitive responsiveness）を考えた。愛着理論では、赤ん坊は探索行動とアタッチメント行動の間のバランスが存在する。そして養育者は、子どもの愛着欲求に応答する「敏感さ」を有することで、このバランスに安定性がもたらされる。そしてその安定性を知るためのテストがＳＳＰということになる。

ところがこの養育者の持つべき「敏感さ」が、何に向けられるかについて文化差があるとロスバウムは主張した。米国における敏感さは、子どもが表現する愛着欲求に応答するものであるが、日本においては、子どもの欲求が表現される前に、養育者が先取りして応答する敏感さが問題とされるという。ここで注目するべきなのは、前者はニーズを表現する子どもの能動性を前提としているが、後者ではむしろ養育者の能動性が問題となるという違いである。そして後者においては、養育者は子どもを身体的に近い距離に置くことで、依存を促すことになる。ところが米国においては、そのような養育者の態度は子どものニーズの表現を抑制し、不安定な愛着を助長してしまうと

考えられるという。

さらにロスバウムは日米の養育者の示すべき敏感さの違いが、日本における集団への志向性と米国における個人主義的な価値観にもつながることを示唆している。彼は以下のように述べる。「日本の敏感性は赤ん坊の社会的関与に対する欲求に敏感であり、アメリカの敏感性は赤ん坊の個体化に対する欲求に敏感であると思われる」(Rothbaum et al. 2000: 1096–1097; 杉尾二〇一九)。

ちなみにこのロスバウムの議論はある意味では重要な点を指摘しているが、そこに実証的なデータが伴わない点が指摘された。ロスバウムはそれにこたえる形で実証的な裏付けを伴う研究を発表している[1]。

以上のロスバウムの議論は日米間の養育者の持つべき応答性として「子どもの側からの愛情の希求の能動的な表現を待って応じるのか、それとも受動的な表現を先取りして応じるのか」という違いについて論じたものと言える。これはSSPをめぐる問題に一つの理解を示したことになるが、やや文化的なステレオタイプ化が見られるように思える。現実の養育者はおそらく子どもの能動的なニーズの表出にも、受動的なそれにも同様に注意を払っていると思われる。その点についてさらに以下の節で論じたい。

5 精神分析的アプローチと土居の「甘え」理論

これまでに見た日本の子育ての特徴として論じられてきた事柄や、SSPの異文化間の違いに関する議論をどのように理解し、整理することが出来るだろうか。筆者はここで土居健郎の「甘え」理論を含んだ精神分析的な視点を導入したい。

精神分析理論を振り返れば、その創始者ジークムント・フロイト（Sigmund Freud）は、母子関係についてはかなり画一的なとらえ方をしていたといえる。フロイトは乳幼児期に男児は母親に対して性愛的な感情を抱き、父親による禁止によりそのような願望の抑圧を余儀なくされると論じた。そこではともすると母子の密接な関係はリビドー的な興奮を助長するものとみなされた（フロイト［1905］二〇〇九「性理論三篇」）。

ただしこの性愛論に基づく父親中心主義の見方については、のちに様々な異論が唱えられることとなった。そして母子関係の重要性に注目した様々な分析的理論が提出されてフロイトの理論の不十分な点を補填する形で発展してきたという経緯がある。SSPを提唱したエインスワースも精神分析の草創期では例外的に愛着を論じたボウルビィの後継者であったことはすでに述べた通りである。土居の「甘え」の理論も前エディプス期の母子関係の問題に注目した点ではそのような流れの中でとらえることが出来る。

精神分析理論を背景とした土居が、一九七一年の『「甘え」の構造』で提唱した理論は精神分析の世界に大きなインパクトを与えた。甘えは「甘える」という動詞の名詞形であり、「甘える」とは「他者の慈悲に依存してそれを前提とすること」とされることはすでに述べた。そして土居によれば、西洋社会に「甘え」の正確な訳語が見当たらないという点こそが注目に値するという。

土居は西欧における dependence 依存と甘えを区別している。通常の意味においては、人は他者に依存することで自らのコントロールを失うことを暗に意味する（土居 一九七一）。しかし甘えることは状況を完全に支配下に置

1……この研究では就学前の子どもを米国で九人、日本で一一人を集めて実験を行った。すると米国の先生は明示的なニーズにこたえるのに対し、日本の先生は、子どものニーズを予期する方を選んだ。そしてアメリカの子は自らに依存し、自分たちのニーズを明らかにすることを教えられる。日本の子どもは先生に依存することを教わる一方で、先生は子どものニーズを明らかにし、それを予期する必要があるという違いが明らかになったという。

こうとすることである、と土居は言う。そして甘えのルーツは子どもが親に依存することであるが、そこで大事なのは、親の方も子どもを甘やかしながら、身代わり的に自分も甘えを体験しているということだとする。土居はこの甘えを基本にした関係性がエディプス期以前の関係性を築くのであり、それは性愛性を排しているとした。

この「甘え」の視点は無論フロイトには見られなかったものだが、フロイトの後継者には早くから同様の議論を見出すことが出来る。土居はシャーンドル・フェレンツィ（Sándor Ferenczi）が提出して、更にマイケル・バリント（Michael Balint）により論じられた「passive object love（受け身的対象愛）」（Ferenczi 1924; Balint 1968）の概念に注目した。この概念はフェレンツィによれば「他者から愛されたい願望」として表現されるが、土居はこれが事実上甘えについて論じているとし、バリントもそれを肯定した（Balint 1968: 69）。

フェレンツィやバリントはこのタイプの愛情が人間の精神発達の基礎であることを論じた。彼らは、フロイトがもっぱら論じたエディプス期に先立つ、前エディプス段階におけるこの種の愛情の重要を強調したことになるが、それは甘えの重要性を指摘した土居の立場と非常に近いことになる。

前エディプス期の母子関係の問題は、いわゆる対象関係論の立場からもドナルド・ウィニコット（Donald W. Winnicott）により精力的に論じられていた（Winnicott 1956; 1965）。ウィニコットもまたフロイト理論において十分に注意を向けられなかった母子関係の精神発達との深い関係について論じた。ウィニコットは、赤ん坊は生まれて間もない時期には自分の欲求を母親が魔術的にすぐに満たしてくれるものと錯覚し、万能感に浸ると考えた。そしてそのような関係は母親の側の「原初的な没頭」による赤ん坊のニーズを察知する能力により可能になるとした。この錯覚が生じる段階においては、親が乳房を差し出すことが先か、赤ん坊がお乳を欲しいというサインを送る方が先かということは問われない。それはある意味では母子の間で自然と同時に生じることであり、だからこそ子どもはそれを「錯覚」するのである。しかし赤ん坊はその自我機能が成熟し、母親が原初的な没頭から覚める過程で、赤ん坊は自分の欲求がすぐには満たされないということを知る。それが「脱錯覚」の過程で、赤ん坊は現実の在り方を知るようになると考えた。

このウィニコットの理論を、すでにみたロスバウムの視点との関連からとらえることで、私たちは興味深いことに気が付く。ロスバウムは「子どもの側からの愛情の希求の能動的な表現を待って応じるのか、それとも受動的な表現を先取りして応じるのか」という違いに基づいた文化差を論じた。しかし、この議論はウィニコットにより一九五〇〜六〇年代にすでに先取りされていたことになる。すなわちこの母子両者の原初の愛着関係は、どちらかから一方向に生じているのではなく、両者の間に双方向に生じていると考えられるのである。

6 土居の主張と文化的なバイアスの可能性について

ここまでの議論から一つ疑問が浮かび上がる。ウィニコットの観点にみられるように、「子どもの側からの愛情の希求の能動的な表現を待って応じるのか、それとも受動的な表現を先取りしてそれに応じるのか」という問題について、そのいずれもが子育てに関わってくるという理解は、すでに前世紀半ばには示されている。しかしロスバウムも示すように、異文化間においてはこの問題についての二者択一的な考え方は現代においても依然として根強い。私が本章の冒頭である程度示すことを試みたが、能動的な表現は西欧社会においていまだに主流を占める考え方であるのに対し、受動的な表現は日本社会において今でも多くの人々に信じられているのである。

この問題に関する土居の観点は興味深い。土居の見解は、表面上はかなり文化的なバイアスがかかったものという印象を与えるからである。土居はその主著『「甘え」の構造』（一九七一）の中で、「西洋人は他者のニーズを感じ取ることに鈍感である」という指摘を何度か行っているのだ。

土居は例えばアメリカに渡ってさほど間が経っていない時期にそこでの医療に触れた感想について、以下の記述を行っている。

アメリカの精神科医は概して、患者がどうにもならずもがいている状態に対して恐ろしく鈍感であると思うようになった。言い換えれば彼らは患者の隠れた甘えを容易に感知しないのである。（前掲書：一六）

つまり米国の精神科医が患者の苦しみを感じ取っていないと驚くのだ。そして多くの精神科医の話を聞いて彼が以下の結論を下したという。

精神や感情の専門医を標榜する精神科医も、精神分析的教育を受けたものでさえも、患者の最も深いところにある受け身的愛情希求である甘えを容易には関知しないという事は、私にとってちょっとした驚きであった。文化的条件付けがいかに強固なものであるかという事を私はあらためて思い知らされたのである。（前掲書：一六）

米国において愛情希求を他者が能動的に読み取らないことの原因として、土居がそれを「文化的な条件付け」と表現していることは興味深い。すなわち彼は米国人のそのような傾向を、彼らのおかれた生物学的、気質的な側面ではなく、文化的な背景から説明することを試みているのだ。

私は自立の精神が近代の西洋において顕著となったことを示す一つの論拠として、『神は自ら助けるものを助ける』という諺が17世紀になってからポピュラーになった事実を指摘した。（前掲書：一七）

すなわちキリスト教の社会においては、自らのニーズを能動的に表現することが前提になり、それは「甘え」の観念の生まれる文化的な背景とは著しく異なる。「甘えるという事は結局母子の分離の事実を心理的に否定しようとするものであるとは言えないだろうか？」（前掲書：一七）そして「西洋的自由の観念が甘えの否定の上に成り立っている」（前掲書：一七）とまで言う。

さらに土居は能動性を欠いた愛、すなわち受け身的な愛がなぜ抑制されるかについての心理的な側面について論じる。彼はルネッサンス期に活躍した学者ファン・ルイス・ビベス（Juan Luis Vives：一四九二〜一五四〇）の文章を以下に引用する。

> 受身的愛、すなわち愛を受ける側でありたいという傾向は感謝を生じる。ところで感謝は常に恥と混じり合っている。恥はまた当然感謝の念を妨げるであろう。（前掲書：九六）
>
> 感謝は恥を伴い、その恥はまた感謝の念を妨げると考えるらしい。そこで西洋人は恥の感覚を消そうとして、感謝をあまり感じないように、したがって受け身的愛を感じないように長年努めて来たのではないか。（前掲書：九六、Zilboorg 1941）

この文章は意味が通じにくいが、誰かに「有難う」と言うことには気恥ずかしさや気後れが伴うことは確かであろう。そしてこのビベスのいう恥を「負い目」と読み替えれば意味はより明瞭になる。他人から何かをしてもらうことで恩恵を被るということは、自分の中の不足な部分、至らない部分を認めることになる。目の前に食べ物を差し出されて心から「有難う」と言う時には、自らの空腹やその意味で自分の弱さ（neediness）を認めることになる。そして西欧人はこれを認めることを良しとしないと土居は主張しているのだ。

ここで土居の主張を整理してみよう。土居は甘えがフェレンツィやバリントの「受身的対象愛」と同等なものと述べ、それが日本文化に独特のものであることは否定してもいる。しかし他方では欧米の言語でそれに相当する用語が存在しないことを指摘してもいる。そして母子関係や人間関係において、自らの依存欲求が受け身的にしか表現されない場合に、それに対する感受性が低いとし、西欧人の鈍感さというネガティブな側面について論じているという印象を与える。しかし土居は甘えを基調とした日本人の心性がはらむネガティブな側面への言及をも忘れない。それは「[日本人は]結局母子の分離の事実を心理的に否定しようとしている」「西洋的自由の観念は甘えの否定の上に成り立っている」という言い方に表されている。このことについて土居は結局は個の独立の二つのあり方を提示し、そこに文化的な優劣をつけないという姿勢を表しているともいえる。

7 総合考察――母子関係における養育観の二タイプと複数の含意

ここまで本章では甘えの概念を含む精神分析的な文脈に即して子育てについて論じた。そして異なる文化的な背景を持った子育て観には二つのタイプが併存していることを示した。それは「子どもの側からの愛情の希求の能動的な表現を待って応じるのか、それとも受動的な表現を先取りして応じるのか」という観点に基づくものであった。それらを以下のように提示することが出来るであろう。

「日本型」の子育て　「甘え」（一次的愛）への養育者の能動的な反応性の高さに特徴づけられる。
「西欧型」の子育て　「甘え」（一次的愛）への養育者の能動的な反応性の低さに特徴づけられる。

本章でこれらの子育て観の二つのタイプを提示することにはどのような意味があるのだろうか。本章の冒頭で述べたように、私はこれらのどちらかに優劣をつける目的も、また二者択一的な選択を促すという目的も持たない。すでに見たように、精神分析的な文脈でこれを考える場合、これらのいずれかが正しいということにはならない。それはウィニコットの概念化に表されているように、子育てにおいてどちらも必要な視点であり、いわば弁証法的な関係を有するのである。

ただしそうは言っても、実際の子育ての場面ではこれらの二つのタイプは、それぞれが独立した子育て観として、養育者個人により二者択一的に採用されることが多いのだ。そしてそれが様々な問題を生む可能性がある。そこでこの最後の節では、この二つの子育て観に対する硬直化した見方を出来るだけ回避する際の参考となるような、いくつかの含意、意味合い（implications）を示したい。それらとは文化的な意味合い、生物学的な意味合い、心理学的な意味合いである。これらを顧慮することで、両タイプの子育て観について、両者が個々の養育者にとって両立し得るものとして概念化される一助となるだろう。

（1）文化的な意味合い

本テーマに文化的な意味合いがあることは紛れもないことである。それぞれの文化における慣習は子育てに直接的な影響を及ぼす可能性がある。日本においては伝統的に、母親が乳幼児を背中におんぶして日常の家事や畑仕事をこなすという習慣は生活に密着していた。すでに縄文中期の土器、古墳時代の人物埴輪、平安後期の『年中行事絵巻』にも子どもを背負ったものが見られ、赤ん坊を背負う習慣は日本ばかりではなく、広く、アジア諸国、アフリカ、アメリカ・インディアンの諸部族等に見られるが、欧米には少ないとされる（『世界大百科事典』二〇〇七）。

一八〇〇年代末に来日した欧米人（エドワード・モース［Edward Morse］、ルイス・フロイス［Luís Fróis］など）は、それを観察し、そのようにして乳幼児は年長の子どもの遊びに加わり、また大人たちの生活と文化とを学んだと報告している。このように母子の身体的な密着は、その是非の議論を超えてほぼ文化的な要請であったとみていいだろう。

この子どもを背負うということは、至る処で見られる。婦人が五人いれば四人まで、子どもが六人いれば五人までが、必ず赤ん坊を背負っていることは誠に著しく目につく。……赤坊が泣き叫ぶのを聞くことはめったになく、又私は今迄の所、お母さんが赤坊に対して癇癪を起こしているのを一度も見たことはないと確信する。（Morse 1936: 23, 訳は著者）

おんぶという習慣が持つメリットは多くあることが指摘されている。おんぶにより乳児はお母さんと同じ目線で周囲を観察出来るだけでなく、仕事や家事を視覚体験出来る。また母子がすでに常に密着していることで、子どもが母親と接触し甘えるという欲求は、かなり満たされると言える。また背中に密着している子どもの様々な変化も母親は敏感に察知し、それに新たに反応することが出来る。「一次的愛」の希求に対する母親の応答は、ある意味では最初からそこにbuilt-inされているといってもよいであろう。

ただしこのような文化的な背景は、現代の日本においては急速にみられなくなってきているのも事実である。街中で子どもをベビーカーに乗せた若い母親を見かけることの方がむしろ多くなっている。

（2）生物学的意味合い

上記の日本におけるおんぶの習慣と関連し、様々な知見が最近の乳幼児研究の分野で得られているので、それを取り上げたい。赤ん坊は生まれ落ちたときに白紙状態なわけではない。新生児の段階から様々な形で親とのコミュニケーションが行われることが明らかになっている。一九七〇年代にアンドリュー・メルツォフ(Andrew N. Meltzoff)は、新生児の段階で親の模倣が見られる(新生児模倣[neonatal imitation])と報告し(Meltzoff and Moore 1977; 1989)、それへの賛否も含めて多くの研究者の注目を集めた(明和 二〇〇六)。

最近では母子の交流に関する実証研究が更に進み、特に母親からの語りかけがマルチモーダルになることにより、すなわち聴覚刺激以外の視覚刺激、触覚刺激などの複数の刺激を伴うことで母子関係が促進されることが示されている。

具体的には、母親から乳児への声かけと同時に身体的な接触があった場合には、乳児の側の神経学的な変化がより顕著に促進されることが、事象関連ポテンシャル(ERPs)や脳波の所見により明らかにされている(Tanaka et al. 2018)。また同様のマルチモーダルなかかわりは、母親の側の神経学的の情報処理にも顕著な変化を与えるとされる。田中、明和らは、聴覚情報に加えて、ハグ、抱っこ、キスなどの身体接触が乳幼児と母親の間の様々なシグナルの交流に関して相乗効果を生み出すという点を明らかにした(Tanaka et al. 2014)。

これらの研究が示すところは大きい。母子間の身体接触が子どもの情緒発達に与える影響は計り知れないことを示しているからである。母親がおんぶをして常に乳幼児との身体接触を持つことで、母親の声かけや話しかけは聴覚情報のみならず、母親の背中の振動を介して乳幼児がそれを体全体で受け取ることになる。そして乳幼児の発声もまた同様に母親に伝わり、両者の感覚的、情緒的なコミュニケーションが促進されることになる。この事情を考慮しつつ、ベネディクトが論じた「乳児が泣いたら抱き上げるか、ほっておくか」という西欧と日本の差を考え直そう。泣いている乳児を抱き上げて視線を合わせるということは、それが乳児の依存心を高め、情緒的なニーズの能動的な表現を抑止するかもしれない。しかし少なくともそうすることで両者の情緒交流はより促進されるという視点を、現代の乳幼児研究は説得力ある形で伝えているのである。

（3）心理学的な意味合い

すでに示した子育て観の二つのプロトタイプは、養育者の心の中で極端に推し進められた場合にそれぞれが危険性をはらむことになろう。「日本型」において母親が子どもの甘えのニーズを読み取ろうとする傾向は、それが高じた場合には「母親からの干渉」を引き起こす可能性がある。過剰に甘えさせること、すなわち「甘やかし」は、土居が論じた「屈折した甘え」をもたらす。本書第5章で楠見と西川が論じている通り、「母親からの干渉」は「素直な甘え」を低下させ、「屈折した甘え」を高めるのである。しかし母親自身がかつて健全な意味での甘えを体験できなかった場合、子どもの側に過剰な甘えを誘発することで、養育者は自分の情緒的なニーズを満たすことになりかねない（土居 一九七一）。

他方では、「西欧型」において子どもの甘えのニーズに対する養育者の能動的な反応性が低い場合、それは場合によっては子どもの微妙な情緒的なニーズを無視し、育児放棄に陥る一つのきっかけとなる可能性があるのだ。情緒的なネグレクトの端的な状況は養育者の物理的な不在であろうが、それは子どもの情緒的なニーズがたとえ能動的に表現されても、それを受け取れないという危機的な状況を招く。このように養育者が「子どもの自立を促進するため」という言い訳のもとに、育児を怠る例はもちろん西欧社会だけでなく日本においても報告されていることは付け加えておかなければならない。

本章では精神分析的な考察をもとに、主として土居健郎の「甘え」の概念に依拠しつつ、最終的に母子関係における子育て観の二つのプロトタイプを提案した。それは「子どもの側からの愛情の希求の能動的な表現を待って応じるのか、それとも受動的な表現を先取りして応じるのか」という観点に基づくものであり、以下の二つが抽出された。

「日本型」の子育て　甘えへの養育者の能動的な反応性が高い。
「西欧型」の子育て　甘えへの養育者の能動的な反応性が相対的に低い。

すでに述べた通り、これはある種のステレオタイプであり、筆者としてはどちらかに優劣をつける目的も、またどちらかの二者択一的な選択を促すという目的も持たない。それどころか両者はある意味では乳幼児の情緒発達においては一つの出来事の両側面に過ぎないということを精神分析的な発達論は示している。しかしそれでもこの種の二者択一的な考えは異なる文化で顕著にみられ続けていることは確かである。その原因について文化論的、生物学的、心理学的な見地から検討を加えた本章が、日本型子育てと日本型教育の連続性を検討し、高山敬太が序章で論じる、「日本型」教育モデルを今あえて提示することの意義を検討する上で、なにがしかの貢献となれば幸いである。

参考文献

〈日本語文献〉
楠見孝・西川一二　二〇二四「日本の成人における母親への甘え―人生満足度と母親への感謝との関連」（本書第5章）
杉尾浩規　二〇一九「アタッチメント、「甘え」、自分―アタッチメントの文化研究における「甘え」の取り扱いに関する一考察」『社会と倫理』三四号：九七―一一三。
『世界大百科事典　改訂新版四巻』二〇〇七　平凡社。
土居健郎　一九七一『「甘え」の構造』弘文堂。
フロイト、S［1905］二〇〇九「性理論三篇」『症例「ドーラ」／性理論三篇―一九〇一～〇六年』渡邉俊之ほか（訳）岩波書店。
［原著：Freud, S. 1905. Drei Abhandlungen zur Sexualtheorie.］
明和政子　二〇〇六『心が芽生えるとき―コミュニケーションの誕生と進化』ＮＴＴ出版。
渡辺京二　一九九八『逝きし日の面影』葦書房。

〈外国語文献〉

Ainsworth, M.D.S. and Wittig, B.A. 1969. Attachment and exploratory behavior of one-year-olds in a strange situation. In Foss, B.M. (ed), *Determinants of infant behavior IV.* pp.111–136. London: Methuen.

Alcock, R. [1863] 2005. *The capital of the tycoon: A narrative of a three years' residence in Japan.* Chestnut Hill, MA: Adamant Media Corporation.［翻訳版：オールコック 一九六二『大君の都―幕末日本滞在記』山口光朔（訳）岩波文庫。］

Balint, M. 1968. *The basic fault: Therapeutic aspects of regression*. London: Tavistock Publications.

Behrens, K.Y. 2016 Reconsidering attachment in context of culture: Review of attachment studies in Japan. *Online Readings in Psychology and Culture* 6(1).

Benedict, R. 1946. The chrysanthemum and the sword: Patterns *of Japanese culture.* Boston, MA: Houghton Mifflin.［翻訳版：ベネディクト, ルース 二〇〇五『菊と刀―日本文化の型』長谷川松治（訳）講談社。］

Chao, R. and Tseng, V. 2002. Parenting of Asians. In Bornstein, M. H. (ed), *Handbook of parenting: Social conditions and applied parenting*. 2nd ed. pp. 59–93. Mahwah, NJ: Lawrence Erlbaum Associates.

Ferenczi, S. 1924. On forced phantasies. In *Further contributions to the theory and technique of psycho-analysis.* pp.68–77. London: Karnac Books.

Harwood, R.L., Miller, J.G., and Irizarry, N.L. 1995. *Culture and attachment: Perceptions of the child in context*. New York, NY: Guilford Press.

Jolivet, M. 2005. Japan: The childless society?: The crisis of motherhood. Translated by Glasheen, A-M. London: Routledge.

Kondo-Ikemura, K., Behrens, K.Y., Umemura, T., and Nakano, S. 2018. Japanese mothers' prebirth Adult Attachment Interview predicts their infants' response to the Strange Situation Procedure: The strange situation in Japan revisited three decades later. *Developmental Psychology* 54(11): 2007–2015.

Main, M. and Solomon, J. 1990. Procedures for identifying infants as disorganized/disoriented during the Ainsworth strange situation. In Greenberg, M. T., Cicchetti D. and Cummings, E. M. (eds), *Attachment in the preschool years: Theory, research, and intervention*. pp. 121–160. University of Chicago Press.

Meltzoff, A.N. and Moore, M.K. 1977. Imitation of facial and manual gestures by human neonates. *Science* 198(4312): 75–78.

Meltzoff, A.N. and Moore, M.K. 1989. Imitation in newborn infants: Exploring the range of gestures limitated and the underlying mechanisms. *Developmental Psychology* 25(6): 954–962.

Miyake, K., Campos, J.J. and Kagan, J., and Bradshaw, D.L. 1986. Issues in socioemotional development. In Stevenson, H.W., Azuma, H. and Hakuta, K. (eds), *Child development and education in Japan*. pp. 239–261. New York, NY: W. H. Fleeman.

Morse, E.S. 1936. *Japan Day By Day, 1877, 1878-79, 1882-83*. Tokyo: Kobunsha.

Okano, K. 2019. Working with Asian families, infants, and young children. In Maldonado-Duran, J.M., Jiménez-Gómez, A, Maldonado-Morales, M.X. and Lecannelier, F. (eds), *Clinical handbook of transcultural infant mental health*. pp. 107–119. Switzerland: Springer Nature.

Rothbaum, F., Weisz, J., Pott, M., Miyake, K., and Morelli, G. 2000. Attachment and culture: Security in the United States and Japan. *American Psychologist* 55(10): 1093–1104.

Rothbaum, F., Nagaoka, R. and Ponte, I.C. 2006. Caregiver sensitivity in cultural context: Japanese and U.S. teachers' beliefs about anticipating and responding to children's needs. *Journal of Research in Childhood Education* 21(1): 23–40.

Skelton, R. (ed) 2006. The Edinburgh international encyclopedia of psychoanalysis. Edinburgh University Press.

Takahashi, K. 1986. Examining the strange-situation procedure with Japanese mothers and 12-month-old infants. *Developmental Psychology* 22(2): 265–270.

Tanaka, Y., Fukushima, H., Okanoya, K. and M, Myowa, M. 2014. Mothers' multimodal information processing is modulated by multimodal interactions with their infants. *Scientific Reports* (4).

Tanaka, Y., Kanakogi, Y., Kawasaki, M., Myowa, M. 2018. The integration of audio-tactile information is modulated by multimodal social interaction with physical contact in infancy. *Developmental Cognitive Neuroscience* 30: 31–40.

Ujiie, T. 1986. Is the strange stuation too strange for Japanese infants? *Research and Clinical Center for Child Development: Annual Repot*［乳幼児発達臨床センター英文年報］(8): 23–29.

van IJzendoorn, M. H., & Kroonenberg, P. M. 1988. Cross-cultural patterns of attachment: A meta-analysis of the strange situation. *Child Development*, 59(1): 147–156.

van IJzendoorn, M.H. and Sagi, A. 1999. Cross-cultural patterns of attachment: Universal and contextual dimensions. In Cassidy, J. and Shaver, P.R. (eds), *Handbook of attachment: Theory, research, and clinical applications*. pp. 713–734. New York, NY: Guilford Press.

Winnicott, D.W. 1956. *Collected papers: Through paediatrics to psycho-analysis*. London: Tavistock Publication.［翻訳版：ウィニコット、D・W. 一九九〇『児童分析から精神分析へ』北山修（監訳）岩崎学術出版社。］

Winnicott, D.W. 1965. The maturational process and the facilitating environment: Studies in the theory of emotional development. Madison, CT: International Universities Press.［翻訳版：ウィニコット、D・W 一九七七『情緒発達の精神分析理論―自我の芽ばえと母なるもの』牛島定信（訳）岩崎学術出版社。］

Zilboorg, G. 1941. *A history of medical psychology*. New York, NY: W. W. Norton.

「素直な甘え」
「屈折した甘え」
愛着

第5章

日本の成人における母親への甘え

人生満足度と母親への感謝との関連

楠見　孝
西川一二

1……甘え概念の実証的な再考——素直な甘えと屈折した甘え

「日本型」教育文化を支える上では、日本社会における社会的関係、特に親子、師弟などの関係を解明する必要がある。そのためには、これまで「日本社会を描いてきた」とされてきた土居健郎らの「甘え」をめぐる議論を再検討し、親子関係における「甘え」の概念構造を解明し、さらに、愛着、感謝、他者への愛や幸福感などとの関係を測定する実証的研究が必要と考える。こうした測定手法とデータは、教師―学習者関係、熟達者―初心者関係などを分析することに役立つ。そこで本章では、実証的な心理学的アプローチによって、日本の成人における母親への甘えを再検討する。

本書第3章（西）、第4章（岡野）でも述べているように、「甘え」は、土居の『「甘え」の構造』（土居 一九七一）によって注目された、日本文化における母子関係の行動パタンを説明する概念である。それが日本人の対人行動の基底にあるとして、多くの議論が行われてきた。土居（一九七一）は甘えを「母親が自分とは別の存在であることを知覚した後に、その母親を求めること」、「依存あるいは依存欲求」と定義している。さらに、土居（二〇〇一）は「甘え」を「対人関係において相手の好意をあてにして振舞うことである」と定義し、相手との相互的信頼に基づく「健康で素直な甘え」と甘えたくても甘えられず、うらみやひがみなどがかかわる「屈折した甘え」の二つを想定している。国際精神分析学会の講演（Doi 1989）では、「健康で素直な甘え」は子どもらしく（childlike）、無邪気で（innocent）、安らか（restful）で素直な（straightforward）[1]甘え、「屈折した甘え」は子どもっぽく（childish）、意地の張った（willful）、求めるものの多い（demanding）、屈折した（convoluted）甘え、前者を「良い甘え」、後者を「悪い甘え」としている。さらに、土居の英語論文（Doi 1992）では「この概念は依存（dependence）と愛着（attachment）という概念上異なる二つの状態を橋渡しする役目を果たしている。英語では二つの概念は区別されるが、日本語ではこのどちらも含むところに甘えの特色がある」（前掲書：八）としている。また、「甘えという言葉は、子どもについてだけでなく、大人について用いられる。それは他者に対する対面での行動にあらわれ、そして情緒的親密さの感情の存在を示唆する」（前掲書：八）と述べている。

「甘え」の定義は「依存」やアタッチメント（愛着）との相違も含めて議論の的となり、その後、複数の研究者が「甘え」概念を明確化する研究を内外で進めてきた。たとえば、山口勧は、竹友（一九八八：一三三）の甘えの定義「関わり合う二者の同意のもとに常識的な日常生活の常規の社会的拘束から一時的に解放されること」を踏まえて、シナリオ実験を行い、甘えを「行為者が「自分の不適切な行動や欲求」が「相手に受け入れられることを期待している」と見なすときに、観察者はその行動や欲求を「甘え」と呼ぶ」としている（山口 一九九九：三四—三五）。これは、対人関係における日常語としての「甘え」の行動や欲求に焦点をあわせた定義である。そのため、乳幼児の行動や土居の指摘した「素直な甘え」は含まない定義になっている。さらに、山口は、アメリカ文化では、甘えに相当する概念がないことを議論した上で、先の自らの定義を踏まえて、親しい友人が無理な頼みごと（甘え行動）をしたときのポジティブな感情経験に注目し、日米とも類似した結果を見いだしている（Niiya, Ellsworth and

1……岡野憲一郎教授より、土居の一九八九年英語論文（Doi 1989）ではprimitiveとなっているが、『「甘え」の構造』の英訳本「甘えたい気持ちを素直に表現できない」（Doi 1981: 31）では、straightforwardが使われているとご教授をいただいた。

Yamaguchi 2006)。しかし、親子関係における甘えや、屈折した甘えは未検討である。

一方、甘えの多面的側面にかかわる研究には、青年期における多元的甘え尺度（玉瀬・相原 二〇〇五、谷 二〇〇〇）、青年期の甘えのタイプ（小林・加藤 二〇一五、二〇二一）、対人関係（藤原・黒川 一九八一、大迫・高橋 一九九四）や自己愛（稲垣 二〇一三）、などの観点からとらえる質問紙研究が多数行われてきた。しかし、土居（Doi, 1989, 1992; 二〇〇一）による「素直な甘え」と「屈折した甘え」をとらえた成人期における母親との関係に焦点をあわせた質問紙研究は少ない。

そこで、本章では、『「甘え」の構造』をはじめとする一連の著作（土居 一九七一、一九九三、二〇〇一; Doi 1989, 1992）の記述を参考にして、成人における母親への「素直な甘え」（例：母親は私の気持ちを理解し受け入れてくれる）と「屈折した甘え」（例：私は母親に甘えたくても甘えられなかった）をとらえる新たな尺度を作成する。そして、尺度の信頼性と、外部関連妥当性を検討する。外部関連妥当性を検討するための尺度としては、「甘え」との関連性を土居自身が指摘し、活発な議論（たとえば、小林・遠藤 二〇一二）が行われているアタッチメント（愛着）理論（Bowlby 1951, 1969）にかかわる尺度を用いて検討する。ここで、土居は、愛着と甘えの関係を「愛着は明らかに甘えと重なり合う……、Bowlby は愛着がそれ自体依存をもたらすという事実を見過ごしていたように私には思われる。甘えはまさに心理的依存を含む故に、また愛着に比して行動よりも感情をさす故に、言葉としては愛着よりも有利」と述べている（Doi 1989, 訳は土居 一九九七：一一八による）。

ここで本章の構成を述べておく。「日本型」教育文化を支える日本社会における社会的関係、特に親子関係における「甘え」の概念構造を解明するために、第2節では、成人における母親への「素直な甘え」と「屈折した甘え」を測定するための心理尺度を作成する。そして第3節では、これら二つの甘えの個人差要因として性差および年齢差、さらに、母子関係にかかわる母親の養育態度との関連、アダルト・アタッチメント、自分の子どもとの一体化との関連を検討することで、世代間関係と生涯発達についての示唆を得る。そして、第4節では甘えのポジティブな効果として、自尊心、人生満足度、母親への感謝、利他行動などに及ぼす効果を調査に基づいて検討する。

2……研究1：甘えに及ぼす養育態度と愛着——母親への「素直な甘え」「屈折した甘え」尺度の開発

（1）母子関係の新たな測定法

研究1では、土居の一連の著作（土居 一九七一、一九九三、二〇〇一；Doi 1989, 1992）の記述を参考にして、母親への「素直な甘え」と「屈折した甘え」をとらえる尺度項目を作成し、尺度の信頼性と妥当性を検討する。ここで、尺度の外部関連妥当性は、「甘え」との関連が想定されるパーカー（Gordon Parker）らの養育態度尺度（和田津・大蔵 二〇〇九）およびバーソロミュー（Kim Bartholomew）らの成人愛着尺度（加藤 一九九九）を用いて検討する。パーカーらの養育態度尺度は、アタッチメント理論（Bowlby 1951, 1969）を土台に、子ども時代の親の養育態度が、青年期以降の社会性発達への影響を検討するために開発された尺度（Parental Bonding Instrument：ＰＢＩ）（Parker, Tupling and Brown 1979）である。さらに、尺度値の年齢変化、性差、養育態度との関連や成人愛着、人生満足度との関連を検討する。ここで、母親に対する「素直な甘え」は、母親からの愛情に基づく養育態度や、成人期の安定した愛着スタイルに関連すると考える。一方、「屈折した甘え」は、母親からの干渉的な養育態度や、成人期の安定していない愛着スタイルに関連すると考える。

研究1では調査会社モニターの全国の市民一五〇〇名（一八歳〜八四歳、男女半数）に対して、質問紙調査をインターネットで実施した。[2] 回答者は、次の三つの尺度項目に回答した。[3]
第一は、母親への「素直な甘え─屈折した甘え」尺度（Primitive-Convoluted Amae Scale：ＰＣＡ）である。これは、土居の一連の著作（土居 一九七一、一九九三、二〇〇一；Doi 1989, 1992）を参考にして、母親に対する相互的信頼に基づく「健康で素直な甘え」に関する六項目（例：私は母親に甘えてきた／私は母親には勝手気ままにふるまえる）と、母親に対して甘えたい気持ちが底に潜んでいるにもかかわらず、甘えたくても甘えられず、うらみやひがみなどがかかわる「屈折した甘え」を表す四項目（例：私は母親に甘えたくても甘えられなかった／私は母親をうらんでいる／私は母親から心理的に離れたいと思う）を取り上げて、一〇項目で構成した（表5─1）。五件法（1：あてはまらない〜5：あてはまる）で評定を求めた。
第二は、養育態度としての愛情と干渉である。これは、パーカーら（Parker et al. 1979）の Parental Bonding Instrument（ＰＢＩ）日本版（Kitamura et. al 1993）に基づく和田津・大蔵（二〇〇九）の母親ＰＢＩの因子分析の結果から、愛情因子（例：私に対して優しかった）と干渉因子（例：私がしようとすることすべてにわたって、コントロールしようとした）の負荷量の高い各五項目を選択した。設問では、「あなたが一六歳までの間に、母親あるいは母親の役割をした人を思い浮かべてください。以下の事柄は、その人とどの程度あてはまりますか」として、四件法（1：まったく違う〜4：非常にそうだ）」で評定を求めた。
第三は、バーソロミューとホロヴィッツ（Bartholomew and Horowitz 1991）の四分類成人愛着スタイル尺度（ＲＱ）の日本語版（加藤 一九九九）の四項目である。四つのタイプ（安定型、拒絶型、とらわれ型、恐れ型）の人間関係のなかで経験する「人に対する感じ方や考え方」についての文章を提示して、七件法（1：全くあてはまらない〜7：非常によくあてはまる）で評定を求めた。[4]

2……平均年齢は四五・六歳。職業の内訳は、事務職（一八％）、専門的・技術的職業（一二％）、販売（六％）、管理的職業（五％）、主婦（一八％）、無職（一五％）、学生（五％）であった。既婚者は五一％、子どものいる人は四三％であった。なお、分析対象とする回答者数からは、短時間回答者、同一評定が連続する不適切回答者は除いている（研究2、3も同様）。参加者はまず人口学的変数項目（男女、年齢、職業など）に回答した。

3……その他の指標として、人生満足度（ＳＷＬＳ）に関して、ディーナーら（Diener et.al. 1985; 訳は子安ら二〇二一による）より、五項目（例：私は自分の人生に満足している）の七件法（1：全くそう思わない～7：強くそう思う）と幸福感の一〇段階評定（1：最悪の人生～10：最良の人生）などを求めた。

4……四つのタイプの記述は次の通りである。

安定型（secure）：私にとって、人といつも心が通じ合う関係を持つことは、簡単である。私は人に頼ったり頼られたりすることに抵抗がない。私は一人ぼっちになってしまうとか、人がありのままの私を受け入れてくれないのではないのかということを心配しない。

拒絶型（dismissing）：私は人といつも心が通じ合う関係がなくても平気だ。私にとって大切なのは、人に頼っていないと感じること、自分で何でもできていると感じることだ。私は人に頼ったり頼られたりすることが好きでない。

とらわれ型（preoccupied）：私は人と完全に気持ちが通じ合うようになりたい。しかし、人は私が望むほど私と親しくなりたいと思っていないと思う。私は親密な関係を持ちたいのだが、私が人のことを大切に思うほど人は私のことを大切に思っていないのではないかと心配になる。

恐れ型（fearful）：私は人と親しくなることに抵抗を感じている。私は人と心が通じ合う関係を持ちたいのだが、人を信じきることはできない。また人に頼ることが苦手である。人とあまりにも親しくなりすぎると傷ついてしまうのではないかと思う。

（2）「素直な甘え—屈折甘え」の構造と養育態度や愛着などとの関係

「素直な甘え—屈折甘え」尺度の信頼性と妥当性

甘えの新しい尺度一〇項目がどのような構造をもつかを、因子分析（最尤法、Promax 回転）によって検討した。固有値の減衰から因子数を二とし、因子パタン行列を算出した（表5—1）。第一因子では、「母親は私の気持ちを理解し受けいれてくれる」「私は母親に何でもうちあけることができる」など、母親に対する相互的信頼に基づく甘え傾向を示した六項目に高い因子負荷量（|.40|以上）が示されたため、「素直な甘え」因子と命名した。第二因子では、「私は母親をうらんでいる」「私は母親に甘えたくても甘えられなかった」など母親に対する屈折した甘え傾向を示した三項目に高い因子負荷量が示されたため、「屈折した甘え」因子と命名した。これらの結果に基づいて、「素直な甘え尺度」と「屈折した甘え尺度」を作成し、各尺度の信頼性を検討した結果、αs = .83, .60 であり、「屈折した甘え尺度」の信頼性がやや低かった。両尺度値間に負相関（-.59）があった。

「素直な甘え—屈折甘え」尺度の代表的な項目の平均評定値の年齢差を検討したものが図5—1である。「素直な甘え」因子の項目としては「私は母親に甘えてきた」を選んだ。この項目は母親への甘えを自覚して過去形で記したもので「素直な甘え」を示すと考えた。その平均評定値は二〇代、三〇代は中点よりもやや高く、四〇代、五〇代と年代が上がるにしたがって徐々に低下する。年齢との相関は男女それぞれ-.13・-.19であった。評定値は、四〇代以降は、男性が女性よりもやや高い。そして、五〇代以降は中点に近づく。一方、「屈折した甘え」因子では、屈折した甘えを記した項目「私は母親に甘えたくても甘えられなかった」を選んだ。その平均評定値は二〇代男女において中点より低く、三〇代、四〇代と年代が上がるにしたがって徐々に上昇する。年齢との相関は男女それぞれで.16・.04であった。男性は女性に比べて、一貫して評定値は低いが、年代が上がるにつれてわずかな上昇があっ

表5-1 「素直な甘え―屈折甘え」尺度（PCA）の因子負荷量と平均評定値（*SD*）（研究1）

項目	素直	屈折	共通性	平均値	*SD*
母親は私の気持ちを理解し受けいれてくれる	**.78**	-.06	.66	3.23	1.15
私は母親に何でもうちあけることができる	**.77**	.11	.52	2.67	1.16
私は母親に愛されたいと思っている	**.75**	.11	.49	3.26	1.10
私は母親を頼りにしている	**.74**	.05	.51	3.20	1.24
私は母親に甘えてきた	**.66**	-.02	.44	3.20	1.22
私は母親には，勝手気ままにふるまえる	**.45**	.06	.18	3.05	1.15
私は母親をうらんでいる	-.29	**.63**	.66	1.93	1.15
私は母親に甘えたくても甘えられなかった	-.22	**.40**	.30	2.50	1.15
私は母親から心理的に離れたいと思う	-.38	**.30**	.36	2.83	1.21
母親が自分以外に注意を向けると嫉妬（しっと）がおこる	.40	.55	.24	1.81	0.95

上三角行列は因子相関／下三角行列は尺度間相関	因子		尺度		
	素直	屈折	平均値	*SD*	*α*
尺度　素直	1	-.52	3.10	0.91	.83
屈折	-.59	1	2.42	0.86	.60

註　太字は下位尺度算出に用いた因子負荷量 .30 以上の数値を示す。

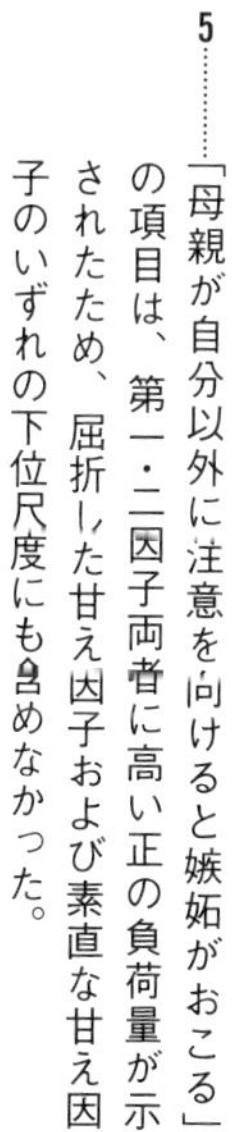

5 「母親が自分以外に注意を向けると嫉妬がおこる」の項目は、第一・二因子両者に高い正の負荷量が示されたため、屈折した甘え因子および素直な甘え因子のいずれの下位尺度にも含めなかった。

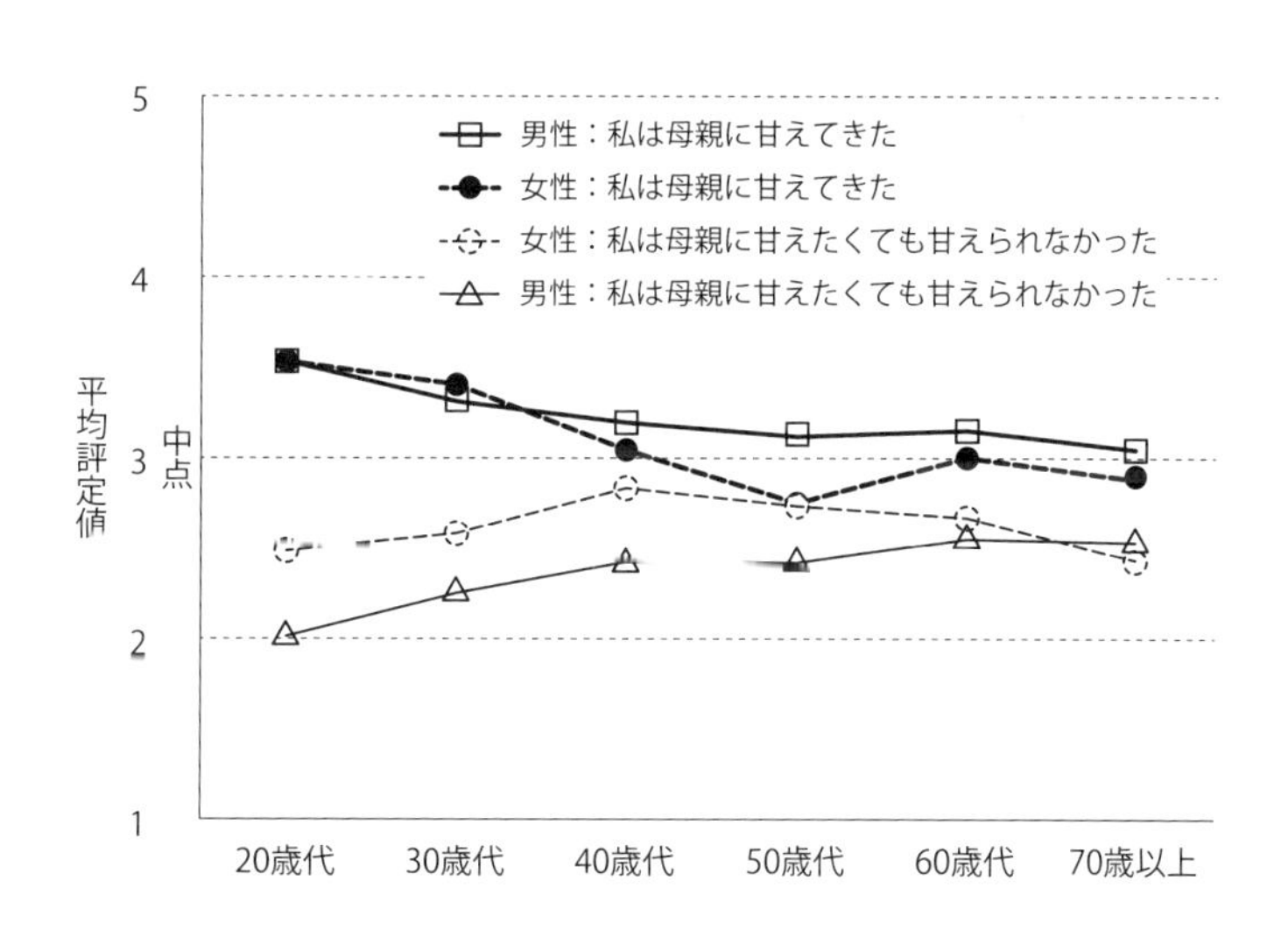

図5-1 「素直な甘え」と「屈折した甘え」に関する項目の男女別の平均評定値（5件法）の年齢変化（研究1）

た。

つぎに、「素直な甘え―屈折甘え」尺度の妥当性を検討するために、関連尺度との相関を検討したものが表5―2である。あわせて相関と平均尺度値の男女差も検討した。「素直な甘え」と養育態度の「母親からの愛情」との正相関（男.63・女.71）は高く、逆に、「母親からの干渉」との負相関（男-.48・女-.62）が高い。一方、「屈折した甘え」と「母親からの愛情」との負相関（男-.56・女-.69）は高く、逆に、「母親からの干渉」との正相関（男.50・女.59）が高い。これらは、「素直な甘え」「屈折した甘え」尺度のそれぞれの妥当性を示唆している。さらに、「屈折した甘え」「母親からの干渉」尺度の平均評定値は女性が男性より高かった（表5―2　下段のt検定参照）。

「素直な甘え」と成人愛着との正相関「安定型」（男.22・女.17）、「とらわれ型」（男.12・女.08）との弱い正相関があった。逆に、「素直な甘え」は「拒絶型」（男-.19・女-.21）、「恐れ型」（男-.15・女-.17）との弱い負相関があった。一方、「屈折した甘え」は「恐れ型」（男.23・女.29）、「拒絶型」（男.16・女.15）、との正相関があった。これらは「素直な甘え」「屈折した甘え」尺度のそれぞれの妥当性を示唆している。

「素直な甘え」は「人生満足度」（男.28・女.18）、「幸福感」（男.27・女.17）と正相関、「屈折した甘え」は「人生満足度」（男-.21・女-.24）、「幸福感」（男-.30・女-.25）と負相関があった。

「素直な甘え―屈折した甘え」、愛着と人生満足度との関係

「素直な甘え―屈折した甘え」と人生満足度がどのような関連があるかを、二つの仮説的モデルに基づいて、パス解析で検討した[6]。図5―2Aに示す通り、パス解析の結果、養育態度の「母親からの愛情」は「素直な甘え」に正のパス、「屈折した甘え」に負のパス、一方、「母親からの干渉」は「素直な甘え」に負のパス、「屈折した甘え」に正のパスがあった。ここで、男性において「素直な甘え」は「人生満足度」に正のパス、女性では「屈折した甘え」から「人生満足度」に負のパスがあった。

表5-2 「素直な甘え—屈折甘え」尺度と養育環境、成人愛着、人生満足度などとの相関（研究1）

尺度 ＼ 男性/女性		甘え		養育環境		成人愛着				人生満足度	幸福感	年齢	就学年数
		素直	屈折	母親からの愛情	母親からの干渉	安定型	拒絶型	とらわれ型	恐れ型				
甘え（PCA）	素直な甘え		-.50	.63	-.48	.22	-.19	.12	-.15	.28	.27	-.03	.06
	屈折した甘え	-.67		-.56	.50	-.14	.16	.05	.23	-.21	-.30	.00	-.05
養育環境（PBI）	母親からの愛情	.71	-.69		-.61	.18	-.15	.03	-.20	.27	.30	-.06	.12
	母親からの干渉	-.62	.59	-.67		-.19	.12	.03	.23	-.24	-.27	-.06	-.04
成人愛着（RQ-J）	安定型	.17	-.20	.18	-.19		-.12	.16	-.31	.41	.36	.17	.05
	拒絶型	-.21	.15	-.16	.11	-.05		-.24	.30	-.05	-.13	.01	.01
	とらわれ型	.08	.08	-.02	-.02	-.01	-.15		.05	.04	.03	-.02	.04
	恐れ型	-.17	.29	-.24	.21	-.44	.29	.14		-.26	-.29	-.18	-.05
人生満足度（SWLS）		.18	-.24	.24	-.19	.38	.04	-.09	-.29		.80	.14	.14
幸福感		.17	-.25	.25	-.18	.36	-.02	-.08	-.31	.80		.22	.21
年齢		-.15	-.04	-.07	.04	.26	.04	-.08	-.20	.09	.17		.04
男性（n=750）	平均	3.06	2.36	2.85	2.13	3.38	4.10	3.57	3.83	3.33	5.44	45.72	14.79
	(*SD*)	(0.77)	(0.81)	(0.60)	(0.60)	(1.43)	(1.40)	(1.34)	(1.43)	(1.34)	(2.12)	(15.3)	(2.08)
女性（n=750）	平均	3.14	2.48	2.83	2.22	3.44	3.79	3.55	3.86	3.7[illegible]	6.16	45.39	14.20
	(*SD*)	(0.94)	(1.00)	(0.76)	(0.74)	(1.56)	(1.48)	(1.48)	(1.61)	(1.37)	(2.02)	(14.6)	(1.88)
	t	-1.87	-2.52	0.62	-2.39	-0.76	4.08	0.38	-0.34	-5.47	-6.69	0.43	5.79
	p		***		***		***			***	***		***

註：***p<.001

6……以降の分析ではAMOS26.0を使用した。

また、甘えと、成人愛着のタイプとの関連は、図5―2Bに示す通り、「素直な甘え」は、成人愛着の「安定型」

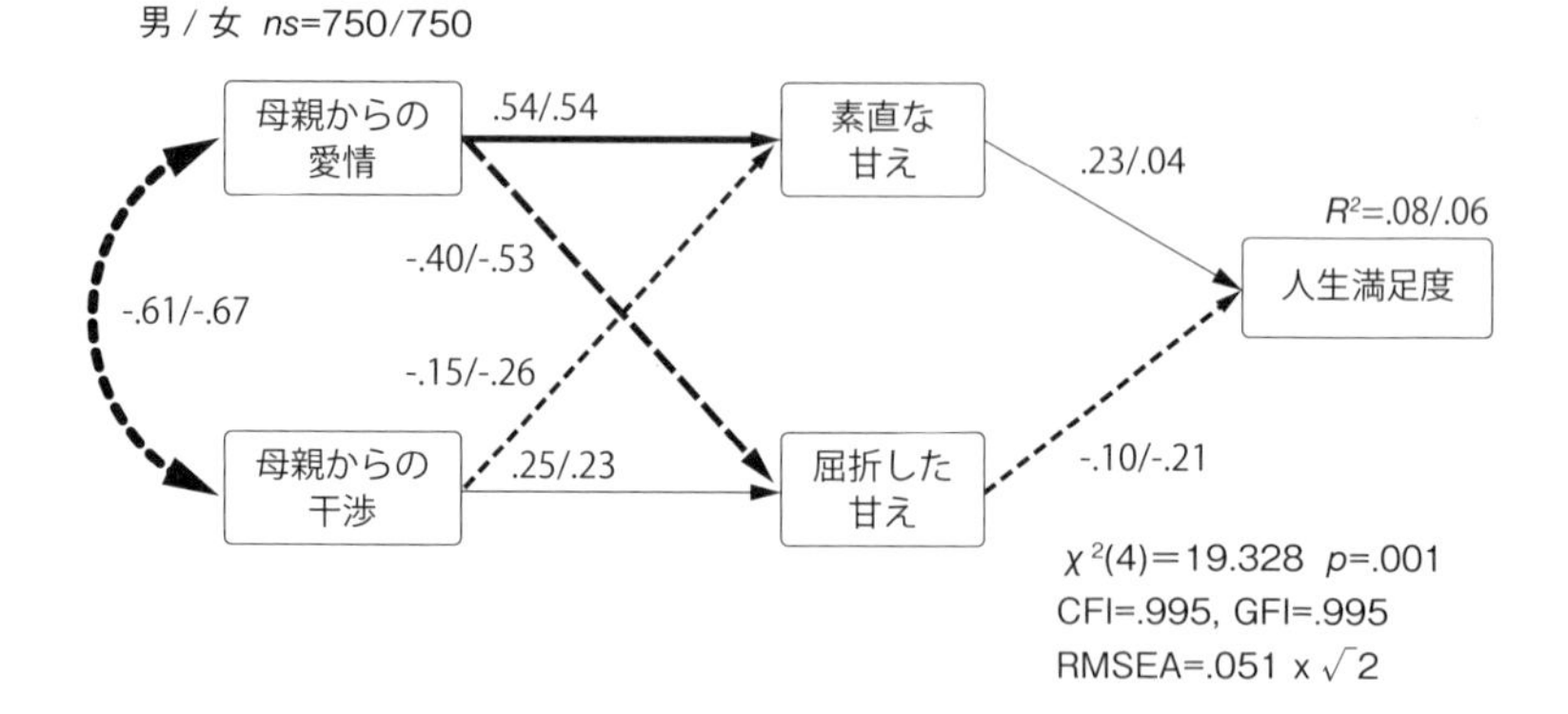

図5-2A 母親の養育態度、甘えと人生満足度に関するパスモデル（研究1）

数値は標準化パス係数

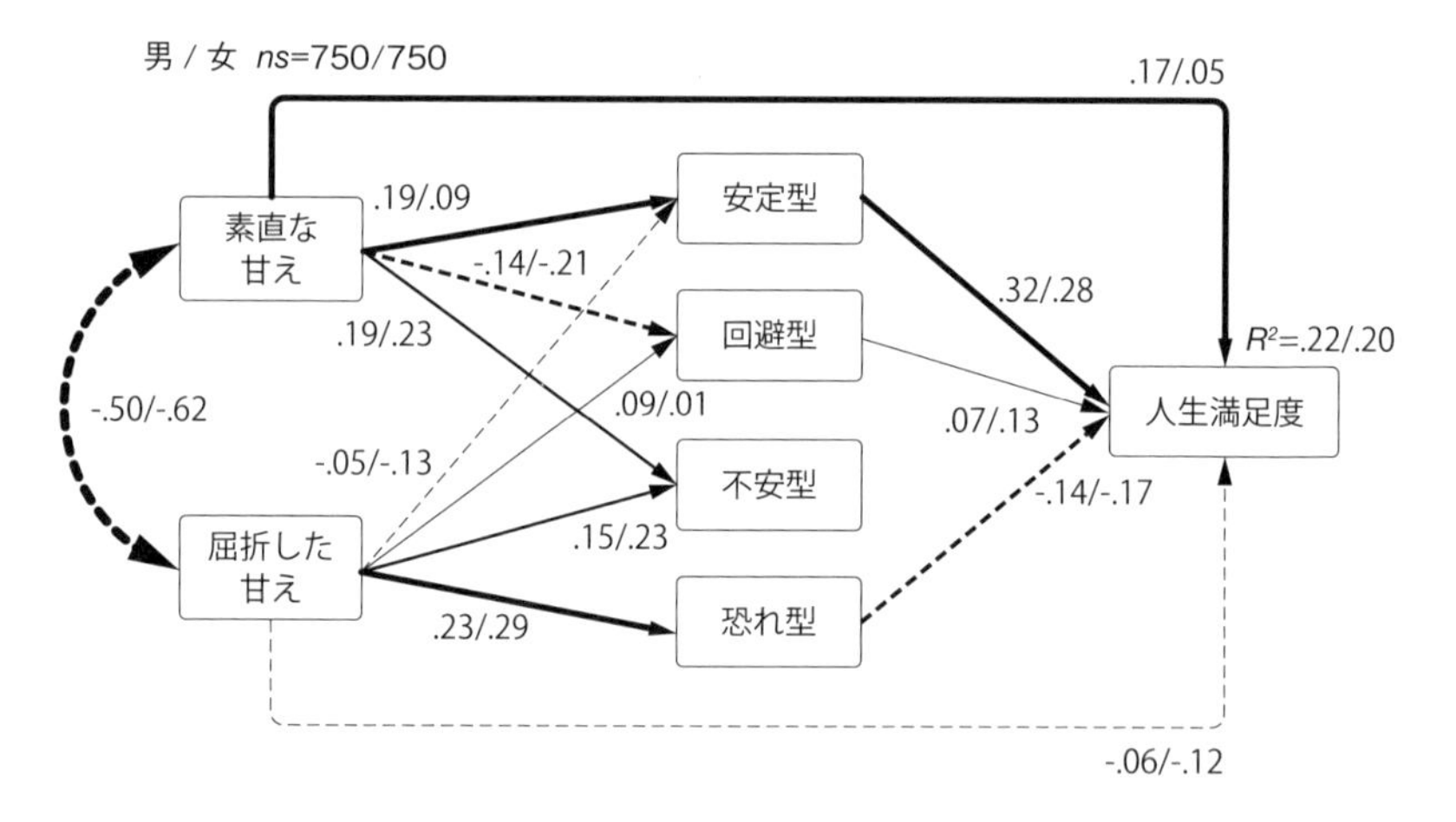

図5-2B 甘え、成人愛着スタイル、人生満足度に関するパスモデル（研究1）

数値は標準化パス係数

と「不安型」に正のパス、「回避型」に負のパス、一方、「屈折した甘え」は「恐れ型」と「不安型」に正のパスがあった。

(3) 母親への二種類の甘え――研究1のまとめとして

研究1では、土居(一九七一)などの一連の著作に基づいて、母親への二種類の甘えを表す一〇項目を新たに作成した。表5―1に示す通り、一〇項目の因子分析の結果、母親への「素直な甘え―屈折した甘え」に関する二因子構造が確認された。両者は負相関があった。それぞれの因子を代表する項目の平均評定値は、加齢によりやや低下した。ここで、「屈折した甘え尺度」の信頼性はあまり高くなく、母親への「素直な甘え―屈折甘え」尺度の改訂が必要であった。また、外部関連妥当性の検討では、パーカーらの養育態度尺度(和田津・大蔵二〇〇九)、およびバーソロミューらの成人愛着尺度(加藤一九九九)を用いて検討を行った。その結果、「素直な甘え」は養育態度「母親からの愛情」、成人愛着「安定型」と正相関、「屈折した甘え」は養育態度「母親からの干渉」、成人愛着「恐れ型」と正相関があり、各尺度の外部妥当性が示唆された。

パス解析の結果、養育態度の「母親からの愛情」は「素直な甘え」を促進し、「屈折した甘え」を抑制していた。一方、「母親からの干渉」は「素直な甘え」を抑制し、「屈折した甘え」を促進していた。さらに、「素直な甘え」は成人愛着「安定型」に、「屈折した甘え」は「恐れ型」に関連していた。また、男性において「素直な甘え」は「人生満足度」を向上させ、女性は「屈折した甘え」が「人生満足度」を低下させていた。

以上をまとめると、甘え尺度の因子構造と信頼性を検討した結果、母親への「素直な甘え―屈折した甘え」の二つの下位尺度を構成できた。これは、土居(Doi 1998)に基づく「健康で素直な甘え」と「屈折した甘え」に対応する。しかし屈折した甘え尺度には、平均評定値が低い項目(「私は母親をうらんでいる」)があり、項目数は、素直な甘え尺度に比べて少なく、尺度の信頼性がやや低かった。そこで研究2では、屈折した甘え尺度の項目内容の変更や項目の追加を行い、母親への「素直な甘え―屈折甘え」尺度を改訂する。

3……研究2：子をもつ成人における母親への甘えと幸福感、感謝との関係

(1)「素直な甘え―屈折甘え」尺度の改訂と世代間伝達

研究2では、研究1で作成された母親への「素直な甘え―屈折甘え」尺度を改訂し、改訂された母親への「素直な甘え―屈折甘え」尺度の信頼性と妥当性を検討する。研究2では、改訂した「素直な甘え―屈折甘え」尺度の妥当性をアダルト・アタッチメント・スタイル尺度（古村・村上・戸田 二〇一六）、母親との関係（親子関係親密化尺度）（山崎・杉村・竹尾 二〇〇二）などの関連尺度を用いて検討する。

さらに、研究2では、「甘えの心理は母子一体感を育成することに働く」（土居 一九七一）、「情緒的に自他一致の状態をかもしだす」（土居 一九七一）ということから、母から子への世代間伝達とのかかわりで、子どもとの一体感について調べる。

成人愛着の研究は、乳幼児期の母親との愛着関係が青年・成人期の愛着スタイルに影響を与え、母親や親密な二者関係に影響を与えることを示している（たとえば、Hazen and Shaver 1987）。さらに、愛着の世代間伝達の研究は、自分が母親になったときに、子どもへの養育態度を通して、子どもの愛着スタイルに影響すると考えられる。

そこで、研究2では、甘えと、成人愛着、さらに母親への感謝、幸福感、子どもとの一体化との関連と男女差を

小学生の子どもをもつ男女成人の大規模調査に基づいて検討する。調査会社のモニターである全国の小学校二年から五年までの児童をもつ保護者八二〇（父親四一一、母親四〇九）人に対して、インターネット調査を実施した。[7] 回答者は、次の四つの尺度項目に回答した。[8]

第一は、母親への改訂版「素直な甘え―屈折甘え」尺度（ＰＣＡ）である。これは、土居（一九七一）などの一連の著作に基づく研究1の項目を改訂した尺度である（表5―3）。信頼性を向上させるために「素直な甘え」尺度からは、研究1で最も因子負荷量の低かった項目「私は母親には勝手気ままにふるまえる」を削除して五項目とした。「屈折した甘え」尺度は全面的に改訂し、屈折した甘えを示す「私は母親に甘えたくても甘えられない」「私は母親から心理的に離れたいと思う」を残し、「屈折した甘え」を示すと考えられる「私は母親の前で素直（すなお）になれない」「私は母親に対して遠慮がある」「私は母親には、わだかまりをもっている」を加えて、五項目とした。

第二は、母親への愛着である。アダルト・アタッチメント・スタイル尺度（ＥＣＲ－ＲＳ、古村・村上・戸田二〇一六）のうち、接近六項目[9]（例：その人は、私にとって頼りやすい人だ）、分離不安三項目（例：私は、その人に見

7……各学年約一六〇人（男女約半数ずつ）。年齢は三〇～六〇（平均四三・二）歳。職業の内訳は、民間企業事務職（父二一%、母九%）、民間企業管理職（父二〇%、母〇・二%）、民間企業技術職（父一七%、母一%）、民間企業労務職（父一一%、母一%）、公務員（父八%、母二%）、アルバイト・パート（父〇・二%、母三四%）、主夫・主婦（父〇・五%、母四三%）であった。研究1と同様に、参加者はまず人口学的変数項目に回答した。

8……その他の関連尺度として、研究1と同じく人生満足度（ＳＷＬＳ）に関してディーナーら（Diener et.al. 1985; 子安ら訳 二〇一二）より、五項目（七件法）、自尊心（Rosenberg Self-Esteem Scale：ＲＳＥＳ）についてローゼンバーグ（Rosenberg 1965）の一〇項目（五件法）などの評定を求めた。

9……本研究では「回避」を逆転したスコアを、安心して親密さを求める「接近」と命名した。

捨てられるのではないかと不安に思う）について回答を求めた。設問では「あなたの母親あるいは母親の役割をしている人を思い浮かべてください。以下の項目はどの程度あてはまりますか」として、七件法（1：全くあてはまらない〜7：非常にあてはまる）で評定を求めた。

第三は、母親および自分の子どもとの関係である。親子関係親密化尺度（山崎・杉村・竹尾 二〇〇二）の一体化八項目と許容三項目（竹歳・田頭 二〇一一）である。母親／子どもとの一体化八項目（例：お母さん／子どもと私の考えは似ている）と母親からの／子どもへの許容三項目（例：お母さんは私の甘えを許してくれる／私は子どもの甘えを許している）（竹歳・田頭、二〇一一）を用いた。設問では、「あなたの母親あるいは母親の役割をしている人（あなたのお子様）についておうかがいします。以下の事柄について、あなたとあなたの母親（お子様）との関係についてどのくらいあてはまるのかを、以下の五段階から一つ選んでください」として、五件法（1：いいえ〜5：はい）で評定を求めた。

第四は、母親への感謝である。マッカロー（McCullough 2002）の The Gratitude Questionnaire-Six Item Form（GQ－6）を翻訳し、母親に限定する形に修正した五項目を用いた（例：これまでの人生をふりかえってみると母親には感謝すべきことがたくさんある）。七件法（1：全く同意できない〜7：非常に同意できる）で評定を求めた。

（2）「素直な甘え―屈折甘え」尺度の改善――信頼性と妥当性

母親への「素直な甘え―屈折甘え」尺度の因子分析（最尤法、Promax 回転）の結果、固有値の減衰から因子数を二として、因子パタン行列を算出した（表5―3）。第一因子は、母親への相互信頼関係に基づく甘え傾向を示した五項目に高い因子負荷量が示されたため、第一因子を「素直な甘え」因子とした。第二因子は、母親への屈折した甘え傾向を示した五項目に高い因子負荷量が示されたため、第二因子を「屈折した甘え」因子とした。因子分析

表5-3　改訂版「素直な甘え―屈折甘え」尺度（PCA）の因子負荷量と平均（*SD*）（研究2）

項　目	素直	屈折	共通性	*M*	*SD*
私は母親を頼りにしている	**.92**	.13	.72	3.39	1.14
私は母親に甘えてきた	**.72**	.01	.51	3.21	1.17
私は母親に愛されたいと思っている	**.71**	.15	.40	3.24	1.02
母親は私の気持ちを理解し受けいれてくれる	**.71**	-.14	.63	3.36	1.10
私は母親に何でもうちあけることができる	**.62**	-.15	.52	2.91	1.13
私は母親に対して遠慮がある	.16	**.75**	.45	2.78	1.13
私は母親に甘えたくても甘えられない	.08	**.72**	.45	2.61	1.11
私は母親の前で素直（すなお）になれない	.02	**.71**	.49	2.68	1.10
私は母親には，わだかまりをもっている	-.23	**.61**	.59	2.43	1.23
私は母親から心理的に離れたいと思う	-.28	**.45**	.43	2.67	1.15

上三角行列は因子相関／下三角行列は尺度間相関	因子		尺度分析		
	素直	屈折	平均値	*SD*	*α*
尺度　素直	1	-.58	3.22	0.89	.86
屈折	-.53	1	2.63	0.86	.81

註　太字は下位尺度値算出に用いた因子負荷量 .40 以上の数値を示す。

の結果をもとに、「素直な甘え」と「屈折した甘え」の二つの下位尺度を作成した。各尺度の信頼性は、αs=.89,.86であり、十分な値であった。研究1の表5―1に比べて、二因子の構造がより明確になり、信頼性係数が向上した理由は、下位尺度の構成概念を示す項目への差替が適切に行われたためと考える。

「素直な甘え―屈折甘え」尺度の妥当性をまず検討するために、「素直な甘え」「屈折した甘え」と関連尺度との相関を検討した。表5―4に示す通り、男女とも「素直な甘え」は、「接近」「母親との一体化」「許容」と正相関が高く、一方、「屈折した甘え」は、「接近」「一体化」「許容」との負相関が高く、「分離不安」との正相関が高かった。これらは二つの下位尺度の妥当性を示している。

また、「素直な甘え」のポジティブで適応的な側面を検討するために、母親への感謝や人生満足度との相関を検討した。その結果、母親への感謝（男.56・女.74）との正相関は高く、より一般的な人

表5-4　母親への「素直な甘え—屈折甘え」尺度と養育環境、成人愛着、人生満足度などとの相関（研究2）

尺度	男性＼女性	甘え尺度 素直	甘え尺度 屈折	母親への愛着 接近	母親への愛着 不安	母親との関係 一体化	母親との関係 許容	母親への感謝	人生満足度
甘え（PCA）	素直な甘え		-.30	.69	-.03	.74	.70	.56	.21
	屈折した甘え	-.69		-.43	.37	-.19	-.18	-.43	.00
母親愛着（ECR-RS）	接近	.82	-.72		-.13	.72	.63	.48	.06
	不安	-.33	.45	-.42		-.20	-.21	-.38	.00
母親関係	一体化	.79	-.61	.59	.07		.75	.41	.26
	許容	.73	-.57	.50	.01	.84		.39	.20
母親への感謝（GQ5）		.74	-.62	.74	-.41	.70	.62		.04
人生満足度（SWLS）		.35	-.32	.32	-.16	.42	.34	.27	
男性	平均	3.13	2.66	4.16	3.09	3.05	3.10	5.13	3.82
（*n*=411）	（*SD*）	(0.81)	(0.75)	(0.98)	(1.35)	(0.74)	(0.80)	(1.17)	(1.23)
女性	平均	3.31	2.60	4.57	2.80	3.18	3.31	5.48	3.99
（*n*=409）	（*SD*）	(0.95)	(0.95)	(1.40)	(1.46)	(0.92)	(0.97)	(1.36)	(1.40)
	t	-2.93	0.97	-4.83	2.92	-2.31	-3.34	-3.97	-1.81
	p	***		***	***	*	***	***	

註：*p<.05, **p<.01, ***p<.001

生満足度（男.21・女.35）とも正相関があった。いずれも女性の方が男性よりも高かった（Zs = −4.53, −2.17, ps < .001）。一方、「屈折した甘え」は、母親への感謝（男-.43・女-.62）との負相関があり、より一般的な人生満足度（男.00・女-.32）との負相関は、女性のみにあった。

（3）「素直な甘え—屈折した甘え」と母親への感謝、自尊心、人生満足度との関係

甘えのもつポジティブな影響を明らかにするために、「素直な甘え—屈折甘え」尺度における二つの下位尺度値の男女ごとの平均値に基づいて、男女各回答者を高低に分割し、四つの回答者群を作成した。男女それぞれにおける構成比率は素直高—屈折低群（男三二%、女四五%）が最も多く、特に女性が多い。つぎは素直低—屈折高群（男三三%、女三〇%）である。一方、構成比率が最も少ないのが、素直低—屈折低群（男一六%、女一〇%）であり、つぎに少ないの

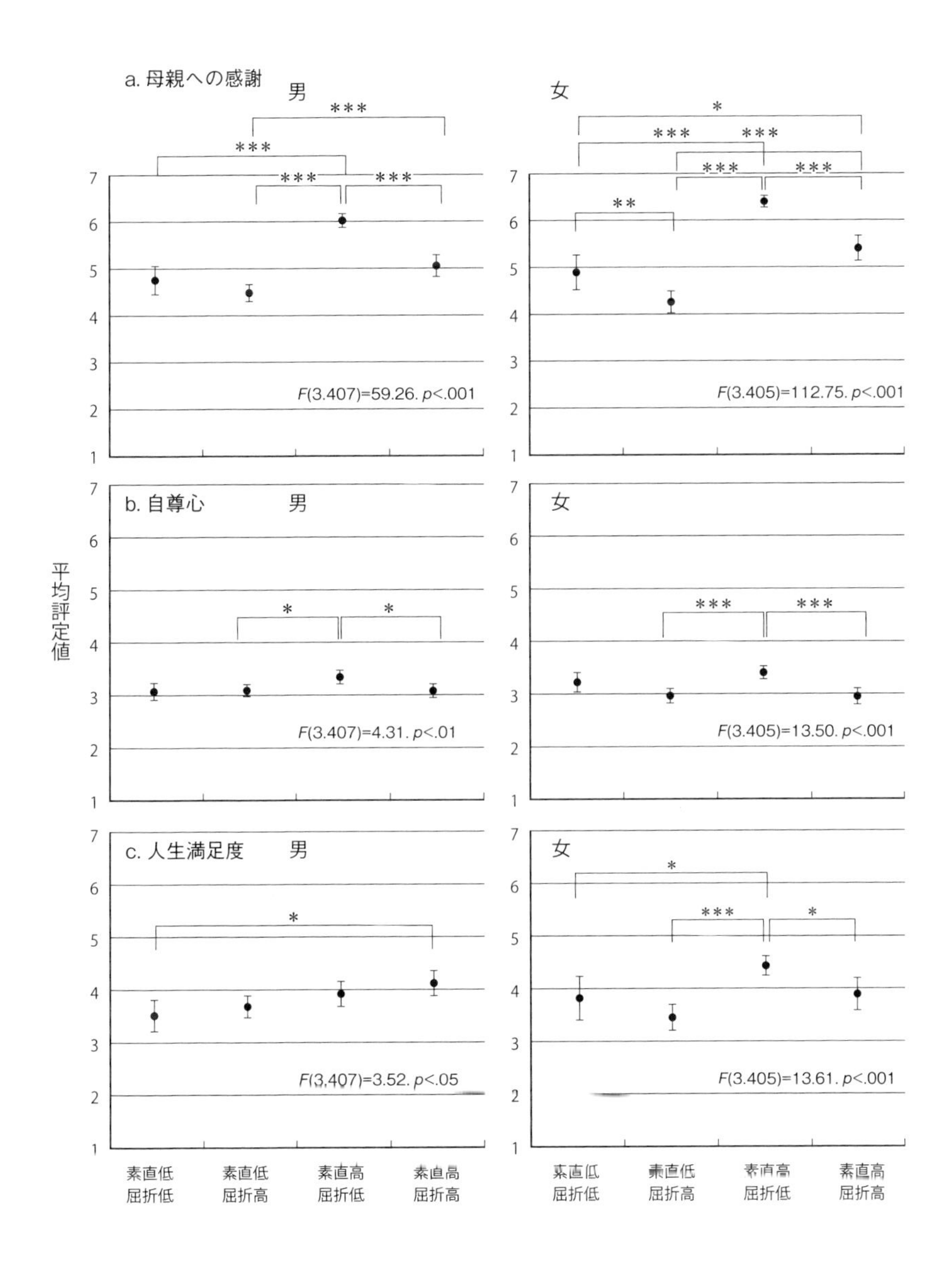

図5-3　「素直な甘え―屈折甘え尺度」（PCA）の上位下位群別の母親への感謝、自尊心、人生満足度の平均評定値と分散分析結果（研究2）

註：*p<,.05, **p<,.01, ***p<.001

が、素直高―屈折高群（男一九%、女一五%）で、いずれも女性がやや少ない。

母親への感謝、自尊心、人生満足度を目的変数とする四群間の一要因分散分析を行った。

その結果、図5―3a、5―3b、5―3cで示すように、男女とも、「素直な甘え」が高く、「屈折した甘え」の低い群は、母親への感謝と自尊心が高かった。一方、「素直な甘え」が低く、「屈折した甘え」の高い群は母親への感謝と自尊心が低かった。女性は、人生満足度についても同じ傾向が見られたが、男性は、「素直な甘え」と「屈折した甘え」の両者が高い群は「素直な甘え」と「屈折した甘え」の両者が低い群よりも人生満足度が高かった。

つぎに、表5―2に示した変数について、男女それぞれの相関行列に基づいて、多母集団同時分析によるパス解析を行った。図5―4の上部に示す通り、（a）「素直な甘え」から「母親への接近」「母親への感謝」と「人生満足度」への正のパスがあった。（b）「屈折した甘え」は、「母親への感謝」への負のパスとともに、「母親への分離不安」を介して、「母親への感謝」への負のパスがあった。図5―4の下部では、母親への甘えと一体化が、自分の子どもとの関係を通して人生満足度と感謝に及ぼす効果を示す。（c）「素直な甘え」は、「自分の母親との一体化」と「自分の母親からの許容」への強い正のパスがある、（d）「自分の母親との一体化」は「自分の子どもとの一体化」への正のパスがある、（e）「自分の子どもとの一体化」は「人生満足度」への正のパスがあることが明らかになった。

（4）子をもつ成人における母親への甘えと感謝、幸福感などとの関係――研究2のまとめとして

研究2では、土居（一九七一）などの一連の著作を参考に作成した母親への「素直な甘え―屈折甘え」尺度の改訂版を用いて、甘えが成人愛着や母親への感謝、幸福感、子どもとの一体化に及ぼす効果を検討した。小学生の子

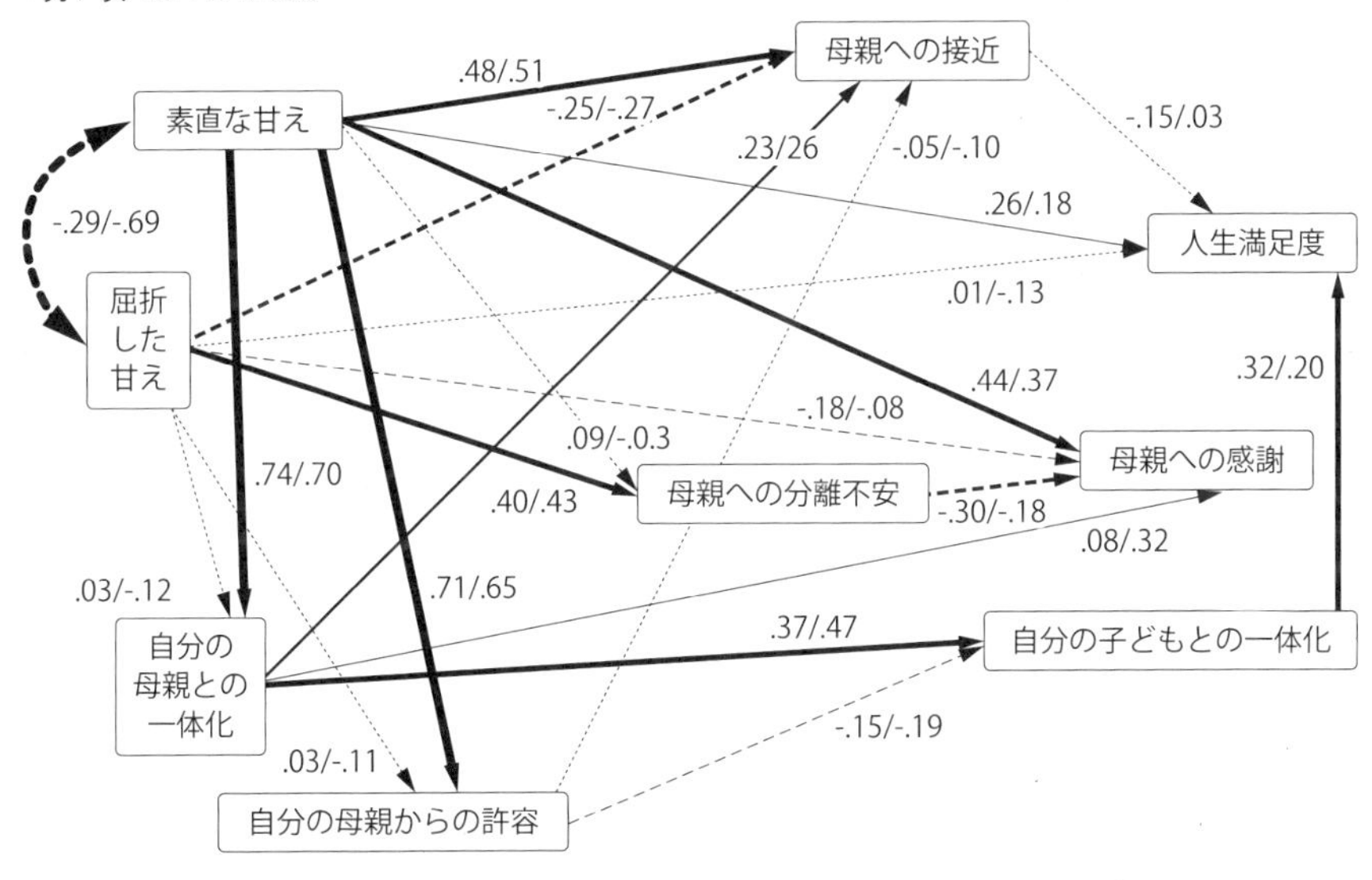

図5-4　母親への甘え、母や子どもとの一体感と人生満足度、感謝とのパスモデル（研究2）

数値は標準化パス係数

どもをもつ成人男女の八二〇人に調査を行った結果、「素直な甘え―屈折甘え」尺度項目は、「素直な甘え」と「屈折した甘え」の二因子構造があり、それぞれの下位尺度の信頼性が十分高いこと、両者は負相関をもつことが明らかになった。さらに、尺度の妥当性を、「素直な甘え」は成人愛着の「接近」「母親との一体化」「許容」と正相関があること、「屈折した甘え」は「接近」「一体化」「許容」と負相関があることによって示した。

また、男女とも、素直な甘えが高く、屈折した甘えが低い群で、母親への感謝と自尊心が他の群に比べて高いという適応的な効果があることが分かった（図5―3a、図5―3b）。

さらに、素直な甘え、母親や子どもとの関係と、成人愛着や母親への感謝、幸福感との関係をパス解析によって検討した。その結果、「素直な甘え」は「人生満足度」

「母親への感謝」を促進していた。これは、素直な甘えが、適応的な機能をもつ甘えであることを示唆している。一方、「屈折した甘え」は「母親への分離不安」と関連し、特に男性は「母親への感謝」を抑制していた（図5―4）。

4……研究3：子をもつ成人における母親への甘えと、幸福感、利他行動との関係

(1)「素直な甘え」から他者への愛へ

研究2では、母親への「素直な甘え」が、母親への「一体化」さらに「感謝」に関連することが明らかになった。甘えは「相手に対する受身的態度である」（Doi 1989）とされているが、研究3ではさらに、母親への「素直な甘え」は、母親への「感謝」だけではなく、他者に愛を向けようとする志向性に関連するかを検討する。甘えと愛他性を「純粋な愛」に基づいて検討することは岡野（一九九九）によって行われているが、ここでは、家族、知人、他者という三つの対象別の利他行動に焦点をあてて検討する。これは、母親への「素直な甘え」が他者一般に向けた愛他的で、能動的な行動にも関連がみられるかを検討するためである。さらに、研究2の回答者に、一年後に回答を求める二時点調査によって、母親への甘えが、親密な親子関係、幸福感、感謝に及ぼす影響関係をより詳細に検討する。

研究3では、一年前に実施したインターネット調査（研究2）に回答した日本全国の小学三～中学一年生保護者

の男女八二〇（父親四一一、母親四〇九）人に依頼を行い、四九〇（父親二四三、母親二四七）人から回答を得た[10]。そして、対象別利他行動尺度（小田ら、二〇一三）に回答を求めた。「道でつまずいたりして転んだ他人を助け起こす」など三対象（家族、友人・知人、他人）の各七項目から、因子負荷量などに基づいて五項目ずつ選んだ一五項目の短縮版を作成した。行動の頻度を五件法（1：したことがない～5：非常によくある）で回答を求めた。

母親への「素直な甘え―屈折甘え」尺度（一〇項目）、母子関係および自分の子どもとの関係尺度（一一項目）、アダルト・アタッチメント・スタイル尺度（九項目）、母親への感謝（六項目）、生活満足度（五項目）、自尊心（一〇項目）は研究2と同じであった。

（2）「素直な甘え―屈折した甘え」と母親への感謝、利他行動との関係

結果は、表5―5に示すように、「素直な甘え」は、アダルト・アタッチメント・スタイル尺度の「接近」と高い正相関（男.75・女.81）、「分離不安」とは男性は無相関、女性は弱い負相関（-.04・-.33）であった。一方、「屈折した甘え」は、同尺度の「接近」との高い負相関（-.53・-.69）、母親との「分離不安」との正相関（.43・.54）があった。これらは、尺度の外部妥当性を示している。

さらに、母親との親密な親子関係をみると、「素直な甘え」は母親との「一体化」と高い正相関（男.76・女.78）、母親の「許容」との高い正相関（.64・.74）があった。一方、「屈折した甘え」は「一体化」と高い負相関（-.43・-.59）、「許容」との高い負相関（-.36・-.60）があった。これらも、尺度の外部妥当性を示している。

新たに検討した利他行動は「素直な甘え」と弱い正相関があり、友人（男.30・女.15）、他人（.20・.12）、家族

10……年齢は三〇～六〇（平均四三・二）歳であった。研究2と同じく、まず参加者は人口学的変数項目に回答した。

表5-5　母親への「素直な甘え―屈折甘え」尺度と成人愛着、人生満足度、利他行動などとの相関（研究3）

尺度	男性／女性	甘え尺度		母親への愛着		母親との関係		子どもとの関係		母への	人生	自尊	利他行動			年齢
		素直	屈折	接近	不安	一体化	許容	一体化	許容	感謝	満足度	心	友人	家族	他人	
甘え（PCA）	素直な甘え		-.47	.75	-.04	.76	.64	.27	.15	.63	.22	.21	.30	.09	.20	-.02
	屈折した甘え	-.66		-.53	.43	-.43	-.36	-.17	-.04	-.52	-.11	-.40	-.14	-.18	-.02	-.07
愛着（ECR-RS）	接近	.81	-.69		-.17	.66	.55	.27	.14	.59	.12	.24	.24	.13	.09	-.03
	不安	-.33	.54	-.39		-.01	-.04	-.14	-.16	-.37	.04	-.27	-.20	-.33	.06	-.23
母親関係	一体化	.78	-.59	.75	-.24		.76	.25	.12	.54	.20	.23	.29	.18	.21	-.07
	許容	.74	-.60	.70	-.30	.83		.23	.20	.47	.15	.20	.21	.04	.09	.01
子ども関係	一体化	.39	-.23	.32	-.13	.44	.37		.56	.24	.34	.38	.40	.32	.16	.10
	許容	.23	-.02	.16	-.01	.25	.25	.60		.15	.25	.26	.33	.25	.10	.07
母への感謝（GQ5）		.67	-.58	.62	-.48	.65	.62	.28	.14		.07	.27	.29	.30	.05	-.01
人生満足度（SWLS）		.37	-.34	.36	-.11	.40	.39	.38	.23	.24		.58	.21	.06	.15	.03
自尊心（RSES）		.31	-.34	.33	-.29	.37	.38	.32	.19	.30	.59		.29	.26	.08	.22
利他行動（SRAS-DR）	友人	.15	-.06	.19	-.08	.20	.12	.31	.27	.23	.20	.19		.51	.53	.04
	家族	.15	-.10	.18	-.20	.15	.09	.37	.31	.29	.14	.16	.58		.31	.01
	他人	.12	.02	.11	.22	.22	.12	.18	.22	.02	.30	.15	.44	.26		-.09
年齢		-.14	.03	-.15	.04	-.03	-.11	-.22	-.07	-.03	-.12	-.15	-.15	.06	.07	
男性（n=243）	平均	3.24	2.60	4.28	2.69	3.13	3.20	3.43	3.37	5.30	3.96	3.27	3.05	3.86	2.53	46.12
	（SD）	(0.79)	(0.74)	(1.02)	(1.27)	(0.75)	(0.88)	(0.63)	(0.63)	(1.25)	(1.24)	(0.70)	(0.84)	(0.80)	(1.00)	(5.43)
女性（n=247）	平均	3.32	2.62	4.47	2.67	3.19	3.38	3.64	3.37	5.46	3.98	3.20	3.44	3.98	2.31	42.17
	（SD）	(1.01)	(0.97)	(1.41)	(1.51)	(1.00)	(1.01)	(0.70)	(0.69)	(1.33)	(1.39)	(0.74)	(0.72)	(0.77)	(0.94)	(4.27)
	t	-1.01	-0.22	1.69	0.12	-0.75	-2.01	-3.43	0.00	-1.31	-0.18	0.96	-5.50	-1.66	2.60	8.96
	p						*	***					***		**	***

註：*p<.05, **p<.01, ***p<.001

（.09・.15）であった。一方、「屈折した甘え」は利他行動とは弱い負相関があり、家族（-.18・-.10）、友人（-.14・-.06）、他人（-.02・.02）であった。

　つぎに、パス解析によって、母親への甘えと利他行動との関係を検討した。図5―5に示すように、男女別の多母集団同時分析の結果、母親への「素直な甘え」は友人への利他行動（男.30・女.10）と他人への利他行動（.24・.20）への正のパスがあった。一方、母親への「屈折した甘え」は家族への利他行動への負のパス（-.18・-.11）があった。負のパスは家族外にはなかった。なお、他人への利他行動への弱い正のパス（.10・.15）がみられたが、単相関が低いため、慎重な解釈が必要である。

（3）「素直な甘え―屈折した甘え」による影響の二時点間の分析

　研究2と研究3の一年間隔の二時点データを用いて、交差遅れモデルによって、「素直な甘え」と「屈折した甘え」にかかわる変数の影響関係を検討した。

まず、アダルト・アタッチメント・スタイルの母親との「接近」「分離不安」、あわせて、「感謝」「人生満足度」との影響関係を検討した。図5―6Aに示す通り、母親への「素直な甘え2」は一年前の時点の「素直な甘え1」（.37）、「感謝1」（.16）と「接近1」（.18）、「分離不安1」（.09）から正の影響を受け、「屈折した甘え1」（-.12）から

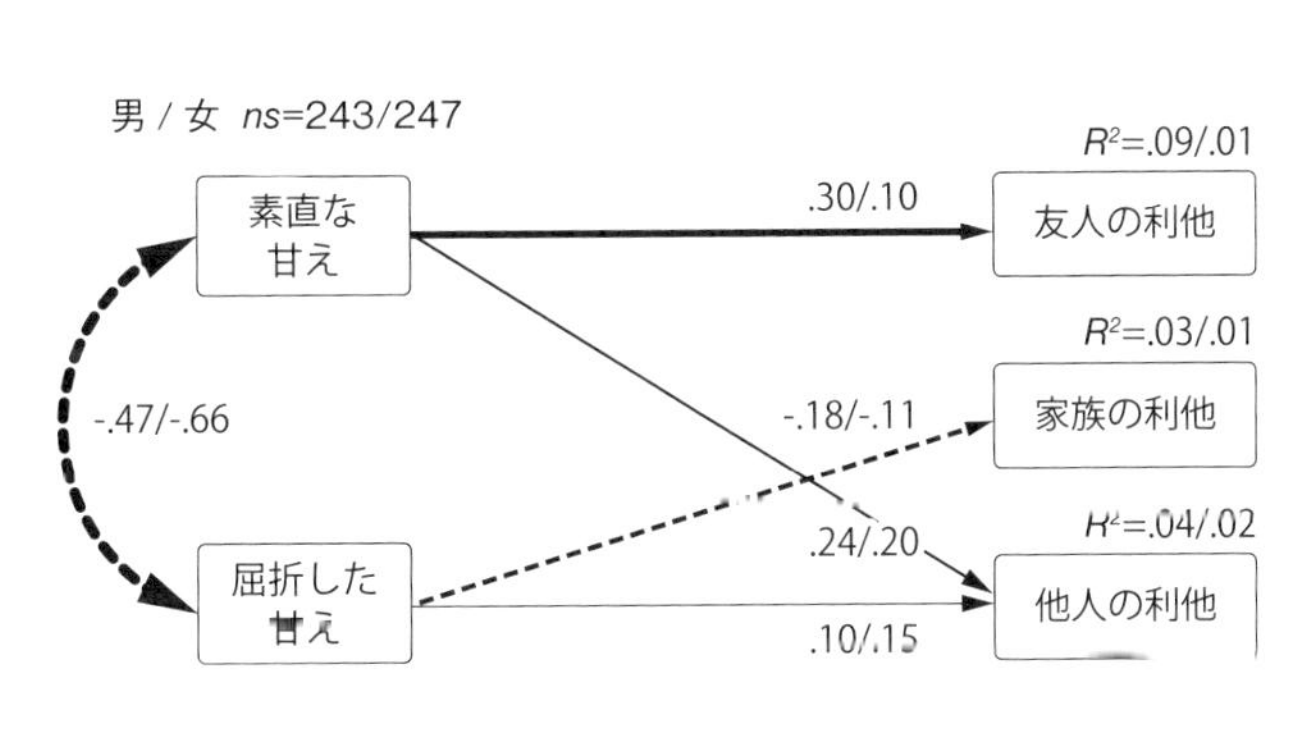

図5-5　「素直な甘え―屈折した甘え」と利他行動のパスモデル（研究3）
数値は標準化パス係数

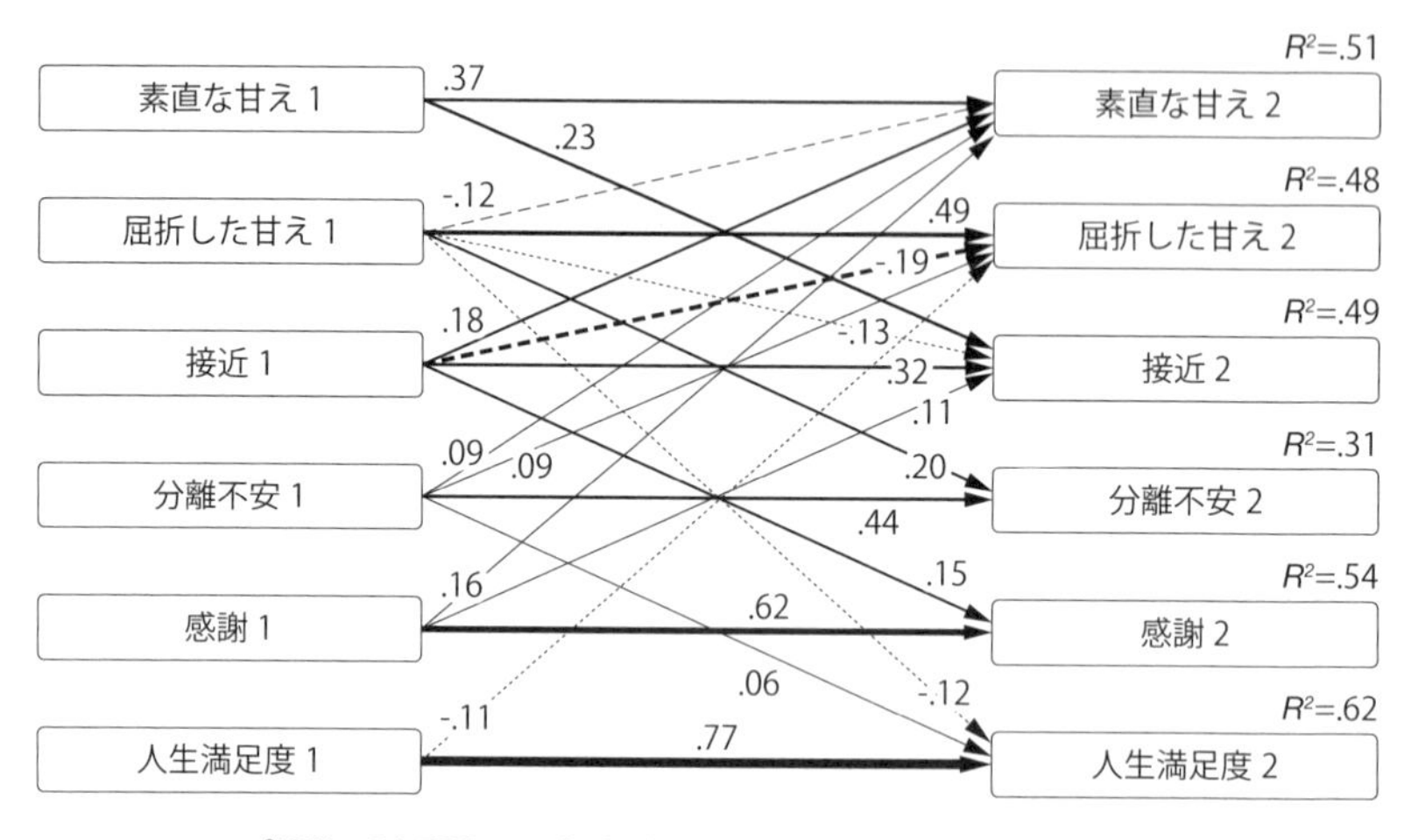

$\chi^2(20)=31.583$, $p=.048$, CFI=.997, GFI=.989, RMSEA=.035

図5-6A 「素直な甘え―屈折した甘え」とアダルト・アタッチメントなどに関する変数の二時点間の関係（研究2と研究3）（N=463）

数値は標準化パス係数

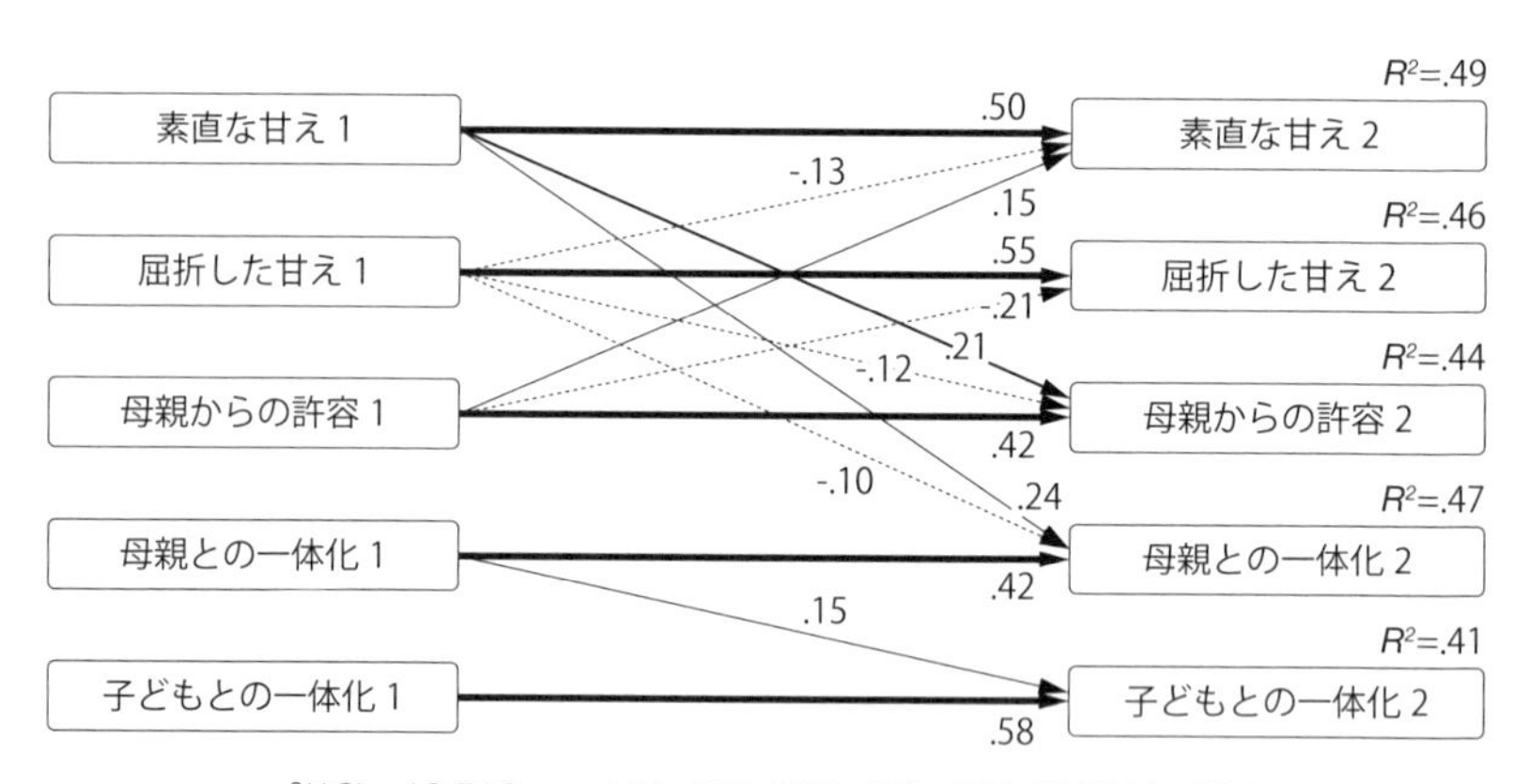

$\chi^2(13)=18.516$, $p=.136$, CFI=.998, GFI=.992, RMSEA=.030

図5-6B 「素直な甘え―屈折した甘え」と親子の親密関係に関する変数の二時点間の関係（研究2と研究3）（N=463）

数値は標準化パス係数

負の影響を受ける。一方、「屈折した甘え2」は一年前の時点の「屈折した甘え1」(.49)、「分離不安1」(.09)から正の影響を受け、「接近1」(-.19)と「人生満足度1」(-.11)から負の影響を受ける。また、「素直な甘え1」は一年後の「素直な甘え2」(.37)と「接近2」(.23)に正の影響を与え、一方、「屈折した甘え1」は一年後の時点の「屈折した甘え2」(.49)と「分離不安2」(.20)に正の影響を与え、「素直な甘え2」(-.12)と「接近2」(-.13)、「人生満足度2」(-.12)に負の影響を与える。

さらに、「素直な甘え―屈折した甘え」と親子の親密関係にかかわる変数の影響関係を検討した。図5―6Bに示すように、「素直な甘え1」は、一年後の自分の「母親から許容2」(.21)、「母親との一体化2」(.24)に正の影響があった。自分の「母親との一体化1」は一年後の自分の「子どもとの一体化2」に影響を及ぼした(.15)。一方、「素直な甘え2」は一年前の時点の「素直な甘え1」(.50)、「母親からの許容1」(.15)から正の影響を受けた。「屈折した甘え2」は一年前の時点の「屈折した甘え1」(.55)から正の影響、「母親からの許容1」(-.21)から負の影響を受けた。

(4)子をもつ成人における母親への甘えと、幸福感、利他行動との関係――研究3のまとめとして

研究3では、研究2の回答者男女四九〇人に、一年後にインターネット調査を実施した。母子関係の甘えと、感謝以外のポジティブな関係と関連性を検討するために、前回と同一の尺度に加えて利他行動の尺度を加えた。パス解析によって、利他行動との関連を検討した結果、母親への「素直な甘え」は友人への利他行動と、他人への利他行動を促進し、母親への「屈折した甘え」は家族への利他行動を抑制していた。

さらに、二時点のデータに基づく交差遅れモデルによって、変数の影響関係を検討したところ、母親への「素直な甘え」は一年前の時点の、「素直な甘え」「接近」「感謝」などから促進的影響を受け、「屈折した甘え」から抑制

的影響を受けた。一方、「屈折した甘え」は一年前の時点の「屈折した甘え」と「分離不安」から促進的影響を受け、「接近」と「人生満足度」から抑制的影響を受けた。また、「素直な甘え」は一年後の自分の「母親との一体化」そして、「母親からの許容」を促進していた。

5……成人における母親への甘えから「日本型」教育文化へ

「甘え」は、土居健郎『「甘え」の構造』(一九七一)以来、日本における母子関係、さらに、対人関係をとらえる重要な構成概念として検討されてきた。本章では、「日本型」教育文化を支える日本社会における社会的関係を解明するために、土居健郎『「甘え」の構造』などの一連の著作から、成人における母親への「素直な甘え」と「屈折した甘え」をとらえる新たな尺度を作成し、信頼性と妥当性、尺度値の年齢変化、性差を明らかにした。さらに、養育態度からの影響、成人愛着、人生満足度、母親への感謝、子どもとの一体化、利他行動に及ぼす効果を三つの大規模調査に基づいて検討した。

本章では、三つの研究によって、日本の成人の母子関係における「素直な甘え」と「屈折した甘え」を新たな心理尺度を開発して測定した。そして、日本の成人において、母親への「素直な甘え」が「母親からの愛情」に基づく養育態度と関連し、「人生満足度」や母親への「感謝」、「利他行動」などのポジティブな効果に結びつくことが明らかになった。一方で、母親への「屈折した甘え」は「母親からの干渉」的な養育態度と関連し、母親への「感謝」、自身の「自尊心」、「人生満足度」と負の関連があることも示された。これは、本書第4章で岡野が指摘した「甘え」(一次的愛)への養育者の能動的な反応性の高さに特徴づけられる「日本型」の子育てが、「母親からの干渉」的な養育態度が引き起こす問題である。また、母親への「素直な甘え」は「母親との一体化」と関連し、「母親との一体化」は「子どもとの一体化」と関連する形で、母子の関係性が二つの世代間で継承されることが示唆された。さらに、母子関係における「素直な甘え」という関係性が「家族への利他行動」、「友人への利他行動」、そして、「他人への利他行動」と関連することが示された。一方で、「屈折した甘え」の利他行動と負の関連をもつ範囲は家族内に限定されていた。

今後の課題としては、第一は、母子関係における「素直な甘え―屈折した甘え」が日本における対人関係全般への影響を検討することである。序章において、高山は、日本の幼児教育における教室内の感情的なつながりを、土居の甘え理論によって説明できることを指摘している（例えば、Hayashi and Tobin 2020）。林（二〇一九）は、保育園における観察に基づいて教師―幼児間、幼児―幼児間において「「甘え」は、他の人が、求めていることに応えたいという想いと、それを可能にする「思いやり」が相互的に存在したときのみ、人と人との間で機能する」と述べている。これは、本章の研究3で、「素直な甘え」が友人や他者への利他行動を促進しているという結果と対応する。

第二は、「日本型」教育文化を支える社会的関係を解明するために、この「素直な甘え―屈折甘え」尺度の研究結果を土台として、学校における教師―学習者関係、職場における熟達者―初心者関係などの分析をすることである。たとえば、学習者は教師に、新入社員は上司に「理解されたい、愛されたい」という「素直な甘え」をもち、それが満たされることは、学校や職場の幸福感に結びつくことが考えられる。さらに、それが、教師や上司への感謝につながり、周囲の人を助ける行動に結びつくのかを、実証的に検討することは残された課題である。

謝辞

本稿の草稿に対してコメントをいただいた京都大学大学院教育学研究科の岡野憲一郎教授（当時）、髙橋雄介准教授、高松礼奈助教（当時）、および山口勧東京大学名誉教授に感謝します。

参考文献

〈日本語文献〉

稲垣実果　二〇一三「思春期・青年期における自己愛的甘えの発達的変化」『教育心理学研究』六一巻一号：五六―六六。
大迫弘江・高橋超　一九九四「対人的葛藤事態における対人感情及び葛藤処理方略に及ぼす「甘え」の影響」『実験社会心理学研究』三四巻一号：四四―五七。
岡野憲一郎　一九九九「甘えと「純粋な愛」という幻想」『「甘え」について考える』北山修（編）二二九―二三八頁、星和書店。
小田亮・大めぐみ・丹羽雄輝・五百部裕・清成透子・武田美亜・平石界　二〇一三「対象別利他行動尺度の作成と妥当性・信頼性の検討」『心理学研究』八四巻一号：二八―三六。
加藤和生　一九九九「Bartholomewらの四分類成人愛着尺度（RQ）の日本語版の作成」『認知・体験過程研究』七巻：四一―五〇。
小林美緒・加藤和生　二〇一五「甘えタイプ尺度（ATS）の構成の試み」『青年心理学研究』二六巻二号：九五―一〇八。
小林美緒・加藤和生　二〇二一「四つの甘えタイプの人は理論的に想定されるような「甘え」を体験しているのだろうか？―甘えタイプ尺度（ATS）の更なる妥当性の検討」『青年心理学研究』三三巻二号：七七―九五。
小林隆児・遠藤利彦（編）二〇一二『「甘え」とアタッチメント』遠見書房。
古村健太郎・村上達也・戸田弘二　二〇一六「アダルト・アタッチメント・スタイル尺度（ECR-RS）日本語版の妥当性評価」『心理学研究』八七巻三号：三〇三―三一三。
子安増生・楠見孝・de Carvalho Filho, M. K.・橋本京子・藤田和生・鈴木晶子・大山泰宏・Becker, C.・内田由紀子・Dalsky, D.・Mattig, R.・櫻井里穂・小島隆次　二〇一二「幸福感の国際比較研究―13カ国のデータ―」『心理学評論』五五巻一号：七〇―八九。
竹歳彩乃・田頭穂積　二〇一一「「甘え」欲求と「甘え」による表出行動との関連性―母子関係に着目して」『広島文教女子大学心理臨床研究』一号：三〇―三五。
竹友安彦　一九八八「メタ言語としての「甘え」」『思想』七六八号：一二二―一五五。
谷冬彦　二〇〇〇「青年期における「甘え」の構造」『相模女子大学紀要・A、人文・社会系』六三A号：一―八。
玉瀬耕治・相原和雄　二〇〇五「相互依存的甘えと思いやり、屈折した甘えと自己愛的傾向」『奈良教育大学紀要　人文・社会科学』五四巻一号：四九―六一。
土居健郎　一九七一『「甘え」の構造』弘文堂。
土居健郎　一九九三『注釈「甘え」の構造』弘文堂。

土居健郎　一九九七『「甘え」理論と精神分析療法』金剛出版。
土居健郎　二〇〇一『続「甘え」の構造』弘文堂。
林安希子　二〇一九『幼児教育のエスノグラフィ―日本文化・社会のなかで育ちゆく子どもたち』明石書店。
藤原武弘・黒川正流　一九八一「対人関係における「甘え」についての実証的研究」『実験社会心理学研究』二一巻一号：五三―六二。
和田津美智代・大蔵雅夫　二〇〇九「青年期の学生における Parental Bonding Instrument の信頼性と妥当性についての検討」『徳島文理大学研究紀要』七八号：一〇九―一一九。
山口勧　一九九九「日常語としての「甘え」から考える」『「甘え」について考える』北山修（編）三一―四六頁、星和書店。
山崎瑞紀・杉村和美・竹尾和子　二〇〇二「親子関係の親密さ」尺度の構成、及び発達差の検討―日本的相互協調性の視点から」『日本青年心理学会大会発表論文集』一〇巻：七六―七九。

〈外国語文献〉
Bartholomew, K. and Horowitz, L.M. 1991. Attachment styles among young adults: A test of a four-category model. *Journal of Personality and Social Psychology 61*(2): 226–244.
Bowlby, J. 1951. *Maternal care and mental health* (Vol. 2). *Bulletin of the World Health Organization* 3: 355–533.Geneva: World Health Organization.
Bowlby, J. 1969. *Attachment and loss* (Vol. 1). New York: Basic Books.
Diener, E.D., Emmons, R.A., Larsen, R.J. and Griffin, S. 1985. The satisfaction with life scale. *Journal of Personality Assessment* 49(1): 71–75.
Doi, T. 1981. *The anatomy of dependence: The key analysis of Japanese behavior.* Translated by Bester, J. 2nd ed. Tokyo: Kodansha International.
Doi, T. 1989. The concept of amae and its psychoanalytic implications. *International Review of Psycho-Analysis 16*: 349–354.
Doi, T. 1992. On the concept of *amae*. *Infant Mental Health Journal 13*(1): 7–11.
Hayashi, A. and Tobin, J.J. 2020. *Teaching embodied: Cultural practice in Japanese preschools.* University of Chicago Press.
Hazen, C. and Shaver, P. (1987) Romantic love conceptualized as an attachment process. *Journal of Personality and Social Psychology 52*(3): 511–524.
Kitamura, T. and Suzuki, T. 1993. A validation study of the parental bonding instrument in a Japanese population. *Psychiatry and Clinical Neurosciences 47*(1): 29–36.
McCullough, M.E. 2002. Savoring life, past and present: Explaining what hope and gratitude share in common. *Psychological Inquiry 13*(4): 302–304.

Niiya, Y., Ellsworth, P.C. and Yamaguchi, S. 2006. Amae in Japan and the United States: An exploration of a ‘culturally unique’ emotion. *Emotion* 6(2): 279–95.

Parker, G. Tupling, H. and Brown, L.B. 1979. A parental bonding instrument. *British Journal of Medical Psychology* 52(1): 1-10.

Rosenberg, M. 1965. *Society and the adolescent self-image.* Princeton University Press.

主体的な探究
つながる学び
足場かけ

第6章
幼児期における「学びのリンクづけ」
実例と重要性および実践への示唆

溝川 藍
エマニュエル・マナロ

1……「学びのリンクづけ」の重要性

「学びのリンクづけ（linking learning）」とは、学びの内容（事実や他の情報、意味、方略、手順など）、時間（過去・現在・未来での学び）、場所（家庭、学校、家族、周囲の環境・コミュニティ、より広範な社会など）といった学びの二つ以上の要素をつなぐことを意味する（Manalo 2022）。「リンクづけ」は、学びの基本要件である。必要な「リンク」、すなわちつながりが確立されなければ、学びは進展しえない。たとえば、乳児が養育者にミルクや安心感を求めて泣く場合、その子どもは自身の泣きという行動を養育者の注意を引くこととリンクさせる必要がある。そうして、自分の行動がもたらす結果を学ぶのである。同様に、幼児が新しい言葉（たとえば、「リンゴ」）を学ぶとき、シンボルとしてのその言葉を、その意味（木になる丸い果物）や指示対象（実際のリンゴ）などの関連する情報にリンクさせる必要がある。学習プロセスにおいて形成される「リンク」、すなわちつながりにはさまざまな形態があり、非常に単純なもの（言葉と指示対象、行動と結果、原因と結果など）から、かなり複雑なもの（複雑な手順の複数のステップ、知識の統合、推論の導出、他の状況への知識やスキルの転移など）まで幅広く、多様である。

学習プロセスにおける「リンクづけ」の重要性についてはじめて言及したのは、アメリカの心理学者エドワード・ソーンダイク（Edward L. Thorndike）である。九〇年前、ソーンダイクが「学ぶとはつなぐことである（Learning is connecting）」（Thorndike 1931: 122）と述べて以来、学びに「リンクづけ」が重要であるとする考え方は一般に受け入れられてきた。現代では脳画像化技術・研究の進歩によって、学習により脳のニューロンの間に新しいつながりが形成されるという科学的エビデンスも示されている。しかし、「学びのリンクづけ」という用語そのものは、教育現場において一般的に用いられてはいない（Kandel 2001; Mårtensson et al. 2012; National Research Council 2000など）。

「リンクづけ」は学習に必要なものとして一般に受け入れられているにもかかわらず、学校教育の現場での具体的な教育法や指導法を検討する際に、「リンクづけ」のプロセスやメカニズムに目が向けられることは稀である（Manalo 2022）。つまり、学習者が学習プロセスにおいてどのような重要なリンクを形成しているのかということや、それらのリンクの形成方法については、カリキュラムのデザイン・構成や指導法の構築において十分には考慮されていない。また、ここで見過ごしてはならない重要な点がもう一つある。それは、「学びのリンクづけ」の重要性は、学校教育（すなわち就学後）に限定されないということである。発達の初期段階にある子ども（乳児、トドラー、幼児）でさえ、日常生活において膨大な数のリンクを形成し、自分の周囲の物理的世界・精神世界についての理解を絶えずアップデートしている。しかし、これまでのところ、就学前の学習における「リンクづけ」の性質や「リンクづけ」に足場かけして促進する方法に関しては、ほとんど研究されていないのが現状である。

そこで本章では、幼児期における「学びのリンクづけ」に光を当てる。まず、効果的な学習に不可欠なプロセスに関するマナロの論考（Manalo 2022）に基づいて、「リンクづけ」の六つの形態（理解、統合、体系化、抽象化、推論、転移）を紹介し、日本で育つ三歳児に各形態の「リンクづけ」が見られた具体的なエピソードを取り上げて、それぞれがどのように生起したのかを説明する。次に、日本の幼児教育・保育の文脈において、幼児が、学習対象のさまざまな要素をどのように「リンクづけ」しているかを、具体的な実践例を挙げて論じる。最後に、日本の養育者と保育者の幼児に対する働きかけの実例をふまえて、生涯学習に不可欠な学びの土台の構築のために、どのように「リンクづけ」に足場かけし、促進することができるかを考察する。一連の議論を通して、幼児に対する直接的な指示・指導ではなく、主体的な遊びの中で幼児自らが発見する経験を通して「学びのリンクづけ」を実現することのできる「日本型」教育の可能性を提示する。

2……幼児の日常生活における「学びのリンクづけ」

よりよい思考の促進に必要な「リンクづけ」には、理解、統合、体系化、抽象化、推論、転移の六つの形態がある（Manalo 2022）。本節では、「リンクづけ」の各形態について簡単に紹介した上で、第一著者（溝川）の日誌的観察から、三歳の日本人幼児（E児）とその母親の一か月間の日常会話（三歳三か月一九日から三歳四か月一一日まで）の中に見出された各形態の「リンクづけ」に関する具体的なエピソードを紹介する（エピソードは全て初出である）。これらのエピソードを取り上げるのは、幼児の日常生活において「学びのリンクづけ」がどのように生起しているのかを示すためだけでなく、後の学習の土台として幼児期の「リンクづけ」が重要であることを例証するためでもある。

（1）理解

「リンクづけ」の最も基本的な形態は「理解」である。私たちが周囲の世界を理解するためには、学習対象とその意味をつなげることが必要である。この形態の「リンクづけ」には、物理的対象と関連する意味の間のつながり

（たとえば、母親と、ミルクや安心感を与えられたことによるポジティブな感覚）や、言葉などのシンボルとその指示対象（たとえば、「ママ」という音・言葉と、母親という物理的存在）といった最も基本的なつながりが含まれる。こうした基本的なつながりから、さらにリンクが形成されて理解が発展することもある（たとえば、「ママ」と、別の物理的存在であるものの同じくポジティブな感覚を与えてくれる「パパ」とのつながり）。私たち人間の学習は、言葉に大きく依存している。そのため、学習対象、それを表す言葉、そしてその意味とのつながりの確立は、学習において欠かすことができないものである。子どもは、親やきょうだい、祖父母など、社会でかかわる人々との日常会話を通して、新しい言葉を学んでいく。最初に取り上げるエピソードは、言葉の学習に関わる「リンクづけ」の例を示したものである。

【エピソード1】「オウさん」から「アシカさん」へ

年齢：三歳四か月九日

状況：E児は母親と動物園に出かけ、二人でアシカプールを眺めている。アシカたちが「オウッオウッ」と鳴く様子をしばらく眺めた後、E児はアシカに声をかける。

E児「おーい、オウさんー！　だいすきだよー！」

母親「オウさんって、あの子のこと？『オウッ』って鳴いてるね！　あの子たちは、アシカさんっていうんだよ。」

E児は再びアシカプールにいるアシカに向かって声をかける。

E児「おーい、アシカさーん！　こんにちはー！」

E児「ねえ、ママ、なんでアシカさんどうぶつは、にんげんみたいにおはなししないの？ なんでー？」

このエピソードのはじまりの時点では、E児は見学している動物の名前（アシカ）を知らなかった。そのため、その動物に話しかけるために、動物の鳴き声（「オウッオウッ」）と、人は通常どのように呼ばれるか（たとえば、「[名前]さん」）に関する既知の知識との「リンク」を形成し、その動物を表すために「オウさん」という新しい名前を生み出し、使用したのである。その後、母親からその動物が「アシカさん」であると教えられると、すぐに形成したばかりの既存の「リンク」を修正し、その動物を表す名前として、「アシカさん」という新しく、より正確な言葉を獲得した。また、E児が、後の母親への問いかけにおいて、「アシカさんどうぶつ」という合成語を作り出して「動物」という概念カテゴリーに言及していたことから、このとき同時に「アシカさん」が動物カテゴリーに属していることも学んでいたものと考えられる。

続いて紹介するエピソード2は、言葉の学習における「リンクづけ」の別の例である。

【エピソード2】 なじみのない果物の色

年齢：三歳四か月五日

状況：保育所からの帰り道に、母親がE児に柚子の話をしている。柚子は、E児になじみのない果物である。

母親「今日、ばぁばから柚子がたくさん届くよ。ばぁばが送ってくれたんだ。柚子って知ってる？ ミカンみたいな形で、色は黄色なんだ。触るとミカンよりもデコボコしているんだよ。」

E児「きいろ！　あ！　レモンとおんなじだ！」

エピソード2において着目すべき重要な点は、E児が黄色いものの例として、バナナや自分のおもちゃのパワーショベルなどの他のなじみのある黄色いものではなく、レモンに言及していたことである。E児の発話からは、E児がすでに自身の概念体系の中に「柑橘類の果実（ミカンやレモンなど）」という概念カテゴリーを持っており、母親の説明を聞いて、そのカテゴリーに柚子をリンクさせたと考えることができる。この新しいリンクの確立は、E児にとって既知の「ミカン（柑橘類の果物）」と未知の「柚子」との「リンクづけ」を含んだ母親の説明によって足場かけされたものと考えられる。

(2) 統合

学習においては、個々の学習対象に関する知識を構築するだけでなく、多数の学習対象の間にリンクを確立して「統合」し、あわせて理解できるようにすることもまた重要である。たとえば、私たちの日常生活では、学校で学んだこと（たとえば、分数）を家庭での学習体験（家族の人数分にピザを分ける、複数の仲間で一箱のキャンディを分ける、四人前のレシピを使って一人分の料理をするなど）や、仕事など別の状況での学習体験（デジタル画像のサイズを調整する、支出予定の予算案を作成するなど）と統合することが求められる。統合によって、個別ばらばらな事例の学びでなく、全体像を見るということが可能になる。複数の学習対象の間の類似点・相違点とともに関係性についても理解することができると、学んだことへの理解が豊かになる。このような学習対象を統合するプロセスは、児童期以降の子どもや成人にとってだけでなく、幼児にとっても重要である。次のエピソードでは、幼児が母親との会話で耳にしたばかりの新しい単語について、映画『バック・トゥー・ザ・フューチャー』の中で以前聞いたことのある言葉と「リンクづけ」し、統合しようとしている場面を紹介する。

【エピソード3】「未来」はタイムマシンの家

状況：家でE児は母親と話をしている。

年齢：三歳四か月一一日

母親「今日、Cちゃんのママとお話したよ。Cちゃんのママは、未来館ってところで働いてるんだよ。」

E児「みらい？　みらいって、デロリアンのおうち？（映画の中で）デロリアン[*]、みらいにかえるって、いってた。」

＊映画『バック・トゥー・ザ・フューチャー』に登場する車型のタイムマシン。

「未来館」は、E児にとっては新規の言葉であり、それまで知らなかった新しい概念である。しかし、E児には、この言葉の前半部分の「未来」という言葉を、以前、映画『バック・トゥー・ザ・フューチャー』の中で聞いた経験があった。また、母親がE児に話した内容は、「未来館」が（働く）『場所』であることを示唆するものであった。「未来館」という言葉の「未来」という部分から、E児がその映画の中の「デロリアン（タイムマシン）は未来に帰る」という台詞を想起したのは、まず間違いないであろう。また、E児は、「帰る『場所』とは、『家』である」ということを、それまでの日常経験から学び、自らの知識として獲得していた。E児は、自分の持つこれらの別々の先行知識を統合して、「『未来館』とはデロリアンの『家』である」と考えたのである。このエピソードは、幼児が、新しい情報と既存の知識を統合することによって、いかに積極的に物事を理解しようとしているかを示す好例である。なお、「未来館」とは実際には「デロリアン（タイムマシン）の家」を意味する言葉ではない。しかし、E児の積極的な統合の試みによって、やがて、E児は「未来」という言葉の本来の意味だけでなく、それが時間やタイムマシンなど他の観念や概念とどのように関連するのかについても、正しく理解するようになることであろう。

(3) 体系化

「体系化」は、前項で説明した統合の特殊な例である。しかし、関係するプロセスとその機能の面でいくつかの違いがあるため、別のカテゴリーとして扱う（Manalo 2022）。単純な「リンクづけ」によって学びの複数の要素を統合する場合、私たちは、複数の情報源や視点（たとえば、エピソード3で言えば、会話と映画で聞いた言葉の意味など）から、それまでに学んできたことの関連要素を集めて、より包括的な全体像を描き出す。しかし、「リンクづけ」によって体系化する場合、すなわち新しいスキーマを形成する場合、そこには統合のプロセスだけでなく、選定と再編成のプロセスも関係してくる。体系化によって形成される新しいスキーマは、新しい学びの単位を構成し、何かを理解・認識するための新しい方法、あるいは思考・行動するための新しい指針を提供するものである。たとえば、私たちがパソコンをＷｉｎｄｏｗｓからＭａｃに（あるいはその逆に）変える場合、コンピュータの使用に関する既知の知識の中にある学びの単位を選定し、再編成することで、以前のオペレーティングシステムで機能するスキーマとは異なる、新しいオペレーティングシステムで機能する新しいスキーマを形成する。新しいスキーマを形成するために学びの単位を選定し、再編成するプロセスは、より複雑な思考の効率性と実行可能性を助けるために重要である（Manalo 2022; Sweller, van Merrienboer, and Paas 1998）。次に紹介するエピソードは、E児の観察から見出された、新しいスキーマを形成する「リンクづけ」の例を示すものである。

【エピソード4】 歯磨きの後のうがい

年齢：三歳三か月二〇日

状況：E児は、毎晩の歯磨きのあと、母親と一緒にうがいをしている。母親がうがいの回数を指で示しながら「一回目、二回目……」と声に出して数を数え、E児が好きな回数だけうがいをするのが日課である。ある日、E児は繰り返し何度もうがいをして、ついに一一回目まで到達する。

母親 「一一回目！」（両手で一〇を示した後、すぐに手を閉じて、片手で一を示す）

E児 （目を輝かせながら）「あ、もどってきましたー！　パー（手を開く）とパー（もう一方の手を開く）と、いち（指で一を示す）！」

このエピソードには、指を使った具体的な表示行為と数という抽象的な概念をつなげる計数行動を通して、E児が「1」と「11」という数字の間に新たな「リンク」を形成した瞬間が描かれている。このときE児ははじめて、指を使って「11」を数えることの論理的根拠を認識した。それまでに学んだことを再編成した要素と、目の前で母親に見せられたばかりのこと（指を使って「11」を表現するジェスチャー）をリンクさせて、E児は独力で一〇進法を発見し、数の仕組みに関する新しいスキーマを形成したのである。このような「リンクづけ」は、後に他の数の構成を理解し、さまざまな数の操作をするための土台となるものであり、幼児にとって重要であることは明らかである。

（4）抽象化

「抽象化」も、統合、すなわち学びを結合するための「リンクづけ」の特殊な例である。そのプロセスと機能は単純な統合とは異なるため、やはりここでは別のカテゴリーとして扱う（Manalo 2022）。抽象化は通常、何らかの統合の後に起こる。つまり、私たちは関連する学びの「リンクづけ」を通じて全体像を理解した後、その最も重要な意味を把握（すなわち抽象化）し、メタ理解を得る。抽象化とは、すでに学んだことをより高次なレベルで要約または表象することを意味する。それは単に概観を示すようなものではなく、学んだことに関するより深い意味や主旨の理解を可能にする。たとえば、ゴミの減量化と環境保全に関する学習内容のさまざまな要素を統合すると、それに続いて、（特に）供給と需要のバランス維持に関する最も重要な原則を抽象化することができるであろう。より深い意味を抽象化する（その結果、周囲の世界を理解する）ために「リンクづけ」を行うことが、幼児の学びにおいても重要であることは、次に紹介するエピソードによく示されている。

【エピソード5】人間の身体のメカニズム

年齢：三歳三か月一九日

状況：E児は、両親とオルゴールミュージアムに出かけ、たくさんのオルゴールを見た。その中には、コインを入れると動いて音が鳴るオルゴールが二つあった。帰宅後、E児はコイン式のオルゴールを思い出し、母親に質問をしている。

E児　「なんで、ピアノのオルゴールは、おかねをいれるとうごくの？」

母親　「お金で動くように作ったオルゴールなんだよ。もともとレストランとかお店においてあって、お客さんが音楽を聴きたいなって思ったときに、お金を入れたんだ。そうすると、きれいな音楽が聴こえてくるんだよ。」

E児　「きょうりゅうは？」

母親　「恐竜？　どの恐竜？」

E児　「きょうりゅうのせかいのきょうりゅう。きょうりゅうはおかねいれるとうごく？」

母親　「あ、昔の恐竜の世界の恐竜のことね。生き物は、みんなお金を入れなくても動くんだよ。恐竜の世界の本物の恐竜も、お金を入れなくても動いていたんだよ。見て。ママもお金を入れなくても、こんな風に動いてるでしょ。」

E児　「Eちゃんは、おみずとごはんをいれたらうごく。『おみずおかね』でうごく。」

このエピソードの中で、E児は、オルゴール、恐竜、そして人間を含む他の生物がどのように動くのかを学んでいる。重要な点は、E児の学びが、こうした学習内容を単純に結合させた場合に得られる概観にとどまらなかったことにある。意味を抽出する「リンクづけ」を通して、E児は自分が得た「全体像」の中に示された、より深い意味を理解することができた。より具体的に言えば、この場面で、E児は、生物（恐竜や人間）と非生物（オルゴール）との類似点と相違点に気づき、生物と非生物が動くためには「燃料が必要である」という考えを抽象化したのである。

(5) 推論

「推論」の導出とは、学んだことに基づいて、新しい何かとの「リンク」を形成することである(Manalo 2022)。学んだことの抽象化は学んだ内容にしっかりと基づくものであるが、推論はそれだけにとどまらない。推論を引き出すときに私たちが学ぶことは、利用可能な情報やデータの範囲に限定されないものである(Tenenbaum et al. 2011)。たとえば、私たちが、新型コロナウイルス感染症パンデミックの人間への悪影響に関する多くの情報を得て、それらをふまえて「変化に対応するスキルが不十分な人は最も深刻な影響を受ける傾向にある」という推論を引き出したとする。実際に私たちが得た情報は、いずれもそのような傾向を明確に示すものではないかもしれないが、私たちは、パンデミックの間に人々が受けたさまざまな悪影響と、変化への対応力が不十分な場合に人々が経験する問題に関する既存の知識をリンクさせて推論を行う。私たちが引き出す推論(なお、推論は、正しい場合もあれば、正しくない場合もある)は、収集した情報の単なる統合にとどまらない。ここで私たちが行っているのは、「新しい学び」を構成するための「演繹」なのである。推論の導出によって生じる「学びのリンクづけ」は、結論を引き出して洞察を得るための能力の中核にあるものであり、それゆえに、より高度な思考にとって重要なものである。幼児の場合、「推論」は相対的に困難であると考えられるが、学習対象に関する理解並びに知識の構築により積極的に寄与する能力を育むものであるため、非常に重要でもある。E児の観察の中で見出した、幼児期における推論の「リンクづけ」の例を紹介する。

【エピソード6】 リスと人間の違い

年齢：三歳三か月二五日

状況：母親が、植物園でキノコを食べて亡くなった人の話をしている。母親はE児に、道に生えているキノコは人間にとって毒となる場合もあるため、見つけても食べてはいけないと話している。

E児 「Eちゃん、『キノコおいしそー』って、パクパクってたべてしんじゃったことないから、たべないよー。」

母親 「お散歩のとき、ドングリも食べないでね。ドングリは、毒なんだ。リスさんは食べられるけど、人間が食べたらお腹が痛くなっちゃうんだよ。」

E児 「リスさんは、しょくぶつえんのキノコ、『おいしー！』ってたべるんじゃやない？」

この場面でE児が学んでいることは、母親から直接的に得た情報にとどまっていない。E児が母親から明示的に学んだのは、①道に生えているキノコは人間にとって毒になることがあるため、見つけても食べてはいけない、②ドングリは人間にとって有毒であるため、食べてはいけない、③リスはドングリを食べることができる、という三点である。これらの情報を統合した後、E児は、「リスは、人間が食べられないもの（またはその一部）を食べることができる」という推論を引き出した。その後、E児は、仮説「リスは毒のあるキノコも食べることができる」を考えつき、母親への問いかけの中で、自分の推論が正しいかどうかを確認した。このエピソードは、三歳代前半であっても、子どもは無意識のうちに推論を引き出して、学びを拡張する「リンク」を形成できることを示している。

なお、エピソード6の中の母親の発言には誤った情報が含まれていた。実際には、いくつかの種類のドングリ（マテバシイの実など）は人間も食べることができる。エピソード6の数か月後、母親はこの正しい情報をE児に伝え、ドングリをどのように食べることができるのかを一緒に調べた。E児は食べられるドングリはどんな味がするのだろうかと想像して、次の秋にドングリを拾うことを楽しみにしていた。

(6) 転移

学びの「転移」とは、学んだこと（情報、方略、スキル）を新しい場面や状況に応用することをいう。学びを転移する際、学んだことを別の場面や状況に移出するために「リンク」を形成する。たとえば、学校で学んだこと（正式な手紙の書き方など）を、将来的に家庭（公共図書館の職員に手紙を書くなど）や職場（勤務先企業の別の部門の責任者にEメールを書くなど）で利用するかもしれない。この種の「リンクづけ」は、学びを実用化するものであるため、間違いなく非常に重要である。次のエピソードでは、E児が母親のネガティブ感情を制御するために自分自身に効果的な感情制御方略を転移した例を示す。

【エピソード7】ネガティブ感情の対処法

年齢：三歳三か月三〇日

状況：E児の横で、両親が話している。会話の中で、母親がある出来事について「心が折れた」と言うのを聞いて、E児が会話に参加する。

E児「なんで？　なんでこころおれたの？」
母親「うーん、なんでかわからないけど、心が折れちゃったんだよ。」
E児（優しいささやき声で）「Eちゃんも、こころおれるとき、あるよ。」
母親「そうなんだ。そういうとき、Eちゃんはどうするの？」
E児「おとなに、ぎゅーって、つかまるんだ。」
少し間をおいて、E児が優しく母親に話しかける。
E児「ママ、こころおれてきたから、（Eに）ぎゅーってしていいよ。」

E児は自分がネガティブ感情を経験しているときに効果的な対処法（すなわち、大人にギューッとつかまる）を認識しており、母親がネガティブ感情を経験していると話すのを聞いて、自分自身とよく似た方略を用いて対処することを母親に提案した。これは、学びの低次の転移の一種である（Salomon and Perkins 1989）。低次の転移においては、学びの応用は、もとの学びの場面や状況によく似ている新しい場面や状況に対して行われる。このエピソードでは、どちらの場合も誰かが心が折れそうに感じている場面であるが、その感情を経験している人物が、E児自身か母親かという点で異なっていた。より複雑な形態の転移（高次の転移）では、場面や状況は異なり、タスクや刺激も異なる。たとえば、仮にE児がその後、別の子どもがストレスの多いタスクの実施（大勢の人の前でスピーチを行うなど）を目前に控えているときに、勇気づけたり励ましたりするためにその子の手をしっかり握るなら、それは高次の転移の一種とみなすことができる。

ここまで、七つのエピソードを通して、幼児期における「学びのリンクづけ」がどのように生起しているのかを見てきた。特筆すべき点は、ここで取り上げたエピソードのいずれにおいても、E児は学びの中で新しい「リンク」を形成するたび、興奮を示していたことである。E児は何か新しいものを見つけたときはいつでも、強い興味を映して両目を輝かせていた。学びとは本来おもしろいものである。家庭で子どもが自らの興味関心を土壌として積み重ねた「学びのリンクづけ」は、将来の学校をはじめとする別の環境での学びの土台となるであろう。

なお、本節では、一組の日本の母子の会話を通して、幼児期における「学びのリンクづけ」の実態を垣間見てきた。ここに描いた母子の関係性やそこで行われているやりとりを一般化することには慎重でありたいが、これらのエピソードに見られるような母親の幼児への寄り添い方や距離感には、「日本型」の子育ての在り方（岡野、本書第4章）や日本特有の母子の関係性（楠見・西川、本書第5章）が反映されている可能性も考えられる。

3 幼児教育・保育環境での「学びのリンクづけ」

前述のように、「学びのリンクづけ」は学校教育における教科学習に限定されるものではない。第2節で紹介したエピソードからもわかるように、就学前の幼児でさえも、日常生活において、家庭や他の場所（動物園など）で学び、大量の新しい情報の間に「リンクづけ」を行っている。幼児が学ぶ内容の種類や機能（言葉とその意味、科学知識、感情制御方略など）は多岐にわたっており、幼児が世界についての理解を深めていくためには、それぞれ適切な形の「リンクづけ」を必要とする。意識的な「学びのリンクづけ」は非常に低年齢から始まり、その結果生じる知識構造の多くは、後の学校での学習の、そして、やがては生涯学習の基礎となるものである。本節では、着目する幼児の学びの場を「家庭」から「園」に移し、日本の幼児教育・保育の環境において、幼児が学習内容の多様な要素の「リンクづけ」にどのように携わっているのかを論じる。

（1）子どもの「リンクづけ」への関与

日本の幼児教育・保育の主な特徴の一つは、子どもが活動に主体的に携われるようにすることを重視している点である（厚生労働省二〇一七、文部科学省二〇一七、内閣府・文部科学省・厚生労働省二〇一七参照）。たとえば『幼稚園教育要領』（文部科学省二〇一七）において、「リンクづけ」の重要性は、幼稚園教育の基本として次のように示されている。

教師は、幼児の主体的な活動が確保されるよう幼児一人一人の行動の理解と予想に基づき、計画的に環境を構成しなければならない。この場合において、教師は、幼児と人やものとのかかわりが重要であることを踏まえ、教材を工夫し、物的・空間的環境を構成しなければならない。（前掲書：三）

日本の幼児教育・保育において、保育者は、幼児への直接的な指導や教授ではなく、遊びに重点を置いて、主体的な活動としての遊びを通して幼児を支援し、幼児が自主的に学び、学びを「リンクづけ」し得る環境を構成している。幼児の発達は、健康、人間関係、環境、言葉、表現という五つの観点から整理され、これらの観点を通して、幼児が自然および周囲の社会現象に関心を持ち、具体的な生活・表現活動に積極的に携われるように、学びがデザインされている。以下では、その実例として、小泉英明・秋田喜代美・山田敏之編著『幼児期に育つ「科学する心」』（二〇〇七）で報告されている、日本のある幼稚園における実践（前掲書：実践C—1、一七二—一七七）を取り上げる。

【実践1】（前掲書：一七二より抜粋）

子どもたちが昨年度の経験から自然にシャボン玉遊びに興味を持ち始めたので、教師は環境の中にシャボン玉の材料を用意した。自分からシャボン玉を試そうと取り組むようになった。**「おもいっきり吹くとちっちゃいのがいっぱい生まれてくるよ」**得意そうに教師に吹いて見せるA児。**「わぁーほんと！ 吹き方、変えたらいっぱい生まれてきたね」**とA児に共感し子どもの発見を受け止める。A児は教師の言葉がけで一度にもっといっぱい作りたいという思いになり、周囲を見渡すと思いついたように**ストローを数本持ってきてくっつけて吹いてみる。「あれっ？」と声をもらし首をかしげたり、「全部からは難しいな…」とつぶやいたりして試し**ていたが、しばらくすると止めた。

A児は次に、**材料置き場の中から輪を選んできて遊び出す**。「先生、見てて」「くっついた」「大きい！」と自分のシャボン玉について**見て欲しいこと、感じたことを伝えてくる**。その様子を見ていた周りの子どもたちもやり始める。

【実践2（実践1の一週間後）】（前掲書：一七四より抜粋）

シャボン玉遊びも毎日続けられている中、子どもたちは、**大きいシャボン玉作りを試す**ようになってきた。そこで、大きなフラッパーを材料の中に置いておく。**大きいシャボン玉が出来ることを予想**し、場を広いところに設定し、とんでいく様子がよく見えるようにした。

子どもたちはいつもと違う材料を見つけ、S児「わぁ、これは何だ？」と興奮しながら新たな材料に興味を示しとびつく。いつものように〝ちょんちょん〟と液につけるが風にかざしたとたんパチンと割れてしまう。「う〜ん。**おかしいな」と一人ごとをつぶやくが、「これ大きいから長くつけなきゃ」**と思い直したようにつけ直す。教師は「そうか……、大きいのは割れやすいんだね」とこたえ、一緒に長めにつける。M児も丁寧につけて割れないようにそっと手をかざす。M児は、**「わぁ〜、でぶでぶのができる。**見て〜」と目を輝かす。S児も**「なが〜い、ぶよぶよ、泳いでるみたい」と感じたことを伝え合っては繰り返し取り組んでいる。**出来たシャボン玉は、ゆっくり動いていくので「なんだか大きいシャボン玉さんは、ゆっくりだね」と教師が声をかけると**周りの子どもたちも「ほんと、のんびりしてるよね」とみんなシャボン玉のゆっくりした動きを不思議そうにながめている。**「どうしてゆっくり動くのかねぇ…」と教師自身も子どもたちの不思議な思いを受け止めて声をかけていくと、**T児が突然「わかった！　重いからじゃない？」と気づいたように言う。M児も「いっぱい液つけたからじゃない？」と言う。**子どもたちなりの考えを出し合っている様子を見守りながら「なるほど、重いからゆっくりのんびり流れていくのかね」と教師は共感した。

この二つの実践例において、保育者は、シャボン玉に対する幼児の興味・関心に基づいて環境を構成し、シャボン玉遊びの活動への参加を通して、量・数、大きさ、動き、重さ、手触り、これらの質の関連性、不思議に思う気持ちを確かめる方法、意見を表現して他者と共有する方法などに関する学びを促進している。このように、日本の保育者は、幼児が多彩な経験をできるように、彼らの興味・関心に応じて学習環境を構成する。保育者は、遊び中心の間接的な教育の中で、幼児が何かに好奇心を抱き、興味・関心を示したその時点で、さらなる主体的な探究を導いて、支援していくのである。ここで注目すべき重要な点が二つある。一つ目は、学びに遊びを利用していることである。遊びは学校教育では軽視されることもあるものの、一般に、効果的な学びを促す不可欠な手段であるとみなされている（Bodrova and Leong 2015; Bodrova, Germeroth and Leong 2013; Latta 2013; Vygotsky 1967 など）。二つ目は、幼児の視点を大切にしていることである。保育における活動は、幼児が真に興味・関心を示していることに応じながら実施される。教育心理学の先行研究においても、興味・関心は、認知機能や学びに大きな促進効果をもたらすことが示されている（Hidi 1990; Renninger and Hidi 2019など）。

日本の幼児教育・保育の理念は、遊びへの参加を奨励し、過度に構造化することや過度に指導することなく、幼児の好奇心と探索活動を引き出すことを目指すものである。そのような文脈において、保育者が適切な監督を行い、幼児にとって必要なガイドと励ましを与えることができれば、「学びのリンクづけ」の促進に最適な環境を実現できるのではないかと考えられる。そうした環境は、幼児が、既存の知識や経験を新しい知識や経験に結びつけることを可能にするため、幼児は、周囲の環境の中のさまざまな現象を意味づけしてよりよく理解できるようになる。また、将来のさらなる「学びのリンクづけ」を可能にする概念や構造を形成することもできる。たとえば、本節で紹介した実践2において、幼児が大きなシャボン玉の方がゆっくり動く理由を突き止めようとした際、彼らは大きさ、重さ、動きの関連性に関する過去の経験・観察、既存の理解をもととして、それらを今現在作っている大きくて長いシャボン玉についての新しい経験・観察に調和させる必要があった。子どもたちの思考や探究を制約するような境界はほとんどなく、遊びと学びは分断されることなく、シャボン玉づくりという一つの楽しい活動として互いに密接にリンクしていた。おそらくさらに重要なこととして、この体験を通じて、幼児は、将来、理科、社会科、美術科のような教科で学ぶのに必要となりうること（すなわち、大きさ、構造、持続性、力、移動性などの間の関連性）を理解するための基盤を築いていた。

このような学習環境では、保育者の側の知識とスキルが極めて重要となる。保育者は、幼児の姿と状況を見ながら、その場で何が起こっているのかを瞬時に理解し、適切に幼児に対応し、コミュニケーションを取り、そのときの幼児に適した活動を準備して促進する必要がある。このとき、保育者には、単に言葉で教科書通りの内容を伝えることだけではなく、実演・引例・比喩・見本・適切な活動なども用いながら、幼児の注意を引き、学ぶために何が重要なのかを説明する能力を備えていることが求められる。また、保育者は、幼児一人一人の発達と、子ども期の一般的な発達プロセスの双方を認識した上で、幼児に生じやすい誤解や学びで苦労する可能性のある側面を含めて、幼児がどのように学ぶかを理解している必要がある。幼児の発達の姿を適切に理解していなければ、彼らの言動に適切に対応することは難しいであろう。

(2) 実践への示唆――「学びのリンクづけ」にどのように足場をかけるか？

ここからは、幼児期の学習において、私たちが「リンクづけ」にどのように足場かけしていくことができるかを考察する。前述したように、日本の幼児教育・保育の理念は、「学びのリンクづけ」の実施に適していると考えられる。しかし、保育者一人一人の信念、知識、スキルの個人差は、幼児の「学びのリンクづけ」をうまく促進できるかどうかに大きな影響を及ぼすものと考えられる。実際に、心理学的研究からは、知能の成長可能性に関する養育者の信念が、学びに関連する彼らの行動を通じて、子どもの粘り強さに影響を及ぼすことが示されている（Jose and Bellamy 2012; Moorman and Pomerantz 2010 など）。これらの研究結果をふまえると、「学びのリンクづけ」の足場かけについても同様に、保育者の側がリンクの形成に注意を払って促進することに長けておらず、知識が断片化した形で子どもたちに伝達されてしまった場合、足場かけに適していると思われる日本の幼児教育・保育の環境でも、「学びのリンクづけ」の促進は起こりにくくなると考えられる。反対に、保育者が「リンク」を発見・形成することに長けており、新しい知識を他のさまざまな関連知識に結びつけて幼児を新しい知識に関与させることができれば、幼児の「学びのリンクづけ」はより促進されやすくなるであろう。

「学びのリンクづけ」の促進能力の個人差の問題に加えて、もう一つの注目すべき問題として、日本の保育者が他国の保育者と比べて、知識そのものの教授に重点を置いていないことが挙げられる。ＯＥＣＤの国際調査の「子どもが将来の人生を生き抜くために育てたいスキルや能力」に関する質問において、日本の多くの保育者は、ＩＣ

T（情報通信技術）に関する技能、重要な科学概念の理解、数学的技能や重要な数学的概念の理解、読み書きの技能、論理的思考力、批判的思考力について、それらのスキルを園で育てることはあまり重要だと考えていないと回答した。一方で、他者とうまく協力しあえる能力と、自分自身の好奇心に基づいて調査・探究する能力については、他国と同等の水準で重視していた（国立教育政策研究所 二〇二〇；OECD 2019）。保育者は、幼児がさまざまな物事をつなぐことができる学習環境を構築する際に、どの知識を育むのか、また、それをどのように育むのかを明確に認識している必要がある。このOECDの国際調査から得られた結果からは、日本の保育者においては、幼児の能力を育む際に知識が重要であるという認識が十分でない可能性が示唆される。今後、幼児に教え・育もうとする知識やスキルについて、保育者が明確に認識したうえで、遊びの活動を通じて、幼児が多様な知識の要素をつなぐことを効果的に促すことができるような、包括的な実践が求められるであろう。

4 学習プロセスの中核「学びのリンクづけ」の促進のために

本章では、家庭と幼児教育・保育の環境における幼児の「学びのリンクづけ」に着目した。マナロの論考（Manalo 2022）に基づいて六つの形態の「リンクづけ」を取り上げ、早くも幼児期から「リンクづけ」が生じていることの例として、三歳児とその母親とのやりとりの七つのエピソードを紹介し、解説した。また、幼稚園で、幼児が「学びのリンクづけ」に携わっている実践例を紹介し、解説した。最後に、「学びのリンクづけ」にうまく足場をかけて促進するために必要な条件と今後の課題についての考察を行った。

「リンクづけ」は学習プロセスの中核に存在する。「リンクづけ」がなければ、学びが進展することはない。OE

CDの教育・スキル局長のアンドレアス・シュライヒャー（Andreas Schleicher）は、二一世紀の教育においては、単に知識と情報を獲得する以上のことが求められており、人々が知識を効果的に活用し、常に変化する予測不可能な現代の社会環境に対応する能力を育む必要があることを指摘している。シュライヒャーは、そのためには、とりわけ、一見無関係な情報のさまざまな要素の間につながりを見出す能力（すなわち、より効果的に「学びのリンクづけ」をする能力）を育成する必要があると指摘する（Schleicher 2018）。つながりを捉える能力は、手持ちの知識と情報を超える新しい物事や、新しいアイデアや、新しいソリューションを生み出すことを可能にするものであり、創造性とイノベーションには必須であると考えられる。さらに、そうしたつながりを理解する能力は、より柔軟に、批判的に、そして責任を持って思考するために不可欠であり、それは、私たちが生きる二一世紀の予測不可能で困難な社会環境において大いに必要とされる資質である。

これまで述べてきたように、就学前の幼児でさえ、ごく自然な形で、周囲の世界を理解するために、日常的に膨大な数の「リンク」を形成している。このようなリンクの形成は、全ての子どもに自然に起こるものである。しかし、本章で示したいくつもの具体例が表しているように、養育者や保育者がその子どもの好奇心と探求心を細やかに捉えて対応し、さらなる探究のために、過度に指示的になったり、コントロールしたりすることなく、適度な導きと励ましを与える環境においては、よりよく育まれるものと考えられる。「リンクづけ」の重要性は日本の幼児教育・保育の理念（文部科学省 二〇一七など）として強調されているように見えるものの、幼児教育・保育の現場においても、学校教育の現場においても、「学びのリンクづけ」のプロセスやメカニズムについては、教育法や指導法を考える際にあまり注目されてこなかった（Manalo 2022）。保育者が「リンク」にいっそうの関心を向け、子どもが何を学んでいるのかを適切に捉え、子どもの「リンクづけ」を支えることで、日本の幼児教育・保育の環境は、「学びのリンクづけ」の促進を実現するために、より理想的な環境になり、生涯学習に不可欠な確固たる学びの土台を築くことができるかもしれない。

なお、日本の子どもは小学校に入学すると、教授方法の大きな変化を経験する。幼児教育・保育の現場では、子どもの興味・関心に基づく、遊びの活動を通しての主体的な探究を重視しているが、学校での学問的な学びの主目的は知識の獲得であり、児童・生徒は互いに独立した教科という枠組みの中で、学問的知識を教えられる。このように幼児教育・保育の構造は、個別の教科学習が中心となる小学校以降とは異なっているものの、子どもの発達そのものは、幼児期と児童期以降に分断されてはいない。そのため、幼児期の子どもの「学びのリンクづけ」の在り様を把握し、理解することから、小学校入学以降の子どもに関しても、私たちがどのように「学びのリンクづけ」をサポートできるかという教育実践に関するヒントを得ることができるであろう。この点については、紙面の制約から別に論じることとする（Mizokawa and Manalo in print）。

参考文献

〈日本語文献〉

小泉英明・秋田喜代美・山田敏之（編）二〇〇七『幼児期に育つ「科学する心」―すこやかで豊かな脳と心を育てる七つの視点』小学館。

国立教育政策研究所（編）二〇二〇『幼児教育・保育の国際比較―ＯＥＣＤ国際幼児教育・保育従事者調査二〇一八報告書―質の高い幼児教育・保育に向けて』明石書店。

厚生労働省 二〇一七『保育所保育指針』。

内閣府・文部科学省・厚生労働省 二〇一七『幼保連携型認定こども園教育・保育要領』。

文部科学省 二〇一七『幼稚園教育要領』。

〈外国語文献〉

Bodrova, E. and Leong, D.J. 2015. Vygotskian and post-Vygotskian views on children's play. *American Journal of Play* 7(3): 371–388.

Bodrova, E., Germeroth, C. and Leong, D.J. 2013. Play and self-regulation: Lessons from Vygotsky. *American Journal of Play* 6(1): 111–123.

Hidi, S. 1990. Interest and its contribution as a mental resource for learning. *Review of Educational Research* 50(4): 549–571.

Jose, P.E. and Bellamy, M.A. 2012. Relationships of parents' theories of intelligence with children's persistence/learned helplessness: A cross-cultural comparison. *Journal of Cross-Cultural Psychology* 43(6): 999–1018.

Kandel, E.R. 2001. The molecular biology of memory storage: A dialogue between genes and synapses. *Science* 294(5544): 1030–1038.

Latta, M.M. 2013. *Curriculum conversations: Play is the (missing) thing*. New York and London: Routledge.

Manalo, E. 2022. The need to cultivate more linking in learning to promote more effective thinking. In Rezaei, N. (ed), Integrated education and learning. (Integrated Science vol. 13.) pp. 73–94. Cham: Springer.

Mårtensson, J., Eriksson, J., Bodammer, N.C., Lindgren, M., Johansson, M., Nyberg, L. and Lövdén, M. 2012. Growth of language-related brain areas after foreign language learning. *NeuroImage* 63(1): 240–244.

Mizokawa, A. and Manalo, E. (in press). Promoting deeper learning in early childhood: From the perspective of linking in learning. In Harring, M., Meyer, O., and Krupp, V. (eds.), *Deeper learning in teacher education: Interdisciplinary and international perspectives*. New York and Münster: Waxmann.

Moorman, E.A. and Pomerantz, E.M. 2010. Ability mindsets influence the quality of mothers' involvement in children's learning: An experimental investigation. *Developmental Psychology* 46(5): 1354–1362.

National Research Council 2000. *How people learn: Brain, mind experience, and school*. Expanded ed. Washington, DC: The National Academies Press.

OECD 2019. *TALIS Starting Strong 2018 Technical report*. Retrieved from https://www.oecd.org/education/talis/TALIS-Starting-Strong-2018-Technical-Report.pdf

Renninger, K.A. and Hidi, S.E. 2019. Interest development and learning. In Renninger, K.A. and Hidi, S.E. (eds), *The Cambridge handbook of motivation and learning*. pp. 265–290. Cambridge, U.K.: Cambridge University Press.

Salomon, G. and Perkins, D.N. 1989. Rocky roads to transfer: Rethinking mechanisms of a neglected phenomenon. *Educational Psychologist* 24(2): 113–142.

Schleicher, A. 2018. World class: How to build a 21st-century school system. Paris: OECD.

Sweller, J., van Merrienboer, J.J.G., and Paas, F.G.W.C. 1998. Cognitive architecture and instructional design. *Educational Psychology Review* 10(3): 251–296.

Tenenbaum, J.B., Kemp, C., Griffiths, T.L. and Goodman, N.D. 2011. How to grow a mind: Statistics, structure, and abstraction. *Science* 331(6022): 1279–1285.

Thorndike, E.L. 1931. *Human learning*. New York: Century.

Vygotsky, L.S. 1967. Play and its role in the mental development of the child. *Soviet Psychology* 5(3): 6–18.

第3部

ジェンダーバイアスと家族

ジェンダーステレオタイプ
共同子育て
他者への共感

第7章

「親性」発達

現代日本の共同養育社会の実現に向けて

明和 政子

1　日本における核家族化と子ども・子育て問題

天使の微笑み、という表現は決して大げさではない。赤ちゃんの笑顔は、私たちに表現しつくせないほどの愛おしさ、かわいさを募らせる。しかし、赤ちゃんは常にかわいい存在とは限らない。あやしても泣き止まない、ぐずり続ける。そんなときには、赤ちゃんが悪魔のように思えてくる。養育する側にとって、子育てとは幸せを感じさせてくれるだけの営みではない。心身を疲労させ、ときには過度なストレスを引き起こすことも稀ではない。さらに、それは何年も続くのだ。

日本では、この数十年で核家族化が急激に進んだ。他方、女性の社会進出はなかなか進まず、母親が子育てのほぼすべてを担っている家庭がいまだ多いことは想像に難くない。「子育ては母親の手で」、「三歳までは母親の手で」、こうした伝統的価値観が根強く残っている日本では、時に強いストレスを母親に強いることになる。

しかし、母親（のみ）がこのように感じることは明らかにおかしなことである。なぜなら、ヒトを生物の一種、ホモ・サピエンス（*Homo sapiens*）として捉えてみると、我々の子育ては他の動物に比べて養育負担が圧倒的に大きく、また、ヒトは母親ひとりが子育てを担うようには進化してこなかったからだ。

子育てを支える動機、一般に「母性」と呼ばれるものについても、日本では誤った捉え方がいまだ流布しているようである。最近の基礎研究は、母性とは遺伝的に組み込まれ、出産を機に自動的に溢れ出てくるものではないことを明確に示している。子育てを行うためのこころを働かせるためには、後述するある条件が必要なのだが、現代の日本においては、科学的根拠にもとづく子育ての理解が十分とは言えない。

本章では、ヒトの子育ての特徴とその営みを支える要因について、日本がけん引してきた比較認知科学のアプローチから再考し、日本で深刻化する子ども・子育て問題を科学的にひも解き、その解決策を考察する。科学的エビデンスにもとづく子ども・子育て問題の解決、支援の提案と社会実装は、パートナーや子どもを含む家族の幸福度、さらには、次子をもちたいという出産意欲の向上につながると考える。これは、本書のテーマである「日本型教育文化」の様相を捉えるために、そして、日本が抱える最も深刻な人類未来の課題、少子化対策に大きく寄与するだろう。

本章ではまず、ヒトという生物が進化の過程で獲得してきた子育ての形質、「共同養育（alloparenting）」について説明する。続いて、養育するために適応的に機能する脳とこころ（親性）について、生物学的性差の視点から考える。最後に、最新の脳科学の知見により、親性を育むために必要となる条件を最先端の科学的知見から考察する。

2……ヒトの出産と子育ての特徴

ひとりの女性が一生に産む子どもの平均数を「合計特殊出生率」と呼ぶ。日本では、一九七四年以来、出生数減少の流れが続いており、コロナ禍によりその数値はさらに加速度的に低下した。二〇二一年の合計特殊出生率は過去最低の一・二六である。しかし、第二次世界大戦前までは、日本でも出生率は四・〇を超えていた。ヒトは本来、生涯に二人以上子どもを産まない生物であるわけではない。時代とともに変化する生活様式、社会経済状況といった外的要因が、生涯に産む子どもの数を制約していったと解釈するのが妥当である。

もうひとつ、ひとりの女性が生涯に産む子どもの数に影響を与えるのは、次子を産むタイミングである。ヒト以外の霊長類では、長子が母親から離れ、自立を始める時期が次の子どもを産むタイミングとなる。子どもが完全に離乳するまで、ニホンザルは生後一年、チンパンジーは四年ほどかかるが、この時期を過ぎるころから子どもは母親以外の集団内の仲間と長い時間を過ごすようになる。したがって、ニホンザルの出産間隔は二年、チンパンジーの場合、おおよそ五～八年である。

ヒトについてはどうだろうか。現代人の離乳の時期についていえば、個人差、文化差はあるが、おおよそ三歳になれば授乳なしで生存できるとみられる。ただし、ヒトの場合、ニホンザルやチンパンジーのように、離乳イコール自立の始まりではなく、ヒトの子どもが心身ともに自立するまでには一〇年以上の年月が必要となる。また、ヒトの赤ちゃんは、他の霊長類に比べて、とりわけ身体的に無力な状態で生まれてくるという特徴がある。生後、母親の身体に自力でしがみついて敵から逃げたり、自力で母乳を飲んだりすることすらできない存在なのである。赤ちゃんが生存できるかどうかは、養育者からの手厚い世話にかかっている。

にもかかわらず、ヒトは、子どもがまだ小さい段階で次の子を産むことが多い。これは生物学上、きわめて特殊である。とくに、社会経済的に発展を遂げている文化圏では、母親の生活事情などにより離乳が早期から促される傾向にある。授乳を止めると性周期の回復がいっそう早まり、次の子を産む身体面の準備が早々に整う。このように、ヒトは他の霊長類に比べて、相対的に短い間隔で複数の子どもを産み育てる。幼い上の子の面倒をまだ見ている間に下の子を出産することもしばしばあり、上の子どもを育てあげてから次の子を産む他の霊長類とは大きく異なっている。

3……「おばあさん」と育てる

我々ヒトの直接の祖先、ホモ・ハビリス（*Homo habilis*）やホモ・エレクトゥス（*Homo erectus*）たちも、上の子どもが自立する前に下の子どもを出産していたかどうかについてはわかっていない。複数の子どもたちを短期間で出産する戦略は、できるだけ多くの子孫を残すという点で有利だが、しかし、これではホモ・サピエンスの母親の心身の負担は増す一方となる。産後、子育てを持続的に成功させるという点ではリスクが高くなってしまう。

この矛盾を、適応という観点から捉え直してみると、次のような仮説が思い浮かぶ。ヒトは、母親だけでなく複数の者が子どもの面倒をみる子育てを行いながら進化してきたのではないか。共同で出産、育児をするスタイルがヒトにとって適応的であった、という見方である。

「おばあさん仮説」という考え方がある。霊長類の多くは、死を迎える直前まで閉経せず子どもを産み続ける。しかし、ヒトの場合はそうではなく、閉経後も長く生き続ける。「おばあさん」と呼ばれる時期が存在することが確認されているのはヒトだけである。では、なぜヒトは閉経後も長く生き続けるようになったのか。その説明のひとつがおばあさん仮説である。祖母世代が孫にあたる世代の面倒をみることで、出産可能な世代、すなわち母親の負担を軽減することにより、繁殖の成功度を高めてきたという考え方である。

アフリカ各地に生息する野生チンパンジーのメスの生活史を、ボツワナとパラグアイの採集狩猟民のそれと比較した研究がある（Emery Thompson et al. 2007）。それによると、ヒトの繁殖期のピークは二五〜三五歳と明確だが、野生チンパンジーではははっきりとしたピークが存在しなかった。また、野生チンパンジーの出産間隔はヒトよりもずっと長く、寿命がある限り出産するという違いがある。

「おばあさん仮説」が、本当に正しいかどうかは現時点では不明である。閉経後も長く生きるようになったのはヒトの祖先がチンパンジーの祖先と分かれた後のどの時点だったのか、ヒトは母系あるいは父系社会のどちらを築いて生きてきたのかなど、他にも考慮すべき点が残っているからだ。とはいえ、ヒトは母親だけが出産、子育てを担いながら進化してきたと考えるのは間違いであろう。日本でも、一昔前までは祖父母、数多くの兄弟姉妹からなる大家族で生活するのが一般的であり、地域社会とのつながりやその影響力も大きいものであった。複数で子育てをしていた時代は確かにあったのである。母親のみに極端に負担が集中する日本の子育てスタイルは、長いヒトの歴史の中で、つい最近起こった不自然な事態といえる。

4……「母性」は本能なのか?

すべての女性には、「母性本能」というものが生まれつき備わっていて、出産と同時にそのスイッチが自動的に入り、子どもへの愛情と子育てへの動機は自動的に高まる。こうした理解が日本ではまだ支配的であり、これこそが、子育てに不安やストレスを感じている母親に「私には母性本能がないのではないか」と思い悩ませてしまう一因である。

しかし、生物の一種としてのヒトの子育てを捉え直してみると、母性と出産、子育てはそれぞれ別の枠組みで理解すべきものであることがわかる。野生のチンパンジーの母親は、基本的にひとりで子どもを育てる。誰かに子育ての仕方を教えてもらうことも、誰かに手伝ってもらうこともない。では、ひとりで子どもを育てるチンパンジーは、育児ストレスを抱えたり、育児放棄に至ったりすることはないのだろうか。母乳が出ない、心身が衰弱するなど、予期しえない問題が生じて育児の継続が不可能となった例はあるかもしれないが、出産後、順調に子育てを始めた場合、途中で育児拒否や育児放棄をすることはこれまでほとんど報告されていない。

ところが、飼育下では事情が大きく異なってくる。出産したメスの二例に一例が、育児拒否をするという。野生下ではみられない育児拒否、育児放棄が、なぜこれほど頻繁に起こるのか。その理由についてはいくつか考えられるが、飼育下のチンパンジーの多くは、仲間の出産や子育てを観察、学習する機会がないまま育つことが大きな原因としてあるようだ。野生のチンパンジーは、二〇～一〇〇個体ほどからなる集団で暮らしており、飼育下のチンパンジーの多くは、五個体に満たない数で生活している。つまり、仲間の子育てを見たり子どもに直に触れたりする機会はきわめて限られるか、皆無と言ってよい。現在、飼育現場の人たちや研究者らの努力によって、飼育構成数をできるだけ野生に近づける努力が続けられている。

このような事例は、チンパンジーの子育てが遺伝的に組み込まれ、子どもを産むと同時に自動的に始まるものではないことを明確に示している。子育てに適応的な心の働きは、生後の集団生活の環境において幼少期より育まれていくのである。母性と呼ばれるものの存在を一概に否定するものではないが、母性は決して本能ではないのである。進化の過程でそれぞれの種が適応してきた本来の環境に置かれない限り、母性を子育てに生かすことはできない。チンパンジーもヒトも、母性を発揮した子育てを行うには生後の社会的経験が不可欠であるという点で同じである。

5……父親の子育ての役割

母性による子育てが本能でないとしたら、チンパンジーの父親も子育てに参加するのだろうか。結論から言うと、オスは子育てに直接参加することはない。チンパンジーに限らず霊長類の多くは複数のオスと複数のメスが配偶関係をもっており、そもそもコドモの父親が誰であるのか、親子関係を特定しにくい。

では、チンパンジーの母親が出産と子育てにエネルギーを注いでいる間、父親は何をしているのかというと、より多くのメスと交尾することで子孫を残すこと、他の集団からの侵入や競合に備える防衛、警備に励んでいる。父親は子育てに直接関与することがないので、親としての役割を放棄し、悠々自適な生活を送っている印象を受けるが、「家族全体を外敵から守り、母親が安心して出産と育児のできる環境を整える」という意味では、間接的に子育てに貢献しているといえる。

チンパンジーのコドモ、特にオスのコドモにとって、オトナオスの存在は成長とともに大きくなっていく。生後一年目を迎えるころから、コドモたちは母親の身体から少しずつ離れて生活するようになる。三歳を迎える頃には母親と過ごす時間はめっきり減り、代わりに母親以外の個体、とくに同年代のコドモや同性のオトナと行動をともにする時間が長くなっていく。そして、思春期を迎える頃には、集団内で存在を誇示するオトナオスとの関係を構築することに注力し始める。

野生のチンパンジーは、一般的に父系社会である。よその集団へと移籍するのはメスで、オスは育った集団内に留まる。つまり、集団を率いるオトナオスと上手くやっていくために必要な社会的スキルを、母親からは学ぶことはできないのである。オトナオスのふるまいを学びながら、コドモたちはオトナ社会の仲間入りを果たしていく。オトナとしてのふるまいを子どもに態度で示す、これもチンパンジーの父親が果たしている子育ての役割だ。

チンパンジーとは対照的に、新世界ザルに属するマーモセット科の多くの種は一夫一妻型の配偶関係を築いている。父親は積極的に養育に関わり、出産後すぐにコドモを運搬する役割などを担う。兄や姉にあたる個体も養育を手伝う（図7―1）。

図7-1 コドモを背負うコモンマーモセット（*Callithrix jacchus*）の父親（撮影：齋藤慈子）

マーモセットの父親が積極的に子育てを行うことには、生存をかけた理由がある。霊長類の多くは一度に一個体だけ産むのに対し、マーモセット科の多くは一度に複数（多くは二個体）産む。さらに、新生児の出生時体重は母親の体重の一〇％以上もあるため、母親だけで複数のコドモを育てていくことは不可能である。

マーモセットを対象とした研究では、母性、父性という従来の捉え方から脱却し、子育て経験によって親として適応的な脳が柔軟に変化する事実が示されている。育児を行っているオスとこれまで育児経験のないオスの脳の構造を比較してみると、前者では前頭前野とよばれる脳部位の神経ネットワークの密度が高く、また、バソプレッシンとよばれる内分泌ホルモンの受容体が増加していることが示されている（Kozorovitskiy et al. 2006）。バソプレッシンは、社会的行動、性愛、愛着と関連する内分泌ホルモンであり、前頭前野でその受容体が増加するということは、それらの機能の働きが高くなっていることを示している。

子育ては、ペアとの絆の保持や文脈に応じた子どもの状態の推論、予測など、複雑かつ高次の情報処理を要する行為であり、こうした育児経験の蓄積が個体の前頭前野の構造や機能を可塑的に変容させているのである。

6……ヒトの共同養育を可能にする心の働き

ここまで、ヒトは共同で子どもを産み育てながら生存してきた可能性と、そう考えるべき根拠について説明してきた。この可能性が正しいとしたら、なぜヒトはこうした出産、子育ての形質を進化の過程で獲得してきたのだろうか。また、それを成立させた条件とは、いったいどのようなものだったのだろうか。

ヒトにおける共同での子育ての可能性を考えるうえで、自分の子ども以外、さらには非血縁の子どもまでをも育てようとする動機、それを可能にする心の働きについて考えてみることは重要である。ヒトが進化の過程で獲得してきた共同養育という形質の背景には、それを可能にしたヒト特有の精神機能があり、なかでも他者への意識的共感というヒト特有の精神機能が大きな役割を果たしてきたのではないか、と筆者は考えている。以下、具体的に説明しよう。

ヒトが他者の心の状態を理解するとき、おもに二つの脳神経ネットワークが関与すると言われている。「ミラーニューロン・システム」と「メンタライジング」である。

ミラーニューロン（mirror neuron）とはその名のとおり、自分の行為と他者の行為が鏡のように重なり合い、その背後にある心の状態までもが自動的、無意識的に自他間で共有される機能をもつ神経細胞である。たとえば、レモンをかじって酸っぱそうな表情をしている人が目の前にいる時、自身はレモンをかじっていないのに思わず唾液が溢れてくるといったことである。

ミラーニューロンは、イタリアの神経科学者リゾラッティらがサルの下前頭回の単一ニューロンの活動として記録したのが最初である（Di Pellegrino et al. 1992）。ヒトではｆＭＲＩ（functional magnetic resonance imaging 機能的核磁気共鳴画像法）をはじめとする非侵襲的脳イメージングによって、サルで発見されたミラーニューロンに相当する神経回路（ミラーニューロン・システム）が特定されてきた（図7―2）。

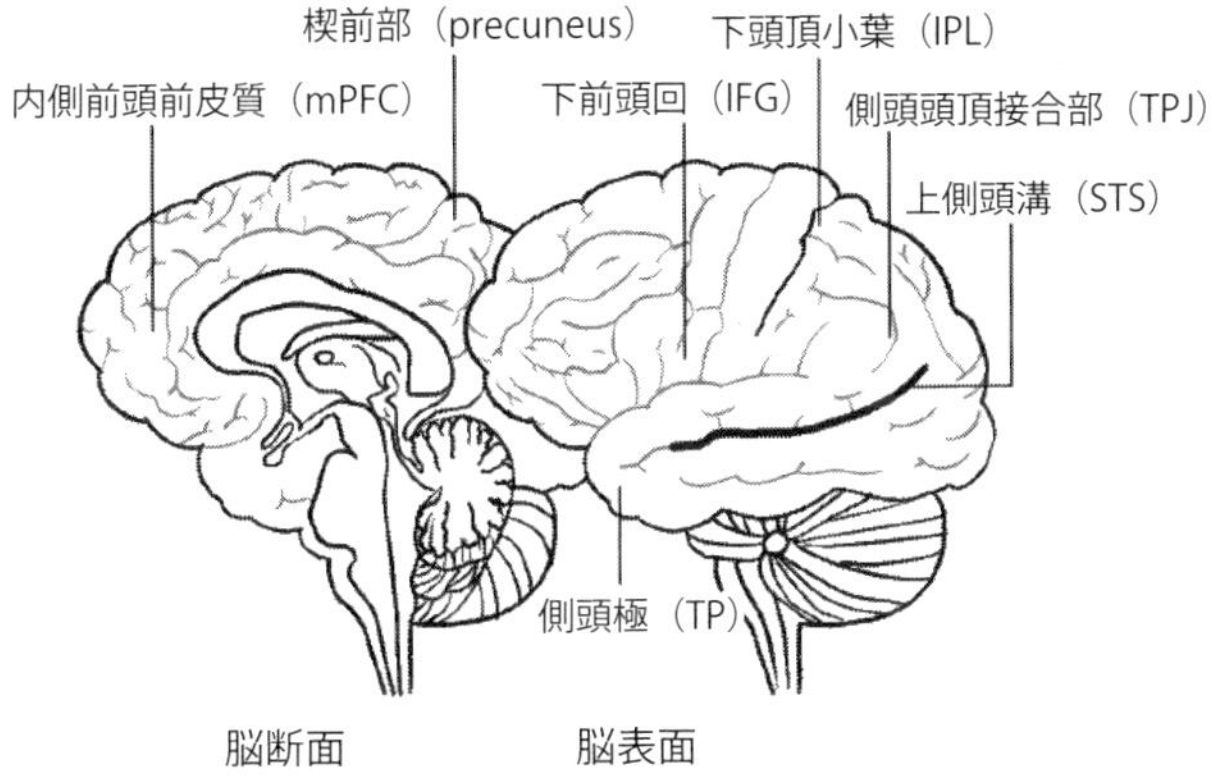

図7-2 ヒトのミラーニューロン・システムとメンタライジングに関わる脳領域。ミラーニューロン・システムは、下前頭回（IFG）や下頭頂小葉（IPL）、上側頭溝（STS）から成る。メンタライジングには、内側前頭前皮質（mPFC）や側頭頭頂接合部（TPJ）、側頭極（TP）、楔前部（precuneus）が関与する。明和（2020）より抜粋。

ミラーニューロンの機能は、観察した行為と自らが実行可能な行為との照合システムであり、他個体の行為の結果や意図の自動的な予測や理解を可能にしている。他個体の行為を予測できれば、危険がわが身に迫る前に逃げることができるし、社会的場面においては他個体への円滑な対応が可能となるので生存上きわめて有利である。ただし、このレベルの行為理解には、他個体の心の状態まで推論する必要はない。

ヒトを含む霊長類が、行為理解にかかわる特有のニューロンを進化の過程で獲得してきた背景には、このような適応的意義があったと考えられる。サルのミラーニューロンは、ヒトのミラーニューロン・

システムの生物学的基盤であることは間違いないと思われるが、両者が同じ機能を果たしているかについては長く議論が続いているところである。ヒトのミラーニューロン・システムは、他の神経システムと相互に連結、作用しあうことで、さまざまなタイプの精神機能を示すと考えられている。たとえば、ヒトが他者の表情を模倣する時には、ミラーニューロン・システムだけでなく、感情系、報酬系の中枢である扁桃体を含む大脳辺縁系(limbic system)や、それらをつなぐ島皮質(insula)も賦活する(Carr et al. 2003)。この一連のネットワーク活動は、「情動的共感(emotional empathy)」、つまり、他者のふるまいに身体が自動的に反応してしまうことで、他者の心の状態を共有、同調する機能(先述のレモンの例)を引き起こしている。ところで、サルでは感情、報酬系に関わるミラーニューロンはこれまで見つかっていなかったが、最近、フェラーリたちはその存在を確認できたと報告している(Ferrari et al. 2017)。

ところで、ミラーニューロン・システムによる行為の「観察—実行」の照合だけでは、ヒトの日常生活は円滑には進まない。ミラーニューロン・システムによる他者理解のレベルを超え、自分の心の状態を他者のそれと分離して表象し、意識的に推論する認知機能「メンタライジング(mentalizing)」の獲得こそが、ヒトの高度な他者理解を可能にするという見方がある。

メンタライジングは、ミラーニューロン・システムの活動をトップダウンに抑制し、自分とは異なる他人の心の状態を推論すること、文脈に応じて柔軟に他者の行為や心の状態を理解することを可能にする。つまり、メンタライジングによって、他者の心の状態に鏡のように思わず共感する(身体反応としての情動的共感)にとどまらず、他者の置かれた状況からその心的状態を推論、判断し、適切な向社会的行動を示す(意識的に起こる認知的共感)ことができる。メンタライジングは、ヒトに特異的に備わっている認知機能であり、ヒトの直接の祖先がチンパンジーの祖先と系統的に分岐したどこかの時点で獲得したと考えられる。そうした種特有の認知機能にもとづいて、ヒトは「積極的教育(active teaching)」や「協力行動(cooperation)」といったヒト独自の利他行動をみせる。

メンタライジングに関与する脳の中枢は、前頭前皮質である（図7―2）。具体的には、前頭前野内側部（mPFC）や上側頭溝（STS）、下頭頂小葉（IPL）、側頭頭頂接合部（TPJ）が関与している（Amodio & Frith 2006）。mPFCは、適切な行為選択のための行為の条件や状況の推測、TPJは視点変換（視点取得）に関わる領域である。他者への共感という心的機能において、情動的共感はミラーニューロン・システム、認知的共感はメンタライジングとそれぞれ連動しており（Shamay-Tsoory 2011）、これら二つの神経ネットワークが機能的に結合することで、ヒトは相手に思わず共感するにとどまらず、その個体を助ける、協力する、教えるといったヒト特有の向社会的行動を示すと考えられている。

7……「親性」の脳科学

ここまで、他者の心の状態の理解に関わる二つの脳神経ネットワークについて説明してきたが、最近、子育て経験がこれらの脳活動に与える影響について興味深い研究が報告された（Abraham et al. 2014）。この研究のポイントは以下の三点である。①子育て場面を観察すると、ある特定の脳内ネットワークが賦活する、②それは子育て経験の有無により異なっている、③もっとも重要なこととして、子育て経験が脳の活動に与える影響は、母親だけでなく父親にもみられたこと、である。

順を追って説明しよう。この研究に参加した養育者は、以下の三つのグループで構成されていた。①子育てを主に担っている（第一養育者である）母親グループ、②子育てを主には担っていない（第二養育者である）父親グループ、③第一養育者として子育てを担っている父親グループである。参加者は、自身の子どもと家庭内で接している場面の映像を見るよう教示され、そのときの脳活動をｆＭＲＩにより計測した。

その結果はきわめて興味深いものであった。第一養育者である母親では、ミラーニューロン・システムを中心とする感情系、報酬系の中枢である扁桃体を含む大脳辺縁系と、それらと連結する島皮質、腹側被蓋野（ＶＴＡ）、腹側前帯状回皮質（ｖＡＣＣ）、下前頭回（ＩＦＧ）が強く活動していた。それに対し、第二養育者である父親では、前頭前野や側頭極（Temporal pole）を含むメンタライジングが強く活動していた。これらの結果は、第一養育者である母親は子どもに対して無意識レベルで共感（情動的共感）しやすく、第二養育者である父親は子どもの心の状態を意識的、合理的に推論し、何をなすことが必要かを思考する（認知的共感）傾向が強いことを示している。

この研究のもっとも重要な結果は、第三グループの父親から得られた。このグループの父親は、先の二つの脳神経ネットワークがともに強く賦活していたのである。これは、第一グループの母親が示した結果と同じであり、生物学的な性差は子育てに関与する脳内ネットワークを規定する要因ではないと解釈できる。子育てに必要な脳や心の働きは、生まれながらに女性に埋め込まれているものではなく、子育て経験、子育てにおける役割により、柔軟に可塑的に形成されていくのである。これは、先述のマーモセットの父親の脳に起こる変化を示した研究とも一致する。近年、研究者たちは、母性、父性という従来の価値観や表現は科学的根拠にもとづいていないこと、よって、子育てに必要な脳内ネットワーク特性は「親性」と呼ぶべきであると主張している。

8……子育て経験が脳と心の働きに与える影響

これまで行われた研究から、育児に関する刺激（例：乳児と親が遊んでいる場面を映した動画）を見ると、脳内のある特定の領域が活動することがわかっている。これらの複数の領域をまとめて「親性脳（parental brain）」と呼ぶ。先述のように、乳児をもつ男性では、育児経験を蓄積することで親性脳が可塑的に変容・発達（親性脳ネットワークの賦活）することが明らかになっている（Abraham et al. 2014）が、父親の育児動機や実際の育児への関わりの程度にはかなりの個人差がある。とくに、妊娠、出産といった身体的・生理的に大きな変化を経験することなく親となる男性の親性脳は、いつからどのように発達するのだろうか。そこにはどの程度の個人差があるのだろうか。

父親の子育てに対する心的、行動特性の個人差に関連すると考えられる要因のひとつに、内分泌ホルモンの影響がある。テストステロンやオキシトシンは、ヒトを含む生物の育児行動に関連する内分泌ホルセンである。生物学的オス（男性）のテストステロンは、パートナー（生物学的メス・女性）の妊娠期間に低下することが知られている（Berg & Wynne-Edwards 2001）が、ヒトでは一貫した結果は得られていない。

とはいうものの、男性は、女性のように妊娠・出産にともなう大きな身体生理変動を経験するわけではない。では、男性はいつ、どのように親性脳を発達させていくのだろうか。我々の研究グループは、初産で妊娠（妊娠週数二〇週未満）中のパートナーを持つ（生物学的）男性（三六名）に調査に参加してもらい、第一子が出生する前から、親性脳が発達していくプロセスを可視化する研究を行った。統制群として、子をもつ予定のない日本人男性（三六名）にも調査に参加してもらった。

実験参加者にはｆＭＲＩの中で、育児場面を映した動画を視聴してもらい、その間の脳活動を計測した。さらに、養育行動に関わるとされる二種類のホルモン値（テストステロン・オキシトシン）と心理・行動特性（例：育児に対するイメージ）についても調べ、それらが親性に関わる脳活動パターンとどのように関連するかを検証した（Díaz-Rojas et al. 2021, 2023）。

具体的には、以下に記す①〜③の評価を行った。①育児に関する動画二種類（実験条件：おむつ交換・乳児との遊び）と、育児に関連しない動画二種類（統制条件：箱を包む・箱をあける）を用いて、統制条件に比べて実験条件で強く活動した脳領域を特定する。②唾液採取により、テストステロンとオキシトシンのホルモン濃度を測定する。③育児に関する心理・行動特性を調べる質問紙とインタビュー調査を実施。質問には「父子間アタッチメント（子に対する心理的な結びつきの強さ）」、「育児に対するイメージ」、「過去の養育経験」、「週当たりの勤務時間」が含まれた。

①〜③の関係を検討するために、まず、一般線形モデルを用いて解析を行った。さらに、個々の男性の脳活動変化をより詳細に調べるため、マルチボクセルパターン分析（ＭＶＰＡ）と呼ばれる手法を用いて解析を行った。マルチボクセルパターン分析とは、脳活動パターンの差異を多変量解析や機械学習を使って検討する手法である。脳のｆＭＲＩデータは、ボクセルと呼ばれる三次元画素から構成されている。ある脳部位に含まれる複数のボクセルの空間的な活動パターンの違いを分析し、脳活動パターンに複数の刺激を識別できる情報が含まれているかどうかを機械学習を用いて評価する。本研究では、親性脳の各領域の活動パターンから、機械学習が父親群と統制群に分類できるか、また、親性脳の各領域の活動パターンと心理・行動特性やホルモン値に関連がみられるかに注目して分析を行った。

その結果、以下の三点が明らかになった。一点目は、父親群、統制群によらず、男性は、育児に関する動画に対して親性脳領域を強く活動させたことである（図7―3）。これまで、子どもをもつ予定のない男性では、親性脳

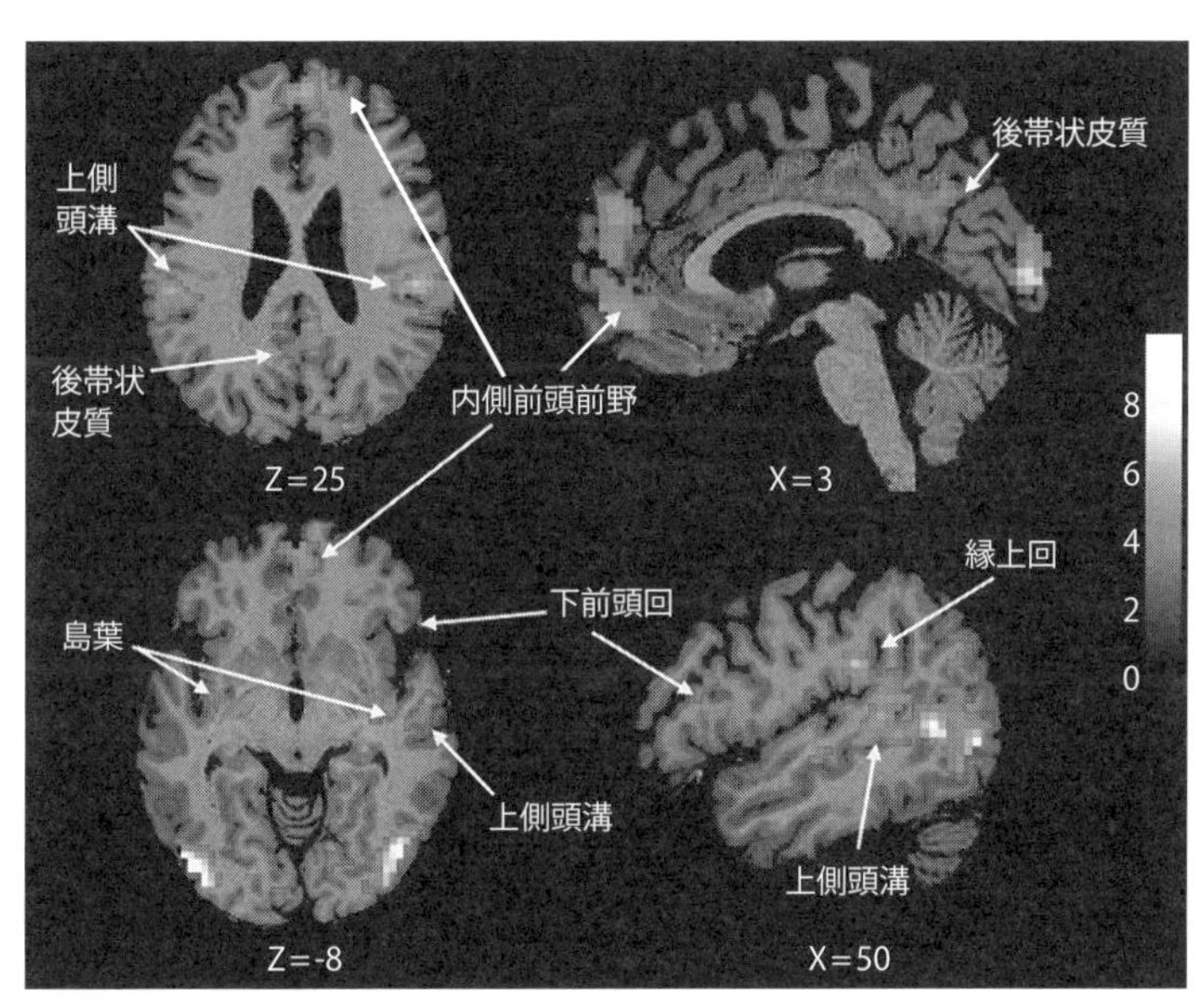

図7-3　「親性」に関わる脳領域（Díaz-Rojas, et al., 2021）

が活動するという報告はなかった。これは、子どもを実際にもつ（予定がある）かどうかにかかわらず、親性に関わる脳機能を日本人男性が潜在的に持っていることを示している。二点目は、父親群と統制群では、島（insula）の活動に顕著な差異がみられたことである。これは、父親になる予定がある男性の親性脳は、パートナーが妊娠週数二〇週未満という早い時期から既に発達し始めていることを意味する。三点目は、親性脳の活動パターンには大きな個人差がみられたことである。その個人差は、「育児に対するイメージ」、「一週間あたりの平均勤務時間」、「最近の育児経験（乳幼児との交流経験）」の有無、といったある特定の行動と関連していることも明らかになった（図7―4）。他方、テストステロンとオキシトシン値の個人差については、親性脳の個人差との関連はみられなかった。

この研究によって、生物学的男性である父親（日本人）の親性脳ネットワークの活動は、妊娠期からすでに発達し始めていること、ただし、そこには大きな個人差が存在することが初めて明らかになった。

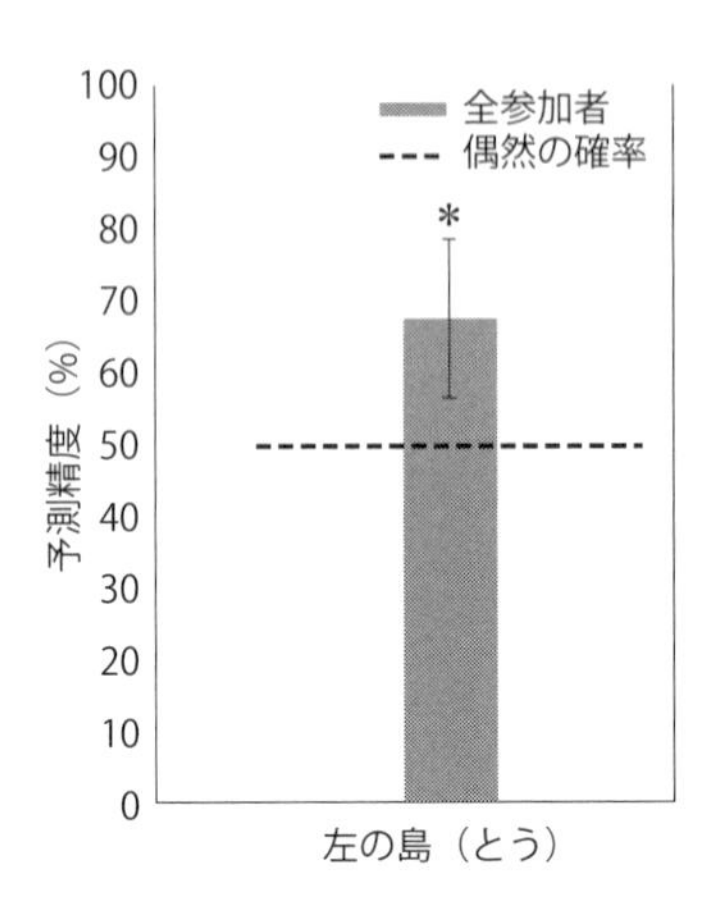

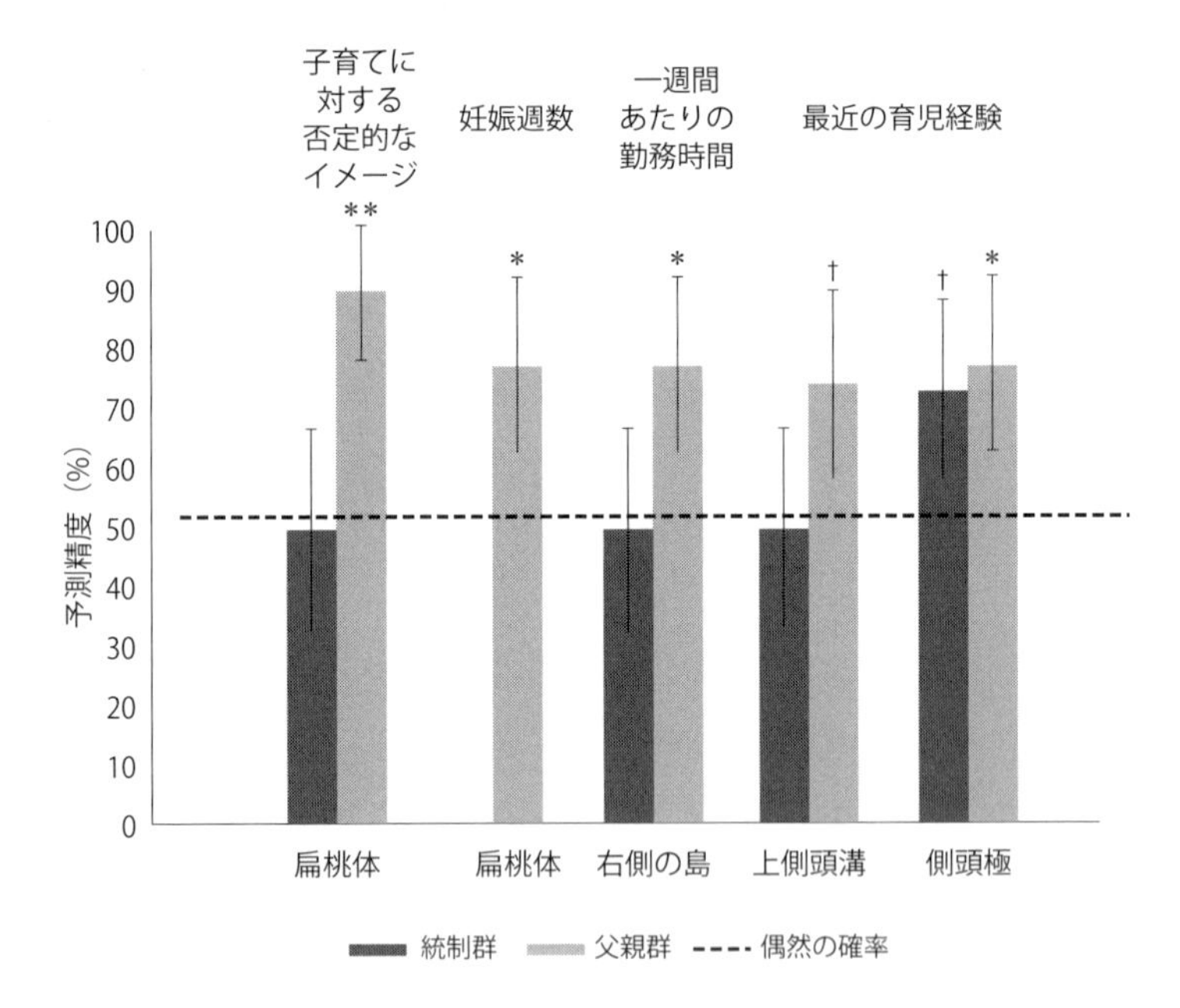

図7-4　上：「父親群」と「統制群」は島の脳活動パターンが異なる
下：機械学習により島の活動パターンにもとづき分類したときの正解率
(${}^{**}p<.01$, ${}^{*}p<.05$, ${}^{\dagger}p<.10$)

9……子どもが育つ、親も育つ

ヒトは、母親父親を問わず、幼少期からの社会的経験、子どもと接する経験を蓄積することで、親として適応的に働きうる脳と心を発達させていくことが明らかとなった。親も、子どもと同様、社会が育てていくべき対象なのである。

男女共同参画と少子化対策との両立が求められる日本では、父親の育児参加が強く求められている。男性の育児動機を高め、出産前のできるだけ早い時期から育児に円滑に参加することのできる仕組みを社会に設計することは、現代社会においては最優先で実現すべき課題のひとつである。とくに、子どもに関わる機会が激減している今、若い世代の「養育行動に適応的に機能する」脳と心（親性）をいかに育むかはきわめて重要な課題である。子どもが生まれてからではなく、パートナーが妊娠中の時期から、個々の女性男性の脳と心、行動特性に合わせて、両者の親性発達を支援する取り組み、たとえば育児支援学級の普及、思春期前から継続的な乳児との身体ふれあい体験による学習、パートナーとの円滑なコミュニケーションを外部からアシストする育児支援技術の開発などの社会実装は、親性脳を早期から育むうえで有効に機能するだろう。

科学的エビデンスにもとづく子ども・子育て支援のための手法を創出し、当該分野にイノベーションをおこすことは、日本の少子化対策に寄与するにとどまらず、少子化が進む多くの先進国にとっての支援モデルとして大きな注目を集めるに違いない。

参考文献

〈日本語文献〉

明和政子（二〇二〇）「ヒトの良心の発達とその生物学的基盤」『良心から科学を考える　パンデミック時代への視座』同志社大学良心学研究センター（編）三八―四八頁、岩波書店。

〈外国語文献〉

Abraham, E., Hendler, T., Shapira-Lichter, I., Kanat-Maymon, Y., Zagoory-Sharon, O. and Feldman, R. 2014. Father's brain is sensitive to childcare experiences. *Proceedings of the National Academy of Sciences of the United States of America*, 111(27): 9792-9797.

Amodio, D.M. and Frith, C.D. 2006. Meeting of minds: The medial frontal cortex and social cognition. *Nature Reviews Neuroscience*, 7(4): 268–277.

Berg, S. and Wynne-Edwards. 2001. Changes in Testosterone, Cortisol, and Estradiol Levels in Men Becoming Fathers. Mayo Clinic proceedings. *Mayo Clinic*, 76: 582-592.

Carr, L., Iacoboni, M., Dubeau, M.-C., Mazziotta, J.C. and Lenzi, G.L. 2003. Neural mechanisms of empathy in humans: A relay from neural systems for imitation to limbic areas. *Proceedings of the National Academy of Sciences of the United States of America*, 100: 5497–5502.

Díaz-Rojas, F., Matsunaga, M., Tanaka, Y., Kikusui, T., Mogi, K., Nagasawa, M., Asano, K., Abe, N. and Myowa, M. 2021. Development of the paternal brain in expectant fathers during early pregnancy, *NeuroImage*, 225: 117527.

Díaz-Rojas, F., Matsunaga, M., Tanaka, Y., Kikusui, T., Mogi, K., Nagasawa, M., Asano, K., Abe, N. and Myowa, M. 2023. Development of the paternal brain in humans throughout pregnancy. *Journal of Cognitive Neuroscience*, 35(3): 396-420. https://doi.org/10.1162/jocn_a_01953.

Di Pellegrino, G., Fadiga, L., Fogassi, L., Gallese, V. and Rizzolatti, G. 1992. Understanding motor events: A neurophysiological study. *Experimental Brain Research*, 91: 176–180.

Emery Thompson, M., Jones, J.H., Pusey, A.E., Brewer-Marsden, S., Goodall, J., Marsden, D., Matsuzawa, T., Nishida, T., Reynolds, V., Sugiyama, Y. and Wrangham, R.W. 2007. Aging and fertility patterns in wild chimpanzees provide insights into the evolution of menopause. *Current Biology*, 17: 2150–2156.

Ferrari, P.F., Gerbella, M., Coudé, G. and Rozzi, S. 2017. Two different mirror neuron networks: The sensorimotor (hand) and limbic (face) pathways. *Neuroscience*, 358: 300-315.

Kozorovitskiy, Y., Hughes, M., Lee, K. and Gould, E. 2006. Fatherhood affects dendritic spines and vasopressin V1a receptors in the primate prefrontal cortex. *Nature Neuroscience*, 9: 1094-1095.

Shamay-Tsoory, S. G. 2011. The neural bases for empathy. *The Neuroscientist*, 17(1): 18–24.

都市新中間層
家庭文化
「私民」から「市民」へ

第8章

都市新中間層文化の生成と佐々木邦

「私民」の「市民」化の可能性

竹内 里欧

1……佐々木邦と都市新中間層文化[1]

「日本型教育」について考えるという本書の趣旨に照らしていえば、本章は、近代日本社会におけるミドルクラスの特徴にかんする分析である。本章で着目する戦前の日本の都市部に生まれた新中間層家庭は、当時の人口に占める割合は小さいものの、現代に至る教育に関する規範や価値観のプロトタイプを形成し、戦後日本社会に大きな影響を与えた。そのことから、日本社会における教育文化の特徴を考える上で、戦前の都市新中間層に着目することは非常に重要であると考える。

ここで、「日本型」という問題含みの言葉を使うにはやや躊躇がある。序章で高山敬太が自覚的に論じ、第2章でニールス・ファンステーンパールが「寺子屋」表象の流用を例に具体的に分析しているように、「日本型」という何らかの統一された実体的文化が容易に想定されうる言葉を用い社会現象を素朴に論じることは危うさをともなう。[2] ファンステーンパールが引用している坂口安吾の[3]『日本文化私観』（坂口［一九四二］一九九六）に触発されていえば、坂口は、一九四二（昭和一七）年にかかれた『日本文化私観』において、「日本文化」の実体化を欺瞞とし痛烈な批判を行っているが、それに加えて、戦後の一九四六（昭和二一）年にかかれた『堕落論』『続堕落論』において、そうした欺瞞を拒むにはむしろ強い精神力が必要であり、「可憐であり脆弱であり、それ故愚か」（坂口［一九四六］一九九六a：二一〇）な人間は欺瞞を創り出し何らかの「カラクリ」にすがって生きざるを得ないと指摘していることがさらに重要であろう。いわく、「人は無限に堕ちきれるほど堅牢な精神にめぐまれていない。何物かカラクリにたよって落下をくいとめずにいられなくなるであろう」、と（坂口「一九四六」一九九六b：二四六）。「可憐であり脆弱」な人間は、「日本型」に限らず何らかの制度的な「カラクリ」をあみだし、それをよりしろとすることによりかろうじて生きながらえるという弱さを抱えてきた。しかしながら、分析者である我々が「可憐で脆弱」であってはならず、「カラクリ」のもたらす欺瞞や陥穽に自覚的であらねばならないのはいうまでもなかろう。

このように、「日本型教育」と簡単に論じることはできないが、一方で、その社会に歴史的に形成され受け継がれてきた文化がその社会の教育システムに大きな影響を与えているということは看過できない。特に、日本の都市新中間層の生活様式や文化は、現代日本の家庭や教育にかんする自明とされがちな価値観や規範を萌芽的に含んでおり、その淵源をたどることには大きな意味がある。そのような意味で、本章では、戦前の都市新中間層の家庭を扱った小説の分析から、近代日本社会におけるミドルクラスの特性とは何かについて考えることをこころみる。その際に注目するのが、小説家佐々木邦（一八八三〜一九六四）の作品である。

佐々木邦は、今日ではその名を知る人は多くはいないだろうが、昭和初期を中心に都市新中間層の家庭を舞台に

1……本章は、竹内による学会発表、竹内（二〇二〇）をもとに、大幅に修正・発展したものである。以下の分析において、引用の旧漢字・旧仮名遣いについては、旧漢字は新漢字に、仮名遣いは原文ママ（ただし、『新全集』から引用の場合は、『新全集』の表記にしたがった）を基本としつつ、読みやすさに配慮し適宜修正した。

2……なお、ある国や地域の教育文化をモデルとして実体化し参照するというパターンが、日本社会の教育をめぐる現象において繰り返し現れることについて、竹内はフィンランド教育ブームを事例に分析している（竹内 二〇一六）。

3……本書の第2章ファンステーンパール論文 九五頁より。

した作品を多く執筆し活躍した小説家である。最盛期には、講談社系の雑誌八誌に連載を抱えたベストセラー作家だった。M・トウェイン（Mark Twain）に影響を受けユーモア作家を志し、「ユーモア小説の第一人者」（丸谷二〇一二：七八）、「日本最高の、そしてほとんど唯一人のユーモア大作家」（渡部二〇一五：九八）ともいわれる。小説をとおして合理主義的な考え方や民主主義の理念の普及にも貢献した。佐々木について、早くには、鶴見俊輔（［一九四七］二〇〇八）がその思想に注目し分析を行っている。また、近年、評伝もかかれている（小坂井澄二〇〇一、松井和男二〇一四）。しかし、その影響力の大きさに比して本格的検討は少ない。[4] 佐々木の作品に多く描かれたのが、大正期頃より勃興した都市新中間層の家庭の日常生活である。[5]

戦前の都市新中間層の家庭文化は現代日本の家庭文化の淵源といわれる。子どもの教育を中心に統合された性別分業を基調とする家族、という特徴は、大正期の都市新中間層家庭に胚胎し、戦後、高度経済成長期に階層をこえてひろがり、現在まで、時代に応じて様々に変容しつつも基本的に維持されている。[6] 戦前の都市新中間層家庭について考えることは、現代日本社会の家庭の特徴を考える一つの材料ともなる。そのような都市新中間層は近代日本社会に新しく登場した階層であるが、かれら（「彼ら彼女ら」を意味する。以下、同様）はどのような文化をつくりあげていったのか、かれらがつくりあげた文化にはどのような意味があったのか。[7]

園田英弘は、比較の視点から近代日本の中流階級について論じ、かれらは、独自の強固な文化をつくれたとはいえず、模倣や憧れの対象とするような安定した上流階級文化が不在の中（園田一九九九：一一二）、西洋文化の威信を借り、「学歴エリート」という継承の保証のない不安定な地位に依存しつつ文化の内実を模索していったと指摘している（園田一九九九：一一五―一一六）。不安定な状況の中で、新中間層は、他の階層からの差異・優越を、道徳や日常的実践や教育、技術的専門性、文化資本の使い方といった「力」によって位置づけようとこころみた（Ambaras 1998: 3, 30）。そして、そうした力の育成を支える「家庭」という空間は、「腐敗・堕落した上流階級」の生活空間とのコントラストを意識しつつ独自の重要性を主張されていったのである（Ambaras 1998: 25-28）。

本章でとりあげるのは、そのような、近代日本社会に新しく登場した都市新中間層の「家庭」のイメージの普及において影響の大きかった佐々木の小説である。[8] 佐々木の小説は、新中間層の拡大期にあって、かれらの新しい

4……一九二五（大正一四）年から一九三〇（昭和五）年までの六年間に講談社系の雑誌八誌に四三本の小説（長編）を連載している（松井二〇一四：一八四―一八五）。

5……佐々木に関する研究について代表的なものには以下がある。比較的近年の研究として、羽鳥（二〇〇八）、岩本（二〇一二）、藤井（二〇一五―六、二〇一六）などがある。トウェイン研究においては、亀井（一九七七、一九七九）、勝浦（一九七九、一九八八）、石原（二〇〇八、二〇一三）などが触れてきた。文学研究においては、岡（一九七六）、二上（一九七八）、桑原（一九八七）、藍木（二〇二三）などがある。新中間層文化研究としては、小野（一九八〇）、竹内（二〇一三、二〇一八）などがある。

6……明和政子は、育児実践について検討し、「子育てに必要な脳や心の働き」が「子育て経験、子育てにおける役割により、柔軟に、可塑的に形成されていく」と述べる（本書第7章の明和論文二二四頁より）。そして、育児実践が主に母親によって担われていることの歴史的特殊性について指摘している。明和は人類学的知見および科学的根拠をもとに「母性」の歴史的特殊性について説得的に論じているが、本章は、そのような「母性」や「母に期待される役割」がどのように形成されてきたかを、社会的・文化的文脈から明らかにすることを試みるものである。

7……広田（一九九六）、沢山（一九九〇）など参照。

8……通常、「家庭小説」というと、菊池幽芳の『家庭小説　乳姉妹』（菊池［一九〇三］一九〇四）に代表される明治期後半から大正期の「家庭小説」を思い浮かべることが多いように、これら明治から大正にかけての「家庭小説」について、その内容や意義、ジャンル形成のポリティクス等について分析が行われている（瀬沼一九五七　金子一九九七、牟田一九九六：一五五―一八八、前田［一九六八］二〇〇一、鬼頭二〇一三）。しかし、本章で対象とするのは、まだあまり解明がすすんでいない、佐々木邦の大正期以降の「家庭」を対象にした小説についてであるという点で、いわゆる従来の「家庭小説」研究と異なる。本章で大正期からの「家庭」を舞台にした小説を対象にするのは、それらが、新中間層家庭文化のディテールを伝え、憧れや模倣の欲望を形成するという、明治期のいわゆる「家庭小説」とは異なる独自の新しい役割を果したと考えられるからである。

「家庭」のディテールを伝え欲望を喚起するメディアの役割を果たした。都市新中間層の台頭とともにふさわしい文化が模索される中で、佐々木の作品はどういった「家庭」像を伝えたのか、読者はどう反応したのか。従来、佐々木を扱った研究においても、佐々木が「家庭」や「私」にはやくに注目したことは指摘されてきたが[9]、本章では、もう少し踏み込んでその意義についてさらに考えたい。

以上のように、本章は、佐々木の諸作品を素材に、近代日本社会における都市新中間層文化の生成とその意味について検討することを目的とする。分析にあたっては、佐々木の戦前期の代表的作品に注目しつつ、経歴や時代背景、メディアや読者にも目配りしつつみていく。

2 都市新中間層の台頭と「家庭」の普及

佐々木が描写したのは、都市部の新中間層家庭である。こうした新中間層については、従来、南（一九六五）、寺出（一九八二）、門脇（一九八八）、Ambaras（1998）、園田（一九九九）などの量的・質的研究がある。寺出浩司を参照すると、新中間層にあたる人々（「職員層」）は、「俸給生活者」「サラリーマン」「知識階級」「中等階級」などとよばれ、日露戦争後から第一次大戦にかけて登場し、大正期中頃から終わりにかけて生活スタイルをつくりあげた（寺出一九八二：三四―三五）。また、寺出は、「職員層」の特徴として、「頭脳労働という労働形態」、「俸給（サラリー）という所得形態」、「資本家と賃労働者の中間に存在するという社会階級構成上の位置」、「生活水準の中位性」という四点をあげている（寺出一九八二：三六）[10]。南博によれば、新中間層は、明治末年から増加し、一九二〇（大正九）年頃には全国民の七～八％に達したと推測される（南一九六五：一八三）。都市部においてはむろんもっと割合が高く、東京市の職員の全就業者における割合は、一九〇八(明治四一)年で五・六%、一九二〇(大正九)年で二一・四%であったという(南 一九六五:一八七)。

近代日本社会に台頭したこのような層の人々の有する文化については、比較社会学的な見地から検討した園田(一九九九)が参考になろう。園田は、近代日本社会における「官吏、会社員、教師、技師、医師、近代的部門での小企業主など」の、「洋風応接間のついた住宅に住み、女中を雇い、背広を着て通勤」というライフスタイルを営んでいた人々について、諸外国と比較して、中流階級としての階級的構造化が弱かったことを指摘する(園田 一九九九:一一六)。かれらには、模倣すべき確固たる上流文化もなく、頼るべきは「エリート」という世代間継承が不確かな組織上の地位しかなかった(園田 一九九九:一一三―一一六)。一方で、かれらは、階級文化の脆弱さを補うかのように、西洋の知識や教養を積極的に用い、文化的威信を補填し、「近代日本の新しい生活様式の牽引役」(園田 一九九九:一一六)として独自の役割を果たしもしたのである。

佐々木の小説は、このような、大正期から昭和初期の洋風応接間に象徴されるような都市新中間層の「家庭」像のディテールを伝え広めるのを助けた。佐々木の小説六〇篇について分類を行った鶴見を参照すると、「大都市を主要舞台」とする作品は八三%、「大都市の中流市民階級」を主役とするものは七三%である(鶴見[一九四七]

9……たとえば、鶴見([一九四七]二〇〇八:三〇二、[一九七三]二〇〇六:七四―七六)、松井(二〇一四:一七一)など。

10……門脇厚司は、職業面に注目し、五つの目安、即ち、「職業が、所謂在来産業ではなく近代産業部門に属していること」「官公庁、企業およびその他の組織に雇用され、俸給によって生計をたてていること」「職務の遂行に際して、ある程度以上の専門的な知識や技術を必要とすること」「入職の資格ないし雇用の条件として、中等教育以上の学歴を要求されること」「職務の遂行を通して、標準以上の所得と敬意を受けていること」を挙げている(門脇 一九八八:二一七)。

二〇〇八：三一五）。また、中心テーマは、「家庭円満」が二五％、「恋愛」が二一・五％、「立身出世」が二一・五％、「社会奉仕」が八％、「友人和合」が七％、「その他」一七％であり、「作中人物の価値体系」として「家庭円満」がクローズアップされている、ということである（鶴見［一九四七］二〇〇八：三〇一―三〇二）。佐々木の作品は、都市新中間層の家庭が明確に主題となっているといえる。

また、明治学院（佐々木の母校）大学発行の『白金通信』の記事「佐々木邦と明治学院」（『白金通信』一九七四年一一月一日）で、文学部教授平林武雄は、佐々木の作品について、「大正から昭和にかけての気品のある中流階級の雰囲気」が丁寧に描写されていると述べ、当時の少年小説が「泥絵具のあくどさ」か「センチメンタルなお涙もの」に流されがちな中で、「小市民の善意のユーモア」を伝えるという、独自の趣を持っていたとしている（平林ほか一九七四）。また、神谷忠孝は、昭和初期にプロレタリア文学が台頭する中、大衆文学において、むしろあえて、「健全な中産階級のゆるぎなさを前面に出したところ」に、佐々木の時代へ流されない強さをみている（神谷一九八四：七六）。佐々木の作品は、都市新中間層の家庭を明確な主題としつつ、読者層を広く下方に持っていることから、新中間層家庭の生活やハビトゥスを広範囲に伝えるメディアとして機能した[11]。読者は、佐々木の小説から、後述の読者の反応に関する分析にもあるように、新中間層家庭に対する憧れをともなったイメージを膨らました。

そもそも、「家庭」という言葉自体は漢語として前近代から使われつつも（小山一九九九：二五）、新しい家族をあらわす概念としての「家庭（ホーム）」は、明治二〇年頃に頻繁に用いられるようになった概念である[12]。小山静子は、「家庭」を「公共領域と家内領域との分離を前提として、私的領域・女性領域と観念されていること、人間の再生産を担っていること、家族成員の情緒的絆が重視されていること」という特徴を持った新しい家族をあらわす概念であるとし、近代という社会に特有のものと位置づけている（小山一九九九：ⅱ）。明治二〇年代頃から言葉として頻繁に表れはじめた「家庭」は、さまざまなメディアを通してイメージを普及させ、都市新中間層の家族を担い手としつつ実体化していった（小山一九九九：ⅱ―ⅲ、二九―四二）[13]。佐々木の作品もこうした家庭像の普及のプロセスの一端を担っている。[14] ただ、たとえば、小山が家庭教育論の展開について分析する中で、西洋の進んだ知識や専門的・科学的知見にもとづいた学者による当時の「家庭」への言及が、「価値あるもの」として当然視され、規範性や「呪縛力」を強く持っていた（小山 一九九一：七二）と指摘しているのに対し、本章で対象とする大正期から昭和初期にかけての佐々木の小説は、「家庭」のイメージがより身近に感じられる中で、気楽に楽しむ娯楽小説として非規範的に受容されたという意味で異なっている。[15] つまり、佐々木の小説は、教育学者などによる上からの啓蒙的・規範的な言説（そこにおいても当事者である人々の自発性や欲望は部分的に吸収されたが）に比べて、大衆の欲望をより直接的に吸収する形で展開されたという側面があり、そのため、人々の新中間層家庭文化への憧れや模倣のあり方を具体的に知ることができると考えられるのである。

11……ある環境の中で半ば無意識的に身につけていく知覚や行動様式。P・ブルデュー（Bourcieu 1979, 1982; 一九九〇）参照。

12……牟田和恵は、明治二〇年代後半から三〇年代に活性化する「家庭」に関する言説について、ジャーナリズム、家庭教育論、家庭小説の三側面から論じている（牟田 一九九六：一五六―一六三）。

13……牟田（一九九六）、沢山（一九九〇）、堀江（一九九一）なども参照。

14……たとえば、小山は、生活改善運動などの国家の介入により女性の自発性を吸収しつつ理想の家庭像がつくられていく様子（小山 一九九九：一一一―一八四）、教育学者・心理学者などの言説により家庭教育論が展開していく様子（小山 一九九一：六六―九二）、修身教科書を通じての良妻賢母思想の展開（小山 一九九一：一九九―二三一）など、多角的に、家庭像の展開や普及について明らかにしている。

15……小山は、哲学者帆足理一郎がといた「民本的家庭」という理想的家庭像と「相似たもの」を描いたとして佐々木の小説に言及している（小山 一九九一：一六一―一六三）。しかし、本章では、啓蒙的な言説としての特徴を持つ帆足と異なる点に着目していく。

3 佐々木の来歴

佐々木の作品分析の前に、本章で対象とする佐々木の来歴について簡単にふれておこう。佐々木邦は一八八三(明治一六)年、その数年後西洋建築を学ぶため職工としてドイツ留学する父・林蔵と母・はるのもとに静岡県に生まれる。佐々木の父、林蔵は大工一家の次男として生まれるが、進取の気性に富み、一八八六(明治一九)年に、「石膏職」という肩書きのもと西洋建築の技法を学ぶため、ドイツに異例の留学をする(松井二〇一四:三〇)。身分の低い立場での留学で苦労しながらも西洋の技術を持ち帰り、建築業に邁進し西洋の建築法についての本(『洋風模様　彫刻独習』(橘林舎、一八九四(明治二七)年))も著した林蔵は、生涯ドイツびいきであった(松井二〇一四:七一—七三、佐々木[一九四二]一九七五b)。西洋の知識や文化を尊ぶ伝統はこの父からつくられる。林蔵の帰国にともない、佐々木家は、一八八九(明治二二)年、上京する。佐々木(邦)は、郷里の沼津と東京と両方で幼少期を過ごすことになる。早稲田中学校、青山学院中等科、慶應義塾大学予科などをへて明治学院高等学部を卒業。慶應義塾大学予科時代に、当時難解な英語で知られたトウェインの文学[16]にふれ強い影響を受けた。一九〇七(明治四〇)年、釜山にわたり、居留民団立商業学校で教える。この頃、翻訳をもとにした『いたずら小僧日記』(『明星』に一九〇七(明治四〇)～一九〇八(明治四一)年、『悪戯小僧日記』として連載、一九〇九(明治四二)年、内外出版協会刊行)が評判になり始める。第六高等学校、明治学院高等学部、慶應義塾大学予科などで、英語や英文学を教えながら、翻訳をもとにした執筆などを続ける。慶応義塾大学予科教授となった一九一七(大正六)年に上京する。一九二八(昭和三)年より執筆に専念。戦後の一九四九(昭和二四)年に明治学院大学教授となる。トウェインの翻訳とともに、明るく軽快な筆致でかかれた少年少女小説、家庭小説、サラリーマン小説が大衆的人気をよび、売れっ子作家として昭和初期の講談社文化を支えた。「ユーモア小説」を開拓した第一人者として知られるようになる。一九六一（昭和三六）年に児童文化功労賞を受賞、一九六二（昭和三七）年には紫綬褒章を受章した。一九六四（昭和三九）年に没する。

父・林蔵（大工一家に生まれ、ドイツ留学により身を立てる）の経験からも、佐々木家において西洋由来の知識や教養は大きな資源であった。英語教師として一家を支えた佐々木（邦）の経歴からも、西洋の知識や教養に支えられた新興の都会の新中間層家庭は、佐々木にとって身近な素材である。[17] また、特に、彼の青春期において影響を与えたのはミッション・スクール（青山学院と明治学院）での生活である。これらのミッション・スクールでの生活が強い影響を与えたことは、彼の作品に、幾度となくノスタルジーを交えてミッション・スクールが登場することからもわかる（佐々木（［一九二九―三〇］一九七四）、佐々木（［一九四七］一九七五）など）。一九四六（昭和二一）年、『凡人伝』再刊時の「はしがき」には、「私は帝大出でも早稲田出でも慶応出でもなくて、ミッション・スクール出だ。而も二つ卒業してゐる。青山学院と明治学院だ。さうしてこの二つのミッション・スクールで学んだことを一生の幸福と思つてゐる。」とあり、それらの学校で行われた「民主主義の教育」をたたえ

16……亀井（一九七七、一九七九）、勝浦（一九七九、一九八八）、石原（二〇〇八、二〇一三）など、比較文学研究者が明らかにしたように、佐々木はトウェインの原作を基にしつつさまざまな変更を行っている。石原は、第一の改変として「土着的な話し言葉を標準的で丁寧な日本語」にしたこと、第二の改変として「幼な恋の物語」が「差し障りのない内容」になっていることをあげている（石原 二〇〇八：六四―六五）。トウェインの作品の登場人物は、読者の好みにあうような「上品で教育のある人物像」（石原 二〇〇八：八〇）に変えられて受容された。

17……一方で、たとえば、「村の成功者」（佐々木［一九二八―九］一九七五）のように、村の生活や村と都会の往復というのも佐々木の作品では重要なテーマになっている。

ている(佐々木 一九四六:一二)。特に、明治学院での寄宿舎生活は佐々木に大きな感化を与えた。学院の外国人教員をとおして西洋の教養にふれつつ、日々の生活の中で、民主主義の考え方を体得した[18]。キリスト教そのものにはその後懐疑的[19]になるが、世俗から隔離された寄宿舎という空間での生活やそこで行われた教育は、彼が、時代に支配的な価値観を相対化する視点を養う上で大きな影響を与えたと思われる。

佐々木の来歴、特に、彼に大きな影響があった明治学院での生活からは、西洋の教養への接触、民主的な精神の涵養、世俗から距離をとる価値観への接近などの特徴がみてとれる。これらは、のちの佐々木の作品の土台となった。

4 分析

以下、佐々木の戦前期の代表的作品の描写の特徴((1)戦前期の代表的作品の描写の特徴:『都市新中間層文化』モデルの構築)と読者の体験((2)読者の体験:『都市新中間層文化』モデルの牽引力)についてみていく。紙幅の都合で前者に比重をおく。

(1)戦前期の代表的作品の描写の特徴:「都市新中間層文化」モデルの構築

先に、鶴見による、佐々木の作品のテーマの割合などについての分析結果に触れたが、そこで示したように、佐々木の作品は、都市新中間層の家庭が明確に主題となっている。それでは、どのように描かれたか、描写の特徴をみてみよう。

ここでは、大正期末から昭和初期頃の作品に注目する。この時期は、『キング』に連載された『親鳥子鳥』などをはじめとして講談社系雑誌への掲載が順調にすすみ、専業作家への転身（一九二八（昭和三）年）、全集出版（一九三〇―一（昭和五―六）年）、というように、売れっ子作家として脂がのっていたといわれる時期であるからだ。この時期の作品から、四作品――『親鳥子鳥』（大正一四年一〇月～一五年一〇月『キング』連載）、『嫁取婿取』（昭和四年一月～同年一二月『婦人倶楽部』連載）、『夫婦百面相』（昭和四年一月～同年一二月『主婦之友』連載）、『文化村の喜劇』（大正一五（昭和一）年七月～同年一二月『主婦之友』連載）――をとりあげる。これらは、①時期：佐々木が文筆業として活躍し始めスタイルを確立しつつある時期の作品であること、②掲載誌：一つにしぼらず多様性を確保すること、③主人公：子どもが主人公のものと大人が主人公のものと複合的に扱うこと、ということを意識しつつ、都市新中間層の家庭の生活をさまざまな側面（それぞれ、「親子関係」、「恋愛（結婚に至るプロセス）」、「結婚（結婚後の夫婦の生活）」、「家族同士の交流」が中心的なテーマとなっている）を描いた代表的作品として選んだ。補足すれば、これらの家庭生活の側面として主題に登場する要素自体が、都市新中間層の営む新しい近代家族という家族形

18……当時、佐々木の二学年下であった老人の話として、鹿島孝二は、「一級上の人のことを佐々木クンなどと呼んだらおかしく聞えるかも知れませんが、あの学校はデモクラシーだったんです。上級生も下級生もお互いにクン呼びでした。」と明治学院の校風についてかいている（鹿島 一九七四：七）。

19……キリスト教の考えに影響を受けつつもむしろ懐疑的であると語っている（ただし晩年には洗礼を受ける）（鳥越 一九六一）。

20……講談社文化（『キング』『少年倶楽部』などに代表される、講談社発行の雑誌・書籍による大衆的な読書文化）について、特に『キング』に注目した分析は、佐藤（二〇〇二）参照。

21……四作品を発表時期とは別にこの順に整理している。

態の特徴を如実に示している。

以下、簡単にそれぞれのあらすじを説明する。

まず、都市新中間層家庭の「親子関係」を中心的に扱った『親鳥子鳥』である。新聞記者の父親、専業主婦の母親、家庭教師役をつとめる従兄や、家庭教師の想い人で主人公の家に滞在中の親戚の女性などが登場しつつ、入学試験をひかえて進路に迷う主人公の目をとおし、親子の関係が描かれる。

次に、都市新中間層家庭の「恋愛（結婚に至るプロセス）」を中心的に扱った『嫁取婿取』である。「子ども中心主義」の四男四女の会社員の家庭を舞台に、年頃の子どもたちの縁談や恋愛が中心的な話題となる。

都市新中間層家庭の「結婚（結婚後の夫婦の生活）」を中心的に扱ったのが『夫婦百面相』である。結婚生活七年目に入った夫婦（夫は会社員、妻は専業主婦）のたわいもないけんかや仲直りといった日々の生活が、同僚とのやりとりもからめて描かれる。

また、都市新中間層家庭の「家族同士の交流」を中心的に扱ったのが『文化村の喜劇』である。東京郊外に文化住宅[22]を建てたばかりの若い夫婦を中心とする家族同士の交流の様子が描かれる。

これら四作品（「親子関係」、「恋愛」、「結婚」、「家族同士の交流」）をみることにより、佐々木の作品における、都市新中間層家庭の描写の特徴が様々な角度から明らかになる。以下、描写の特徴について、①新しいハビトゥス・戦術の提示、②デモクラシーの萌芽、③新中間層文化のコードをずらす、の三点から説明する。

①新しいハビトゥス・戦術の提示

佐々木の作品の特徴として、新しい中間層の生活のディテールを具体的に伝えるということがある。

『親鳥子鳥』は、主人公の父（新聞記者）や祖父（陸軍将校）の職業（佐々木［一九二五］一九七四：三〇四、三一一）や、女学生時代に英語をならったという母親の経歴や年齢（前掲書：二九八）、近所の家族の職業（会社員が多い）

（前掲書：三一二）など、細かく具体的に設定されている。子ども達の結婚や進学についての具体的な人生プラン（前掲書：三六四）や、クリスマスやお月見、年越しといった年中行事（前掲書：三五〇）など、家庭の日常生活が詳細に描かれる。また、子ども同士でそれぞれの親にものをねだる時の「相互援助法」（前掲書：三三九）、試験の切り抜け方（前掲書：三七七―三七八）など、子どもが家庭や学校の中で生きていく際に用いる様々な技が呈示される。

『嫁取婿取』は、四男四女をかかえた「子供が唯一の所有物」（佐々木［一九二九］一九七五b：一八四）で「出世をし損ねた」（前掲書：一九二）会社員山下さんの家庭が舞台である。「山下さんは教育にも定見らしいものを持っている。但しそれは甚だ堅い。」（前掲書：一八五）というように、子どもへの教育的配慮や関心を中心に統合された近代家族の特徴をあらわしている。物語では、親の子への関心は、教育より結婚にうつっており、縁談相手の学歴や給与、係累をめぐっての夫婦のリアルな相談（前掲書：一九五―一九六）、仲人にだまされないための情報（前掲書：一九六―一九七）、結婚相手をみさだめる際の様々な駆け引き（前掲書：二〇一）が描かれる。

『夫婦百面相』は、結婚七年目の主人公夫婦や同僚夫婦について、年齢構成や子どもの人数、結婚までの交際期間、お互いの学歴（夫は大学、妻は高等女学校出身）などがかかれている（佐々木［一九二九］一九七五a：一三、二三、三一―三二）。また、ボーナスや社員整理や昇級の話（前掲書：九〇）、妊娠中の心配（前掲書：八六）というような、会社員夫婦の結婚後の生活について具体的描写がある。また、会社においてあまり働き過ぎずクビにならずうまくやっていく方法（前掲書：一〇）、家賃の交渉術（前掲書：一一）、夫婦間の攻防を有利にすすめるための

22……ここでの文化住宅は、大正期中頃から流行した和洋折衷の住宅様式。高度経済成長期に近畿地方で多く作られた集合住宅も「文化住宅」と呼ばれるが、それとは異なる。

様々な戦術や方法（「旧友奇遇法」「危急法」といった仰々しい名前をつけるが、夫側が大体において負ける）（前掲書：三四一―四二）が示される。

『文化村の喜劇』は、「山岸君が去年の暮に工を竣って移り住んだ文化村は、『駅から十分です。近いです』という申合せになっているが、実は可なり遠いのである。」（佐々木［一九二六］一九七五：三四九）という文から始まり、東京郊外の住宅地の家族同士のつきあいが描かれる。堀江俊一は、明治中期から大正・昭和初期にかけて、「山の手＝武家地、下町＝町家」という従来の図式に重なるように、「山の手＝給与生活者階層、下町＝賃金労働者階層」という新たな図式が普及していったと述べている（堀江一九九一：四二―四三）。そして、「東京の住宅開発が府内山の手から徐々に西へ進むとともに郊外住宅の住民も、いわゆる『貴顕紳士』から段々にサラリーマンという『中産階級』へと移行」（堀江一九九一：四四）したのである。『文化村の喜劇』は、そうした郊外に住まう新しい層の姿をとらえている。「文化村」の土地の値段についての情報（佐々木［一九二六］一九七五：三四九）、「大抵は会社員か学校の先生、官公吏、下っては文士、所謂無産有識階級の人達」（前掲書：三五三）が住むという住民構成、新型の台所が自慢の色とりどりの西洋建築の家屋（前掲書：三八五）など、郊外の文化住宅に住まう人々の具体的有様がわかる。また、年齢の近い家族の間では、互いの家族の妊娠や出産も関心事になるが、妊娠をいつ打ち明けるかについての作法（前掲書：三五四）など、家族同士の微妙なコミュニケーションの技術がユーモラスに伝授される。

明治期に都市部に生まれた新しい中間層は、大正期から昭和初期にかけて少しずつ裾野を広げ、以前より身近な存在になっていった。そのため、佐々木が描く新中間層は、遠い存在としてただ憧れられるものではなく、少し手をのばせば届きそうなところにあるモデルやお手本のような役割を果たしていた。佐々木の作品に描かれる具体的描写をとおして、読者は、モダンでハイカラな生活への憧れと親しみを喚起されつつ、新しい中間層のハビトゥスや戦術を学んだ。

②デモクラシーの萌芽

佐々木の作品の特徴として、親子や夫婦、男女が対等な立場にたった対話や議論の尊重がある。『親鳥子鳥』では、姉が「お祖父さんが、この子は男だから豪いなんて仰有るものだから、好い気になっているんだわ」（佐々木［一九二五］一九七四：三〇一）と言い返す、父親の行儀が悪くてもとがめられないことを女の子がただす（前掲書：三〇二）、母親が議論で父親を負かす（前掲書：三一六）、というように、親子やきょうだい間の男女の不平等を意識的に訂正する描写が多くみられる。

『嫁取婿取』でも、先生のお説教を議論で逆にやりこめる（佐々木［一九二九］一九七五b：一八六）、主人公の妻が主人公の「蒙を啓こうと努め」意見を述べる（前掲書：二二二）、兄がからかうのに対して妹が議論に負けたせいでからかうのだろうと言い返す（前掲書：二三五）、などと、夫婦、親子、きょうだい、教師と生徒などが対等な立場で議論をとおしてコミュニケーションすることが重んじられる。また、結婚相手の選択についてもっと自分の意見を持ってほしいと述べる（前掲書：二〇六）、進路の選択において親の希望をのけ自分の希望を主張する（前掲書：二一三―二一五）、など、当時の社会状況のゆるす限られた範囲ではあるが、自己決定ということに価値をおいた描写がみられる。

『夫婦百面相』では、主人公夫婦（婚約中の時代）の妻の父親が、「要するに女は服従していれば宜い。」という「三十年ばかり前の結論」を説いたことからけんかが始まる（佐々木［一九二九］一九七五a：一二）。「私、婦人とか女性とかと仰有って戴きとうございますわ。」「私、女と言う人は嫌いでございます。無意識の裡に横暴を告白しているのですから」（前掲書：一四）と、対等な関係を要求する。夫婦げんかのシーンがよく描かれるが、けんかは議論重視で行われ、ほとんどの場合、妻が勝つ側として描かれる。主人公夫妻の近所に住む黒川家については、「黒川君は当代稀に見る横暴な良人だ。細君には命令を下す時の外、余り口をきかない。」（前掲書：五七）、「（勝子夫人は）子供の世話と良人への奉仕を懸命の勤めとしている。（括弧内は引用者）」（前掲書：五七）、「勝子夫人は唯々諾々だ。」（前掲書：五八）というように、時代遅れの反面教師として対照的に描かれる。[23]『文化村の喜劇』では、主人公の妻は、結婚後、お互いの名前について、「幸子さん」から「幸子」へ、「私」から「俺」へ変化したことに憤り、夫婦の対等な関係性を求める（佐々木［一九二六］一九七五：三五七―三五八）。この『文化村の喜劇』は、郊外の文化住宅が舞台となっているが、「文化住宅とデモクラシー」という組み合わせについて、佐々木を忘れ去った現代の読者は、むしろ、谷崎潤一郎の著名な小説『痴人の愛』（一九二四―五（大正一三―一四）年）を想起するかもしれない。[24]谷崎（前掲書）は、佐々木と同じ郊外の文化住宅を舞台にしながら、対照的な世界――「合理」ではなく「非合理」、「自立」ではなく「依存」、「ビルドゥングスロマン」ではなく「アンチビルドゥングスロマン」、「対等」ではなく「隷属」が生む幸福――を描き、デモクラシーの限界および病理を暴いた。[25]同じ文化住宅の夫婦を素材にしながら、谷崎と佐々木の描いた世界は合わせ鏡のようになっている。郊外の文化住宅は、デモクラシーの理想を生み出す土壌であるがゆえに、その可能性とともに、それが必然的に含み持つ暗い面もほのかに指し示していたのである。[26]

このように、佐々木は、家庭の成員同士の対等な立場にたった議論を尊重し、そこから生まれるデモクラシーを志向した。男女間・親子間の平等や、対話や議論を重んじる描き方は、当時の社会状況の中で新鮮に受けとめられた。むろん、たとえば、『夫婦百面相』の夫婦にみられる一見「対等な」関係性は、「主人は外、妻は家の内と分担が定っている」（佐々木［一九二九］一九七五a：七）というような性別分業を前提とした上でのものであり、経済的依存の中にある女性は、家庭というジェンダー化された空間の中で、「対等な役割をになっているかのごとき『幻想』」（小山一九九一：五七）を与えられているだけであるという見方もできよう。[27]しかし、だからこそ、家庭において妻が夫と対等に議論し夫に勝つというような展開が、当時の社会において、実現しそうに思える範囲にある新しい理想的な関係として魅力を持ちえたのである。

③新中間層文化のコードをずらす

もう一つ、佐々木の作品の特徴として、新中間層家庭の典型的な生活を素材としながら、かれらの有する規範や価値観（学歴志向、子ども中心主義、性別分業を基調とした「平等」）、ライフスタイル（モダンでハイカラな生活）を相対化し俯瞰的にみる展開を含んでいることがあげられる。

『親鳥子鳥』では、主人公は高等学校の入学試験をひかえている。新中間層家庭において子どもの教育は大きな気がかりであったが、シリアスな素材はコミカルに処理される。昨年まで「遠方の火事のように考えて」上級生を面白がってみていたのが、入試が近づいてくる年になると自分事になり大騒ぎを始める同級生の様子（佐々木

23……しかし、後述するように、主人公夫妻と対照的で「時代遅れ」の黒川家を全否定して描いていない。単純な勧善懲悪の物語にしない描き方は佐々木の特徴でもある。

24……たとえば、永嶺重敏は、新しく台頭したサラリーマンの定番の読みものとして、『痴人の愛』と佐々木邦の小説を並べて挙げている（永嶺 二〇〇一：二一二）。また、前田愛（［一九六八］二〇〇一：二七八—二七九）も、文化住宅を舞台にした小説として両者を並置している。

25……猪木武徳は、吉野作造から谷崎へのやや誤解にもとづいたファンレターに対する谷崎の返信から、谷崎が、デモクラシーの暗部に分析的な視線を注いでいたことを裏付けている（猪木 二〇〇四：一一五—一一六）。吉野作造（一八七八〜一九三三）は政治学者であり、民本主義を説いた。

26……昭和の全体主義へとつながる芽を「大正期」に見出す子安（二〇一六）も参考になる。子安宣邦は、「大正期」を「大正デモクラシー」の時代とみる歴史認識は、戦後一九七〇年代に台頭した新しいものであることを指摘している（前掲書：一一—一二）。

27……また、「女中」は、家族の中で対等な成員としては扱われていない。「女中」の位置付けや描かれ方については別途検討が必要である。

［一九二五］一九七四：三〇九）や、しっかり勉強すれば生徒の内の「二割丈け」は合格を保証すると励ます教員の言葉に対して、そうならば「八割のものは何の為めに勉強するのか分らない」と返すやりとり（前掲書：三〇九）、従兄が主人公に勉強を教えるのをカモフラージュにして主人公の家に滞在中の又従姉との恋をすすめようとする様子（前掲書：三七四）などが、軽妙に描かれる。

『嫁取婿取』では、主人公は成績優秀な子どもたちが自慢だが、その中で成績がふるわない次男にスポットライトがあてられる。勉強はできないが口達者な次男が、偉人伝を用いて小言をいう教師や親の論理のすきをついてたくみにやりかえす様子が描かれる（佐々木［一九二九］一九七五b：一八六―一八九）。また、「子供のない夫婦に真正の人生は分るまい」という家族に対する価値観が語られつつ、主人公より子どもが多く孫もいて大威張りだった老人が停年後コロリと死ぬエピソードから、「人生が真正に分ると死ぬよ」、だから、「矢っ張り分らないで生きていることだよ」（前掲書：一八四―一八五）という、新しい人生訓が語られる。

『夫婦百面相』では、家主に標札を使って模範的家庭を暗に競い合わされるが、一番の場所を獲得したつもりの夫婦が順序を逆にされていたといういたずらが描かれる（佐々木［一九二九］一九七五a：四七―五一）。また、夫が妻に抑圧的で前時代的とされる黒川家は、平等性を重んじる新しい関係性を模索する夫婦にとって、反面教師的な位置にあるが、悪役として完全に否定されない。むしろ、夫たちにとって、逸脱行動の範囲を少しひろげてくれる「救世主」として歓迎される様子がユーモラスに描かれる（前掲書：六〇）。

『文化村の喜劇』では、郊外の住宅地の色とりどりの西洋建築風の家屋が、実は「純日本式より安上り」（佐々木［一九二六］一九七五：三八五）であることがさりげなく暴かれる。また、家を購入してしまった住人たちが今更自分の選択を取り消しできないことから、駅から遠くて不便という愚痴を我慢し「駅から十分です。近いです」とことさらに強弁する様子（前掲書：三四九）、田圃路のためはかざるをえない長靴を市内の同僚に冷やかされるものの住宅地の評判をさげないためぐっとこらえる様子（前掲書：三五〇）が描かれる。一見ハイカラでモダンな文化村の生活の安普請さや不便さ、そして、それらを隠してなんとかとりつくろっている様子が笑いを起こさせる仕掛けになっている。

佐々木が描くのは、大正期から昭和初期にかけて広がりつつあった都市新中間層の典型であり、学歴志向、子ども中心主義、性別役割分業、モダンでハイカラな生活など、当時の都市新中間層家庭の特徴を余すところなく描いている。しかし、一方で、そうした価値観や規範、ライフスタイルを描く中で、新中間層のコードをなぞりつつ、意図的に少しずらし笑いを喚起させる展開が多くみられる。特に、そうした家族の大きな関心事であった子どもの成績描写に顕著である。かれらの家族は、「明確な性別役割分業のもとで、家族こそが子供の意図的な教育の責任を負っているという意識」（広田照幸 一九九六：二六）を抱き、「しつけや人間形成の担い手が、他とは切り離された家族の成員、しかも親のみ」（前掲書：二六）の家族、いわゆる「教育家族」（沢山美果子 一九九〇：一〇九）としての特徴を持つ[28]。こうした家族は当時少しずつ裾野を広げつつあったが、それは、子どもの教育に携わる喜びや希望と同時に、子どもの教育への責任と不安をも増大させることになった。そのような中で、佐々木の小説は、ユーモアを通じて規範的コードをずらし、文化を俯瞰的・相対的に眺める視点を提供した。言い換えれば、かれらの有する価値観や規範を疑い、コミットをやわらげる仕掛けが組み込まれていたのである[29]。

以上のように、佐々木の小説は、①新しいハビトゥス・戦術の提示、②デモクラシーの萌芽、③新中間層文化の

28……新中間層家庭の教育において、母親の重要性が強調されていったことが、従来、沢山（一九九〇）などによって指摘されてきた。近年、多賀太は、父親が子どもの教育の基本方針の決定などに積極的関与を行っていた例を分析し修正をはかっている（多賀 二〇一四、多賀・山口 二〇一六）。

29……これに関しては、「冷却」機能を果たしているともいいかえられる。実際、永嶺は、昭和初期頃のサラリーマン家庭において、子供の教育書（加熱）と佐々木のユーモア小説（冷却）が同時に読まれていたことを指摘している（永嶺 二〇〇一：二三八）。

コードをずらす、という特徴を持つ「新中間層家庭文化」モデルをつくりあげた。それは、実際の新中間層の具体的生活のディテールやハビトゥスといった実態的な側面（①新しいハビトゥス・戦術の提示＝俗）を伝えるとともに、理想化（②デモクラシーの萌芽＝聖）や相対化（③新中間層文化のコードをずらす＝遊）も含む重層的なモデルであった。[30]

（2）読者の体験：「都市新中間層文化」モデルの牽引力

前節では、佐々木の小説、特に、大正期末から昭和初期頃の小説について描写の特徴をみた。佐々木は、三つの特徴を持つ、重層的な「新中間層文化」モデルを提供した。それでは、読者はどのように受容したのだろうか。

まず、佐々木の小説の読者層について、当事者である都市新中間層には、むろん愛読されていた。永嶺重敏は、一九二六（大正一五）年に開設した「サラリーマンと官公吏を中心とする新中間層専門の配達貸本業」（永嶺二〇〇一：二二八）である私設移動図書館『東京相互書園』の貸出し状況について、『読売新聞』の記事をもとに分析しているが、たとえば、一九二七（昭和二）年四月の貸出し上位本リストに、佐々木の本二冊（『笑の王国』（京文社　一九二六（大正一五）年）と『文化村の喜劇』（京文社　一九二七（昭和二）年））が載っている（永嶺二〇〇一：二三四―二三五）。こうした本は、サラリーマン本人に読まれるだけではなく、郊外の家に持ち帰られ、家族にも「実際的娯楽的」な読書スタイルを提供していたという（前掲書：二三七―二三九）。そして、同時に、教育の大衆化にともない、都市新中間層だけではなく、予備軍を含め多くの読者を持っていた。佐々木の小説の発表媒体に講談社系雑誌が多いことからもわかるように、大衆的な小説として読まれており、読者層は、都市新中間層に閉じられることなく下方に広がっていたのである。

では、かれらはどのように読んだのか。読者の多様な経験をすべて拾い上げることはできないが、ここでは、読者の体験の一端をうかがい知るために、先述の分析対象の作品が発表された頃の『佐々木邦全集（旧全集）』（一九三〇—一（昭和五—六）年）付属の「佐々木邦全集月報」の「愛読者の声」を主に、後年の知識人（作家等）などによる感想を補足的に参照する。[31]

「佐々木邦全集月報（以下、月報と表記）」は、一九三〇—一（昭和五—六）年に大日本雄弁会講談社から出版された『佐々木邦全集（旧全集）』（全一〇巻）[32]に付属のものである。[33]『旧全集』が出版された一九三〇—一（昭和五—六）年頃は、佐々木の執筆にもっとも脂がのっていたといわれる時期である。『旧全集』付属の「月報」をみることにより、当時の読者の直接的反応を知ることができよう。「月報」には、佐々木自身による随筆や作家等による感想、編集者による宣伝などがあるが、特に、一般の読者による投稿によって構成される「愛読者の声」欄は、当時の読者の好みや反応をよくあらわしている。むろん、「愛読者の声」は、編集者による投稿の選択によって構成されているためバイアスがかかっているが、むしろ、そのために、佐々木の作品を売り出す時のアピールポイントが何であったかを明確に伝えているともいえる。「愛読者の声」には、当時の読者の直接的な反応や好みなどが、編集者の意向も含めて現れている。


30……Caillois（1967;［一九七二］一九九〇）参照。

31……ここでは、紙幅の関係で受容について簡単に触れるにとどめる。

32……全集は、一九三〇—一（昭和五—六）年に大日本雄弁会講談社より刊行された『佐々木邦全集』（全一〇巻）と、一九七四—五（昭和四九—五〇）年に講談社より刊行された『佐々木邦全集』（全一〇巻、補巻五巻）の二つがある。本章では、前者を『旧全集』、後者を『新全集』と表記する。

33……「月報」の第一号は所蔵が確認されていないため、第二—一〇号（本稿で引用したものは、原田編（一九三〇、一九三一a、一九三一b、一九三一c、一九三一d、一九三一e）である。）を参照した。

「月報」の「愛読者の声」によくみられるキーワードとなるような表現は、「明るい」、「笑ひ」、「日常」、「家庭」、「人生」、「教科書」などである。

たとえば、「殊にあの蜜の様なお家庭にはすつかりあてられて了ひました。何て幸福な御方でせう。私も将来家庭を持つなら、あんな幸福な家庭を作りたいと思ひます。」(「月報第九号」、京都市下鴨　森下よし子)(下線は引用者。以下、同様。)、「氏の小説は対話が殊に和らかな感じを興へてくれます。」(「月報第二号」、秋田県　Y・W生)というように、ほのぼのとした家庭の様子やコミュニケーションのあり方が好ましいお手本やモデルとして受けとめられている。

そして、「理屈では解らない人生の表も裏も若年の私等に教へて下さる佐々木さんです。」(「月報第二号」、秋田県Y・W生)、「世の中に人生教科書と云ふものを求めるなら、この佐々木邦全集こそ、理想的な人生教科書です。或は生きる事の面白さを味はせ、一家和合の秘訣を教へ、或は又出世の要諦を教へてゐます。」(「月報第四号」、東京浅草　斎藤祐弘)、「ともすれば憂鬱になりがちな日常生活に何だか知ら幸福なハズミを興へてくれるからです。私は宗教、哲学からよりも寧ろ、滑稽、諧謔の中にこそ、真の人生の深さを、刹那的ながらも、如実に見る事が出来ます。」(「月報第四号」、大分県　山岸あや子)、「実に不思議な魅力を持つ作品です。そればかりか明るい健全な処世術を沢山教へて戴いて感謝に堪ません。」(「月報第五号」、東京市外　一読者)、「この全集を読んでゐるとどんなに悲観のどん底に沈んでゐる時でも、さうだ明日へ生きようと云ふ喜びとはずみを何時も抱かせられて来た。哲学書よりもバイブルよりも僕達には強い人生の味方であった。」(「月報第一〇号」、岐阜市　小宮浩夫)など、日々の生活をうまくやっていく知恵や処世術、さらには、人生訓を学ぶものとしてよまれたのがわかる。

同時に、佐々木の作品は、堅苦しい勉強としてではなく、登場人物のリアルな姿に親近感と笑いを喚起されつつ、娯楽や楽しみとして読まれた。たとえば、「今までの全集には単に書棚に飾つて置くに過ぎない全集が多くありました。然しながら此の全集こそは本当に楽しむ全集、見ずにはゐられない全集です。」(「月報第二号」、北海道　川島一郎)、「一家中であんまり笑つて御腹の皮がよぢれて痛いと云つては又大笑ひなんですの。(中略)一家中が急に明るくなつてよ。」(「月報第二号」、長崎県 羽鳥千代子)、「一日の仕事を終へて夜私を楽しませて呉れるのはこの本より外にありません。……御蔭様で毎日々々楽しみがあります。」(「月報第二号」、東京府 岸一雄)、「一読……家の中が明るくなります。」(「月報第三号」、茨城県 佐々木貫三)、「あの気むづかしやの兄さんが独りで笑ひ出すなんて私の家では近来の大椿事でした。」(「月報第四号」、東京府 山下英子)、というように、生活を明るくする娯楽や楽しみとして、非啓蒙的によまれたことがわかる。

一般の読者にとって少し裕福な生活であるが、親近感を覚えさせる登場人物の明るく幸福な家庭の日常生活は、読者に親しみと憧れを喚起した。その親しみと憧れをともなった持続的な影響力については、後年の知識人(作家等)などの読書体験においてより詳細にかかれている。下記の読書体験は、先ほどの『旧全集』の「月報」の「愛読者の声」と異なり、時代が少し後になるが、それは佐々木の作品の持続的な訴求力を明らかにするものでもある。

佐々木邦について最初の評伝『評伝 佐々木邦 ユーモア作家の元祖ここにあり』(小坂井 二〇〇一)を出した株式会社テーミスの代表取締役であり、元『フライデー』創刊編集長の伊藤寿男(一九二四年生まれ)は、小学校六年生頃から佐々木の作品をむさぼるように読んだという。伊藤は、「商売家に育った少年の日には、佐々木邦が描く東京山の手サラリーマンの家庭や会話はまぶしくもあり、羨ましくもあった。」(伊藤 二〇〇一:七)とかいている。また、英語学者の渡部昇一(一九三〇年生まれ)は、自身の読書体験を語る中で、佐々木の小説を愛読したことを何度もかいている。渡部は、佐々木の描く戦前の都市新中間層家庭の会話が「教養ある会話」として憧れを持って映ったことを記している(渡部 二〇一五:九〇)。渡部によれば、佐々木の作品は、漱石と似たものを含みつつも、より「サービスする工夫」があり広い読者層に開かれていた(渡部 二〇一五:四九九)。「漱石ほどハイ・ブラウではなく、田舎の中学生にも理解できるし、かつ『こういう会話の中に入りたいものだ』という一種の憧憬を与えるもの」(渡部 二〇一五:九一)だったという。『新全集 第九巻』「月報九」の松田貞夫(定時制高等学校教諭、一九三〇年生まれ）の以下の記述は、佐々木の作品の読まれ方の一つの典型であり、佐々木の作品の粘り強い影響力（松田の読書体験は昭和二〇年頃）を示している。

昭和二十年の春、私は中島飛行機工場の勤労動員の一生徒だった。毎日、学校のなかにつくられた分工場に通って、飛行機の部品を手がけていた。……私がそんな日常のなかで、一番楽しみにしていたのは、一般工員の人びとと同じように、宇都宮の市中にある工場直営の貸本所で本を手にすることができることだった。……昭和二十年の世相と昭和初年刊行の全集にのせられている小説の内容とが、いかにカケハナレテイタにもせよ、文化住宅、赤い屋根、サラリーマン、ボーナス、恋愛、なんとなく楽しくなってくる数々の会話、それは本当に常時の空腹を忘れさせる最大の贈り物だったとあらためて思っている。……考えてみれば、あの戦争も末期の頃は、まったく笑いのたえていた日々であった。実にかり出し希望者が多くて、自分の番になるのが大変だった何さつかの佐々木邦全集のおかげで、私は心のやわらかさをとりもどすことができていたのではなかったかナ、などと思ったりもしている。

（松田　一九七五：五）（下線は引用者、傍点は本文ママ。）

佐々木の作品は、都市新中間層家庭の日常生活のディテールの描写を通じ、読者に都市新中間層文化のお手本を示し社会化を促す教科書のような役割を果たした。同時に、その社会化は、アクセス可能そうな親しみのあるモデルにむかって、非啓蒙的なスタイルで行われたのが特徴である。それゆえにこそ、佐々木の作品は、広い範囲の読者に、新中間層文化への憧れや牽引力をもたらしたのである。

（3）小括：あるべき新中間層へ牽引する教育装置

第4節では、佐々木の小説の内容を「都市新中間層文化」モデルの構築とその受けとめられ方という視点から分析を試みた。

佐々木の多くの作品においては、台頭しつつある都市新中間層家庭の生活が題材として描かれている。新中間層が徐々に拡大し、文化の中身が模索される中、佐々木の作品自体が新中間層文化の内実を「形成する」役割も果たした。読者は、家庭や職場での身の処し方（①新しいハビトゥス・戦術の提示）を学び、同時に、人間関係における対等性の強調、議論の重要性などの価値（②デモクラシーの萌芽）、さらには、単なる上昇移動をおさえ新中間層の価値観や規範を相対化する視点（③新中間層文化のコードをずらす）を学んでいった。そのような意味で、佐々木の小説における「新中間層文化」は、単なる実態的な「新中間層文化」モデルではなく、実態（＝「俗」）に理想化（＝「聖」）と相対化（＝「遊」）を含んだ重層的なモデルであるといえよう。

井上俊は、R・カイヨワの「聖―俗―遊」論（Caillois 1967,［一九七一］一九九〇）をふまえ、文化がその内部に「超越（＝聖）」「適応（＝俗）」「自省（＝遊）」[34]という互いに拮抗する動的関係を含んでいることが、文化の創造性や健全性を保つ上で重要であると論じている（井上 一九九二）。佐々木のつくりあげた重層的な「新中間層文化」モデルは、まさにそうした文化の拮抗性に力点をおいたモデルであり、そこから生まれる、強靱な「健全性」――付言すると、文化の「健全性」を賦活する作業は、文化の「病理」を暴く作業よりおそらくはるかに困難であろう

34……括弧内の補足は筆者。

――こそが、時代や階層をこえて強く人々をとらえた魅力であろう。

また、佐々木の描いた「新中間層文化」は、憧れを喚起すると同時に、手の届きそうな範囲にある親しみのあるイメージをともなって受容された。そして、新中間層が拡大し裾野を広げる時期において、読者の予期的社会化を促したのである。このようにして、佐々木の作品は、読者を、単なる実態的な新中間層ではなく、あるべき新中間層に牽引する役割を果たしたのである。

5……「私民」の「市民」化

佐々木の作品は、都市新中間層の生活についての単なる描写にとどまらず、都市新中間層の文化を創造的に描写し憧れを喚起することにより、あるべき新中間層に読者を牽引した。そのような意味で、佐々木の作品は、読者に、あるべき新中間層のハビトゥスを伝え、それをとおしてデモクラティックな考えやリフレクシブな意識を涵養し、「よき市民」へと導く暗黙の教育装置であった、といえる。ここでは、さらに、こうした教育装置の意味について敷衍して考察する。

佐々木の描いた都市新中間層文化は「私化」の一形態ともいえる。そこで、分析でえられた知見について、「私化」という観点から再度考察する。「私化」にかんしては、近代日本の個人析出のプロセスについて、「民主化」「自立化」「私化」「原子化」と四つの類型を抽出した丸山眞男[35]の研究（丸山［一九六八］一九九六[36]）が想起されよう。丸山は、四類型の一つである「私化」を、「民主化」の正反対に位置づけている（丸山［一九六八］一九九六：三八六）。また、分析対象として距離をおいてみているとはいえ、丸山が、「私化」「原子化」に対し、「民主化」「自立化」に肯定的価値をおいていることは明らかであろう。

この、丸山における「私化」の位置づけにかんして、野田宣雄[37]は興味深い逆説を指摘している。野田は、丸山が、実際のところ、「私的領域への執着」を強く持っており、だからこそ、「私的領域への執着」をふりはらい、積極的に自己を政治化していったというのである(野田 一九八六:二五二―二五五)。いわく、「みずから『あまのじゃく』を称するこの思想家(丸山眞男)は、とくに現代という時代にあっては、私的領域を確保し、内面性に依拠する立場自体が、好ましからざる政治的組織化に対抗して自主性を守り抜くためには、必然的に自己を政治化しなければならない、という逆説を立てる。そして、この逆説をそのまま自己の思想家としての生き方に撰ぶのである。(括弧内は引用者)」(野田 一九八六:二五五)と。野田によるこの逆説の指摘は興味深い。丸山において、「私化」は、それに執着を感じるがゆえにこそ、「よき市民」になるためには、ふりはらうべきもの・否定すべきものとしてあったのである。しかし、戦後の言論において丸山と並ぶもう一人の雄である吉本隆明[38]は、このような丸山の立論について批判する。

戦後一五年は、たしかにブルジョア民主を大衆のなかに成熟させる過程であった。敗戦の闇市的混乱と自然権的灰墟のなかから、全体社会よりも部分社会の利害を重しとし、部分社会よりも「私」的利害の方を

35……丸山眞男(一九一四〜一九九六)。政治学者、思想史研究者。戦後の論壇をひきいた。

36……この論文は、丸山が一九六五年に英語で発表した論文を、松沢弘陽が日本語に訳したものである。

37……野田宣雄(一九三三〜二〇二〇)。政治学者。ドイツ史を専門とした。

38……吉本隆明(一九二四〜二〇一二)。評論家、詩人。戦後の論壇を率いた。

重しとする意識は必然的に根づいていった。ことに、戦前・戦中の思想的体験から自由であった戦後世代において、この過程は戦後資本主義の成熟と見あって肉化される基盤をもった。丸山はこの私的利害を優先する意識を、政治無関心派として否定的評価をあたえているが、じつはまったく逆であり、これが戦後「民主」（ブルジョア民主）の基底をなしているのである。……このような『私』的利害の優先原理の滲透を、わたしは真性の「民主」（ブルジョア民主）とし、丸山真男のいう「民主」を擬制「民主」であるとかんがえざるをえない。

（吉本［一九六〇］一九六六：七一―七三）（下線は引用者）

ここで、吉本は、「よき市民」に至るために「私」に否定的な価値しか与えられない丸山（をはじめとする知識人）を痛烈に批判し、そのことにより、自身の立ち位置を鮮明にしたのである。

しかしながら、本章で分析の対象とした佐々木は、丸山がふりはらうべきとした、あるいは、吉本においてことさらにまつりあげられた「『私民』から『市民』へとつながる経路の可能性」について、戦前において、控えめながらたしかな形で呈示していた。「私化」の中にこそ「よき市民」のあり方について学ぶ可能性の萌芽があること[39]、それは、大衆を啓蒙しようとする、あるいは、大衆の代理人を名乗ろうとする知識人のかまびすしい声によってではなく、日々の生活を明るくする楽しみをつくりたいという大衆作家の静かな声[40]により、戦前において既に指し示されていたのである。

本研究の分析作業の一部は、ＪＳＰＳ科研費JP18K02025（基盤研究（Ｃ））、ＪＳＰＳ科研費22K01878（基盤研究（Ｃ））の助成を受けて行ったものである。

参考文献

〈日本語文献〉

藍木大地 二〇二三「佐々木邦『トム君サム君』を読む」『成城国文学』三九号：一二一―四〇。
石原剛 二〇〇八『マーク・トウェインと日本―変貌するアメリカの象徴』彩流社。
石原剛 二〇一三「佐々木邦の悪童・おてんば小説の翻案を巡って―日本のマーク・トウェインとメッタ・ヴィクター」『マーク・トウェイン研究と批評』一二号：四八―五六。
伊藤寿男 二〇〇一「唯一の評伝が出来るまで」小坂井澄『評伝 佐々木邦―ユーモア作家の元祖ここにあり』テーミス。六―七頁。
井上俊 一九九二「日本文化の一〇〇年―『適応』『超越』『自省』のダイナミクス」『悪夢の選択―文明の社会学』筑摩書房。八一―一〇八頁。
猪木武徳 二〇〇四「デモクラシーの行方―谷崎潤一郎『痴人の愛』（一九二五年）」『文芸にあらわれた日本の近代―社会科学と文学のあいだ』有斐閣。九九―一一八。
岩本憲児 二〇一一「佐々木邦・源氏鶏太のユーモア文学と映画」『横断する映画と文学』十重田裕一（編）森話社。二一五―四四頁。
岡保生 一九七六「佐々木邦―『諧謔小説』創始の前後」『近代文学の異端者―日本近代文学外史』角川書店。一七七―八五頁。
小野一成 一九八〇「エリート・サラリーマンとその家庭―佐々木邦の小説を通してみた」『服装文化』一六五号：三八―四七。
鹿島孝二 一九七四「月報二」中「明治学院時代 佐々木邦先生の想い出（二）」『佐々木邦全集 第二巻』講談社。六―八頁。
勝浦吉雄 一九七九『日本におけるマーク・トウェイン―概説と文献目録』桐原書店。
勝浦吉雄 一九八八『続 日本におけるマーク・トウェイン』桐原書店。
門脇厚司 一九八八「新中間層の量的変化と生活水準の推移」『生活水準の歴史的分析』総合研究開発機構。二一三―四九頁。
金子明雄 一九九七「『家庭小説』と読むことの帝国―『己が罪』という問題領域」『メディア・表象・イデオロギー―明治三十年代

39……一方で、この経路のもたらす可能性と限界（あるいは困難）を考えるにあたって、D・グッドマン（Goodman 2011, 二〇一八）の、ラジオと市民社会の形成にかんする分析が示唆深い。良識ある「よき市民」を形成しようという試みは、予期せぬ逆説をももたらしうる。今後考察を深めたい。「ラジオ」は佐々木の作品にも登場するアイテムである。

40……随筆において、以下のように述べている。「私の書くものはユーモア小説だから、人が苦しんだり悶えたりするところは余り出て来ない。人生を描く為めには、そういう方面も必要だけれど、自然軽快な場面を心掛けるようになる。読んで胸が重くなるようでは、ユーモア小説の目的が達しられない。軽い明るい方向へ引っ張って行く努力をする。」（佐々木［一九四二］一九七五a：四〇七）。

の文化研究』小森陽一・紅野謙介・高橋修（編）小沢書店。一三一―五七。
神谷忠孝　一九八四「大衆文学の作家と作品―佐々木邦」『国文学　解釈と鑑賞』四九巻一五号：七五―六。
亀井俊介　一九七七「比較文学―日本におけるマーク・トウェイン―」『比較文化への展望』伊東俊太郎ほか（編）研究社出版。一七三―二〇一頁。
亀井俊介　一九七九「佐々木邦の小市民的文学」『メリケンからアメリカへ―日米文化交渉史覚書』東京大学出版会。二五四―六二頁。
菊池幽芳［一九〇三］一九〇四『家庭小説　乳姉妹』春陽堂。
鬼頭七美　二〇一三『『家庭小説』と読者たち―ジャンル形成・メディア・ジェンダー』翰林書房。
桑原三郎　一九八七「佐々木邦の『苦心の学友』」『少年倶楽部の頃　昭和前期の児童文学』慶應通信。一八七―二一一頁。
小坂井澄　二〇〇一『評伝　佐々木邦―ユーモア作家の元祖ここにあり』テーミス。
子安宣邦　二〇一六『「大正」を読み直す―幸徳・大杉・河上・津田、そして和辻・大川』藤原書店。
小山静子　一九九一『良妻賢母という規範』勁草書房。
小山静子　一九九九『家庭の生成と女性の国民化』勁草書房。
坂口安吾［一九四二］一九九六「日本文化私観」『日本文化私観―坂口安吾エッセイ選』講談社。九四―一二九頁。
坂口安吾［一九四六］一九九六ａ「堕落論」『日本文化私観―坂口安吾エッセイ選』講談社。一九八―二一〇頁。
坂口安吾［一九四六］一九九六ｂ「続堕落論」『日本文化私観―坂口安吾エッセイ選』講談社。二三四―四六頁。
佐々木邦［一九〇七―八］一九七四「いたずら小僧日記」『佐々木邦全集　第一巻』講談社。五―八七頁。
佐々木邦［一九二五］一九七四「親鳥子鳥」『佐々木邦全集　第一巻』講談社。二九五―三八二頁。
佐々木邦［一九二六］一九七五「文化村の喜劇」『佐々木邦全集　第八巻』講談社。三四七―九七頁。
佐々木邦［一九二八―九］一九七五「村の成功者」『佐々木邦全集　第七巻』講談社。三四一―八七頁。
佐々木邦［一九二九］一九七五ａ「夫婦百面相」『佐々木邦全集　第八巻』講談社。五―九七頁。
佐々木邦［一九二九］一九七五ｂ、「嫁取婿取」『佐々木邦全集　第七巻』講談社。一八一―二八二頁。
佐々木邦［一九二九―三〇］一九七四「凡人伝」『佐々木邦全集　第二巻』講談社。二三七―三四六頁。
佐々木邦［一九四二］一九七五ａ「不当の期待」（『豊分居雑筆』中）『佐々木邦全集　第五巻』講談社。四〇七―九頁。
佐々木邦［一九四二］一九七五ｂ「半世紀前の洋行」（『豊分居雑筆』中）『佐々木邦全集　第五巻』講談社。三五一―三頁。
佐々木邦　一九四六「はしがき」『凡人伝』大日本雄弁会講談社。一―二頁。
佐々木邦［一九四七］一九七五「心の歴史」『佐々木邦全集　第一〇巻』講談社。一〇九―二三六頁。
佐藤卓己　二〇〇二『『キング』の時代―国民大衆雑誌の公共性』岩波書店。
沢山美果子　一九九〇「教育家族の成立」『〈教育〉―誕生と終焉』第一巻編集委員会（編）藤原書店。一〇八―三一頁。
瀬沼茂樹　一九五七「家庭小説の展開」『文学』二五巻一一号：五三―六四。

園田英弘　一九九九「近代日本の文化と中流階級」『都市文化』青木保ほか（編）岩波書店。九九―一一六頁。
多賀太　二〇一四「近代日本における家庭教育の担い手に関する一考察―『私の履歴書　経済人』からの抽出事例を用いて」『關西大學文學論集』六四巻三号：二七―五四。
多賀太・山口李音　二〇一六「近代日本における家族の教育戦略に関する一考察―旧中間層と新中間層の比較を中心に」『關西大學文學論集』六五巻三・四号：一三五―六三。
竹内里欧　二〇一三「大正・昭和初期都市新中間層と児童文学―佐々木邦を題材に」『言語と表現―研究論集―』一〇号：七三―九五。
竹内里欧　二〇一六「「近代主義の残像」としてのフィンランド教育ブーム」『学習する社会の明日』佐藤卓己（編）岩波書店。七一―九九頁。
竹内里欧　二〇一八「佐々木邦と「ユーモア小説」―都市新中間層のハビトゥスと「抵抗」戦術」『社会と教育』稲垣恭子・岩井八郎・佐藤卓己（編）協同出版。二三―四一頁。
竹内里欧　二〇二〇「「私民」の「市民」化―佐々木邦の諸作品から」第九三回日本社会学会大会発表（於松山大学、二〇二〇年一〇月三一日）。
谷崎潤一郎［一九二四―五］一九四七『痴人の愛』新潮社。
寺出浩司　一九八二「大正期における職員層生活の展開」『生活学　第七冊』日本生活学会（編）ドメス出版。二四―七四頁。
鳥越信　一九六一「マスコミ　児童文化の源流（三）　佐々木邦　聞き書」『日本読書新聞』一一一二号五面（一九六一年七月一〇日）。
鶴見俊輔［一九四七］二〇〇八「佐々木邦―小市民の日常生活」『アメリカ哲学』こぶし書房。二七六―三一九頁。
鶴見俊輔［一九七三］二〇〇六「サザエさん」『サザエさんの「昭和」』鶴見俊輔・齋藤愼爾（編）柏書房。三六―七七頁。
永嶺重敏　二〇〇一『モダン都市の読書空間』日本エディタースクール出版部。
野田宣雄　一九八六「丸山真男」『近代を考える』三谷太一郎（編）講談社。二四九―七七頁。
羽鳥徹哉　二〇〇八「佐々木邦のユーモア小説」『笑いと創造　第五集』ハワード・ヒベット　文学と笑い研究会（編）勉誠出版。二九九―三六五頁。
原田常治（編）一九三〇「佐々木邦全集月報　第一号」『佐々木邦全集　第一巻』大日本雄弁会講談社。
原田常治（編）一九三一a「佐々木邦全集月報　第三号」『佐々木邦全集　第三巻』大日本雄弁会講談社。
原田常治（編）一九三一b、「佐々木邦全集月報　第四号」『佐々木邦全集　第四巻』大日本雄弁会講談社。
原田常治（編）一九三一c、「佐々木邦全集月報　第五号」『佐々木邦全集　第五巻』大日本雄弁会講談社。
原田常治（編）一九三一d、「佐々木邦全集月報　第九号」『佐々木邦全集　第九巻』大日本雄弁会講談社。
原田常治（編）一九三一e、「佐々木邦全集月報　第一〇号」『佐々木邦全集　第一〇巻』大日本雄弁会講談社。
平林武雄ほか　一九七四「佐々木邦と明治学院」『白金通信』七〇号二面（一九七四年一一月一日）。
広田照幸　一九九六「家族―学校関係の社会史―しつけ・人間形成の担い手をめぐって」『こどもと教育の社会学』井上俊ほか（編）

岩波書店。二一一―三八頁。
藤井哲 二〇一五―二〇一六「佐々木邦の英語教師としての著述（目録）」『文献探索人』二一七―二二八：八―三九。
藤井哲 二〇一六「英語教師としての佐々木邦」『福岡大学人文論叢』四七巻四号：一―八一。
二上洋一 一九七八「佐々木邦&サトーハチロー論」『少年小説の系譜』幻影城。一九一―二〇二。
堀江俊一 一九九一「明治末期から大正初期の「近代的家族像」―婦人雑誌からみた「山の手生活」の研究」『日本民俗学』一八六号：三九―七三。
前田愛［一九六八］二〇〇一「大正後期通俗小説の展開―婦人雑誌の読者層」『近代読者の成立』岩波書店。二一一―八四頁。
松井和男 二〇一四『朗らかに笑え―ユーモア小説のパイオニア佐々木邦とその時代』講談社。
松田貞夫 一九七五「月報九」中「私のささやかな佐々木邦体験」『佐々木邦全集　第九巻』講談社。四―六頁。
丸谷才一 二〇一二「男の小説（一）　佐々木邦の戦前日本」『オール讀物』六七（一）：七八―八四。
丸山眞男［一九六八］一九九六「個人析出のさまざまなパターン―近代日本をケースとして」『丸山眞男集　第九巻』岩波書店。三七七―四二四頁。
南博（編）一九六五『大正文化』勁草書房。
牟田和恵 一九九六『戦略としての家族―近代日本の国民国家形成と女性』新曜社。
渡部昇一 二〇一五『渡部昇一青春の読書』ワック。
吉本隆明［一九六〇］一九六六「擬制の終焉」『民主主義の神話』谷川雁ほか　現代思潮社。四三―七六頁。

〈外国語文献〉
Ambaras, D.R. 1998, Social Knowledge, Cultural Capital, and the New Middle Class in Japan, 1895-1912, *The Journal of Japanese Studies* 24(1): 1-33.
Bourdieu, P. 1979, 1982, *La Distinction: Critique Sociale du Jugement, Éditions de Minuit.* ［翻訳版：ピエール・ブルデュー 一九九〇『ディスタンクシオンⅠ、Ⅱ―社会的判断力批判』石井洋二郎（訳）藤原書店。］
Caillois, R. 1967. *Les Jeux et les Hommes, édition revue et augmentée, Gallimard.* ［翻訳版：ロジェ・カイヨワ［一九七一］一九九〇『遊びと人間』多田道太郎・塚崎幹夫（訳）講談社。］
Goodman, D. 2011. *Radio's Civic Ambition: American Broadcasting and Democracy in the 1930s.* Oxford University Press. ［翻訳版：デイヴィッド・グッドマン 二〇一八『ラジオが夢見た市民社会―アメリカン・デモクラシーの栄光と挫折』長崎励朗（訳）岩波書店。］

第4部

「いただきます」と「無心/畏敬」

満足遅延課題/ちっぽけな自分

満足遅延
社会文化的環境
習慣

第9章 マシュマロテスト再考

関係性によって形成される集合的セルフコントロール

齊藤 智
柳岡 開地
Munakata Yuko

1　習慣によるセルフコントロール

日本の公立小学校の給食風景を撮影したビデオを見た。驚いたことに、その基本的な構成要素や流れは、一九七〇年代（すなわち約半世紀前）のものとほとんど変わっていない。給食当番がエプロンを着けて、給食準備室に給食を取りに行く。教室に届けられた主菜や副菜、牛乳は、給食当番の子どもたちによって配膳され、食事の準備が整っていく。すべてを受け取った子どもたちは、他の子どもの食事が準備されるまで、温かいお皿を目の前にしてじっと待っている。先に食べ始める子どもなど一人もいない。ここで待つのは暗黙のルールであり、規範である。今の時代であれば、先に食べ始めても廊下に立たされることはないだろうが、子どもたちは皆、このルールに従っている。全員で「いただきます」と言った後、ようやく食事の時間が始まる。五〇年近く前と異なっていたのは、「いただきます」の前に、給食当番が「合掌」という号令をかけなかったことくらいだろうか。

学校給食の様子を確認することになったのには理由がある。子どもたちの日常の中にある、食べることと関わる習慣（habit）を確認したかったのである。私たちの研究グループは二〇一七年から、子どもの自制心と将来の社会的成果の関連性について調査する著名な手法であるマシュマロテスト（the Marshmallow test or Marshmallow task）を、学習の結果身についた習慣との関係から検討してきた。本章では、日米の子どもの食卓習慣（dining habit）を手がかりに、このテストが何を測定しているのかについて議論したい。これは自己の行動を制御するという心の働き

（セルフコントロール：self-control）を、学習という観点から考察する試みに他ならない。この考え方は、これまでのマシュマロテストに関する先行研究のものとは全く異なるが、相容れないものではないと考えている。学習によって獲得された習慣を、セルフコントロールを成立させる一つの要因として捉えることで、セルフコントロールに見られる文化差や個人差の一部をこれまで以上にうまく説明できるのではないかと考えている。別の見方をすると、個人のセルフコントロールの働きを反映するとこれまで考えられていた事象が、実際には文化や社会文脈に根付いた習慣によって規定されているということを示すことになるのかもしれない。これは、むしろ、集合的セルフコントロール（collective self-control）[1]とでも呼ぶことのできるものだ。

以下では、まず、マシュマロテストについて、手続きと主要な結果を中心に、その誕生の背景を含め紹介する。続いて、マシュマロテストの成績に影響を与える要因を、特に社会的な要因を中心に検討する。その後、社会的な文脈において学習された習慣がどのようにマシュマロテストに影響を与えるのかについて我々の研究成果を軸にして紹介していく。最後に、マシュマロテストをめぐる最近の研究動向を、習慣という観点から捉え直し、本章を締め括る。

1……セルフコントロールには、「セルフによる」、「セルフの」コントロールという意味がある。集合的セルフコントロールとは、社会文化的な文脈において学習の結果習得された知識あるいは習慣によるセルフのコントロールであると定義する。

2……マシュマロテスト

マシュマロテストは、子どもの目の前にマシュマロを一つ差し出し、「今すぐにこれを食べてもいいが、食べないで待っていたら、後でもう一つマシュマロをあげよう」と言って、最長で二〇分間（標準的には一五分 Shoda, Mischel and Peake 1990）、待つことができるかどうかを試す課題として一般に知られている（Mischel 2014）。これは刹那的な欲求を抑制し、後のより大きな報酬を得ることができるかどうかを試す満足遅延課題（the delay of gratification task）であるとされる。この課題において四歳の頃に待つことのできた時間の長さが、その十数年後の学業成績などとの間に正の相関を示すこと（Shoda et al. 1990）、三〇年後の健康状態も予測できること（Schlam, Wilson, Shoda and Mischel 2013）が報告されたことから、子どもの将来を予測する課題として日本でも注目を集めた。そのため、多くの書籍や論文において、この課題が紹介されている。しかし、オリジナルの研究（すなわち右記の縦断データの起点となる研究）の手続きにある重要なポイントが説明されていないことが多い。先に述べておくが、Shoda et al.（1990）や Schlam et al.（2013）の縦断データは、この段落の最初に紹介したようなマシュマロテストの実施方法によって得られたものではない。つまり、YouTube などでも見ることのできる一般に知られたマシュマロテストの実施方法は、話題となった縦断研究によって用いられたものとは異なるのである。そして、一般的に知られている手続きとは異なる部分が、研究結果を解釈する際には重要であり、特にこの後紹介していくマシュマロテストの社会的な要因の影響に関する議論と密接に関連している。そのため、この満足遅延課題を用いた初期の研究を少し詳しく説明することとする。

まず、マシュマロテストの誕生前夜の様子を背景として押さえておこう。一九六〇年代には、遅延選択（delay choice）課題を用いた研究が数多く行われた（例えば、Bandura and Mischel 1965; Mischel and Grusec 1967）。それ以前の一九五〇年代にも、同様の課題はすでに使用されていた。例えば、Mischel（1958）は、トリニダード島の小学生に対し、その日に手に入る小さなキャンディ（即時報酬）と翌週にもらうことのできる大きなキャンディ（遅延報酬）のどちらかを選ばせた。七歳、八歳、九歳児を比較したところ、年齢が上がるにつれて即時報酬ではなく遅延報酬を選択するようになることなどが報告されている。一九六〇年代に使用された遅延選択課題は、試行数を増やし、より安定したデータが得られるよう配慮されている（Mischel and Gilligan 1964を参照）。ボボ人形（Bobo doll）実験によって観察学習（observation learning）の威力を実証し（Bandura et al. 1961）、後に社会的学習理論（Bandura 1977）を提唱したアルバート・バンデューラもまた、こうした遅延選択課題を用いていた。例えば、Bandura and Mischel（1965）では、計一二〇名の小学生四年生、五年生を対象に、まず、一四の遅延選択項目からなる遅延選択課題を実施し、即時報酬を選ぶ傾向のある児童に対しては大人のモデルが遅延選択をする場面を観察させた。その結果、事後の遅延選択課題において、それらの子どもたちでは、遅延報酬を選ぶ割合が、モデルを見なかったグループの子どもたちよりも高くなったのである。

強調すべきは、一九五〇年代〜六〇年代に実施されたこれらの遅延選択実験のいくつかが、社会的な要因の影響を検討していることであろう。特に、本章における議論と関わることとして、Mischel（1974）はこの年代に自身で実施したトリニダード島での研究を振り返り、興味深いことを述べている。遅延選択課題で即時報酬を選択する傾向の強いこの島の人が、実生活では、貯金をし、精緻な計画を立て、また、将来の結果を見据えた計画の遂行のために利那的な満足を諦めるというのである。この島には、白人によって約束された将来の報酬が反故にされるという過去の経験があった。そのため、（白人からの）即時報酬を選択する他者が周りに多くかつそうした行動が実際に報われる文化の中で、実験参加者は育っていたのである。こうした物語は、遅延選択における社会文化的要因の重要さとともに、遅延選択の前提となる信頼（trust）の必要性を教えてくれている。

ここまで紹介してきた遅延選択課題においては、実験者は複数の選択項目のうち一つについて、実際に報酬として参加者に与えている。つまり、遅延を選択した場合には、参加者は、実験後など一定の時間が経ったのちに実験者から報酬を受け取ることができた。この設定においては、遅延を選択した後、報酬が得られるまでの間に参加者ができることは何もない。言い換えると、これらの課題では、遅延を選択した後、報酬が得られるまでの間に何が起こっているのか、また、（日常的には起こり得る）待てずに即時報酬を得るまでの過程はどのようなものであるのかについて調べることができない。そのため、ウォルター・ミシェルのグループは、現在マシュマロテストと呼ばれている課題を一つのパラダイムとして考案した（Mischel 1974 を参照）。そして、ミシェルらは、この課題の遅延期間中に子どもがとる行動を観察して、遅延期間中の心的過程について仮説を立てるとともに、この遅延期間中に子どもが用いるさまざまな方略（strategy）を実験的に操作して、仮説を検証していった。こうした開発者の目的と意図を正しく酌むならば、マシュマロテストは、遅延選択課題に代わる、遅延維持課題として生まれたと考えるべきであろう。ただし、光富（一九八八）が指摘しているように、マシュマロテストにおいてある程度の時間待つことのできた子どもは、遅延維持に従事する前に（意図的であるかどうかは別にして）遅延を選択しているはずで、したがって、マシュマロテストには遅延選択の過程も含まれていると考えるのが妥当であろう。すなわち、マシュマロテストは遅延選択維持課題であるということになる。

このようにして誕生したマシュマロテストは、いくつかのヴァリエーションへと生まれ変わりながら、さまざまな実験操作を加えたうえで、一九六八年から一九七四年の間に六五三名の四歳児に実施された（Schlam et al. 2013）。そして、約一〇年後の一九八〇年代に追跡調査が開始されることになる。その最初の報告となる Mischel, Shoda and Peake（1988）は、九五名の子どもの追跡に成功し、保護者による評定データを得た。四歳の時に長く待つことのできた子どもは、青年期になって、学業的に優れ、社会的にもうまくやっており、言葉が流暢で、理性的で、注意力があり、計画性もあり、フラストレーションやストレスにうまく対処することができると保護者によって評定されていた。Shoda et al.（1990）では、さらに多くの参加者の追跡に成功し、最終的に一八五名分のデータを取得している。この研究の一つの目玉は、SAT（Scholastic Assessment Test　大学進学適性試験）のスコアという学業達成度の客観的な指標がマシュマロテストの待ち時間と正の相関を示しているという結果であろう。ただし、このような検討が可能なのは、マシュマロテスト遂行時に実験操作として特別な方略を与えられず、かつ、目の前に報酬が置かれていた条件の子どもに限られるため、サンプルサイズは小さい（三五名：SAT Verbal r = .42, SAT Quantitative r = .57）。続く研究は、一九九三年から一九九五年の間に実施され、マシュマロテスト実施から約二〇年後の参加者の拒否感受性（rejection sensitivity）を扱っている（Ayduk et al. 2000）。拒否感受性が高い個人は、他者から拒絶されるのではないかという不安が高く、結果的に、自らの行動によって対人関係を困難な状態に導くことが知られている。Ayduk et al.（2000）は、拒否感受性が高い個人が、自尊心やコーピング能力が低く、コカインの使用率が高いなどの問題を抱えていることを報告しつつ、一方で、たとえ拒否感受性が高くても、幼児期にマシュマロテストにおいて待ち時間が長かった個人については、こうした問題に陥らずにすんでいるということを示した。また、Schlam et al.（2013）は、幼児期の待ち時間が一分伸びると三〇年後のBMI（Body Mass Index）が〇・二ポイント下がると報告している。

さて、これらの縦断研究の起点となっている四歳の時に実施されたマシュマロテストの手続きを確認していこう。先の段落において紹介されている研究のうち、比較的新しい研究（Ayduk et al. 2000; Schlam et al. 2013）では、起点となるデータの出典として、Mischel et al.（1988）やShoda et al.（1990）あるいはこれらを引用しているレビュー論文（Mischel, Shoda and Rodriguez 1989）を紹介している。そして、Mischel et al.（1988）およびShoda et al.（1990）においては、この研究に参加した就学前児は、「スタンフォード大学のビング保育園（Bing Nursery School）において、約六年間（一九六八—一九七四）の間に満足遅延行動（delay of gratification behavior）を評価された（e.g., Mischel and Ebbesen 1970; Mischel, Ebbesen and Zeiss 1972)」と記されている。したがって、縦断研究の起点となるマシュマロテストは、Mischel and Ebbesen（1970）および Mischel et al.（1972）の手続きに基づいていると考えるのが妥当であろう。以下では、これら二つの研究の手続きを紹介する。

Mischel and Ebbesen（1970）においては、子どもは、実験に参加するために実験者にエスコートされて保育園の一室へ移動する。この部屋にはテーブルがあり、その上には、三分の一インチのプレッツェル五つと中の見えないケーキ型が置いてある。ケーキ型の下には、二インチのプレッツェル五つと動物クッキー二枚が隠されていた。床にはおもちゃが置いてあり、この部屋に入室すると、実験者はまずおもちゃを示して、後でこれらのおもちゃで実験者と遊ぶことを子どもに伝えておく。その後、子どもは、実験者がこの部屋を出て行くことがあること、また、子どもは、三分の一インチのプレッツェルを食べることでいつでも実験者を呼び戻すことができるということを教えられる。実際に実験者は部屋を出て、覗き穴から子どもの様子を確認し、子どもが三分の一インチのプレッツェルを一つ食べたらすぐに部屋に戻った。その際、子どもがうまくできたことについてポジティブなフィードバックを与えている（よくできたことに実験者が喜んでいる様子を見せる）。これを四回繰り返すことで、子どもは実験者の呼び戻し方を知るとともに、実験者が必ず戻ってくるという確信を得ることになる。この段階で、三分の一インチのプレッツェルは一つ残っている。ここで、実験者はケーキ型を持ち上げて、下にある二インチのプレッツェル五つと動物クッキー二枚を子どもに見せ、プレッツェル五つか、動物クッキー二枚か、どちらか食べたい方を選択するよう求めた。そして、「実験者が部屋を出た後、実験者が戻ってくるまで（一五分間）待っていたら選んだ好みのおやつを食べることができるが、待ちきれなくなって、三分の一インチのプレッツェルを食べて実験者を呼んでしまったら、好みのおやつはもらえず、選ばなかった方のおやつを食べることになる」ということを伝える。子どもがこのことを十分に理解したことを確認した後、実験者は部屋を出ていく。ここからがいわゆる遅延維持の段階となる。この実験には、遅延維持の間子どもの目の前に、⑴報酬を呈示しない条件、⑵遅延報酬のみを呈示する条件、(3)即時報酬のみを呈示する条件、そして(4)両方の報酬を呈示する条件の四つの条件が設定されていた。待つことのできた時間は、(1)が最も長く、(4)が最も短かった。また、その中間の待ち時間となった(2)と(3)の間に大きな差は見られていない。

なお、この実験では、子どもは待つことによって大きな（あるいは数の多い）報酬を得るのではなく、好みの報酬を得ている。つまり、後で二つのマシュマロを手に入れるために、今一つのマシュマロを食べないで我慢するというような設定ではない。また、本番前に、子どもはすでにプレッツェルを口にしている。この小さなプレッツェルも報酬になることから、この影響を取り除くため、補足実験においては、実験者を呼び戻すために子どもが（プレッツェルを食べるのではなく）ベルを鳴らすという方法を採用し、同様の結果を得ている。この結果を踏まえて、この後の研究（例えば、次に紹介するMischel et al. 1972）では、子どもはベルを鳴らすことで待ち時間の終了を実験者にリクエストするような手続きとなっている。この手続きに関連して、Mischel and Ebbesen（1970）の考察には興味深いことが記されている。ルールを破って好みのおやつを待ち時間中に食べてしまった子どもは一人もいなかったというのである。実験を通じて、YouTube動画などでは、マシュマロテストで最後まで待ちきれなかった子どもが待ち時間中にマシュマロを食べてしまう様子が紹介されているが、オリジナルの研究では、待ちきれなかった子どもも、途中でお菓子を食べてしまうようなことはせず、ベルを鳴らして待ち時間の終了を申し出ているのである。

Mischel et al.（1972）は、二つの実験を通じて、待ち時間中の子どもの活動を実験的に操作している。一つの結果として、待ち時間中に何か楽しいことを考えるように教示された子どもは、長く待つことができるということを示している。この研究においては、Mischel and Ebbesen（1970）の補足実験とほぼ同様の手続きが用いられており、子どもはベルを鳴らすことで待ち時間を終了し実験者を呼び戻すことができた。報酬となるお菓子はマシュマロ一つか棒形プレッツェル一本であり、子どもは遅延を開始する前に、食べたいお菓子を一つ選び、選ばれた方が遅延報酬、選ばれなかった方が即時報酬として扱われた。ここで初めてマシュマロが報酬として使用されているが、マシュマロ一つ対マシュマロ二つからの選択ではなく、ここでも選んだお菓子を遅延報酬、選ばなかったお菓子を即時報酬とする実験の構造となっている。ちなみに、実験1では、待ち時間中に一人の子どもが報酬を食べてしまっているが、教示に従わなかったという理由で、この子どものデータは分析の対象となっていない。

Mischel and Ebbesen（1970）および Mischel et al.（1972）の実験手続きのポイントを確認しておこう。まず、⑴ベルを使って実験者を部屋に呼び戻すという活動を実験開始前に何度も行い、実験者が必ず戻ってくることを子どもに確認させている。⑵待ち時間は、子どもが即時報酬を口にしてしまった時ではなく、子どもがベルを鳴らして実験者を呼んだ時に終了する。⑶遅延報酬と即時報酬の違いは前者が後者に比べて数が多いというような価値の大小にあるのではなく、子どもが選んだものが前者、選ばなかったものが後者となるような好みの違いにある。なお、この三つ目のポイントについては、いくつかの変遷を経て、マシュマロ一つとマシュマロ二つを対比する手続きに落ち着いていることを述べておく。Mischel and Moore（1973）は、同じくビング保育園の子ども一二三名を対象に実験を行っている。この実験では、マシュマロ二つとプレッツェル一本のどちらかを選ぶか、あるいはマシュマロ一つとプレッツェル二本のどちらかを選ぶというような報酬の設定となっている。Mischel and Baker（1975）において初めて、マシュマロ一つ（即時報酬）対マシュマロ二つ（遅延報酬）、あるいはプレッツェル一本（即時報酬）対プレッツェル二本（遅延報酬）という報酬の設定となった。ただし、この実験においても、即時報酬と遅延報酬の両方が子どもの目の前に置かれている（つまり、一つのマシュマロと二つのマシュマロの計三つのマシュマロが一枚のお皿の上にのせられて目の前にある）。一般に知られているような手続き（すなわち一つのマシュマロを目の前にして後でもらえるはずの二つのマシュマロを想像するというような手続き）ではない。Mischel and Moore（1973）の実験も、Mischel and Baker（1975）の実験も、一九六八年から一九七四年の間にビング保育園において実施されていることから、これらのデータは、有名な縦断研究（Mischel et al. 1988; Shoda et al. 1990; Schlam et al. 2013）の対象となるデータに含まれているはずである。一般に知られている「マシュマロ一つ対マシュマロ二つ」という構図は、おそらく、Mischel and Baker（1975）によって用いられ、その後、普及していった手続きに基づいているものと思われる。これらの実験においても、子どもは待ちきれなくなった時には、ベルを鳴らして実験者を呼ぶのであって、その場で食べてしまうというようなことは想定されていないということには注意が必要となるかもしれない。

マシュマロテストが、即時報酬のみを子どもの目の前に置いてベルを用いないで実施されるようになったのは近年のことである。この方法は、Kidd, Palmeri and Aslin（2013）の研究以降、頻繁に用いられるようになってきた。Kidd et al.（2013）は、マシュマロテストを実施する実験者が、遅延報酬を本当に渡してくれるかどうかという点で信頼できるか信頼できないかを実験的に操作している。例えば、マシュマロテストに先立って、別の遅延維持課題を行い、実験者は即時報酬より価値の高い遅延報酬を子どもに与えることを約束するが、その約束を破るというオオカミ少年的な行いを繰り返すことで、子どもからの信頼を失うように振る舞うのである（Kidd et al. 2013）。先に説明した通り、それまでの方法では、ベルを鳴らしたら実験者がすぐに部屋に戻ってくるということを子どもに理解させるために、何度も練習をする。この練習の過程で、子どもはベルを鳴らせば実験者が必ず戻ってくるということについて確信を持つ。こうしたベルを使用する手続きは、実験者に対するある種の信頼感を抱かせるために、ウォルター・ミシェルによって意図的に導入されていた（Peake 2017）。ベルの使用法の練習を通じて実験者を信頼するようになるのであれば、それとは別に実験者への信頼感を低下させるような実験操作をしてもあまり意味がない。そのため、Kidd et al.（2013）は、ベルは使用せず、マシュマロ一つを子ども目の前に置いて、これを食べないで待っていることができたら後でマシュマロをもう一つ渡すことを約束する手続きを採用したのである。この方法には、さらに、実験時間を短縮できるとともに、小さな子どもでも理解しやすい単純な教示によって実験が実施できるというメリットがある（Kidd et al. 2013）。そのため、同様に実験者の信頼性を操作したMichaelson and Munakata（2016）やMoffett, Flannagan and Shah（2020）だけでなく、続くいくつかの研究でもこの「ベル無し版

(non-bell version)」を使用している(Doebel and Munakata 2018; Gruen, Esfand and Kibbe 2020; Koomen, Grueneisen and Herrmann 2020; Lamm et al. 2018)。しかし、Peake(2017)が「ベル無し版」のマシュマロテストへの懸念を指摘しているように、こうした手続きの違いがもたらす影響については慎重に検討していく必要がある。

3……マシュマロテストに影響を与える認知的要因

ここまで、マシュマロテストの手続きについて確認するとともに、一九五〇年代から一九七〇年代の遅延選択、遅延維持の研究の流れを概観してきた。初期の遅延選択の研究においては、社会的な要因に関心が持たれていたようである。これに対してマシュマロテストが考案された背景には、遅延維持の間に起こっている認知的な過程に関心が移ってきたという状況の変化がある。そこには一九五〇年代に起こった認知革命の影響があるものと推測する。Mischelらの研究は、主として認知的な側面に焦点をあて、さまざまな実験操作を行うことで、どのような要因が遅延報酬を得るために長く待つということを可能にするのかについて検討している。例えば、Mischel and Ebbesen(1970)は、子どもの目の前に報酬を提示するかどうかを操作することで、課題中に報酬へと向けられる注意の影響について検討した。その結果、前述した通り、報酬を提示しない方が、ベルを鳴らして実験者を呼ぶまでの待ち時間が長いことが示された。また、目の前の報酬以外の場所に注意を逸らすことができた子どもは、マシュマロテストにおける待ち時間が長いことも示されている(Rodriguez, Mischel and Shoda 1989)。このことから、マシュマロテストにおいて長く待つためには、報酬へと注意を向けないようにする注意制御が重要であることがわかる。さらに、マシュマロテスト中に遅延報酬をどのように表象するかを検討している研究もある(Mischel and

Baker 1975; Mischel and Moore 1973）。例えば、遅延報酬を実物ではなく画像として提示した場合に、無関連な画像を提示した場合や何も提示しなかった場合よりも、ベルを鳴らして実験者を呼ぶまでの待ち時間が長いことが示されている（Mischel and Moore 1973）。この研究では、遅延報酬を画像として提示することで、「美味しそう」など食欲をそそる感情的側面から切り離して、よりシンボリックなものとして報酬を表象することを手助けした結果、待ち時間が長くなったと解釈している。これらの認知的なアプローチの妥当性をMetcalfe and Mischel（1999）は二つのプロセスを仮定することによって理論化している。一つは「いますぐにマシュマロを一つ食べたい」という即時報酬に基づいて行動するように動機づける“hot”なプロセスで、もう一つは「後で二個のマシュマロをもらう」という遅延報酬に向かって行動するように促す“cool”なプロセスである。マシュマロテストで長時間待つためにはは“hot”なプロセスと葛藤する“cool”なプロセスの働きが重要となる。この“cool”なプロセスは注意の制御や報酬の表象という観点から議論されてきたが、二〇〇〇年代以降、実行機能（executive function）などの認知心理学の鍵概念からも検討されるようになった。実行機能とは、目標に則して自らの思考や行動を管理統制する制御メカニズムであり、情報の更新、優勢的な反応の抑制、課題間の切り替えという三つの機能がよく知られている（Miyake et al. 2000; 齊藤・三宅 二〇一四を参照）。また、実行機能は幼児期から児童期にかけて急激に発達することがわかっている（e.g., Diamond 2013; Garon, Bryson and Smith 2008）。

　満足遅延課題への実行機能の関与を示す行動実験のほとんどは相関研究である。例えば、幼児を対象にした研究では、マシュマロテストの待ち時間が実行機能課題の成績と正の相関を示している（Eeck, Eales and Carlson 2020; Ma et al. 2020; Rybanska et al. 2018）。また、四歳時点のマシュマロテストの待ち時間が青年期以降のGo / no go 課題（抑制機能を測定する課題）の成績を正に予測するという縦断研究の結果も報告されている（Casey et al. 2011; Eigsti et al. 2006）。しかし、遅延選択型の満足遅延課題の場合、遅延報酬を選択することと実行機能課題の成績に関連がないことを報告する研究が多いことには注意したい（Beck, Schaefer, Pang and Carlson 2011; Horgwanishkul, Happaney,

Lee and Zelazo 2005; Lee and Carlson 2015）。

加えて、神経科学的知見も多数存在する。神経科学の領域では、成人を対象に遅延選択型の満足遅延課題がよく使用され、遅延報酬を選択する時に実行機能と深く関連する外側前頭前野が強く賦活することが示されている（Figner et al. 2010; McClure, Laibson, Loewenstein and Cohen 2004）。日本の幼児を対象にした研究でも、近赤外線分光法を用いて、遅延選択型の満足遅延課題と外側前頭前野の活動が関連することを示している（Moriguchi, Shinohara and Yanaoka 2018）。ただし、この研究では成人とは異なり、即時報酬を選択する際に外側前頭前野が強く活性するという結果が報告されている。神経科学の領域では、遅延維持型の満足遅延課題であるマシュマロテストの脳活動を計測した研究はなく、方法論的な難しさはあるものの、遅延選択型と同様の結果が得られるのか今後の研究が待たれるところである。

右記の行動実験と神経科学的知見は、Metcalfe and Mischel（1999）の理論的枠組みと概ね整合するものである。しかし、Diamond and Lee（2011）は、モンテッソーリ教育法やヨガなどのプログラムが幼児の実行機能を向上させるのに対して、満足遅延課題の成績には影響を与えないことを報告している。また、実行機能が幼児期に急激に発達するのに対し、遅延選択型の満足遅延課題が同様の発達的な軌跡を描かないことを報告した研究も存在する（e.g., Beck et al. 2011; Carlson 2005）。これらの研究を踏まえると、満足遅延課題に影響を与えるのは認知的要因だけではないことがわかる。

4——マシュマロテストに影響を与える社会的要因

元来、社会文化的な文脈の中で捉えられていた遅延選択型や遅延維持型の満足遅延課題を認知的なアプローチのみで理解することには限界が見えてきており、そのため、近年の研究においては、あらためて、マシュマロテストに影響を与える社会的な要因が検討されるようになってきている。ここで取り上げる社会的要因は、前節の認知的要因に取って代わるものではなく、それぞれが独自に満足遅延課題に影響を与えるものだと想定されている。はじめに、実験者への信頼（Kidd et al. 2013; Michaelson and Munakata 2016）について取り上げる。マシュマロテストでは、Mischel（1974）がトリニーダ島での自身の実験を振り返って論じたように、二個目の報酬を持ってくることを約束した実験者が本当にその報酬を持ってくるかどうかが重要となる。この点は初期の研究においては十分に考慮されており、後で与えることを約束した報酬を机の下においたまま実験者が部屋を出ていくという手続きの工夫を施している（Mischel 1961; Mischel et al. 1972）。こうした議論を踏まえて、実験者への信頼を実験的に操作したのがMichaelson and Munakata（2016）である。この研究には、三四名の三〜五歳児が参加している。手続きとして、実験者が参加児の目の前である作品（例：粘土で作った鳥）を壊した後に、その作り手である実験補助者に壊したことを正直に話すか嘘をつくかにより、信頼できる人物かどうかを操作した。信頼できる条件では、実験者が壊したのは偶発的であり、壊してしまったことを正直に作り手に話した。一方、信頼できない条件では、実験者が壊したのは意図的であるだけでなく、自分は壊していないと作り手に嘘をついた。この実験操作の後で、当該の実験者の指示のもと参加児はマシュマロテストに参加した。その結果、信頼できる条件（中央値は一五分）では信頼できない条件（中央値は四・七三分）よりも、マシュマロを我慢する参加児の割合が高いことが示された。先に紹介したKidd et al.（2013）においては、実験者への信頼を同じ遅延満足課題における遅延報酬提供場面に限定して操作していたが、Michaelson and Munakata（2016）は、実験者に対するより一般的な信頼感を操作しているので、この知見は、実験者が信頼できる人物かどうかにより、マシュマロテストの待ち時間が左右されることを見事に示したと言える。

次に、集団規範（Doebel and Munakata 2018; Munakata et al. 2020）について取り上げる。これらの研究では、集団の成員や集団内で共有されている行動規範が、満足遅延に与える影響を関心事としている。具体的には、子どもを取り巻く集団（家族、仲間、学校、地域、文化）において、満足遅延に伴うセルフコントロールにどのくらい重きが置かれているかにより、マシュマロテストの待ち時間が変化するのではないかと予想した。幼児期から既に実験中にはじめて与えられた情報からでも内集団への選好を示すことが知られており（Dunham, Baron and Carey 2011）、この内集団バイアスを援用して二つの実験を行った。紙幅の都合上、二つ目の実験の主要な手続きと結果についてのみ紹介する。

一〇〇名の三～五歳児を対象に、食べ物やおもちゃの好みを聞いた後に、「緑グループは〇〇ちゃんと同じものが好きで、△△、□□、……が好きだよ。オレンジグループは〇〇ちゃんとは違うものが好きで、▲▲、■■、……が好きだよ。だから、〇〇ちゃんは緑グループに入ってね」と参加児にあるグループへ入ってもらうよう教示を行う。ここから参加児たちは、内集団待つ条件と内集団待たない条件のどちらかにランダムに割り当てられ、マシュマロテストに参加する。テスト時には、各グループに所属する四名の見知らぬ子どもの写真を貼ったプレートを参加児の目の前におき、内集団待つ条件では、参加児と同じグループの子どもが待ってマシュマロを二つもらい、参加児とは異なるグループの子どもは待たないでマシュマロを一つ食べたと伝えた。一方、内集団待たない条件では、参加児と同じグループの子どもが待たないでマシュマロを一つ食べ、参加児とは異なるグループの子どもは待ってマシュマロを二つもらったと伝えた。その結果、内集団待つ条件の子どもは（中央値は一四・九五分）、内集団待たない条件の子ども（中央値は五・七七分）よりも即時報酬としてのマシュマロを我慢する確率が高いことが示された。以上より、内集団が遅延報酬を選択する（外集団は即時報酬を選択する）ことを伝えられると、マシュマロテストにおける待ち時間が長くなることが示された。さらに、この集団規範の効果は、日本の三〜五歳一〇八名を対象に遅延選択型の満足遅延課題を用いて再検証されている（Munakata et al. 2020）。その結果、Doebel and Munakata（2018）と同様に、内集団が遅延報酬を選択する（外集団は即時報酬を選択する）ことを伝えられると、参加児も遅延報酬を選択する傾向が高まることが示された。よって、集団規範が満足遅延に及ぼす効果は、日本とアメリカという二つの文化の違いを超えて見られる現象だと言えよう。

ここまで、マシュマロテストは他者の信頼度、そして自らの所属する内集団の影響を受けることを明らかにしてきた。最後に、そうした社会的な要因に規定されながら形成されていく、ある集団の行動傾向を特徴づける文化の影響にまで踏み込む。具体的には、本章の冒頭でも触れた文化差とその背後にある習慣の違いの影響について取り上げる（Yanaoka et al. 2022）。ここで報告する研究は、本章の筆者の一人である Yuko Munakata（当時の所属はコロラド大学ボールダー校）が日本学術振興会外国人招へい研究者として京都大学に滞在した際に、齊藤・柳岡とともに繰り返し議論した内容に端を発する。着目したのは、日米における食卓習慣の違いがマシュマロテストに及ぼす影響である。日本の食事場面において、料理が自分の目の前に配膳されたとしても、他の人に配膳され食べる準備ができるまで待って、全員で「いただきます」をしてから、はじめて食事を始める。この食卓習慣は、幼稚園・保育園・小学校ではもちろんのこと、家庭や外食時など多くの文脈で行われている。一方、アメリカでは、家庭によってはありうるものの、文化に根付いた食卓習慣とは到底言えない。これらの議論をもとに、我々は、日本の幼児は食べ物を前にして「待つ」経験が非常に多く、こうした経験により形成された食卓習慣がマシュマロテストで遅延報酬のために待つことを促進する可能性があると予想した。ただし、この仮説は別の目的で実施された予備実験の結果に基づく議論から生まれたものであった。二〇名の日本の三～五歳児に予備実験としてマシュマロテストを実施したところ、一四名の子どもたちが一五分まで待つという衝撃的な結果が得られ、我々はその理由を検討する必要に迫られたのである。この予備実験の結果から導かれた上記の仮説をもとに、実験計画を立案し、研究を実施したのがYanaoka et al.（2022）である。この研究では、日本の四～五歳児八〇名とアメリカの四～五歳児五八名を対象に、遅延維持型の満足遅延課題を実施した。各国の参加児はそれぞれ、マシュマロを報酬とした食べ物条件とラッピングされたプレゼントを報酬としたギフト条件のどちらかに割り当てられた。ギフト条件を比較条件として設定したのは、日本ではプレゼントを開けることを待つというような特別な経験がないと考えたからである。加えて、「家で、お子様は全員が揃って食事をとれる状態になるまで、自主的に食べるのを待っていますか？」など質問する食卓習慣質問紙を作成し、保護者に回答してもらった。その結果、我々の予測通り、日本の子どもたちは、ギフト条件（中央値は四・六二分）よりも食べ物条件（中央値は一五分）において、報酬を我慢する割合が高いことが示された。驚くべきは、アメリカの子どもたちが全く逆のパターンを示した点である。アメリカの子どもたちは、食べ物条件（中央値は三・六六分）よりもギフト条件（中央値は一四・五四分）において、報酬を我慢する割合が高いことが示された。これらの結果は、日本とアメリカのそれぞれの文化に根付いた習慣から解釈することができる。まず、保護者の回答によると、日本の子どもたちはアメリカの子どもたちよりも全員が揃って食事をとれるまで、自主的に食べるのを待つという食卓習慣を強く身につけていた。そして、この食卓習慣の強さは食べ物条件の満足遅延課題でのみ待ち時間と関連し、こうした傾向は文化を問わず見られた。これらのことより、日本においてギフト条件と食べ物条件で差が見られたのは、日本の文化に特に根付いた食卓習慣の影響である可能性が高い。一方、研究実施後に改めて明らかになったのは、アメリカではプレゼントを開けるのを待つ経験が日本の子どもたちよりも多い可能性である。まず、前提として、アメリカではプレゼントを贈ることは特定の機会（クリスマスや誕生日など）に行われるが、日本では年間を通じて行われる（Beatty et al. 1993; Gehrt and Shim 2002）。そして、アメリカではその特定の機会に複数の人が参加して、プレゼントを開けるのを「待つ」という経験をする。例えば、誕生日パーティーが終わるまでゲストが最初に持ってきたプレゼントを開けるのを待ったり、クリスマスツリーの下にプレゼントが用意されてから、何日も待ってから開けたりするなどである。一方、日本では子どもは何か頑張った場合にご褒美としてプレゼントをもらうなどするが、多くは手にしてすぐに開けているだろう。これらの文献情報などを踏まえると、アメリカにおいてギフト条件と食事条件で差が見られたことに、アメリカの文化に根付いたプレゼントを待つ経験が寄与している可能性は十分にある。我々の研究では、プレゼントを開けるのを待つことに関わる質問紙調査を実施していないことから、今後右記の可能性を検証していく必要がある。以上より、我々の研究から、日本そしてアメリカで根付いた習慣が場面特異的に満足遅延を支えている可能性が初めて示されたと言える。

ここまでの知見を踏まえると、幼児の満足遅延を支えるのは、遅延報酬を約束した他者が信頼できるかに関する情報、内集団における満足遅延に対する行動規範、そして、そうした社会的要因によって影響を受けながら文化に根付いている習慣と言える。これらを集約すると、社会文化的な文脈において得られた情報や知識、獲得された習慣をもとにしたセルフコントロール、すなわち集合的セルフコントロールがマシュマロテストにおける遅延時間に影響を与えている可能性が見える。この提案は、マシュマロテストに見られる文化差や個人差を、認知的要因などの個人内の要因からのみ説明しようとしてきた従来の研究に新たな視座を与え得る。つまり、マシュマロテストは個人の認知能力のみならず、個人を取り巻く他者、集団、文化を映し出す鏡になっている可能性がある。教育実践的にも、個人の認知機能を向上させる特別なトレーニングだけではなく、その介入方法を子どもを取り巻く他者や子どもの日常経験を変化させる方向へとシフトさせる大きな可能性を秘めている。同様に、森口（二〇二一）は、遅延報酬を選択する傾向も即時報酬を選択する傾向も、子どもが置かれた環境に適応した結果でもあると述べ、子どもを取り巻く環境の設計を整えなければ、能力だけを鍛えても無意味であると指摘している。ただし、一点留意すべきこととして、集合的セルフコントロールは文脈依存的であるという点があげられる。例えば、Yanaoka et al.（2022）でも食卓習慣の影響が見られたのは食べ物条件のみであり、日本の子どもたちの場合もギフト条件では十分な個人差が見られた。また、内集団が遅延報酬を選択するという行動規範を知った後に、そういった情報のない異なる状況でも遅延報酬を得られることにつながるかどうかは定かではない。これらのことから、社会文化的な文脈において習得された情報や知識があるからといって、満足遅延を可能にする一般的な認知機能が向上したわけではないと言える。ここで、先行研究が検討してきたセルフコントロールもまた、文脈依存的であることも指摘しておく（Mischel 2014）。一方で、ある特定の社会文化的な文脈において培われた知識の支えにより遅延報酬を得て、またそうした遅延報酬への志向性が文化的に賞賛されることで、後に異なる文脈においても遅延報酬を志向する可能性はある。Yanaoka et al.（2022）に参加した日本のある親子のやりとりで印象的だったものがある。ある四歳の男の子は、お父さんやお母さんの心配そうな顔を尻目に、実験には進んで参加し、食べ物条件のマシュマロテストでもあまり表情を変えずに一五分待っていた。そして、実験者が一五分後に部屋に戻ってきた時やマシュマロを二個もらった時も少し嬉しそうにする程度であった。しかし、実験終了後に、お父さんとお母さんが我が事のように喜んで（お父さんは少し涙ぐんで）「○○ちゃん、よく一人で待っていたね」と声をかけると、その子どもはその日一番の嬉しそうな顔をする場面があった。その子にとって二個のマシュマロをもらうことはそれなりの報酬にはなっていただろうが、両親から褒めてもらうことが何よりの報酬になっていたのだろう。このエピソードからもわかるように、行動規範や習慣をもとに待てるようになることで、遅延報酬を得られるだけでなくそれに伴う社会的賞賛も得られる場合がある。これは、遅延報酬を得ることを善しと考える社会共同体でのみ起こりうることだろう。そうした経験により、より大きな報酬のために待つことの価値を学習し、特定の文脈に縛られないセルフコントロールを形成していく可能性は十分にある。

5 マシュマロテストの予測力に関わる最近の研究動向と集合的セルフコントロール

社会文化的な文脈から獲得される集合的セルフコントロールという考えは、先に紹介したマシュマロテストの日米比較研究を計画、実施し、その結果についての議論を重ねる中から生まれてきた。ただし、その議論にはマシュマロテストによる予測力に関わる近年の論争が影響を与えている。その論争のきっかけを作ったのが、米国のＮＩＣＨＤ（National Institute of Child Health and Human Development）によるＳＥＣＣＹＤ（Study of Early Child Care and Youth Development）という縦断研究である。この研究は、子どもが受けるケアの特徴と子どもの発達の関係を検討するために、一九九一年に米国の一〇の地域において開始され、最初のフェーズでは一三六四名の子どもを対象にして調査が行われた。誕生から一五歳までの間、さまざまな課題や母親への質問紙調査などを実施し、膨大な縦断データを残している。子どもが四歳半の時にマシュマロテストが実施されており、さらに青年期の学業スキルや問題行動に関する指標も含まれていることから、このデータセットを分析することで、Mischel et al.（1988）およびShoda et al.（1990）の概念的追試を行うことができる。我々の共同研究者であるLaura Michaelsonと本章の筆者でもあるYuko Munakataは、幼児期のマシュマロテストの成績と青年期のいくつかの指標の関係を検討するために、このデータを用いた二次分析を行い、二〇一八年には解析を完了していた。まさにその時、Michaelson and Munakata（2020）の立場から見ると不意をつかれたように、Watts, Duncan and Quan（2018）の論文が*Psychological Science*誌に掲載されたのである。

Watts et al.（2018）もまた、ＳＥＣＣＹＤのデータを分析し、幼児期のマシュマロテストの成績と青年期のさまざまな指標の関係を検討することで、Mischel et al.（1988）および Shoda et al.（1990）の概念的追試を行うことを第一の目的としていた。このデータセットには、貴重な縦断データであるということに加え、研究者のデータ使用を動機づけるいくつかの魅力があった。まず、データが多様なサンプルから得られているため、結果を（比較的）一般化しやすいということが挙げられている（Watts et al. 2018）。これに対して、Mischel et al.（1988）および Shoda et al.（1990）のデータはスタンフォード大学のビング保育園に通う子どもというかなり限定されたサンプルから得られたものであった。また、分析に用いることのできるサンプルサイズが大きいことも重要であろう。Watts et al.（2018）の中心となる分析には五〇〇名以上のデータが用いられているし、Michaelson and Munakata（2020）においては六〇〇名以上のデータが分析の対象となっている。これは、Shoda et al.（1990）の一〇倍以上のサイズとなる。さらに、誕生から、幼児期を含め、青年期まで、継続的にさまざまな指標が得られており、そうした変数の影響を考慮した分析が可能となる。この分析の結果と解釈が Watts et al.（2018）と Michaelson and Munakata（2020）では異なっていることが誌上討論のポイントとなっていた。

なお、ＳＥＣＣＹＤのマシュマロテストに関しては、いくつかの留意点がある。ベルを鳴らして待ち時間の終了をリクエストするという点では、Mischel et al.（1988）および Shoda et al.（1990）と同じだが、待ち時間は最長で七分に設定されている。これは標準的な一五分と比べるとかなり短く（ただし、Mischel and Moore（1973）のように待ち時間を一〇分に設定している先行研究もある）、実際に半数以上（五五％）の子どもが七分間の遅延に成功している。そのため、Watts et al.（2018）では、分析の対象を絞ることでこの問題による解析の困難さを低減しようとしたが、このこと自体が批判の対象となっている（Michaelson and Munakata 2020）。Michaelson and Munakata（2020）では、マシュマロテストの分析にダミー変数を使うことで、問題を回避している。なお、即時報酬がお菓子一つで、遅延報酬が二つというＳＥＣＣＹＤの設定は、追試の対象となっている先行研究の一部と同じではあるが、遅延報酬が遅延時間中に子どもの目の前に置かれていないという点は、最近の多くの研究と共通してはいるものの、追試の対象となっている研究とは異なる。このことが縦断データにどのような影響を与えるのかについては、現時点では不明である。

四歳半の時に実施されたマシュマロテストにおける待ち時間の長さ、あるいは遅延を完了できたということが、一五歳時の学業達成度の指標を予測できるということについては、異なる指標を用いているのにもかかわらず、Watts et al.（2018）においても Michaelson and Munakata（2020）においても確認されており、この点で、Shoda et al.（1990）の結果が頑健に再現されていると言えよう。Watts et al.（2018）による分析の一つの焦点は、この予測力が、背景指標（例えば、家庭の収入などを含む指標）と子どもの時の認知能力などを考慮すると（すなわち統計的に統制すると）、大きく低下してしまうというところにある。この一連の結果から Watts et al.（2018）は、マシュマロテストを単純にセルフコントロールの指標として捉えることについて疑問を呈している。これに対して、Doebel, Michaelson and Munakata（2020）は、Watts et al.（2018）が統計的に統制した変数にはセルフコントロールの発達にとって必要な構成要素が含まれており、その部分を統制してしまうことでマシュマロテストの予測力が低下することは、むしろその構成要素の重要性を示すことになると指摘している。つまり、この二つのグループの論争は、事実認定に関わる論点が一部にはあるものの、むしろセルフコントロールという概念とその発達をどのように捉えるのかという点に焦点があると考えた方がよいのかもしれない。Michaelson and Munakata（2020）は、幼少期の問題行動の得点を統制しても、マシュマロテストによって一五歳時の問題行動の程度が予測できることを示しているが、この関係の多くの部分が四歳から一五歳の間のソーシャルサポートによって説明できることを示した。一連の分析から、Michaelson and Munakata（2020）は、マシュマロテストが人生のポジティブな展開を予測できるのは、それが社会的な要因の影響を反映しているからだと結論づけている。豊かなサポートに包まれた環境で育った子どもは、出来事が期待した通りに展開するということについての信頼感と未来を志向する規範によって遅延選択を行いやすくなる。そうした遅延選択の経験は、遅延維持の練習と遅延報酬を伴うことで、満足を遅延することについての子どもの意思と能力を涵養していく。結果的に、豊かなサポートは、当該の社会共同体の中での、子どもの社会的、学業上の成功を促すことになるのである。言い換えると、社会的な文脈の中で経験される遅延とその後に続く（社会的な賞賛も含めた）報酬が、子どもの待つという行動を形作り、習慣化を促進するという学習の働きが、マシュマロテストの背後にあるということである。

こうして形成された満足遅延の能力をセルフコントロールと呼ぶのかどうか、議論のあるところであろう。これこそが Watts et al.（2018）と Doebel et al.（2020）の論点であると考えられる。しかし、そもそも、社会文化的な影響を除いてセルフコントロールという構成概念が存在し得るのかどうか、問い直してみる必要があるだろう。これは、社会文化的な影響を取り除いたセルフ、自己（self）が想定できるかどうかという問題でもある。一九五〇年代、一九六〇年代にトリニダード島の住人（Mischel 1958）やオーストラリア原住民であるアボリジニーの人たち（Bochner and David 1968）に行われた研究から明らかになった、白人への信頼感の欠如や環境の不確実性がもたらす即時報酬への選好は、文化を含む環境への適応が個人の意思決定を左右していることを示している。同様に、日本人の子どもはマシュマロを報酬とした場合には、アメリカ人の子どもよりも長く待つことができるのに対して、包装されたギフトを報酬とした場合には、アメリカ人の子どもの方が長く待つことができたという Yanaoka et al.（2022）の結果もまた、社会文化的な規範への適応が遅延選択および遅延維持に強力な影響を持つということを示している。これらの結果は、個人の意思決定が、当該の社会の中で集合的に蓄積されてきた知識によって影響を受けているという意味で、集合的セルフコントロールの働きを反映していると考えることができるのではないだろうか。

6……社会を映し出す鏡「マシュマロテスト」

「マシュマロテスト再考」を掲げて、本章は執筆された。ここで我々は、マシュマロテストにおける待ち時間が、個人の認知能力を反映しているだけでなく、個人を取り巻く他者、集団、文化からの影響を強く受けている可能性を指摘した。冒頭で紹介した日本の小学校における学校給食の場面を思い出してほしい。タイミングを定めて食べ物を口にする、それまでは待つという習慣をそこに見ることができる。このことは、他の時間帯には食べ物を口にしないという学校文化の裏返しでもある。こうした習慣を形作るルールが徹底されていることは、その日課に「おやつの時間」を設定していないような保育所を日本では見つけることができないことからも傍証されるだろう。食べ物を口にする時間帯は決まっているのである。実は、Yanaoka et al.（2022）に先立って日本で実施した遅延選択型の満足遅延課題（Munakata et al. 2020）においては、報酬として、マシュマロなどのお菓子を使わず、子どもの好きそうなキャラクターのステッカーを用いていた。これは右記の習慣を考慮してのことであった。この実験は、日本のある幼稚園で実施されたため、我々は、子どもたちがおやつの時間以外にお菓子を口にすることを躊躇するのではないかと予想し、また、そもそも、幼稚園側がお菓子を使うような実験を許可してくれないのではないかとも推測し、お菓子を用いない手続きを採用したのである。その後、お菓子を報酬とした予備実験を大学の実験室で行ったところ、七割の子どもが一五分間待ち続けてしまって実験にならなかったこと、その結果が、Yanaoka et al.（2022）による日米比較研究を動機づけたということについては、すでに記した通りである。食べ物を報酬とすることが、幼稚園や保育所の外でも、日本の子どもたちの行動に大きな影響を持つことが示され、マシュマロテストに反映される習慣の強力さが確認された。

ただし、タイミングを定めて食べ物を口にするという習慣は、これだけが単独で成立するような性質のものではない。例えば、学校給食は学校文化の一部であり、学校内でのその他の習慣や規則と整合性が保たれている。そしてまた、学校文化は、それを取り巻く社会との関係によって形作られている。だからこそ、小学校・幼稚園・保育所に共通の「食卓文化」が見られるのである。逆に、学校文化が社会のあり方の基盤となっている側面もあるだろう。そのような意味で、マシュマロテストは、子どもを取り巻く社会を映し出す鏡のような課題であると捉えられるべきなのかもしれない。

参考文献

〈日本語文献〉
齊藤智・三宅晶 二〇一四「実行機能の概念と最近の研究動向」『ワーキングメモリと教育』湯澤美紀・湯澤正通（編）二七—四五頁、北大路書房。
光富隆 一九八八「幼児における満足遅延行動の発達的研究」『心理学研究』第五九巻一号：五七—六〇頁。
森口佑介 二〇二一『子どもの発達格差—将来を左右する要因はなにか』ＰＨＰ新書。
〈外国語文献〉
Ayduk, O., Mendoza-Denton, R., Mischel, W., Downey, G., Peake, P.K., and Rodriguez, M. 2000. Regulating the interpersonal self: Strategic self-regulation for coping with rejection sensitivity. *Journal of Personality and Social Psychology*, 79(5): 776–792. https://doi.org/10.1037/0022-3514.79.5.776
Bandura, A. 1977. *Social learning theory*. Englewood Cliffs, NJ: Prentice Hall.（バンデューラ、A 原野広太郎（監訳）一九七九『社会的学習理論—人間理解と教育の基礎』金子書房）
Bandura, A. and Mischel, W. 1965. Modification of self-imposed delay of reward through exposure to live and symbolic models. *Journal of Personality and Social Psychology*, 2(5): 698–705. https://psycnet.apa.org/doi/10.1037/h0022655
Bandura, A., Ross, D. and Ross, S.A. 1961. Transmission of aggression through the imitation of aggressive models. *Journal of Abnormal and*

Social Psychology, 63(3): 575–582. https://psycnet.apa.org/doi/10.1037/h0045925

Beatty, S.E., Kahle, L.R., Utsey, M. and Keown, C.F. 1993. Gift-giving behaviors in the United States and Japan: A personal values perspective. *Journal of International Consumer Marketing*, 6(1): 49–66. https://doi.org/10.1300/J046v06n01_04

Beck, D.M., Eales, L. and Carlson, S.M. 2020. Hot and cool executive function and body mass index in young children. *Cognitive Development*, 54: 100883. https://doi.org/10.1016/j.cogdev.2020.100883

Beck, D.M., Schaefer, C., Pang, K. and Carlson, S.M. 2011. Executive function in preschool children: Test–retest reliability. *Journal of Cognition and Development*, 12(2): 169–193. https://doi.org/10.1080/15248372.2011.563485

Bochner, S. and David, K.H. 1968. Delay of gratification, age and intelligence in an aboriginal culture. *International Journal of Psychology,* 3(3): 167–174. https://doi.org/10.1080/00207596808247241

Carlson, S.A. 2005. Developmentally sensitive measures of executive function in preschool children. *Developmental Neuropsychology*, 28(2): 595–616. https://doi.org/10.1207/s15326942dn2802_3

Casey, B.J., Somerville, L.H., Gotlib, I.H., Ayduk, O., Franklin, N.T., Askren, M.K., Jonides, J., Berman, M.G., Wilson, N.L., Teslovich, T., Glover, G., Zayas, V., Mischel, W. and Shoda, Y. 2011. Behavioral and neural correlates of delay of gratification 40 years later. *Proceedings of the National Academy of Sciences*, 108(36): 14998-15003. https://doi.org/10.1073/pnas.1108561108

Diamond, A. 2013. Executive functions. *Annual Review of Psychology*, 64: 135–168. https://doi.org/10.1146/annurev-psych-113011-143750

Diamond, A. and Lee, K. 2011. Interventions shown to aid executive function development in children 4 to 12 years old. *Science*, 333 (6045): 959–964. doi:10.1126/science.1204529

Doebel, S., Michaelson, L.E. and Munakata, Y. 2020. Good things come to those who wait: Delaying gratification likely does matter for later achievement (a commentary on Watts, Duncan and Quan, 2018). *Psychological Science*, 31(1): 97-99.

Doebel, S. and Munakata, Y. 2018. Group influences on engaging self-control: Children delay gratification and value it more when their in-group delays and their out-group doesn't. *Psychological Science*, 29(5): 738–748. https://doi.org/10.1177/0956797617747367

Dunham, Y., Baron, A.S. and Carey, S. 2011. Consequences of "minimal" group affiliations in children. *Child Development*, 82(3): 793-811. https://doi.org/10.1111/j.1467-8624.2011.01577.x

Eigsti, I.M., Zayas, V., Mischel, W., Shoda, Y., Ayduk, O., Dadlani, M.B. and Casey, B.J. 2006. Predicting cognitive control from preschool to late adolescence and young adulthood. *Psychological Science*, 17(6): 478–484. https://doi.org/10.1111/j.1467-9280.2006.01732.x

Figner, B., Knoch, D., Johnson, E.J., Krosch, A.R., Lisanby, S.H. et al. 2010. Lateral prefrontal cortex and self-control in intertemporal choice. *Nature Neuroscience*, 13(5): 538– 539. doi:10.1038/nn.2516

Garon, N., Bryson, S.E. and Smith, I.M. 2008. Executive function in preschoolers: A review using an integrative framework. *Psychological Bulletin,* 134 (1): 31–60. https://psycnet.apa.org/doi/10.1037/0033-2909.134.1.31

Gehrt, K.C. and Shim, S. 2002. Situational influence in the international marketplace: An examination of Japanese gift-giving. *Journal of Marketing Theory and Practice*, 10(1): 11–22. https://doi.org/10.1080/10696679.2002.11501906

Gruen, R.L., Esfand, S.M. and Kibbe, M.M. 2020. Altruistic self-regulation in young children. *Journal of Experimental Child Psychology*, 189: 104700. https://doi.org/10.1016/j.jecp.2019.104700

Hongwanishkul, D., Happaney, K.R., Lee, W.S. and Zelazo, P.D. 2005. Assessment of hot and cool executive function in young children: Age-related changes and individual differences. *Developmental Neuropsychology*, 28(2): 617–644. https://doi.org/10.1207/s15326942dn2802_4

Kidd, C., Palmeri, H. and Aslin, R.N. 2013. Rational snacking: young children's decision-making on the marshmallow task is moderated by beliefs about environmental reliability. *Cognition*, 126(1): 109–114. https://doi.org/10.1016/j.cognition.2012.08.004

Koomen, R., Grueneisen, S. and Herrmann, E. 2020. Children delay gratification for cooperative ends. *Psychological Science*, 31(2): 139-148. https://doi.org/10.1177/0956797619894205

Lamm, B., Keller, H., Teiser, J., Gudi, H., Yovsi, R.D., Freitag, C. and Lohaus, A. 2018. Waiting for the second treat: Developing culture-specific modes of self-regulation. *Child Development*, 89(3): 261-277. https://doi.org/10.1111/cdev.12847

Lee, W.S. and Carlson, S.M. 2015. Knowing when to be "rational": Flexible economic decision making and executive function in preschool children. *Child Development*, 86: 1434–1448. https://doi.org/10.1111/cdev.12401

Ma, F., Zeng, D., Xu, F., Compton, B.J. and Heyman, G.D. 2020. Delay of gratification as reputation management. *Psychological Science*, 31(9):1174-1182. https://doi.org/10.1177/0956797620939940

McClure, S.M., Laibson, D.I., Loewenstein, G. and Cohen, J.D. 2004. Separate neural systems value immediate and delayed monetary rewards. *Science*, 306(5695): 503–507. doi:10.1126/ science.1100907

Metcalfe, J. and Mischel, W. 1999. A hot/cool-system analysis of delay of gratification: Dynamics of willpower. *Psychological Review*, 106(1): 3–19. https://doi.org/10.1037/0033-295X.106.1.3

Michaelson, L.E. and Munakata, Y. 2016. Trust matters: Seeing how an adult treats another person influences preschoolers' willingness to delay gratification. *Developmental Science*, 19(6): 1011–1019. https://doi.org/10.1111/desc.12388

Michaelson, L.E. and Munakata, Y. 2020. Same data set, different conclusions: Preschool delay of gratification predicts later behavioral outcomes in a preregistered study. *Psychological Science*, 31(2): 193-201. https://doi.org/10.1177/0956797619896270

Mischel, W. 1958. Preference for delayed reinforcement: An experimental study of a cultural observation. *The Journal of Abnormal and Social Psychology, 56*(1): 57–61. https://doi.org/10.1037/h0041895

Mischel, W. 1961. Delay of gratification, need for achievement, and acquiescence in another culture. *The Journal of Abnormal and Social Psychology,* 62(3): 543–552. https://doi.org/10.1037/h0039842

Mischel, W. 1974. Processes in delay of gratification. In Berkowitz, L. (ed), *Advances in experimental social psychology* (Vol. 7, pp. 249–292). New York: Academic Press.

Mischel, W. 2014. *The marshmallow test: Understanding self-control and how to master it*. Random House.

Mischel, W. and Baker, N. 1975. Cognitive appraisals and transformations in delay behavior. *Journal of Personality and Social Psychology*, 31(2): 254–261. https://doi.org/10.1037/h0076272

Mischel, W. and Ebbesen, E.B. 1970. Attention in delay of gratification. *Journal of Personality and Social Psychology*, 16(2): 329–337. https://doi.org/10.1037/h0029815

Mischel, W., Ebbesen, E.B. and Zeiss, A.R. 1972. Cognitive and attentional mechanisms in delay of gratification. *Journal of Personality and Social Psychology*, 21(2): 204–218. https://doi.org/10.1037/h0032198

Mischel, W. and Gilligan, C. 1964. Delay of gratification, motivation for the prohibited gratification, and responses to temptation. *The Journal of Abnormal and Social Psychology,* 69(4): 411–417. https://doi.org/10.1037/h0048918

Mischel, W. and Grusec, J. 1967. Waiting for rewards and punishments: Effects of time and probability on choice. *Journal of Personality and Social Psychology,* 5(1): 24–31. https://doi.org/10.1037/h0024180

Mischel, W. and Moore, B. 1973. Effects of attention to symbolically presented rewards on self-control. *Journal of Personality and Social Psychology*, 28(2): 172–179. https://doi.org/10.1037/h0035716

Mischel, W., Shoda, Y. and Peake, P.K. 1988. The nature of adolescent competencies predicted by preschool delay of gratification. *Journal of Personality and Social Psychology*, 54(4): 687–696. https://doi.org/10.1037/0022-3514.54.4.687

Mischel, W., Shoda, Y. and Rodriguez, M.L. 1989. Delay of gratification in children. *Science*, 244: 933–938. https://doi.org/10.1126/science.2658056

Miyake, A., Friedman, N.P., Emerson, M.J., Witzki, A.H., Howerter, A. and Wager, T.D. 2000. The unity and diversity of executive functions and their contributions to complex "Frontal Lobe" tasks: A latent variable analysis. *Cognitive Psychology,* 41: 49–100. https://doi.org/10.1006/cogp.1999.0734

Moffett, L., Flannagan, C. and Shah, P. 2020. The influence of environmental reliability in the marshmallow task: An extension study. *Journal of Experimental Child Psychology*, 194: 104821. https://doi.org/10.1016/j.jecp.2020.104821

Moriguchi, Y., Shinohara, I. and Yanaoka, K. 2018. Neural correlates of delay of gratification choice in young children: Near-infrared spectroscopy studies. *Developmental Psychobiology*, 60(8): 989–998. https://doi.org/10.1002/dev.21791

Munakata, Y., Yanaoka, K., Doebel, S., Guild, M.R., Michaelson, E.L. and Saito, S. 2020. Group influences on children's delay of gratification: Testing the roles of culture and personal connections. *Collabra: Psychology*, 6(1): 1. https://doi.org/10.1525/collabra.265

Peake, P. R. 2017. Delay of gratification: Explorations of how and why children wait and its linkages to outcomes over the life course. In

Stevens, J.R. (Ed.), *Impulsivity: How time and risk influence decision making* (pp. 7–60). Springer International Publishing AG. https://doi.org/10.1007/978-3-319-51721-6_2

Rodriguez, M.L., Mischel, W. and Shoda, Y. 1989. Cognitive person variables in the delay of gratification of older children at risk. *Journal of Personality and Social Psychology*, 57(2): 358–367. https://doi.org/10.1037/0022-3514.57.2.358

Rybanska, V., McKay, R., Jong, J. and Whitehouse, H. 2018. Rituals improve children's ability to delay gratification. *Child Development*, *89*(2), 349–359. https://doi.org/10.1111/cdev.12762

Schlam, T.R., Wilson, N.L., Shoda, Y., Mischel, W. and Ayduk, O. 2013. Preschoolers' delay of gratification predicts their body mass 30 years later. *Journal of Pediatrics*, 162(1): 90–93. https://doi.org/10.1016/j.jpeds.2012.06.049

Shoda, Y., Mischel, W. and Peake, P.K. 1990. Predicting adolescent cognitive and self-regulatory competencies from preschool delay of gratification: Identifying diagnostic conditions. *Developmental Psychology,* 26(6): 978–986. https://psycnet.apa.org/doi/10.1037/0012-1649.26.6.978

Watts, T.W., Duncan, G.J. and Quan, H. 2018. Revisiting the marshmallow test: A conceptual replication investigating links between early delay of gratification and later outcomes. *Psychological Science*, 29(7): 1159-1177. https://doi.org/10.1177%2F0956797618761661

Yanaoka, K., Michaelson, L.E., Guild, R.M., Dostart, G., Yonehiro, J., Saito, S., Munakata, Y. 2022. Cultures crossing: The power of habit in delaying gratification. *Psychological Science*, 33(7): 1172-1181. https://doi.org/10.1177/09567976221074650

畏敬

意味の生成

ちっぽけな自分

第10章

「無心」理論の構築

野村 理朗

1　「無心」の立体化

東洋思想をはじめ武道芸道の実践者の関心を惹きつけてやまない「無心」。「無心」[1]とはいったいいかなるものであろうか。本章は、心理学、脳科学で語られてきた自己超越的感情やマインドフルネスといった概念、そして心理学の実在論・意味論を手掛かりに問いを立体化し、新たな「無心」理論を提唱する。

そのための梃子として脳に着眼する。脳は内外環境とのインタフェースとして情報の出入力を制御して心理過程の基礎をなすためである。それは身体との相互作用のもと、意識的で精緻な情報処理から、潜在的かつ迅速な情報処理までを担う基盤として、主観や行動指標のみではとらえられない人間の心理・行動原理を多面的に理解する上での手掛かりとなるからだ。そのように考えた上で、本章においては戦略的に脳に着眼し、心理と関連づけつつ「無心」に関わる考察を深める。この試みを通じて、東洋の思想・実践に根ざした視座から、自己と他者との関係やとりまく環境との関係を問い、存在・意味に対する人間の根源的欲求にまで理解を深化させ、「日本型教育（文化）」の理解に資することができれば幸いである。

2 「無心」の一側面の現れとなる概念

(1) 畏敬の念

雄大な自然を前にすると、圧倒され、自らのちっぽけさを感じる。そうして大きく包み込まれるなか、そこには自他を分かつものはなくなっている。いわば分水嶺であり、事物を分かつその境界枠が外れるような体験。この自己変容のきっかけとなるそのような体験を美学、修辞学等においては「崇高体験」として、また心理学においてはそこで生じる自己超越的感情(self-transcendence emotions)の一種である「畏怖(畏敬)」ないし「畏敬の念(awe)」として、これらへの注目が高まっている。[2] もとより「畏敬すべきものは彼に対して威嚇的ではなく、友愛的で促進的に向かう(ボルノー 二〇一一)」とされるように、その根幹には畏れの感情のみならず、あらゆる生命・存在との

1……その英訳は mushin にはじまり、語られる文脈によって no-mind, the actualization of the 'no-mind', beyond ego 等と多様である。

2……米国での畏敬(awe)体験の源泉の多くはポジティブな内容の記述である。その一方で米国同時多発テロ等への言及等もある(Gordon et al. 2016)。この '9.11' に続く、アメリカ合衆国によるイラク侵攻の軍事作戦名は 'Shock and Awe' であった。当時その名称に違和感をもったのは筆者だけではないかもしれない。国内での意味構造分析の結果をふまえるならば、「畏敬」と「畏怖」の構造が異なること、とくに後者は恐怖の要素が強いこと(武藤 二〇一四)等から、awe の日本語訳は多様であろうことがわかる。

繋がりを感じとることから、他者とともに生き、分かち合う共生への示唆に富んでいる。

さて、本章の考察のポイントのひとつは「西洋型」と「東洋型」に関わる視座である。畏敬の念においては、その理論的考察や実験・調査研究は、従来、西洋圏を中心に展開してきたものである。これについては、後述する。

他方、日本国内においては、小・中・高等学校において、「人間尊重の精神と生命に対する畏敬の念」が道徳教育の根幹を成すものと位置づけられてきた。

> 道徳教育は、教育基本法及び学校教育法に定められた教育の根本精神に基づき、人間尊重の精神と生命に対する<u>畏敬の念</u>を家庭、学校、その他社会における具体的な生活の中に生かし、豊かな心をもち、個性豊かな文化の創造と民主的な社会及び国家の発展に努め、進んで平和的な国際社会に貢献し未来を拓く主体性のある日本人を育成するため、その基盤としての道徳性を養うことを目標とする。
>
> （文部科学省　学習指導要領　第1章総則）（下線は筆者）

それでは畏敬の念のもたらす身心への効果とはいかなるものだろうか。例えば畏敬の念を感ずるとき、時間知覚が変容し、利用可能な時間が十分にあるという感覚のもと、利他的な行動が増えたり、あるいは規範への感受が高まり、向社会的行動が促進されたり、身体的健康が増進したりする（Keltner and Haidt 2003; Piff et al. 2015; Rudd, Vohs and Aaker 2012; Stellar et al. 2015）。その核心は、個人がちっぽけな存在である（small self）という感覚をもとにして、物質的・利己的・即時的な囚われから解放される点にある。

こうした畏敬の念には二つの類型があることが知られており、これを「positive-awe」と「threated-awe」とここでは呼ぶ。まずpositive-aweは、大自然、音楽、彫刻、あるいは数式などによってもたらされ、例えば生命を感じ取り、たがいの繋がりを感じ取るなか、他者への寛容性を増し（Sawada and Nomura 2020）、ともに生きることの喜

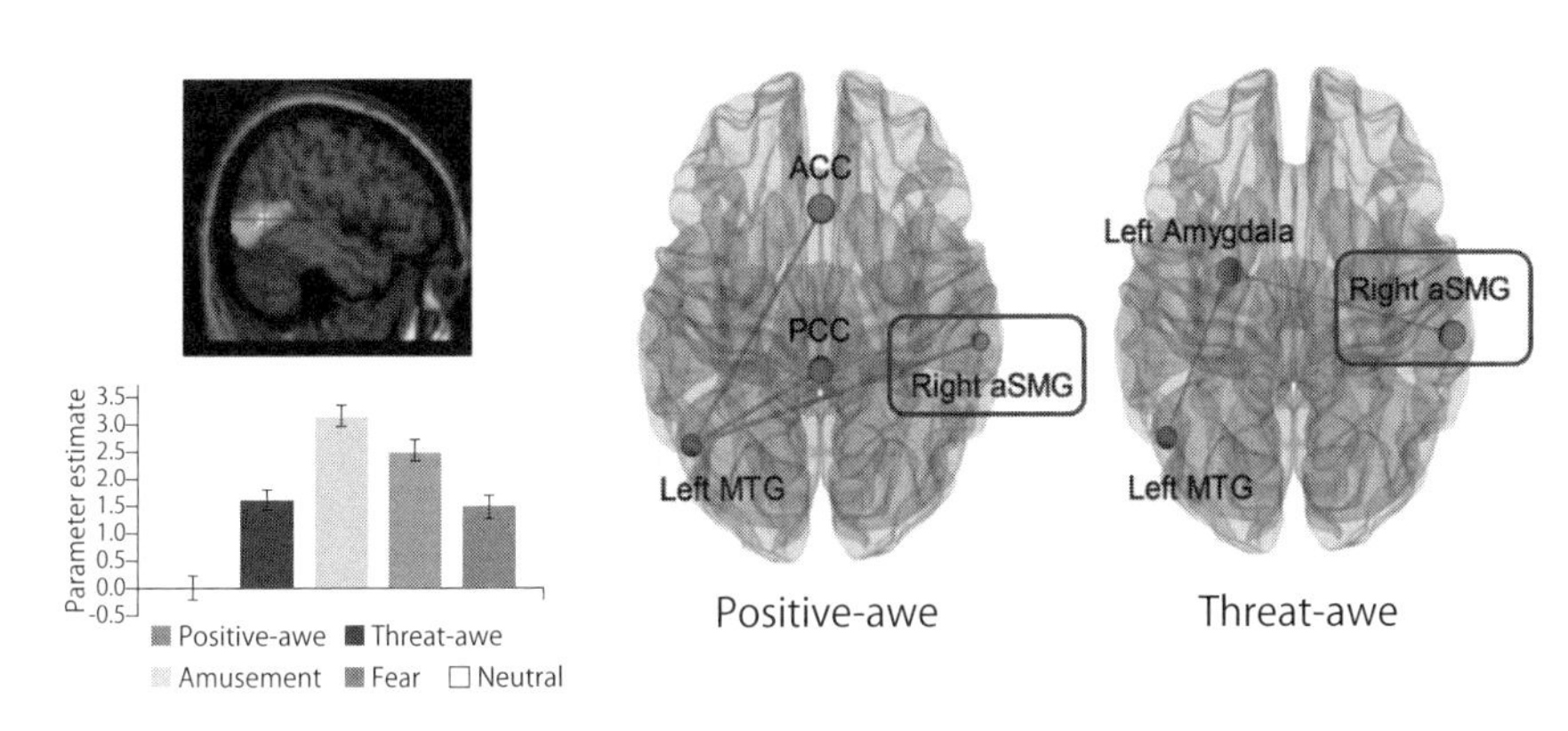

図10-1　畏敬の種別に応じた中前頭回（rMTG）の活動と脳機能ネットワーク

（脳を横から見る）（Takano and Nomura 2022 より改編）

びを見出すような体験を導くような畏敬の念である。一方threated-aweは、自然災害等を源泉とし、無力感等を媒介して、主観的幸福感の低下を招くことや（Gordon et al. 2017）、外集団を疎外するような行動へと結びつく可能性も示唆されている（野村二〇二一）。

脳の活動においても相違点がみられる。positive-aweを喚起する動画を提示すると後述する前頭前野の外側部に位置する中前頭回と自他のイメージの把握に関わる縁上回（supramarginal gyrus）との結合強度が上昇し、他方threated-aweでは中前頭回と脅威の検出に関わる扁桃体との結合強度が上昇する（Takano and Nomura 2022）。これは畏敬の念の源泉となる対象の類型に応じて、活動する脳領域に相違があり、生じる心的現象に相違があることを示す知見である。これら二種には共通性もあり、いずれも自分がちっぽけなものという感覚をともない、それが強いほどに左側の中前頭回の活動が低くなる（図10―1）。このような現象は単純にポジティブな感情（joy）をもたらす映像においては生じないことから、畏敬の念はポジティブという比較的シンプルな感情とは異なる作用のあることが示唆される。また、畏敬の念を感ずる頻度の高い個人ほど、中前頭回の灰白質体積が少ないという従来からの報告とも符合する（Guan et al. 2018）。中前頭回は、スキーマ（知識構造）の表象に関わることが知られている。この脳領域の活動を非侵襲的に刺激し、神経細胞の活動を低下させると、複数の単語が表象するものの関連性を判断することが困難となる（Davey et al. 2015）。畏敬の念のような既有の知識構造におさまりきらない体験の感受により、この脳領域の活動が低下することがわかる。畏敬の念にともなう自己がちっぽけであるという感覚において、自身に内在化された既存の枠組みを手放すようなことが生じており（liberate）、そうして自他の距離がかぎりなく近くなっている、あるいは大きな存在に包まれているような感覚、対象との間によこたわる境界がうっすらと消えて、一体化するような感覚につながるのだろう。

以上、畏敬の念を、とくに自然環境に由来するものとして見てきたが、形而上の存在への信仰心は言うまでもなく、荘厳な建築物や精緻な数式、あるいは詩歌のような言語的側面からも畏敬の念は生じるし、自己超越的感情といった上位の概念に遡るならば、感謝等の対人由来のものもある。そうした多様な「対象」が自己超越的感情の源泉となって、知覚者の自他の境界（self-boundaries）をその外側へと広げてゆくのである。

本章で提起する視点は、その広がりにおいて自己超越（self-transcendence）[3]にとどまらない作用である。どういうことか。自己超越とは、自他の境界が広がる過程において、対象を取り込み・包摂してゆく。その結果として、主体たる自己（あるいは自我）がそれまでの自己を拡張してゆくこと。これが自己超越である。その一方において、自己超越とはまったく逆方向の作用が生じている可能性を以降述べてゆく。

手始めに、日本を代表する哲学者の一人である西田幾多郎の例を挙げるのがよいだろう。

己を空しうして物をみる。自己が物のなかに没する。無心とか自然法爾とかいうもの
（西田幾多郎 一九四〇『日本文化の問題』）

自身を空っぽにして対象（物）のなかに入る。自分の視点から離れ、その対象と一体化する。そうした出来事が

「無心」の一形態である。そこにともなうものは自己超越的感情というよりはむしろ、「自己解体的感情」とでもいうべきものではないだろうか。

次にマインドフルネスについて概観し、さらに「無心」との独自性に関わる考察を深めてゆきたい。

(2) マインドフルネス

マインドフルネスも「無心」の一側面の現れや状態と考えることのできる概念である。その定義は多様であるが、集約すると「今、この瞬間の体験に意図的に意識を向け、評価をせずに、とらわれのない状態で、ただ観ること」(Brown and Ryan 2003; Brown, Ryan and Creswell 2007) となるだろう。意識を向け、ありのままに気づき、それに没入することもない状態。そこには自身の内外の環境をメタ的に俯瞰するような明晰さもともなう。このことからマインドフルネスは「無心」との共通項を有する近しい構成概念と位置づけることができる。このマインドフルネスの状態もしくは特性への到達に資する実践方法として、従来から仏教瞑想(チベット仏教、上座部仏教、禅の瞑想)やマインドフルネス心理療法/訓練法が知られるのに加え、近年は医療従事者や心理療法士等からマインドフルネス瞑想が注目されている。

マインドフルネス瞑想は、大きくは集中、洞察、慈悲の三種(それぞれ、focused attention meditation, open

3……自己超越の心理学研究において、それが六つの構成概念から成ること、すなわち本章で扱った畏敬の念、マインドフルネス、自己超越的感情に加えてフロー体験(flow)、至高体験(peak experience)、神秘的体験(mystical experience)から成ることが提唱されている(レビューとしてYaden et al. 2017など)。

monitoring meditation, compassion meditation）から成る。対象（例えば、瞑想法の一つの数息観（su-soku meditation）[4]ならば自身の呼吸など）に注意を焦点化し、継続する「集中瞑想」。そして身体感覚をスキャンしつつ、その体験にありのままに気づきつつ、とらわれないとする「洞察瞑想」（Lutz et al. 2008）。これに自他への思いやり（compassion）をはぐくむとされる「慈悲瞑想」を加えた三種である。そうした瞑想の実践により、注意や感情にかかわる制御のあり方や自己感に変容が生じるとされる。

　そのそれぞれの身心にもたらす効果や中枢神経系、身体の生理学的作用機序に関する知見が多く示されている。例えば、洞察瞑想により、集中瞑想と比較しても一層意識が覚醒する一方で、ストレス（自律神経系や内分泌系の指標からみたもの）が低減する（Ooishi et al. 2021）。具体的には、教示にそって三〇分間程度の瞑想を行うと、未経験者であっても集中瞑想ののちには副交感神経系（心拍変動を指標とする）が亢進し、リラックスした状態がもたらされる。同様の実験で、洞察瞑想ののちには交感神経活動が亢進し、対象への集中を促すような状態になる一方で、ストレスの指標となるホルモン（コルチゾール）の濃度が減少する。ここで大切な点は、洞察瞑想によって覚醒度が高まりつつも、ストレスは高まることがない点である。いわば、心は「しん」としながらも、身体をいつでも冷静に駆動できるレディネスが促進される。それは自然界において捕食動物等の環境に潜む脅威から身を守る、あるいは古来なら武士の合戦時には相手を倒す、今日においては精神的ストレス（プレッシャーやあがり）に阻害されることなく、スポーツや身体芸能での最適なパフォーマンスを発揮するのに望ましい状態の一種だといえるだろう。

　中枢神経系について瞑想の種別によらず報告が多いのは、脳のデフォルトモードネットワーク（default mode network: ＤＭＮ）との関連である。ＤＭＮは、創造性や自己参照の過程と関わる前頭前野内側部（medial prefrontal cortex）や前部帯状回（anterior cingulate cortex）や後述するエピソード記憶を表象する脳部位から成る機能的ネットワーク[5]である。このＤＭＮのネットワークの結合性が、例えば洞察瞑想の実践時間が長くなるほどに低下する（Fujino et al. 2018）。具体的にはＤＭＮを成し、大脳深部に位置する被殻吻側部と脳梁膨大後部皮質との機能的結合性の低下が確認されている。この脳梁膨大後部皮質はエピソード記憶を表象する脳領域の一部であることをふまえるならば、この結果から、洞察瞑想により過去経験への囚われ、ある種のバイアスから解放される状態が実現されている可能性が示唆される。また、集中瞑想においては前頭前野をふくむ注意関連脳ネットワーク（視覚野、後部帯状回、腹側線条体等）が活性化するのに対し、洞察瞑想ではむしろそれらの結合性が低下するなど、技法に対応した脳活動の相違も確認されている。観察主体である自己に生じる感覚、感情、思考を対象化する。そうして感情や思考を脱同一化し、あるいはそうした気づきのもとで、過去や未来へのとらわれから解放され、今ここにあるということ。かつ対象をメタに認識し、そこに研ぎ澄まされた集中がともなうならば、それは「無心」の一側面と通ずる状態ともいえるだろう。

ただし、そこには相違もある。マインドフルネスにおいては、注意方向を操作する主体たる自己が前提となる（無論、解体された時間・空間的連続性から、無常・無我を実感することを目指すものである）。他方、「無心」においては、（気づけば）対象そのものへと溶け込んでいること。ときに「自他を分かつ以前の状態」にまでいたるような受動性が強調される。そこには観察主体と対象との関係はない。かつ、そうした「未分」に没入するでもなく、そこに

4……吸気や呼気のタイミングにあわせて、声を出さずに数をかぞえてゆく瞑想方法。

5……DMNのほかに主要な脳ネットワークとして、前頭前野を中心とする実行制御ネットワーク（executive control network: ECN）、これに前部島皮質（anterior insula）等からなる顕著性ネットワーク（salience network: SN）が知られている。DMNはいわゆるデフォルトとなる脳の状態を担い、例えば、マインドワンダリングとされる「心ここにあらず」といった状態とも関連する。そこでひとたび目標を設定し、集中するなかでSCNが活動する。そうしたなかでまた雑念がわくような状態においてはDMNが活動する。その目標からそれた状態をSNが検出し（雑念に気づく）、ふたたびECNによる目標方向へと注意を戻すといったように、SNはDMNとECNの働きを柔軟に切り替えるスイッチとして機能する。

は明晰さや「強度」もともなう。この双面性や対極性のレイヤーの並存する状態。それが「無心」であろう。これらのレイヤーは、西見奈子が本書第3章で考察する「融ろかし（とろかし）」、いわゆる古澤により見出された母子の一体感を治療目標とした態度、そして「とろかし」に対するアンチテーゼとして自他の分離を重視した土居が渡米した先で新たに見出した「甘え」の理論、これらに介在するそれぞれのプロセスと符合する部分があり興味深い。

（3）「実在の論理」と「対象化・表象論理」

「西洋」とは対象化・表象論理である、そう述べたのは西田幾多郎である。従来の心理学の理論で強調されてきた根源的欲求は、この「対象化・表象論理」による説明である。そのように考え、「実在の論理」とされる「東洋」の論理から、新たな説明理論を構築する。「実在の論理」では、対象化や表象に先立って実在そのものが現れると考える。無論、対象化以前の状態の「主客未分」にかかわる問いは西洋哲学の端緒をなすものであり、それはカント（Immanuel Kant）の「超越論的哲学（transcendental philosophy）」から、対象を包摂し築き上げるフィヒテ（Johann Gottlieb Fichte）の「絶対的自我」などに見ることができる。しかし、それは西田による「絶対無」、あるいは「空」の論点（西谷［一九八二］一九八七など）から考察するに、根本的に異なる側面を有することもわかる。例えば、歴史学者の永井晋（二〇一四）は西田について次のように述べている。

西田の純粋経験で特徴的かつ決定的なのは、「色を見、音を聞く〈刹那〉、〈未だ〉主もなく客もない」と言われる時の、「刹那」という（「空」のあり方を表す）仏教用語で表現されたその「主客合一」の「一」のあり方（位相・次元）である　（永井 二〇一四）

「東洋」の論理におけるこの「いまだ〜ない」位相は、「西洋」の論理にあるものと等価ではない。しかし、上述してきた畏敬の念ならびにマインドフルネスなどにおいては接点もみることができる。それらいずれも「西洋の論理」のもと近年の研究が展開している。こうした動向を背景に、「東洋」の論理からの「無心」という新たなグランドセオリーを最終節で構築するにあたり、次節では意識と無意識の情報処理と「対象化・表象論理」を前提とした従来の心理学の理論を振り返っておこう。

3……心理学の実在論・意味理論

(1) 脅威の無意識的処理とバイアス

意識に立ち昇らないような情報はいかにして処理されるのだろうか。感情プライミングと呼ばれる現象がある。それは対象の評価が、先行する刺激（プライム）の影響を受けて、先行刺激に対する感情価（ポジティブ—ネガティブ）と同一方向へシフトする現象として知られる。例えば、意識に立ち昇らないようなごく短時間——ここでは三〇ｍｓ（ミリ秒）程度——であっても、怒りの表情が視覚提示されると、脳の右側の扁桃体（amygdala）が反応する（Nomura et al. 2004）。扁桃体とは外部刺激が自己にとって安全で報酬的なのか、脅威なのかを評価し、感情行

6……この永井の考察はジェイムズ・Wの「根本的経験論（radical empiricism）」やベルクソン・Hの「純粋持続（durée pure）」や「直観（intuition）」との比較のもとで記述される。

動を喚起する脳部位である。この扁桃体の反応が強い個人ほど、怒りの表情が無意識的に先行処理されたのに続いてニュートラルな表情が意識上に提示されたとき、その表情を怒っているかのように認識する。このことから、怒りのような感情的刺激が扁桃体において自動的に検出され、その扁桃体の活動が後続する認知処理に本人の自覚なくして影響を及ぼしうること、いわゆる認知バイアスを調整することがわかる。環境中の脅威への迅速な対応を可能とする脳機構は、同時に認知バイアスの基盤ともなるのである。

(2) 存在脅威管理理論、不確実性管理理論

では、脅威とは一体何であり、どのように対処されるのであろうか。あらゆる生は有限である。しかし、自身の「存る」という認識への欲求は、先行きの曖昧さや不確実さ、あるいはやがては「消滅」する (absolute annihilation) という自身への脅威を緩和するように個人を動機づける。この「存在脅威管理理論 (terror management theory: TMT)」ならびに「不確実性管理理論 (uncertainty management model: UMM)」として知られる心理学の理論では、人間の根源的な動機をそのように説明する。

死にかかわる不安は、他者と紐帯し文化的世界観 (cultural world view) を共有することによっても緩和されうると考えるのが存在脅威管理理論である。文化的世界観とは、集団 (国家・民族等) の一員であることを自覚する過程において自身に内在化される、集団成員によって共有される価値体系 (世界観) であり、この世界観に依拠することによって維持される自尊心をもって、死への不安が「管理」される。

このことは実験室場面で実証されている。例えば、「喪」や「棺」といった文字を画面上に提示する。すると、これを目にした個人は「死」に関わる思考 (知識構造) へのアクセシビリティが高まり、結果、自身と同じく集団の所属するメンバー (内集団成員) への肯定的な態度が促進される。そのこと自体には大きな問題はない。ここで

目を留めるべきは、外集団成員への態度が否定的になる点である。いわゆる「死の顕現化（mortality saliency: MS）」により、外集団のような異なる規範や慣習をもった人々を自身への脅威とみなし、批判・排斥するような防衛的反応（Greenberg et al. 1992）へと結びつく可能性がある点だ。この異なる信念体系をもつ外集団への否定的態度は、対象が内集団成員であったとしても、自身の世界観に否定的な人物、あるいは内在化した規範からの逸脱者等に対しては否定的態度が強く示されるほどに根強いバイアスである。

（3）死の顕現化にともなう脳活動と世界観防衛

すでに述べたように、扁桃体は環境中の脅威を検出し、ここで生じる感情は、ときに対象への注意、評価、解釈を無自覚的にバイアスする（後述のシステム1）。これに対して、前頭前野（pre-frontal）は、そのバイアスに拮抗するように活動し、扁桃体の活動を抑制する（同じく、システム2）。そうした機構により、対象へのバイアスが生じにくくなり、3節1項で示した例では、ニュートラルな表情はそれ自体として適切に判断されるようになる。この前頭前野を中心とする脳領域は、思考や感情の意識的な制御をはじめ（Ohira et al. 2006）、物理的な痛み、社会的な排斥等による心理的痛みの緩和、さらには死の顕現化による潜在的な不安の抑制、あるいは世界観防衛の低減にも関わってくる（Han, Qin and Ma, 2010）。かりに死が顕現化したのちに、自身の世界観に対し批判的なエッセーを目にしたとしても、この前頭前野の腹外側部の活動の高い個人においては、エッセーの著者に対する防衛的・攻撃的な反応は低減されうる（Yanagisawa et al. 2016）。

存在脅威管理理論においては、死の顕現化にともなう防衛的反応は、一般的な不快刺激（不快感、軽めの痛みなど）のもとでは生じないという報告を根拠に、死に特化した情報処理とその結果であると主張されてきた（Greenberg et al. 1992）。つまり不安や恐怖ではなく、その絶対的な消滅（absolute annihilation）という予感が、人間の認知・行動を方向づけるのである（Solomon, Greenberg and Pyszczynski 2004）。

（4）不確実性管理理論、意味管理理論

しかし、この反応は、死の顕現化への防御に限られたことなのだろうか。「死」に関わる高度に抽象化された思考が人間固有のものであることに疑いはない。それは死の顕現化の結果生じる行動が、文化の規範・価値基準に応じて異なるという報告からも支持されるだろう（Ma-Kellams and Blascovich 2011）。しかし、せまる脅威を回避したり、曖昧な状況を解消するよう行動を動機づける機構は、人間以外の霊長類や齧歯類もいわゆる「不安システム（brain based anxiety system）」として備わる。その構造上の相違はあるものの、この「不安システム」が人間から齧歯類までにおおよそ共通する神経基盤であることに目を留めるならばどうだろうか。ここで大切なのは、それが死の顕現化にともない活動する脳領域とほぼ同様である点である。加えて、世界観に関わる防衛的反応が死の顕現化をともなわなくとも生じることをふまえるならば（Tritt, Inzlicht and Harmon-Jones 2012）、「死」への反応過程を人間（とくに思春期以降）特有のものとして仮定する以前に、まずは動物にも備わる機構としてとらえる必要がある。

もとより新皮質に含まれる前頭前野は、進化的に古いとされる大脳深部との密接な神経連絡を有しており、すでにみたように人間固有とされる行動も大脳深部の影響を受けている。これをふまえるならば、人間とそれ以外の動物とに通底する、より根源的な欲求の現れとして位置づけることもできるだろう。刺激が与えられるとそちらに注意を向ける定位反射（orienting reflex）として知られる現象は、予測と実際の知覚入力信号との誤差により生じる。これを生存欲求との誤差と読み替えることも可能であり、予測のつかない不確実な事象のもたらす結果であるともいえる。社会的場面での他者の表情など非言語情報の読み取りにおいても、明瞭なものよりも曖昧なものを読み取るときに、より多くの認知的資源が割り当てられ、脳領域が駆動される（Nomura et al. 2003; 野村 二〇〇四）。

そうして考えると、個体の適応上、対処すべき状況や対象とは、曖昧で不確実な（そこに潜在的な脅威の潜む）事象であり、それは存在脅威管理理論を包含しうるメタ理論として、不確実性管理理論が提唱されたこととも符合する（Hirsh, Mar and Peterson 2012）。こうした存在脅威管理理論や不確実性管理理論についてプルーら（Proulx, Inzlicht and Harmon-Jones 2012）は、心理学の主要理論である認知的不協和理論（cognitive dissonance theory）とともに包括的に再検討し、それらに共通するプロセスとして、①期待と経験の不一致性の検出、②嫌悪的反応を低減しようとする動機づけ、③経験、期待、信念の関係の合理化があるとし、これらの観点から諸理論の統一的な説明が可能であると主張する。この他にも、人間の根源的欲求は、脅威や不確実性の低減ではなく、むしろ意味の探求・生成にあるとする意味管理理論（meaning management theory）も広く知られるところだが、これも上述のプルーら（2012）の提唱した枠組み（②、③が該当）により説明可能だろう。

存在をゆるがしうる脅威や不確実性に対処し、それを減らそうとする。意味を追求し、何らかの意味を生成しようとする。そこに描かれるのは、環境や他者、もしくは「意味」を「対象」として、これへ働きかけてゆく確立した自己の姿である。ここにおいて、人間に通底するある種強力な動機づけのメカニズムは、統一的に説明されたように思われるが、果たしてそうだろうか。

4……「無心」理論

(1) 二つのシステム

それでは、無心[7]とはいかなるものだろうか。これまでに東洋思想、哲学、宗教学等の学問領域と武道・芸道などの実践者による論考がたがいに影響しつつ、実に多様な文脈から「無心」が語られてきた。とりわけ近年は、哲学者であり、言語学者、イスラーム学者としても知られる井筒俊彦(一九八三)による定義が広く知られるところだろう。これを哲学の視座から教育人間学を展開してきた西平直(二〇一四)は集約し、無心'no-mind'とは、心が無いではない、と述べたうえで、それは放心状態や無感覚でもない、不活発や過活性でもないとし、心が最高の強度と明晰さをもって機能している状態(work with utmost intensity and lucidity)と読み解いた。この「無心」に関わる理論を構築するにあたり、以下に述べる背景をふまえたい。

従来、意識とりわけ無意識の働きに着眼したフロイトの深層心理学が広く知られるが、近年では人間の心はシステム1と2の両者から成るとしたキース・スタノビッチの二重過程モデル(Stanovich 2004)のように、人間の心は二つのシステムから成るとの指摘や論考が多くみられる。それは心理・生物学的現象一般を俯瞰しても、行動経済学の観点から人間の意思決定は速い情報処理と遅いそれから成ると述べたダニエル・カーネマン(Kahneman and Frederick 2002)の主張[8]、情動は生理的覚醒とその解釈から生じるとする二要因モデル(Schachter 1964)、あるいは生命現象としてゲノムDNAの情報が転写され、タンパク質に翻訳される二つの過程から成るとするセントラルドグマなどの多くが二過程（もしくは二要因）から成る説明理論となっている。また、そのそれぞれにおいて、おおよそ二過程の主従もしくは一方向の情報の流れを前提とするような二元論的視点への反省とともに理論の精緻化が進んでいる。

こうした動向を背景に、本節は人間の心をまず二つのシステム、無自覚的で自動的な迅速な処理（システム1）と、意識的で統制的、精緻な処理過程（システム2）とに大別し、解明されつつある各々のシステムに対応する脳の機能・構造的なネットワークの要点を示す。そのうえで、新たに「システム0」を提唱し、ここに「無心」の独自性を位置づける。そうした作業を通じて、これまでに見てきたような理論（存在脅威管理理論、不確実性管理理論、意味管理理論等）と対比しつつ、この「システム0」とは「心が最高の強度と明晰さをもって機能している状態」を担うものと仮説して、新たな「無心」理論の構築を試みる。

(2) システム1とシステム2

システム1は、直観的で無自覚的な素早い処理を担う。対応する脳領域は、3節1項でみたような扁桃体を含む大脳深部であり、おおよそ齧歯類以上の動物に備わる脳領域である。この大脳深部の活動は、前頭前野と密接な神

7……本章においては、鈴木大拙の「無心」論（鈴木 二〇〇七）から、西平直の「無心」解釈・「無心」論（西平 二〇一四）、そして筆者による心理学・神経科学的観点からの「無心～柔軟性」解釈・「無心」論（野村 二〇一九）の視座から記述する。

8……主張の根拠となるデータの再現性等、一部理論の修正を要するため、最新の研究知見に十分目を配る必要があることは言うまでもない。

経ネットワークを介して相互に連絡する。したがって、この神経ネットワークを介し、システム1の働きは、以降述べるシステム2を基盤とする意思決定といった複雑で高次の心理過程へも影響し、迅速かつ適切な意思決定を実現する。その一方で、そうした「心理的なショートカット」を可能とする仕組みを「ヒューリスティクス(heuristics)」と呼ぶが、これがシステム2の作動にバイアスをかけ誤った判断を誘発することもある。

システム2は、意識的で精緻な処理を担う。それは前頭前野を含む大脳新皮質を中心とした機構により、知覚的情報（いわゆる五感）への意識的なアクセスから、内的表象の操作、個体間の関係構築・調整といった社会性の基盤を担うものである。このシステム2は、上記のようにシステム1からのバイアスを受ける一方で、システム1と協調しつつ、無心の一側面であるマインドフルネス[9]や畏敬の念の基盤となる。また、そうした心理状態が変容する過程において、ときにはシステム1と2の枠組みでは説明できないような状態が顕れる。そこで、以降に述べるシステム0を仮定する。

このシステム0との名称を使用するのは著者が初めてではなく、「システム0」を生命維持および末梢神経系の制御を担うものとして定義した論考が国内にある（山根 二〇一六）[10]。そこで想定される機構は、中枢神経系の働きに由来する自律神経・免疫内・分泌系等を制御する、いわゆる〈中枢―身体〉のループである。それは生命維持・ホメオスタシス等の人間と動物に共通して備わる機構であることをふまえ、本章においては、これをシステム1に位置づけ、システム0は、上記のシステム1、2の枠組みに収まらない状態として定義する。次節ではこのシステム0について、東洋思想のコンテクストから定義し、心理構成概念や中枢神経系との対応づけを考察することにより、新たな「無心」像へと迫る。

（3）システム0

システム０の概念を明確にするために、システム０を仮定することの意義を「無心」の観点から論じたい。まず「無心」には、マインドフルネスや畏敬の念のように、対象を感受する主体におけるメタ認知のような再帰的な自己意識の作用等、システム1、2の協調により実現される側面がある。それと同時に「無心」には、システム1、2の範疇に収まらない在り方もある。それは心理学や脳科学の知見に照らすかぎりにおいて、直ちに説明・了解することの困難なものである。その一方で、「〈未だ〉主もなく客もない」位相とも表現されるように、東洋思想や宗教学のコンテクストにおいては多種多様な表現をもって記述されてきた「在り方」である。

例えば「身心脱落、脱落身心」とし、「草木のようになれ」と説いたのは一三世紀前半の禅僧であり、曹洞宗の開祖とされる道元である。草木であるならば、そこに中枢神経系は存在しない。その草木になれとはいかなることなのか。ここには議論の工夫が必要となる。少なくとも、道元によるある種のアナロジーとして捉え、これを別の

9……マインドフルネスに関し、山根（二〇一六）はこれを「システム３」に対応するものと定義している。本章においてはマインドフルネス瞑想を支える脳機能をふまえ、それはシステム１と２の協調により実現される概念として位置づける。また「無心」においては、東洋思想を中心とする系譜をふまえ、従来の構成概念（マインドフルネス、ゾーン体験など）に収まりきらない位相を担うものとしてシステム０を仮定する。

10……システム０（自律神経・免疫内・分泌系等の身体システム）、システム１（行動）、システム２（思考）、システム３（「観照」する態度）。

意味に置き換えるならば、草木のように柔らかくなめらかな委ねる心、あるいは不動心といった心の在り様、を説いたものとなる。と同時に、その本意は、中枢神経系の枠組みにとどまらない「意識」の位相を視野に入れたものであろう。それは個人によっては（経験的に）直感可能なことかもしれない。[11]

ここでシステムを「0（ゼロ）」と命名することの意味を議論したい。それは上記にみるような「無心」の在り方として、システム1ならびに2とは異なる位相を仮定する必要があるためである。すなわち、システム1、2のいずれもが、対応する心理プロセスや脳機構の両者をもって記述可能である一方、「無心」は脳や身体と対応づけて結論することは（すくなくとも現時点では）困難であるために、その「受け皿」となるシステムを仮定する必要がある。いわゆる還元論は、心理構成概念を記述し、それに対応する脳や身体の機構を示したうえで前者の根拠とするが、そうしたアプローチにおいては、システム0を裏づけるに足る科学的知見を十分に挙げることはむずかしい。

しかし現象として（断片的に）記述することはできるかもしれない。例えば、畏敬の念[12]に関して述べたように、これを「生への畏敬」として焦点化するならば、少なくとも、人間は自然界との一体化を希求し[13]、自己と対象との区別のない状態、すなわち「いまだ～ない」ところの位相。すなわち「主客合一」の「一」を求め、これそのものへと還ろうとするベクトルの作用をそこにみることができる。

ここでのベクトルの向かう先、いわば到達点にあるものは何か。本章ではこれを、井筒俊彦による構造モデル（井筒 一九八三）の「意識のゼロポイント」として想定する。ここでの「意識のゼロポイント」とは、図10—2の上段から順に、表層意識、中間地帯、言語アラヤ識、無意識と続き、その最下段の白丸部分に位置する位相である。この「意識のゼロポイント」について、井筒が多くを語らなかったことを受け、西平（二〇二一）はこれを「意識と存在との区別が成り立たない無分節」と読み解き、「無分節」の極点であると述べた。それは井筒（二〇〇一）が「言語を超越し、一切の有意味的分節を拒否する」と表現した最深層に位置するものである。本書第1章において西平直は、禅の「公案」の系譜をとりあげ、近代学校教育システムとは異なる師弟関係において、その問答に際

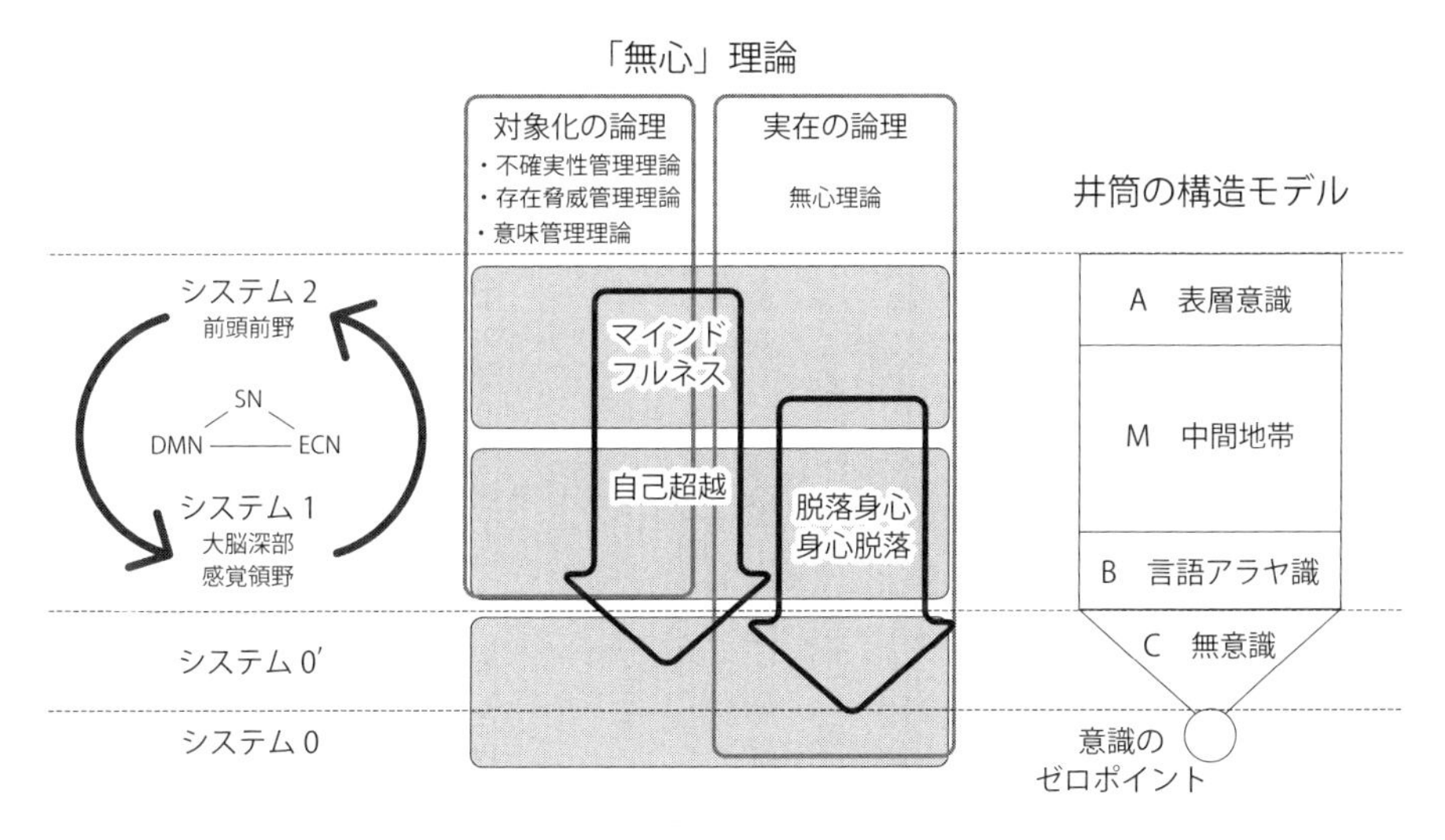

図10-2 「無心」理論とシステム0〜2、対応する「意識の構造モデル」
（構造モデルは井筒 一九八三より改編）

して師は弟子に無意味を突きつけ、その「意味を考えるということ自体が意味をなさない世界」へと追い込む「方法論上の意味」に着眼する。それは畏敬体験が、既存のスキーマ（知識体系）から個人を解放する、その過程とも通底するものであり、これら両者に共通する基底に横たわる層であると考えることもできる。この位相を実現するシステムを「0」と定義する。

この最深層へと、まさにその自然帰りともいえよう

11……ジェイムズ・Wは、神秘的体験の当事者にとって、その体験は正当な事実であると認める一方で、それを他の人に押し付けることは認められない、としている（ジェイムズ 一九六九）。本章もこの立場に立つ。

12……マインドフルネスは、目指す状態を実現するために、内外環境を対象化し、そのために中枢神経系が目標を表象し、モニタリングしつつこれを制御する、といった中枢神経系の働きに重きをおいた概念である。この点において、無心の一側面をとらえたものであったとしても、畏敬の念とは性質の異なるものである。

13……これを絶対なるもの、神への希求・祈り等と置き換えることもできる。本論の趣旨から離れるため、別の機会に論じる。

動機づけによるベクトルが向かう。そうして徐々に深みへと向かってゆくものの、最深層そのものへと到達することはない。なぜならば、私たちには中枢神経系が備わるためである。草木そのものとなることはできない。あるいは「いまだ〜ない」といった位相にある「空」そのものにもなれない。しかし少なくとも、そうした位相をイメージしたり、これに向かう根源的な欲求を感ずることは可能だろう。そうして、この最深層へと向かい、まさに「無分節」の極点に到達せんとするその瞬間、私たちはすでにその上層部へと押し返されている。

(4) グランドセオリーとしての「無心」理論

システム1、2において「分節(articulation)」された表象は、——「意識のゼロポイント」へと向かうもの、これを押し返すベクトルの双方向の作用により——「無分節(non-articulation)」の過程を経て、ふたたび「分節」される。そうして当初の「分節Ⅰ」は「無分節」を経て、新たな様相を帯びた「分節Ⅱ」へといたる(図10—3)。この図で示しているものは、東洋思想の根底に流れる「存在解体」の視座であり(井筒 一九八九)、存在解体以前のもの、それ以降に生じるもの、そうした循環を担うもの、それらを包括して説明する新たな視点である。このまさに「意識のゼロポイント」へといざなう過程において、「分節Ⅰ」は徐々に「無分節」化され、それが再び「分節」化され、「分節Ⅱ」へといたる。この過程を担うものを「システム0′(ゼロ・ダッシュ)」と命名する。

ここにおいて、「対象化の論理」のもとで紐解かれてきたシステム1、2と、本章で仮定するシステム0′とが結びつく。すなわち「意識のゼロポイント」へと向かう根源的欲求は、システム0′それ自体の作用として生じるのみならず、システム1、2の働きを起点とすることもある。すなわち「対象化の論理」のもとで生じる様々な動機づけ(脅威や不確実性への不安、意味追求・生成等)は、「実在への論理」を駆動する。そうしてシステム0′の作用による「無分節」化に始まり、ふたたび「分節化」に至る過程においてシステム1、2が作動する。その結果生まれるもの

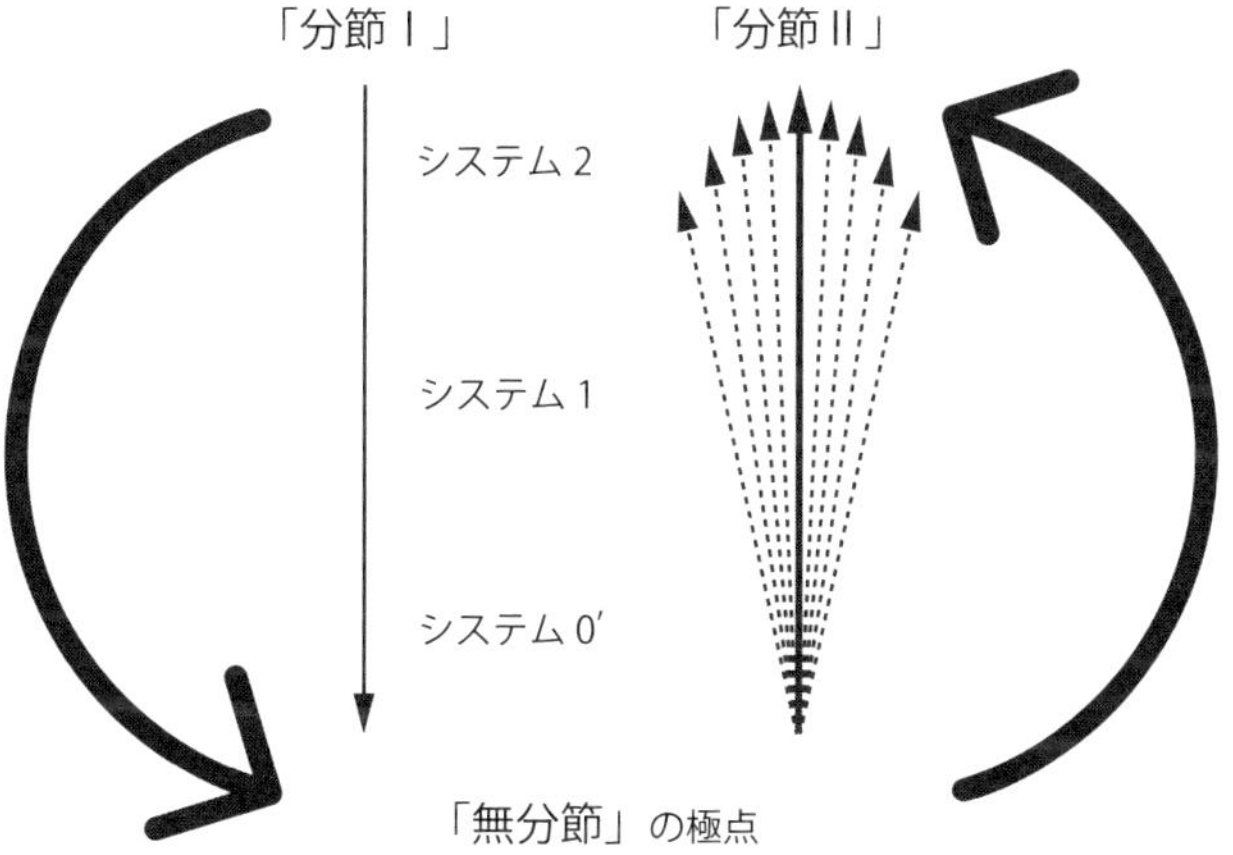

「分節Ⅰ」
「分節Ⅱ」
システム2
システム1
システム0′
「無分節」の極点

図10–3　「無心」理論による無分節と分節の関係性

は新たな表象である。ここにシステム1、2、そしてシステム0′を巡る往還がある。

もとより、現実の心的活動においては、システム1、2の働きに偏重することも多いだろう。それは、既有の分節結果にとらわれた状態、と言い換えることもできる。一方で、システム0′に偏っても、現実から遊離してしまう。往相、還相のバランスが大切である。そうした循環のうちに「二重の見（井筒 二〇〇一）」、すなわち「システム2、1からシステム0′を貫き通す視点」が養われるのだろう。繰り返しになるが、システム0′を担う脳や身体の機構を現時点では特定することはできない。しかし、ここでシステム0′を仮定し、「対象化の論理」の範疇にない位相を射程として収めることができた。そうして従来の理論を組みなおすもの。これを「無心」理論として提唱する。

14……自然界の一部となることへの欲求を人間は先天的に有している（Wilson 1984）。このバイオフィリア（biophilia）仮説として広く知られるように、洋の東西を問わず普遍性をもつ欲求であるといえる。

5……「無心」理論の構築とその実践に向けて

本章は、心理学の実在論・意味論を手掛かりとして、「無心」理論を新たに提唱した。それは従来の理論と相反するものでも、これを補完するものでもなく、その視座に立つことにより、西洋と東洋の視座にたった理論を組みなおし、包摂した上で、新たなグランドセオリーとして、それは本章の冒頭で見た学習指導要領における「畏敬」の理解へ、とくには「無心」の観点から「日本型教育」の独自性、その強みや限界にむけた議論のたたき台の一つを提唱するものである。またそれは心理学と脳科学を包括した視点を、哲学、東洋思想、宗教学等の膨大なコンテクストへと架橋する方法論上の端緒となるチャレンジであり、この複数の領域を縦横無尽に行き来する運動により、人間の根源的欲求への理解が深化するものと確信する。無論、本章における「無心」理論、とくにはその独自性の根拠としたシステム0に関する考察は試論であり、記述の精緻化をかかすことができない。

無心とは、なにがしかの効果を期待していたる「無心」ではない。それをつかもうとすれば、たちまちその手からするりと抜け、消え去ってゆくものである。しかし、その無心の何たるかをつかもうとする営為なくして、それ以上の理解へといたることはない。例えば、日常においては、武道・芸道におけるワザの上達、身心の健康あるいは教育環境・指導体系への寄与といった評価可能な視点や方法論を手掛かりとしつつ、これを実践とリンクする往還の営みのなかより、その「無心」はやがて自らの血肉として、新たな「無心」理論の構築へと昇華してゆくことだろう。

参考文献

〈日本語文献〉

井筒俊彦　一九八三『意識と本質―精神的東洋を索めて』岩波書店。

井筒俊彦　一九八九『コスモスとアンチコスモス―東洋哲学のために』岩波書店。

井筒俊彦　二〇〇一『意識の形而上学―『大乗起信論』の哲学　東洋哲学覚書』中央公論新社。

ジェイムズ・W　一九六九『宗教的経験の諸相』桝田啓三郎（訳）岩波書店。

鈴木大拙　二〇〇七『無心ということ』KADOKAWA。

武藤世良　二〇一四「尊敬関連感情概念の構造―日本人大学生の場合」『心理学研究』八五巻二号：一五七―一六七。

永井晋　二〇一四「西田幾多郎と近代日本の哲学―「東洋哲学」とは何か」『国際哲学研究』三号：七〇―七六。

西田幾多郎　一九四〇『日本文化の問題』岩波書店。

西平直　二〇一四『無心のダイナミズム―「しなやかさ」の系譜』岩波書店。

西平直　二〇二一『井筒俊彦と二重の見―東洋哲学序説』未来哲学研究所。

西谷啓治　［一九八二］一九八七「空と即」『西谷啓治著作集　第一三巻―哲學論攷』創文社。

野村理朗　二〇〇四「感情の推測プロセスを実現する脳内ネットワーク」『心理学評論』四七巻一号：七一―八八。

野村理朗　二〇一九「「無心」の心理学―科学の俎上からいかにして問うのか」『身心変容技法研究』八号：二四三―二五一。

野村理朗　二〇二一「「畏敬の念」は攻撃行動を生ずるのか？」『身心変容と医療／表現～近代と伝統―先端科学と古代シャーマニズムを結ぶ身体と心の全体性』鎌田東二（編）日本能率協会マネジメントセンター。三〇四―三一三頁。

ボルノー、O・F　二〇一一『畏敬』岡本英明（訳）玉川大学出版部。

山根一郎　二〇一六「システム0とシステム3―二重過程モデルを超えて」『椙山女学園大学研究論集　人文科学篇』四七号：六三―八〇。

〈外国語文献〉

Bornemann, B. and Singer, T. 2017. Taking time to feel our body: Steady increases in heartbeat perception accuracy and decreases in alexithymia over 9 months of contemplative mental training. *Psychophysiology* 54(3): 469–482.

Brown, K.W. and Ryan, R.M. 2003. The benefits of being present: Mindfulness and its role in psychological well-being. *Journal of Personality and Social Psychology*, 84(4): 822–848.

Brown, K.W., Ryan, R.M. and Creswell, J.D. 2007. Mindfulness: Theoretical foundations and evidence for its salutary effects. *Psychological Inquiry* 18(4): 211–237.

Davey, J., Cornelissen, P.L., Thompson, H.E., Sonkusare, S., Hallam, G., Smallwood, J. and Jefferies, E. 2015 Automatic and controlled semantic retrieval: TMS reveals distinct contributions of posterior middle temporal gyrus and angular gyrus. *Journal of Neuroscience* 35(46): 15230–15239.

Fujino, M., Ueda, Y., Mizuhara, H., Saiki, J. and Nomura, M. 2018. Open monitoring meditation reduces the involvement of brain regions related to memory function. *Scientific Reports* 8(1).

Greenberg, J., Simon, L., Pyszczynski, T., Solomon, S and Chatel, D. 1992. Terror management and tolerance: Does mortality salience always intensify negative reactions to others who threaten one's worldview? *Journal of Personality and Social Psychology* 63(2): 212–220.

Gordon, A.M., Stellar, J.E., Anderson, C.L., McNeil, G.D., Loew, D., Keltner, D. and Keltner,D. 2017. The dark side of the sublime: Distinguishing a threat-based variant of awe. *Journal of Personality and Social Psychology* 113(2): 310–328.

Guan, F., Xiang, Y., Chen, O., Wang, W. and Chen, J. 2018. Neural basis of dispositional awe. *Frontiers in Behavioral Neuroscience* 12.

Han, S., Qin, J. and Ma, Y. 2010. Neurocognitive processes of linguistic cues related to death. *Neuropsychologia* 48(12): 3436–3442.

Hirsh, J.B., Mar, R.A. and Peterson, J.B. 2012. Psychological entropy: A framework for understanding uncertainty-related anxiety. *Psychological Review* 119(2): 304–320.

Kahneman, D., and Frederick, S. 2002. Representativeness revised: Attreibute substitution in intuitive judgment. In Gilovich, T., Griffin, D. and Kahneman, D. (eds) Heuristics and biases: The psychology of intuitive judgment. Cambridge University Press.

Keltner, D. and Haidt, J. 2003. Approaching awe, a moral spiritual and aesthetic emotion. *Cognition and Emotion* 17(2): 297–314.

Lutz, A., Slagter, H.A., Dunne, J.D. and Davidson, R.J. 2008. Attention regulation and monitoring in meditation. *Trends in Cognitive Sciences* 12(4): 163–169.

Ma-Kellams, C. and Blascovich, J. 2011. Culturally divergent responses to mortality salience. *Psychological Science* 22(8): 1019–1024.

Nomura, M., Iidaka, T., Kakehi, K., Tsukiura, T., Hasegawa, T., Maeda, Y. and Matsue, T. 2003. Frontal lobe networks for effective processing of ambiguously expressed emotions in humans. *Neuroscience Letters* 348(2): 113–116.

Nomura, M., Ohira, H., Haneda, K., Iidaka, T., Sadato, N., Okada, T. and Yonekura, Y. 2004. Functional association of the amygdala and ventral prefrontal cortex during cognitive evaluation of facial expressions primed by masked angry faces: An event-related fMRI study. *NeuroImage* 21(1): 352–363.

Ohira, H., Nomura, M., Ichikawa, N., Isowa, T., Iidaka, T., Sato, A., Fukuyama, S., Nakajima, T. and Yamada, J. 2006. Association of neural and physiological responses during voluntary emotion suppression. *NeuroImage* 29(3): 721–733.

Ooishi, Y., Fujino M., Inoue V., Nomura, M. and Kitagawa, N. 2021. Differential effects of focused attention and open monitoring meditation on autonomic cardiac modulation and cortisol secretion. *Frontiers in Physiology* 12.

Piff, P.K., Dietze, P., Feinberg, M., Stancato, D.M. and Keltner, D. 2015. Awe, the small self, and prosocial behavior. *Journal of Personality and Social Psychology* 108(6): 883–899.

Proulx, T., Inzlicht, M. and Harmon-Jones, E. 2012. Understanding all inconsistency compensation as a palliate response to violated expectations. *Trends in Cognitive Sciences* 16(5): 285–291.

Rudd, M., Vohs, K.D. and Aaker, J. 2012. Awe expands people's perception of time, alters decision making, and enhances well-being. *Psychological Science* 23(10): 1130–1136.

Sawada, K. and Nomura, M. 2020. Influence of positive and threatened awe on the attitude toward norm violations. *Frontiers in Psychology* 11.

Schachter, S. 1964. The interaction of cognitive and physiological determinants of emotional state. *Advances in Experimental Social Psychology* 1:49–80. –

Solomon, S., Greenberg, J. and Pyszczynski, T. 2004. The cultural animal: Twenty years of terror management theory and research. In Greenberg, J., Koole, S.L. and Pyszczyski, T. (eds), *Handbook of experimental existential psychology*. New York: Guilford Press. pp. 13–34.

Stanovich, K.E. 2004. *The Robot's Rebellion: Finding meaning in the age of Darwin*. University of Chicago Press. ［翻訳版：キース・E・スタノヴィッチ 二〇〇八『心は遺伝子の論理で決まるのか――二重過程モデルでみるヒトの合理性』椋田直子（訳）みすず書房。］

Stellar, J., John-Henderson, N., Anderson, C., Gordon, A.M., McNeil, G. and Keltner, D. 2015. Positive affect and markers of inflammation: Discrete positive emotions predict lower levels of inflammatory cytokines. *Emotion* 15(2): 129–133.

Takano, R. and Nomura, M. 2022. Neural representations of awe: Distinguishing common and distinct neural mechanisms. *Emotion* 22(4): 669–677.

Tritt, S.M., Inzlicht, M. and Harmon-Jones, E. 2012. Toward a biological understanding of mortality salience (and other threat compensation processes). *Social Cognition* 30(6): 715–733.

Wilson, E.O. 1984. *Biophilia*. Harvard University Press. ［翻訳版：ウィルソン、E・O 二〇〇八『バイオフィリア――人間と生物の絆』狩野秀之（訳）筑摩書房。］

Yaden, D.B., Haidt, J., Hood, R.W. Jr., Vago, D.R. and Newberg, A.B. 2017. The varieties of self-transcendent experience. *Review of General Psychology* 21(2): 143–160.

Yanagisawa, K., Abe, N., Kashima E.S., and Nomura, M. 2016. Self-esteem modulates amygdala-ventrolateral prefrontal cortex connectivity in response to mortality threats. *Journal of Experimental Psychology: General* 145(3): 273–283.

第5部

「授業研究」という問い

第11章 日本の学校におけるカリキュラム改善

効果的な授業研究を実現するスクールリーダー

西岡 加名恵

1 授業研究への世界的な注目

日本の教育は、長らく、その学力水準の高さで国際的に注目されてきた。また、そのような教育の質を確保するうえで、授業研究（*jugyō kenkyū*: lesson study）は大きな意義を持つものと位置づけられている（秋田・ルイス 二〇〇八、的場 二〇〇八）。スティグラーとヒーバート（二〇〇二）は、授業研究を、①問題の明確化、②学習指導案の立案、③授業の演じ（事前授業研究）、④授業評価とその効果の反省、⑤授業の改訂、⑥改訂版学習指導案による授業の演じ（校内授業研究）、⑦再度の授業評価と反省、⑧結果の共有、というステップを踏むものとして紹介している。授業研究を推進している研究者が各国におり、また国際協力機構（ＪＩＣＡ）の援助により普及が図られているという側面もある（国際協力機構 二〇〇七）。二〇〇七年からは世界授業研究学会（World Association of Lesson Studies: ＷＡＬＳ）の年次大会が開催されるようになり、国境を越えた交流も盛んになっている。

このように国際的に高く評価されている授業研究であるが、日本における授業研究と、国際的に展開しているレッスンスタディとの間にはズレが生じているという指摘もある（草彅 二〇二一）。そもそも、日本では授業研究を含む校内研修が正規の職務の一部をなしているのに対し、諸外国ではオプショナルな活動となっているため一般には広がりにくい。また、明治以来の歴史がある日本の授業研究は、教育文化として定着しており、多彩に展開されている。一方、諸外国では、授業研究の特定の型が輸入されがちであり、形骸化してしまう懸念もある。さらに、授業研究の国際的な展開は、ある種の植民地主義を招く危惧も指摘されている（杉村二〇一九）。授業研究については、教師たち自身にとって意義のある、取り組みたいと思えるものとなりえているのか、実際に子どもたちが経験するカリキュラムの改善につながっているのかが、問われていると言えよう。

スティグラーらは、授業研究過程を確立させるためのリーダーシップ（翻訳書では「指導力」と訳されている）が重要だと指摘している（スティグラー・ヒーバート二〇〇二：一四五）。そこで本章では、実際にカリキュラム改善のための授業研究を牽引しているスクールリーダーの姿に焦点を合わせてみたい。具体的には、京都市立高倉小学校（以下、高倉小学校）と京都府立園部高等学校（以下、園部高校）の取り組みを事例として取り上げ、その取り組みを牽引されたスクールリーダーに注目する。それにより、日本の教育実践の中でも特に世界的に注目されている授業研究の背後に、日本の教師たちが培ってきた仕組みやそれを支える文化があることを示すこともできるだろう。

2 授業研究の位置づけとアプローチの多様性

（1）授業研究の場

まず、日本の授業研究の多彩な展開を確認し、今回取り上げる事例の典型性と特殊性を検討しておこう。秋田喜代美（二〇一二）は、「授業研究（教員研修）の場」の多様性について表11―1のように整理している。この表は、それぞれの場の特徴についてわかりやすく整理している点で意義が大きい。ただし、表のタイトルに「授業研究（教員研修）の場」とある通り、この表は授業研究の場の分類というよりは、教員研修の場の分類として見た方が適切な部分もある。教育委員会が主催する「各都道府県・市町村・区での研修会」や「教員職員組合の研修」、「自主的な民間サークル団体」や企業等の主催する研修においては、スティグラーらが整理したような意味での授業研究、すなわち共同での指導案の作成、研究授業と事後検討会を行うことは、ほとんど見られない（日本における教員研修の機会については、Nishioka 2017 も参照）。

そうだとすれば、授業研究を行う典型的な場としては、校内研修、開発学校・指定校、大学の附属学校など各学校が主催するものが挙げられると言えるだろう。なお、校内研修とは、「校内の全教職員が自校の教育目標と対応した学校としての教育課題を達成するために共通のテーマ（主題）を解決課題として設定し、それを学内・学外の関係者との連携を踏まえながら、学校全体として計画的、組織的、科学的に解決していく実践の営み」（中留二〇〇二：七二）である。各学校の主催する授業研究は、学校における教育実践の改善に直接的につながりうるという点で、大きな意義を持つものである。

（2）授業研究のアプローチの多様性

授業研究については、それぞれの学校や研究者が、それぞれのスタイルで実践しており、多彩な展開がみられる。教科教育研究者と連携して特定教科に関する授業研究が行われる場合は、その教科の教材研究が深く扱われる場合が多い。それに対して、特定の教科ではなく一般的な教育方法に焦点を合わせる場合もある。その中でも、主に教師の指導方法に注目し、事前の指導案検討を重視するアプローチもあれば、子どもの学習に焦点を合わせ、事後の省察を強調するアプローチもある（Ishii 2017; Bucher 2021）。

また、時代によっても、どのようなアプローチが強調されるのかは異なっている。秋田（二〇一二）は、日本における授業研究の歴史的展開を検討し、平成初期（一九八九年）以降は、「グローバル化での学力論争」が起こり、

表11-1　授業研究（教員研修）の場

種　類	主たる開催者	特　　徴
校内研修	校長	学校としてヴィジョンや研究目的、生徒を共有して相互に、年間を通して継続的に検討することができる。
各都道府県・市町村・区での研修会	教育委員会	実際の授業を参観することは少なく、センターなどでビデオなどを使用したり講師の講義などを含みながら授業検討を行う。学校の実態は共有できないが、指導法や授業研究などの技能を個人が習得することを目的として効率的に行うことができる。ただし継続的になりやすい。
開発学校・指定校	校長	国や市町村などの特定の目的に応じた研究開発を行うなかで、その実証や実践として授業が行われ、評価がなされる。研究機関が決められているので、期間集中型になりやすい。
大学と付属学校や連携校の共同研究	大学研究者と附属学校長	歴史的には師範学校から地域の学校への新たな教授法や教育課程の普及としての使命をもっていた。大学との連携によって教育学的な理論や教科教育の専門的知見から授業を捉えることができる。
教員職員組合の研修	組合	各地域での教職員組合事務局が中心になって開催される。授業自体より、授業の背景となる教育問題や教育方法、教育評価、教員の職場環境改善、学力保障などの問題が検討される。
自主的な民間サークル団体	研修目的を共有した教師	共通の興味や問題意識を持った者が集まるので、率直な話し合いができる。長期的な教師の成長を相互に支えたりすることはできるが、多忙化や世代交代などで長期継続が難しい団体なども増えている。
企業、新聞社やNPOによるイベントや講座実施やカリキュラム教材開発	企業、NPOなど学校以外の民間機関	カウンセリング技能、IT技能など特定の技能習得を図って講座を実施する場合や企業との連携で開発を行うなど、個別具体的に特定の内容に焦点を絞った内容で研究が行われる。

（秋田 二〇一二：四四より）

「校内研修を中核とした学校づくり」が強調されるようになったと整理している。

日本において、カリキュラムは長らく学習指導要領によって規定される時代が続いていた。その間に行われてきた授業研究は、個々の授業の改善に焦点を合わせる傾向がみられた。だが、学習指導要領の一九九八年改訂以降は、各学校の創意工夫を生かした特色ある教育活動が推進されることとなった（Nishioka 2017）。さらに二〇一七年改訂学習指導要領においては、各学校の「カリキュラム・マネジメント」が、基本的な方針の一つとして推進されている。カリキュラム・マネジメントとは、「各学校が、学校の教育目標をよりよく達成するために、組織としてカリキュラムを創り、動かし、変えていく、継続的かつ発展的な、課題解決の営みである」(田村二〇一一：二)。

このように、日本において、学校が主体的にカリキュラム改善に取り組むようになった歴史は、授業研究の歴史と比べれば短いものである。そこで、カリキュラム改善を効果的に進めるにはどうすればよいのか、その際、授業研究はどのように活用されうるのかについて検討することが求められている。

(3) 二つの事例の典型性と特殊性

さて、前述したように本章では、高倉小学校と園部高校という二事例を扱う。この二校を選んだのは、両校が学校としてカリキュラム改善に組織的に取り組んだ学校であり、筆者自身が指導・助言者の一人として関わってきたため、取り組みのプロセスを比較的詳しく理解できているからである。また、スクールリーダーとして活躍された岸田蘭子先生と田中容子先生とは、どちらも信頼関係が築けており、お二人がご経歴のなかでどのように教師としての力量を形成されてきたかの詳細についても率直に伺うことが可能であった。本章執筆にあたっては、二校に関連する研究紀要や書籍等の文献を改めて見直すとともに、岸田先生・田中先生から、お二人の経歴に関する詳細な資料をご提供いただき、インタビューの機会もいただいた。

二校は、どちらも公立学校であり、日本で一番多いタイプの学校の一つと言える。また国立大学附属学校や私立学校のように、限られた層の子どもたちを受け入れるタイプの学校ではなく、いわゆる普通の教師たちが勤めているという点で、日本の典型的な学校像を示すと言えるだろう。

なお、小学校では授業研究が盛んであるのに対して、高等学校で授業研究が行われることはまれである。小学校だけでなく高等学校を扱うことで、どうすれば高等学校においても意義深い授業研究ができるのかについての示唆が得られることが期待される。

一方、二事例の特殊性に注目しておくと、まず、筆者が指導・助言者の一人を務めたという点がある。筆者は学校の教科教育の改善を支援する際、研究的な知見として、ウィギンズとマクタイ（二〇一二）が提唱する「逆向き設計」論[1]に基づき、「本質的な問い」「永続的理解」を明確にし、パフォーマンス課題を開発したり、ルーブリック作りを踏まえて指導の改善につなげたりといったアプローチを勧めている（西岡 二〇一六）。パフォーマンス課題とは、様々な知識やスキルを総合して使いこなすことを求めるような複雑な課題であり、知識・スキルを活用する「思考力・判断力・表現力」を評価・育成するうえで意義深い。また、ルーブリックとは、成功の度合いを示す数レベル程度の尺度と、それぞれのレベルに対応するパフォーマンスの特徴を記した記述語から成る評価基準表である。先述の通り、授業研究へのアプローチは様々であり、筆者のアプローチはその一つに過ぎない。

また、女性がスクールリーダーを務めたというのも、日本において典型的とは言いにくい状況である。しかしながら、だからこそ、女性リーダーが活躍した事例を記録しておくことには、意義があるしも考えられる。なお、岸田先生、田中先生ご自身がカリキュラム改善にどのように取り組んでこられたのかについて話してくださった講演を記録した動画も、京都大学のオープン・コースウェアサイト[2]で視聴できるので、併せて参照いただきたい。

1……単元末や卒業時といった最終到達点で期待される児童・生徒の姿（目標）から遡って、単元の指導計画やより長期の指導計画を作成することを提唱するカリキュラム設計論。目標が達成できたかどうかを確認できるような評価方法を、指導の前に明確にすることが提唱されている。

2……岸田蘭子（京都市立高倉小学校校長（撮影当時））「資質・能力を育てるカリキュラム・マネジメントの実現のために」 https://ocw.kyoto-u.ac.jp/course/23/
田中容子（京都府立園部高等学校 指導教諭（撮影当時））「学校におけるカリキュラム革命—生徒の育つ姿に学ぶ」 https://ocw.kyoto-u.ac.jp/course/20/（ともに最終閲覧日：二〇二四年二月一五日）

3……高倉小学校の事例研究

(1)家庭科公開研究会実施に向けた三年間

高倉小学校は、二〇〇三年以来、京都大学教育方法学研究室との共同研究に取り組んできた。当時の校長先生が、田中耕治教授に共同研究を依頼してこられたのが始まりであった。公立小学校であるので、校長先生をはじめ、先生方は異動されることも少なくない(年度替わりには約三分の一から二分の一の教員が異動する。なお、二〇一九年度当時、高倉小学校は児童数六八七名、教職員数四五名うち教員二八名)。しかしながら、代々の校長先生と研究主任の先生、研究室の教員と院生の代表者が年度初めに共同研究の実施について合意することによって、学校と研究室との共同研究体制が現在まで継続している。共同研究のテーマは、年度により、授業で用いるワークシートや視聴覚資料の作成、社会科の教材研究、算数科におけるパフォーマンス課題の開発、算数科以外の教科におけるパフォーマンス課題の開発、粘り強く話し合う力の育成、といったように推移している(田中・岸田二〇一七、大貫・福嶋二〇一七など)。

ここでは、二〇一七年度から二〇一九年度の三年間にわたるカリキュラム改善に注目しよう。二〇一七年に高倉小学校は、第四九回近畿小学校家庭科教育研究会京都大会(二〇一九年一〇月二五日)の公開授業研究会場となることが決まった。近畿小学校家庭科教育研究会とは、近畿七府県の小学校の家庭科の教科研究に関心の高い教員が参加している任意団体である。そこで、二〇一四年度より校長となっていた岸田蘭子先生や研究主任となった先生方のリーダーシップのもと、二〇一九年度の公開授業研究会に向けた準備が徐々に進められることとなった。以下、主として、岸田先生が執筆された論文（岸田 二〇二一）に即して、そのプロセスを紹介しよう。

当校の公開授業研究会がテーマとした家庭科教育は、家庭科を担当していない大半の教師たちにとって、研究に取り組む必然性の感じづらいものであった。家庭科は、小学校では五、六年生だけが履修する教科であり、教科担任の先生が担当する教科だったからである。したがって、家庭科の研究発表会は、下手をすれば家庭科の教科担当者のみの取り組みとなってしまう危惧があった。

そこで岸田先生は、当校のすべての先生方にとって、公開授業研究会に向けた研究を進めることの必然性が感じられるような意識を生み出そうと努めた。まず岸田先生は、大会の有無にかかわらず、学校におけるカリキュラム改善の取り組みの中に公開研究会を位置づけるよう試みた。具体的には、インフォーマルな会話や、校長・教頭・副教頭・教務主任・研究主任から構成されるヘッドミーティングにおいて、「『実は、こういう話があるんだけど、どうすればできると思う』と尋ねて、アイデアをもらう」といった働きかけを重ねることで、徐々に同人意識を高めて理解者を増やしていったと言う（岸田先生へのインタビュー二〇二一年三月二五日）。

二〇一八年度からは、「学力を身に付けるということは、実際に子ども自身の生活の中で学びがつながり、活かされていくことだという意識が共有されていった」（岸田 二〇二一：七四）。「生活の中で学びがつながり」とは、子どもたちの学習した知識やスキルが生活の中で活用できるものとして関連づけられ、総合されることを意味している。この学力観は、筆者の同僚である石井英真准教授の提唱する「真正の学習」（石井 二〇一五）という概念を、先生方の腑に落ちる表現に翻案したものである。

この学力観に基づき、「多様な教科での学びを生活に生かす視点での単元設計や授業設計を研究する運びとなった」と言う。具体的には、「核となる一教科として家庭科との連関の視点を導入し、毎年、単元配列や教材内容の改善をはかった」（岸田 二〇二一：七五）。校内研究として、「家庭科の目標・学習内容と各学年教科の連関表」や

「単元―教科関連図」を作成したうえで、教材研究を深め、学習指導案を作成した。その際には、繰り返し、授業者を中心とした検討会を重ねていった。

高倉小学校では、年度初めと年度末、計二回の理論研修会が定例となっている。これは、筆者と同僚の石井英真准教授が講師を務め、多くの場合、講義とワークショップで構成されるものであった。加えて、二〇一七、二〇一八年度には各年度六回の校内研究授業が実施された（加えて、初任者研修や若年者研修、小中連携での部会授業を入れると、年間二〇回程度の研究授業が実施された）。そのうえで、公開研究会当日は、第五、六学年の家庭科のみならず第一～四学年の他教科・領域の公開授業も含め計一八個の授業が公開された。内訳は、道徳（一年）、算数科（二、四年）、理科（三、四年）、社会科（四年）、英語活動（二、三、四年）、読解の時間（一年）、生活科（二年）、特別活動（二年）、家庭科（五、六年の七学級）である（なお、読解の時間は学校独自で設定していたものであり、文章やデータを読み解いたり、思考を組み立てたりする方法などが教えられていた）。

家庭科と各教科の連関を考えることによって、各教科での学びが子どもたちの生活にどう関連しているのかについての教師たちの理解が深まった。たとえば、家庭科においては快適な住空間をどう整備するかが扱われる。それとの関連で四年生算数の単元「面積」における「本質的な問い」として、「面積の求め方を理解することでどのように工夫して生活場面で生かすことができるのか」が設定され、「高倉小学校には数多くの部屋があります。いろいろな学年が集会で部屋を使いたいと考えています。集会を開くときに、どの部屋に多くの人が入れるかを調べようと思います。そこで『へやの広さランキング』をみんなで作りましょう」というパフォーマンス課題が開発された。

また、四年生社会科の単元「くらしとごみ」の事例では、社会の仕組みとしてごみの処理について学ぶ。さらにそういった社会的認識を生かして、家庭科では、環境に配慮したごみの始末の仕方やごみそのものを減らす消費生活の在り方といった、家庭生活認識を育てるという連関が見出されていった。

岸田先生は、定年で退職後、この取り組みの成果を学会論文にまとめるために、先生方にアンケートを実施した。その結果、二二名の教員全員が、家庭科を視点におくことによって、各教員が実践した教科やそれ以外の教科についても理解を深めることができたと回答している。自由記述においても、「一つの教科の指導をするときに横断的な視点で他教科のことを考えることができると思った」、「どの教科でもつながりを意識した指導をすることで、子どもの学びもつながっていくと思った。子どもの目線から教科の本質的な部分でのつながりを考えていくことが大切だと思った」といった声が寄せられた（岸田二〇二一：八一）。

（2）スクールリーダーの役割

このように、高倉小学校での公開研究会に向けた取り組みは、単なる個々の授業改善ではなく、教科の学年をこえた系統性や教科間の関連性を捉えることができるよう、教師の力量を高め、学校のカリキュラム全体を改善するようなものとして進められた（Okumura 2023）。取り組みを進める上では、もとより、当時、研究主任であった福井博美先生の果たされた役割が大きかった。たとえば、校内研修の具体的な企画や運営は福井先生が担当されていた。また、近畿小学校家庭科教育研究会と学校との連絡・調整などについても奔走された。一方で、岸田先生が校長として果たされた役割も大きかった。そもそも家庭科の公開研究会の会場として高倉小学校が選定されたのも、長年、家庭科を研究教科とされてきた岸田先生が校長だったことによる。

研究開発のプロセスにおいて、筆者にとって、ひときわ印象的だったエピソードがある。公開研究会に向けた準備を進めていたある日、岸田先生から筆者に電話がかかってきた。研究主任の福井先生が、パフォーマンス課題の作り方の理解に苦しんでいるから、一度、相談にのってほしい、という依頼だった。急遽、学校に伺って、岸田先生、福井先生、西岡の三人で、五年生家庭科の単元「食べて元気！　ご飯とみそ汁」について、「本質的な問い」

や「永続的理解」、パフォーマンス課題のシナリオを考えた。その際、岸田先生は、六年生の単元においては栄養バランスの取れたメニューを考える必要があるのに対し、五年生では食材ごとに合った調理法の理解が求められること、調理経験のない子どもたちは、食材に合った切り方をすることができないといったつまずきが見られがちであることなどをご説明くださった。このエピソードにうかがわれるような、家庭科教育に関する岸田先生の造詣の深さが、家庭科と他教科との関連を検討するうえで、他の先生方にも大きな助けとなったことは間違いないだろう（岸田 二〇二〇も参照）。

一方、岸田先生ご自身は、校長として果たされた役割について、次のように述べている。

学校経営のプロデュース力というか、デザイン力のような気がしています。カリキュラム・マネジメントをするには、そもそも企画運営力（資質・能力のどこに重点化するのか、どこに特色を持たせるのかという着想）（ゴールをどこに定めるのか目標設定）（どのようなプロセスでそこにたどらせるのかロードマップ作り）がないともたないと思っています。それを一人でやるのか、誰かにキーパーソンとして担ってもらうのか、どうやって内容や組織を調整してまとめ上げるのか、その管理運営力も問われます。その目指す北極星に向けて導く指揮官というか、艦長のような役割です。（岸田先生のメール 二〇二一年三月二三日）

また、そのような役割を果たすうえでは、「授業研究の方法論」、「教育課程、目標・評価の基礎的知識」、「組織運営」、保育園・幼稚園と小学校、小学校と中学校や高校、小学校と大学との間の連携という「校種間連携」、「人権教育との出会い」、「健康教育との出会い」など、様々な知見が活かされたと言う（岸田先生のメール 二〇二一年三月二三日）。

では、そのような総合的な力量を、岸田先生は、どのようにして身につけてこられたのだろうか。次に、岸田先生ご提供資料（二〇二一年三月九日）に即して岸田先生の経歴をたどってみよう。

（3）岸田蘭子先生のライフヒストリー

岸田先生は一九六〇年生まれ。京都市内の公立小・中・高等学校を卒業し、教員志望という夢をかなえるため京都教育大学教育学部家政科に入学した。一九八三年、大学を卒業し、新任教員としてまず勤めたのは、京都教育大学附属京都小学校であった。「百戦錬磨の教師たちがこぞって授業研究の腕比べをしている」附属学校において、「研究授業となれば、ベテラン教師たちが次から次と私をつかまえて説教やら解説やら指導をしてくれた」という。「附属で鍛えられた教科の授業研究（家庭科教育）は、後々も私の根幹をなしている」と、岸田先生は述べている。

附属学校一四年目の時（一九九五年）に、京都教育大学大学院教育学研究科家政教育専攻に入学。家庭科教育学の研究室で加地芳子教授・榊原典子助教授の指導を受けて、理論研究の面白さに目覚める。また、在学中に教育学部の非常勤講師を担当していた田中耕治助教授（当時・兵庫教育大学に在職）の授業も受講したことで、教育方法学とも出会った。

修士課程を終えて、附属小学校で八回目の研究授業を担当した際、満足度の高い内容を発表できたものの、参加者から、「附属だからできるんですよね。一般校の子どもからはあんな反応はでてこないです」との意見をもらった（一般的に附属学校には、一般の学校よりも高い学力層の子どもたちが通っている）。「附属で学んだことを一般化することにこそ意味がある」との思いから、一般の公立学校に転出した。

一九九八年、三八歳にして最初に勤めた公立小学校は、歴史的に差別の対象とされ、社会経済的に厳しい実態を抱える地域の学校であった。「学校の中でも一番しんどい地域の子どものいる学級」を引き受けることとなり、そのような地域の学校の「しんどさ」を身をもって知ることとなる。「私のやってきたことは何一つ生きないのではないか」と心のバランスを崩しつつも、「こんなところでつぶれてたまるか」と踏ん張った。「厳しい背景をもつ児童にも届くきめこまやかな授業の手立て」を追求するなかで、教材研究や授業研究を楽しめる自分を取り戻し「どこの学校でも子どもは同じ」「大事なことはどこでもいっしょ」と思えるようになっていった。また、夜には週一回の識字教室に出向き、社会的な差別ゆえに子どものころ十分に学校に通えなかった高齢者を対象とした学習会で指導した。地域の活動家との出会いの中で、「自立を促し自ら力をつけることこそが差別の解消につながる」という、「ナマの人権教育」を自分自身が受けた印象だったと言う。教科書無償化の重要性が身に染みたこともあり、二〇〇二年からは出版社からの依頼を受けて家庭科教科書の編集委員も引き受けた。

当校では、二年間、研究主任を務め、新設された「総合的な学習の時間」のカリキュラム開発に取り組んだ。また、教務主任として、「目標に準拠した評価」の導入や、健康教育、小中一貫教育、学校運営協議会の立ち上げなどにも携われることとなった。このころ、学校のみならず全市的な普及の必要性にも気づき、京都市の食育カリキュラムを作るプロジェクトにも参画した。

二〇〇七年、四七歳の時に一年間勤めた小学校では、はじめて女性校長のもとで働くこととなり、「きめこまやかな地域や教職員への気遣いや心配り」を学ぶ。四八歳で、次の小学校には教頭として着任。当校は小中一貫校ではなかったものの、子どもたちが進学する中学校の校長先生のリーダーシップのもと、学校間の連携が図られ、小中一貫教育についての精力的な取り組みが進められていた。また、当校は、食育を含む健康教育や、地域の環境を生かした環境教育にも取り組んでいた。近隣の特別支援学校や就学前施設との交流を通して、普通学級にも在籍する発達障害のある児童・生徒への支援の在り方など、特別支援教育の視点も得ることとなる。二〇〇六年度には、京都大学大学院教育学研究科が開始した「E. FORUM 全国スクールリーダー育成研修」にも参加し、「逆向き設計」の考え方にも出合って、授業改善のための単元設計力の必要性を理解することができたと言う（岸田先生からのメール二〇二一年七月二七日)。

二〇一一年、五一歳の時に、校長として公立小学校に着任。教科横断のカリキュラム開発の重要性に気づき、学校としての「戦略マップ」を活用し始める。保幼小連携や中学校連携に加え、高校生との交流の機会も得て、子どもたちの高校進学をも見通すキャリア教育の視点も獲得した。以上の経歴を経て、最後の勤務校である高倉小学校に、校長として着任された。

このような岸田先生の経歴をたどると、複数のネットワークに参加することで、多様な力量を身につけてこられたことがわかる。まず、附属学校、ならびに複数の公立小学校で勤務された経験により、それぞれの学校の特色ある取り組みや、カリキュラム作りの工夫の具体像に触れた。複数の校長先生のもとで勤務した経験、ならびに連携校の校長の姿を目の当たりにすることで、様々な管理職のタイプがあることを知り、人材育成のノウハウを学ばれた。

一方で、大学院、家庭科教育研究会、E. FORUMなど、学校を超えたネットワークにも参画することにより、岸田先生は研究的な知見も得ている。教科研究中心の時代には加地先生との二人三脚で、理論の授業での実践化に取り組んだ。また、実践を理論づけ整理してもらう機会も得た。そうした中で、「理論と実践の往還」という思考の習慣が身につき、研究者と実践家とのコラボレーションの充実感が得られたと言う。その後、異動先の勤務校では特色ある取り組みや地域の教育資源の活用の在り方を学び、教育方法学との出合いもあって、教科の枠を超えた視点でカリキュラム改善に取り組む力量が得られていったと言えよう。

4 園部高校の事例研究

(1) 学校のカリキュラム改善のプロセス

園部高校は、一九九八年以来、「Global and Aware（世界へ、思いやりをもって）」というスクール・アイデンティティを柱としてきた学校である。普通科一〇〇名、中高一貫コース四〇名、京都国際科三〇名という三つのコース（京都国際科は二〇二〇年に募集停止）を持っており、国際理解教育に力を入れて取り組んできた。二〇一六年度当時の教職員数（附属中学校を含む）は七六名、うち専任教員・常勤講師は五四名である。

園部高校は、二〇〇六年度から二〇〇八年度にスーパーイングリッシュランゲージハイスクール（SELHi）に指定されたことを機に、英語科で多彩なパフォーマンス課題を開発し、生徒たちへの指導に取り入れていくこととなった。多くのSELHi校が、英語が得意な生徒の英語力をさらに伸ばすことを志向したのに対し、園部高校におけるSELHiのテーマは「学習に困難を抱える生徒にどのようにして英語の力を育てるか」であった。なお、筆者は、二〇〇七年度にSELHiの運営指導委員として招かれ、それ以来、継続して園部高校と連携している。

園部高校の英語科でカリキュラム改善を進めることができた背景には英語科の教員全員が具体的な実践に関わったという事実がある。まず言語多様性を背景とするヨーロッパにおいて、ヨーロッパ全体で外国語の学習者の習得状況を示す際に用いられるガイドラインとして設けられた「ヨーロッパ言語共通参照枠（Common European Framework of Reference：CEFR）」も参考にして、英語科における生徒たちの成長を六つのレベルで捉える長期的ルーブリックを明確にした（二〇〇七年六月）。そして英語についてどんなに低学力で入学してきた生徒に対しても、卒業するまでに長期的ルーブリックのレベル4以上の力、すなわち「英字新聞などが辞書と注釈があれば読める」水準の英語力を保障することを目指すことを共通理解とした。

さらに「外国からの観光客に日本のことや暮らしを紹介する」というパフォーマンス課題を、全学年（高校一年生から三年生まで）の英作文の授業で取り組み、教師たちが共同で、集まった生徒作品をレベル別に分類する作業に取り組み、ルーブリックを作った（二〇〇八年一二月）。

コースの担当者グループごとに、パフォーマンス課題の開発と実践に取り組み、あわせて授業研究にも取り組んだ。しかしながら、学校として研究授業を開催する日を確保できる小学校とは異なり、教員が教科別に授業を担当する高等学校では関係する先生方が集まって研究授業を見学し合うことが難しい。そこで、年二回程度行われた教科内授業研究については、ビデオに録画しておいて、視聴し合うという方法がとられた。一方、SELHi指定校の期間中に年一回開催された公開研究会では、英語科の教員全員が授業を公開し、事後検討会が行われた。

SELHiの指定が終了してからも、京都府教育委員会から「ことばの力育成プロジェクト」（二〇〇九～二〇一一年度）研究の指定を受けるなどしつつ、SELHiでの成果を英語科で継承・発展させる取り組みが続けられた。試行錯誤を重ねた結果、パフォーマンス課題に取り組むうえで必要な基礎として、重要な文法事項がチェックリストの形で整理されるとともに、それらを生徒に理解させる効果的な指導方法も共有されていった。また、生徒たちに好評で、かつ力を伸ばす効果が感じられたパフォーマンス課題が、英語科全体の共通財産になっていった。そうした中で、生徒たちに単なる暗記をさせるのではなく、知識やスキルを使いこなし、実際にコミュニケーションをとる力を長期的な見通しのもとで育成することが重要だという学力観が、教師たちにもたらされた。

二〇一二年度には、英語科の教師たちが経験した学力観の転換を他教科の教師たちにも広げることを目指して、学校全体で課題研究に取り組む体制づくりが計画され、二〇一三年度から実施された。一般的には修学旅行として行われる旅行を、フィールドワークを行う研修旅行として位置づけ、テーマを探すための事前学習として、課題学習の取り組み方を教えたり、「問い」の例を示したりする指導が学校としてシステム化された。研修旅行終了後、生徒たちはレポートを作成し、発表会で発表した。当初、このように生徒たちが主体的にフィールド調査に取り組み、論理的にレポート等をまとめる課題研究は、「京都国際科や中高一貫コースはまだしも、普通科の生徒には無理ではないか」と危惧する声も聞かれたものの、やがて課題研究を通して生徒たちが多くを学ぶ様子を見て、先生方も納得されたと言う。二〇一七年には、学校としての取り組みの成果をまとめた著書（西岡ほか 二〇一七）が刊行された。

（2）スクールリーダーの役割

英語教師である田中容子先生は、この一連のプロセスにおいて、一貫してリーダーシップを発揮されていた。二〇〇六年から二〇一七年の定年退職時まで研究主任を務めたほか、二〇一二年以降は指導教諭となっている。研究主任として田中先生が果たした役割としては、大きく次の三つを指摘できる。

第一は、研究開発のビジョンを明確にすることである。SELHiのテーマとして園部高校独自のものを設定したのは、SELHiに応募したいという当時の校長の意向を受けて、申請書を用意した田中先生が考えたものである。テーマ設定に当たっては、一方ではスクール・アイデンティティとの関係づけを意識し、もう一方では園部高校の生徒の特色やニーズを意識して、学校としての必然性を明確にした。すべての生徒に、レベル4（「英字新聞などが辞書と注釈があれば読める」水準）の英語力を保障するという目標設定は、英語教師としての田中先生が個人としてそれまでにも追求してきたものを、英語科教師共通の目標として共通理解することを図ったものであった。さらに、英語科での成果を活かしつつ、課題研究に取り組むという次の研究課題を設定することで、学校全体のカリキュラム改善を始動させた。

第二は、具体的な校内研修のプランを作り、先生方の力量形成を図ることである。パフォーマンス課題、ルーブリックといった概念は、そのまま教師たちに伝えても、取り組む必然性を感じにくい外在的なものである。しかし、田中先生は、授業の録画と事後検討会、外部講師による講義、ルーブリックづくりのワークショップ、先行実施した教師たちの実践報告、教師たちのグループ・ディスカッションといった多彩な研修プログラムを組み合わせることで、効果的な研修を実現していた。学校全体での研修会では田中先生よりもむしろ他の先生方に発言の機会を多く提供することで、教師たちの参画意識を高めていった。そのように、参加型の研修を実施するために、綿密な準備を行う労をとられていた。

第三は、一実践者として、実践のモデルを示すことである。研究開発当初、英語の授業を受ける普通科の生徒たちの講座は習熟度別に編成されていたが、田中先生は、中でも最も英語を苦手とする生徒たちが集まるクラスを担当した。当初、その生徒たちは、「英語なんて絶対に使わへん」などと英語学習を嫌い、授業の最初から寝ているか騒いでいるといった様子であった。しかし、田中先生は、指導方法に様々な工夫を重ね、公開研究会の日に生徒たちは、来訪者に英語でインタビューができるまでに成長していった（田中・西岡二〇一二）。実際に生徒たちが変わる姿を見ることで、授業で生徒が成長することへの確信が同僚間で共有されることとなり、習熟度別講座に応じて異なっていた教科書が難度の高い方へ一本化されていくことへとつながっていった。

では、田中先生は、このようなビジョン、研修の構想力、高い指導力を、どのように身につけたのだろうか。田中先生の書いてくださったライフヒストリー（田中二〇二一）をもとに検討してみよう。

（3）田中容子先生のライフヒストリー

田中先生は、一九五七年生まれ。地元の公立小学校・中学校・高等学校で学んだのち、同志社大学文学部英文学科で英文学を学ぶ。「卒業後は高校教員になるという方針は固めたものの、中高時代の英語の授業の印象が悪く、英語の教員になる熱意がそれほどないままに教員採用試験を受けて失敗」し、卒業後一年間は、府立高校に常勤講師として勤務することとなった。その中で、「『わかりやすく英語を教える』ことにやりがいを見出し、高校英語教員への志望」を固めた田中先生は、次のように当時を振り返っている。

先輩の先生方から、……学校の役割は子どもたちが自立して生きていけるように学力をきちんと育てることだ、と説明されました。「生徒を育てることに責任を持って学力保障、進路保障をする」という先生たちの教育上の信念が強く感じ取れました。

（田中 二〇一一）

一年後にめでたく新規採用教員となり、同じ高校でもう一年間勤務した。

当時は教職員組合の教育研究活動が盛んに行われており、秋には毎週日曜日に地域の組合主催で各種の研究集会が開かれていた。先輩に誘われた田中先生は、それらのほぼすべてに参加し、「むさぼるように発表者の実践に聴き入り、自分もレポートを持って出席するように」なった。教育研究全国集会に参加した折の様子を、田中先生は次のように説明している。

外国語分科会場で全国から集まった実践者たちの熱い授業実践報告を聴きながら、子どもを前にした教育実践のあるべき姿というものを胸に叩き込まれたのでした。それは「目の前の子どもたちにはいろいろな事情があり様々な困難を抱える場合もあるが、わかるように授業を工夫し、責任をもって教科内容を伝え育てる」というものでした。（田中 二〇二一）

「もっともっと学ばなければ」と感じた田中先生は、「先輩から薦められるままに、子どもの発達に関係する本、到達度評価に関する本、斎藤喜博の教授学研究関係の本など、貪るように読みました」。

一九八一年には別の府立高校に異動となったが、田中先生の教育実践の方向性は変わらなかった。実践研究の場としては、教職員組合の教育研究活動に加え、民間研究団体である全国高校生活指導研究協議会（高生研）、新英語教育研究会（新英研）に参加された。高生研の雑誌『高校生活指導』では一九九三年以降、新英研の雑誌『新英語教育』においては一九九六年以降、多数の実践報告を執筆されている。新英研で出会った研究者（黒川康男教授など）や実践家（奥西正史先生など）から学んだ英語学・言語学関係の知識は、英語の授業力向上に役立った。また高生研では、「社会の中を生きる生徒たちの生きづらさを感じ取りながら仕事をすることの大切さ」を学ばれたと言う（日本における生活指導の概念については、山本ほか 二〇一四、及び Nishioka 2006 を参照されたい）。

高生研は、「すべての子ども・青年の個人的権利と集団的権利の実現につとめ、民主的な高校教育を追求する」ことなどを研究指標として掲げて活動している研究団体である（高生研 一九九七）。田中先生は、実践を報告・検討し合う研究会に活発に参加し、高生研の理論形成に強い影響を与えた竹内常一教授に深く学んできた。学校において遅刻や徘徊、服装違反などの問題行動を起こしている生徒たちは、多くの場合、社会経済的な背景に起因する困難を抱えている。田中先生は、そういった背景も含めて生徒たちを理解することの重要性を学び、一人ひとりの生徒に自分の居場所を実感させながら、HR集団や学習集団を育てる方途について考え続けてきたと言う（田中先生へのインタビュー 二〇二一年七月三一日）。三六歳当時に連載した実践記録において既に、田中先生は、教師からのメッセージをクラス通信で伝え、班を編成することで生徒たちが集団として意思決定していく仕組みを整え、行事などで活躍の場を与えることで「生徒が元気になれる環境」を作っていった様子を報告されている（田中一九九三―九四）。なお、日本の教師たちが記す実践記録とはどのようなものかについては、田中耕治（二〇〇九）を参照されたい。

二校目の高校で一四年間勤めた後、一九九五年から定年退職時までの二二年間は園部高校で勤務することとなった。二〇〇六年にE. FORUMの第一回の「全国スクールリーダー育成研修」に参加。二〇〇七年から二年間、京都大学大学院教育学研究科修士課程（専修コース）に在学し、修士論文「竹内常一の授業論に関する一考察」を執筆しつつ、パフォーマンス課題の理論なども学んだ。同時に、学校現場では公開研究会の準備や報告書の執筆等、研究主任の仕事もこなした。修士課程修了後も、英語科での研究開発の成果を活かしつつ、学校全体のカリキュラム改善を図る取り組みを続けられた。二〇一〇年に高生研全国大会の基調討論発題（田中二〇一〇）を担当するなど、その後も多数の論考を執筆し、後進の指導にも当たられている。

5……スクールリーダー育成の重要性

以上、二つの事例において、授業研究は、カリキュラム改善を目指した取り組みの一部として位置づいていた。授業研究が形骸化しないのは、スクールリーダーが、長期的なビジョンのもとで、どのような力量を教師に身につける必要があるのかを構想し、的確な研修を企画しているからだと考えられる。

本章冒頭で述べたように、授業研究については、教師たち自身にとって意義のある、取り組みたいと思えるものとなりえているのか、実際に子どもたちが経験するカリキュラムの改善につながっているのかが問われる。高倉小学校の公開授業研究会は、家庭科教育をテーマとするため、多くの教師にとって必然性の感じづらいものであった。しかし、岸田先生は、学校のカリキュラム改善の必要性について教師たちの理解を徐々に深め、そのための努力の一環の中に公開授業研究会を位置づけるという形で、教師たちにとって必然性の高い授業研究を実現した。また、園部高校のＳＥＬＨｉとしての取り組みも、当初は校長の意向にはそっていたものの、大半の教師にとっては必然性の弱いものであった。しかし、田中先生は、スクール・アイデンティティとの関係づけを意識し、もう一方では園部高校の生徒の特色やニーズを意識することで、学校として取り組む必然性を明確にした。また、他の教師たちから成果を発信する機会を積極的に設けることなどにより、教師たちの参画意識を高めていった。さらに、岸田先生、田中先生が両校での取り組みを進める上では、それまでの経験に加えて「逆向き設計」論といった研究的な知見を基盤とすることで、学校のカリキュラム改善を確実なものとした。

研究発表会の会場校になる、研究指定校になるといった外在的な要請は、研究開発を推進する要因とはなるものの、それぞれの学校の必然性と関連づけがなされなければ、先生方には単なる負担としてしか受け止められない。そこで、岸田先生、田中先生は、学校そのものの必然性のある文脈の中に研究指定を位置づけ、その関連性を他の先生方にも共通理解してもらうように工夫されたのである。また、カリキュラム改善につながる教師の力量形成のために、限られた研修時間の中でできるだけ充実した研修プランを立てることに尽力された。つまり、お二人は、スクールリーダーとして、いわば学校を基礎にした教師教育者としての役割を果たしたのである。さらに、自身が吸収した研究的な知見を学校の研究開発に生かすことで子どもたちの成長を実現し、それにより他の教師たちが取り組みの意義を実感できるようにした点にも注目しておく必要があるだろう。

日本においては、公立学校の教師は教育委員会単位で雇用されるため、複数の学校を異動する。このことは多様な学校の在り方について学ぶ機会ともなっていることが、岸田先生、田中先生のライフヒストリーからうかがわれる。加えて、お二人は、ご自身の実践力量を高めるために、多彩な教員研修の場に積極的に参加し、貪欲に学んでこられた。各種の研究会、学会、大学が提供する研修会などに参加する中で、自身の実践を報告して、他の教員や研究者の検討を受けたり、実践的・学術的な知見を吸収されたりしている。そうして吸収した知見を同僚に伝える際には、学術的な概念をそのまま伝えるというよりも、各先生にとって腑に落ちる形に翻案したり、具体的な実践の姿で伝えたりされている。研究者が指導・助言者として学校現場に関わるといっても、通常は多くても年数回程度の研修を担当するに過ぎない。日常の中で同僚教師とともに過ごすスクールリーダーが、折に触れ、研修内容を説明しなおし、実践への翻案の仕方を伝えるからこそ、研修内容が先生方に届く、というのが実際のところである。

岸田先生、田中先生は特に熱心に研鑽に努めてきた教師たちであり、日本の一般的な教師すべてがこのように能動的に研鑽に努めているわけではない。しかしながら、各種の教員研修のネットワークで学ぶ教師たちが決して例外的な存在というわけではなく、それらの優れた教師たちが学校においてスクールリーダーとして活躍し、他の教師たちに対して指導的な役割を担っているからこそ、日本の教育水準の高さが維持されてきたのもまた事実である。

なお、日本の教育については、伝統的に「全人教育を担う聖職者としての教師像」があることが指摘されている（本書第12章石井論文参照）。岸田先生・田中先生に共通しているのは、教師という仕事を支える強い信念である。すなわち、一見、教師たちにとって厄介に思われる子どもたちでも、その問題状況は子どもたちの背景にある社会経済的要因に起因するものであり、教材や指導方法を工夫するなどして授業とカリキュラムを改善すれば、必ずどの子どもも育つ、という確信である。岸田先生、田中先生がそのような信念に基づきつつ自主的に研鑽に努める姿は、いわば教師としての「修養」（本書第1章西平論文参照）に努める姿として解釈できる。

日本においては校内研修が職務の一環であるとはいえ、カリキュラム改善を実現する基盤にはスクールリーダーの知見と奮闘がある。岸田先生、田中先生のライフヒストリーは、そのようなスクールリーダーがどのような経歴を通して育成されるのかを示している。公的な研修の機会だけでなく、教師たちが自主的に参加する教員研修や大学院、研究会・学会等での研鑽によって得られた知見が、各学校で取り組まれる校内研修の質の高さをもたらしている。学校のカリキュラム改善や授業研究を牽引できる優れたスクールリーダーを育成し続けるためには、そのような各種の学びの機会を積極的に活用することを励ますような学校の体制と文化を大切にしていくことこそが求められていると言えよう。

参考文献

〈日本語文献〉

秋田喜代美・ルイス、C（編著）二〇〇八『授業の研究　教師の学習―レッスンスタディへのいざない』明石書店。

秋田喜代美　二〇一二『学びの心理学―授業をデザインする』左右社。

石井英真　二〇一五『今求められる学力と学びとは―コンピテンシー・ベースのカリキュラムの光と影』日本標準。

ウィギンズ、G・W、マクタイ、J　二〇一二『理解をもたらすカリキュラム設計―「逆向き設計」の理論と方法』西岡加名恵（訳）日本標準。［原著：Wiggins, G. and McTighe, J. 2005. *Understanding by Design*, Expanded 2nd ed. ASCD.］

大貫守・福嶋祐貴　二〇一七「教育方法研究室との共同研究」京都市立高倉小学校研究同人・京都大学大学院教育学研究科教育方法研究室『資質・能力を育てるカリキュラム・マネジメント―読解力を基盤とする教科の学習とパフォーマンス評価の実践』日本標準。一七―一九頁。

岸田蘭子　二〇二〇『先生も子どもも楽しくなる小学校家庭科―授業づくりの理論と実践』ミネルヴァ書房。

岸田蘭子　二〇二一「一教科を核にしたカリキュラム・マネジメントの実践―小学校家庭科の総合性がもつ駆動力に着目して」『関西教育学会研究紀要』第二一号：七三―八六。

京都市立高倉小学校研究同人・京都大学大学院教育学研究科教育方法研究室　二〇一七『資質・能力を育てるカリキュラム・マネジメント―読解力を基盤とする教科の学習とパフォーマンス評価の実践』田中耕治・岸田蘭子（監修）日本標準。

草彅佳奈子　二〇二一「レッスンスタディの再文脈化―インドネシアの中学校教員の実践と社会的統制」『教育学研究』第八八巻二号：二五九―二七二。

高生研（全国高校生活指導研究協議会）一九九七「研究指標」（https://kouseiken.jp/　最終閲覧日：二〇二四年二月一二日）。

国際協力機構　二〇〇七『理数科協力にかかる事業経験体系化―その理念とアプローチ』国際協力機構（https://openjicareport.jica.go.jp/pdf/11864188.pdf　最終閲覧日：二〇二四年二月一二日）。

スティグラー、J・W・ヒーバート、J　二〇〇二『日本の算数・数学教育に学べ―米国が注目する jugyou kenkyuu』湊三郎（訳）

教育出版。［原著：Stigler, J.W. and Hiebert, J. 1999. *The teaching gap: Best ideas from the world's teacher for improving education in the classroom*. Free Press.］

杉村美紀 二〇一九「「方法としての比較」の視点からみた日本型教育の海外展開」『教育学研究』第八六巻四号：五二四―五三六。

田村知子 二〇一一「カリキュラムマネジメントのエッセンス」『実践・カリキュラムマネジメント』田村知子（編著）ぎょうせい。二―一一頁。

田中耕治 二〇〇九「「実践記録」の性格と方法をめぐって」『実践から教育を問い直す』田中耕治（編著）日本標準。一三―二四頁。

田中容子 一九九三―九四「実践講座＝ホームルーム（全４回）」『高校生活指導』第一一六―一一九号：九〇―九三。

田中容子 二〇一〇「授業を生活指導から問い直す―高生研第四八回全国大会基調討論発題（二〇一〇年札幌）」『高校生活指導』第一八五号：一〇八―一一七。

田中容子 二〇一一「実践を振り返って」『高等学校における生活指導と教科教育―田中容子先生の実践記録』（科学研究費補助金基盤研究（B）「パフォーマンス評価を活かしたカリキュラム・マネジメントの改善方略の開発」基礎資料集）西岡加名恵（編）。三―六頁。

田中容子・西岡加名恵 二〇一二『生徒が主人公になる高校英語の授業―パフォーマンス評価で、学び合う生徒たちを育てる』日本標準。

中留武昭 二〇〇二「校内研修」『新版　現代学校教育大事典　第三巻』安彦忠彦ほか（編）ぎょうせい。七二頁。

西岡加名恵 二〇一六『教科と総合学習のカリキュラム設計―パフォーマンス評価をどう活かすか』図書文化社。

西岡加名恵・永井正人・前野正博・田中容子・京都府立園部高等学校・附属中学校（編著）二〇一七『パフォーマンス評価で生徒の「資質・能力」を育てる―学ぶ力を育てる新たな授業とカリキュラム』学事出版。

的場正美 二〇〇八「アメリカの Lesson Study における日本の授業研究の受容と評価」『中等教育研究センター紀要』第八巻：一―二六。

山本敏郎・藤井啓之・高橋英児・福田敦志二〇一四『新しい時代の生活指導』有斐閣。

〈外国語文献〉

Bucher, J. 2021. Lesson study variations. *Master's thesis, Institute of Educational Science,* Heidelberg University.

Ishii, T. 2017. Historical overview of lesson study. In Tanaka, K., Nishioka, K. and Ishii, T., *Curriculum, instruction and assessment in Japan: Beyond lesson study*. Routledge. pp.57–72.

Nishioka, K. 2006. Classroom management in postwar Japan: The life guidance approach. In Evertson, C.M. & Weinstein, C.S. (eds), *Handbook of classroom management: Research, practice, and contemporary issues*. Lawrence Erlbaum Associates. pp.1215–1237.

Nishioka, K. 2017. Historical overview of curriculum development: National control over curriculum vs. school-based curriculum development. In Tanaka, K., Nishioka, K., and Ishii, T., *Curriculum, instruction and assessment in Japan: Beyond lesson study*. Routledge. pp.11–27.

Okumura, Y. 2023. *Educational evaluation and improvement in Japan: Linking lesson study, curriculum management and school evaluation.* Springer

「学校の共同性」を疑う
教師像の脱構築
公共性・理性・多様性

第12章 共同体としての「日本の学校」とそれを支えた教師像のゆくえ

「日本型教育」の構造の歴史と未来

石井 英真

近年、工業製品や各種の産業技術と同様、教育もパッケージ化され、「輸出」事業（海外展開）の対象とされてきているし、それが国策化している（林 二〇一九）。日本の学校教育で当たり前とされている制度や慣習や実践も、「日本型教育」としてパッケージ化され、開発途上国などに輸出されている。[1] たとえば、授業公開とその事前・事後の検討会を通して教師同士が学びあう校内研修の方法である日本の「授業研究（Jugyo-Kenkyu: lesson study）」は、本書第13章でラプリーと小松が論じているように、一九九九年のスティグラー（J. W. Stigler）らの *The Teaching Gap* の刊行により、米国をはじめ世界で注目されてきた（Stigler and Hiebert 1999; 橋本・坪田・池田 二〇〇三; 秋田・ルイス 二〇〇八）。また、二〇〇〇年代以降、経済協力開発機構（ＯＥＣＤ）による「キー・コンピテンシー（key competency）」（第2節で後述）の発表などを嚆矢に、汎用的スキルや非認知的要素の育成を重視するコンピテンシー・ベースのカリキュラム改革が国際的に展開されるようになり、そうした動向と合致、あるいはそれを先取りするものとして、知育・徳育・体育をトータルに扱う日本の学校の全人教育的側面、特に、学級会、掃除、日直など、教科外活動（「特別活動（特活：TOKKATSU）」）のノウハウも「日本型教育」や「日本式学校」として、諸外国に輸出されている（杉田 二〇一八; 脇田 二〇二〇）。

この「日本型教育」の中軸をなす授業研究と特別活動は密接に連関している。日本の学校は、学級という濃密な生活集団を単位に、知育のみならず、社会性の育成や徳育等も担う「共同体としての学校」として歴史的に成立してきた（木村 二〇一五）。授業研究とは、教師の集団的な学びのシステムであり、特別活動とは、子どもたちの協働的で自治的な活動の文化である。本章で詳述するように、日本における授業研究の文化は、特別活動などによって構築された生活集団の基盤の上に、子どもたちの間につながりを形成しながら知育を展開する日本型の創造的な一斉授業、およびそれを可能にした教師のアートとクラフツマンシップという教育文化と不可分の関係にある。そして、特に初等教育を中心に、日本の学校教育の、「均質的な高学力の育成力」「人格形成力」「授業の研究力」等は国際的に評価されてきた（恒吉二〇〇八）。

だが、日本の学校の全人教育への志向性については、教師に聖職者的献身と過重労働を求めがちな点、いじめの温床である集団主義的な閉鎖性等が問題視されてきた。そして、日本の学校の負の側面は、COVID-19パンデミックにおいてより顕在化している。

日本では、二〇二〇年二月二七日、安倍晋三首相（当時）から突然の全国一斉休業の要請が出された。学校や地域によっては、その期間は最長で約三カ月に及んだ。その中で特に多くの公立学校で授業などのオンライン化が進まず立ち往生している様子に、学校や教師への保護者や世間の不信が募った。一方で、私立学校や学校外の教育サービスやNPOの活動が、柔軟かつ迅速に状況に対応している様子が紹介されていくことで、学校に通うことを自明視せず、学校の機能と役割を外注してスリム化する「脱学校」論、「小さな学校」論につながる論調も、教育改革を訴える活動家・実践家の主張や経済産業省等による教育政策論議において強まっている。

また、休校中に生じた子どもたちの学びの格差や経験の多様性に対して、一律に同じ内容を提供することが「悪平等」だと批判的に捉えられ、一人ひとりに応じた教育が必要であるという論調が社会的に流布し強まっている。

1……官民協働のオールジャパンで取り組む「日本型教育の海外展開事業」（EDU-Portニッポン）に関する文部科学省のホームページを参照（https://www.eduport.mext.go.jp/）。EDU-Portについては、「日本型教育」というパッケージ化に伴う矮小化や形式化、そして、国際教育開発における文化帝国主義（自国文化の押し付け）や新自由主義（教育の商品化・市場化）なども危惧される（橋本（二〇一九）などを参照）。

その中で、ＩＣＴ活用と結びついて、「個別最適化された学び」、あるいは「個別最適な学び」が強調されている。そして、場所や時間に拘束されない自由な学びをめざすべく、履修主義から修得主義への履修原理の転換、および、学年学級制の問い直しなどが議論の俎上に上っている。[2]

このように、「日本の学校」「日本型教育」は、日本の教育文化に埋め込まれており、それは光と影の両面を持った共同体としての「日本の学校」の一面のみを強調するものである。本章では、「日本型教育」、すなわち共同体としての「日本の学校」の基本的な性格のルーツと構造を明らかにする。そして、COVID-19パンデミックにおいて顕在化している「日本の学校」の共同性や教育文化の問い直しの動きを整理した上で、日本の教育の問題と社会の問題の相似構造を指摘しつつ、「日本型教育」の課題と展望について述べたい。まず、「授業研究」をはじめ、日本における教師の学びの文化・様式とその基盤にある教師像の成立過程について素描しよう。

1……「授業道」としての「授業研究」の成立過程

（1）日本における教師の実践研究と「授業研究」の歴史的展開

日本における、教師による実践研究としての「授業研究」の歴史的起源は、明治初期にまでさかのぼる。一八七二年の「学制」にもとづく小学校の発足に当たって、アメリカ人教師のスコット（M. M. Scott）を招聘し、欧米式の一斉授業方式の導入と普及がまずめざされた。そして、師範学校やその附属学校において模範的な指導方法が開発され、東京から各地域へとそれを普及させることが試みられた。その際、教授法に関する著作の刊行や伝達講習だけではなく、模範とされる方法を実践的にマスターするために、詳細な指導案を作成し、研究授業を公開し、観察者を交えた授業批評会を行うという形での教師の研修が実施されるようになった。

この授業の観察と批評による研修の方式は、一八九〇年代に近代的な一斉教授法の定型を構成したヘルバルト主義（Herbartianism）の段階式教授法の普及[3]とともに、日本全国の学校に定着した（稲垣一九九五）。模範的な特定の授業方式の開発・導入・普及を目的とする授業研究は、事前の指導案検討を重視し、事後の協議会において授業の方式や技術を話題にする傾向がある。そうした技術志向の授業研究は、現在においても、多くの学校の公開研究会の実施方法や日常的な教師の意識の中に継承されており、日本の授業研究の一つの系譜を形成している。なお、スティグラーが注目した「授業研究」は、教育行政により定型化された校内研修であり、この系譜に属するものである。

2……GIGAスクール構想により整備される一人一台端末の効果的な活用のあり方も見据えながら、二〇二一年一月二六日、文部科学省の中央教育審議会答申「『令和の日本型学校教育』の構築を目指して」がとりまとめられた（https://www.mext.go.jp/content/20210126-mxt_syoto02-000012321_2-4.pdf）。その副題は、「全ての子供たちの可能性を引き出す、個別最適な学びと、協働的な学びの実現」となっており、ICTを活用することで、いつでもどこでも誰とでも学べること、教室や学校の境界を継ぎ目なく超えていくシームレスな学びが志向され、一人ひとりに応じた個別化・個性化された学びも重視されている。こうした政策動向と論点については、石井（二〇二一b）などを参照。

3……ドイツの教育学者ヨハン・フリードリヒ・ヘルバルトは、「明瞭・連合・系統・方法」の四段階で、新たに学ぼうとする事物を明瞭にし、それをすでに習得している事物と比較し、連合された事物を体系化し、そうして得たことを他のものに応用可能になるといった形で、学習者の認識過程を明確化した。その後、ヘルバルト学派のトゥイスコン・ツィラーが、「明瞭」段階を二分し、「分析・総合・連合・系統・方法」という五段階で学習過程を捉え、さらに、ヴィルヘルム・ラインは、教師視点で「予備・提示・比較・概括・応用」の五段階教授法として定式化し、日本においても一斉授業の定型として普及した。ヘルバルト主義はその後、画一主義と批判され、活動主義等の立場からその克服が試みられることになった。

他方、こうした授業方式の開発・普及を志向する授業研究を、教育の実際から問い直す動きが、大正期の新教育運動において出現する。大正新教育を代表する私学の一つで、子ども中心の自由な教育をめざし、子どもと教師による生活共同体の構築を志向した「池袋児童の村小学校」の教師たちは、私小説をモデルとする物語調の実践記録のスタイルを生み出した（浅井 二〇一六）。実践記録は、授業の方式よりも、教室での教師や子どもたちの生きられた経験を対象化するものである。それは、国家の意思を内面化した教師を超えて、教師としての「私」を発見し、固有名の子どもを発見し、自分たちの実践経験を自分たちの言葉で語り意味づけていく、そうした研究的な実践家としての教師の誕生を意味していたし、それを持ち寄って実践を検討し学び合う、教師たちによる草の根の民間教育研究団体の成立につながるものであった。

こうした教師の自律的な実践研究の伝統は、第二次世界大戦に向かう一九三〇年代に、皇国民錬成の教育が実施される中で衰退した。しかしそれは、第二次世界大戦後の民主主義教育の中でよみがえり、多数の実践記録を生み出すに至った。特に、戦後初期には、無着成恭の『山びこ学校』（一九五一年）を皮切りに、小西健二郎の『学級革命』（一九五五年）など、生活綴方[4]を実践する教師たちによって注目すべき実践記録が相次いで発表された（「実践記録ブーム」）。この時代に発表された実践記録の多くは、子どもの綴方（作文）とそれをめぐる生活指導を中心としたものであった。これに対して、『未来につながる学力』（一九五八年）をはじめとする、斎藤喜博と島小学校の教師たちの実践記録は、授業での教師と子どもの経験を綴ったものであり、授業という営みの可能性を実践の事実で示すものであった。

（2）日本的な教師の専門職像の成立

「授業研究」の基底をなす、日本の教師たちの実践研究の文化の成立は、全人教育を担う聖職者としての教師像と密接に関係している。

戦前・戦中には、教師を「教育ノ僧侶」とした初代文部大臣森有礼をはじめ、教師を公僕や奉仕者と見て、使命感や献身性や遵法の精神を要求する「聖職者」観が支配的であった。[5] たとえば、一八八六（明治一九）年に制定された師範学校令は、儒教主義的な「順良・信愛・威重」を教師が備えるべき徳性として挙げ、師範学校において、天皇制国家の臣民育成の担い手として、子どもに道徳的薫陶をおよぼすことのできる人格の所有者の養成をめざした。こうして、聖職者としての教師は、国家が定めた政策や教育内容を無批判に受け入れ、それを忠実に実行する、画一的な「師範タイプ」（偽善、卑屈、偏狭、陰欝の師範気質）の教師として具体化され、日中戦争（一九三七―一九四五年）勃発後の超国家主義の高まりの中で設立された国民学校（初等教育と前期中等教育の機関）において、皇国民（天皇のために身も心も尽くす皇国の民）の錬成者としての役割を担っていくことになった。

日清戦争（一八九四―一八九五年）後、日本における資本主義の進展を背景に、一九〇〇年代になると義務教育就学率は九〇％を超えるに至り、小学校教員数も大幅に増加することになった。それに伴い、教師全体の出身階層も士族階層から農民階層へと変化し、女性教員の占める割合も増える一方で、教師集団の経済状況や社会的地位は下落していくこととなった。こうして、近代学校制度の確立とそれに伴う教員数の増加や大衆化を背景に、労働者・生活者（「教員」）としての待遇改善の課題が意識化されるようになり、一九一九（大正八）年の啓明会の結成を嚆矢に教員組合も次々と結成されるようになった。世の中が期待し理想とされる聖職者（「教育者」）としての姿

4……子どもたちが自らのありのままの生活現実を作文に綴り、それを共感的に読み合うことで、文章表現力、および、生活への認識を育てるとともに、仲間意識・つながりや集団を形成していく、日本土着の自生的な教育実践（中内（一九七〇）などを参照）。

5……教師像の歴史的展開については、唐沢（一九五五）、寺崎（一九七三）などを参照。

と、「教員」としての生活の厳しい現実との矛盾は、教師としていかに生きるべきかという、アイデンティティへの問いを多くの教師たちに生み出し、先述のように、それは教育を物語として語る教育小説を経て実践記録の成立に至り、大正期における実践的研究者としての教師たちの誕生を準備することとなる。

　戦中の「師範タイプ」への反省の上に、教職員組合の教師たちを主な担い手として戦後の民間教育研究運動が展開したといった具合に、戦前に構築された聖職者像と労働者像の二項対立図式は、戦後の教師像に関する議論も枠づけてきた。これに対して、一九六六年に採択されたＩＬＯ・ユネスコの「教員の地位に関する勧告」は、教師を「専門職」として明確に位置づけるものであった。その上で、専門職としての仕事から要求されるものとして、研修の意義、労働条件の改善、教育政策決定への参加、学問の自由、市民的権利の保障等が提起された。これを契機に日本においても、専門職としての教師像を追求し構想する議論が生まれることになる。だが、教職については、公共的使命などの精神的側面が強調される一方で、専門性の根拠となる専門的知識が明確にされているわけではなく、専門家としての地位も自由も自律性も十分に保障されていないのが実態である。そして、ＩＬＯ・ユネスコの「教員の地位に関する勧告」についても、日本政府はその趣旨を具体化しているとはいえない（堀尾・浦野二〇〇五）。

　ここで、専門職としての教師像の確立を考える上で、日本における教師像の基底をなしてきた聖職者像に、専門職としての教師像につながる契機が内在していた点に注目したい。先述の森有礼においても、国体の形成という至上目的への教職を通じての献身と禁欲を説く一方で、儒教主義思想と異なる近代合理主義を基にした教育観に立って、教師の任務と役割を説くという形で、聖職者論と専門性論の二つの契機を看取することができる。[6] また、大正期の「教育者の精神」を説いた澤柳政太郎の教師論においても、精神主義的な聖職者論からの展開として、教科書に対する主体性を持った授業のスペシャリストとしての、自律的な研究者としての教師像の萌芽を見て取ることができる。国家と子どもへの献身を説く澤柳の教師像は、「教師の経済的社会的な地位の低さを、美化された子どもとナショナリズムによって補完するもの」（浅井 二〇一六：三九）であった。その一方で、ペスタロッチ（J. H. Pestalozzi）を教育者の模範とし、教員とは異なる教育者としてのあり方を説くとともに、『実際的教育学』において、教師を教育研究者として位置づけていた。

こうした「教員」ではなく「教育者」や研究的実践者としての教師のありようは、「授業研究」をはじめ、日本の教師たちの教育実践研究の文化において追求されてきた。そして、教育実践における教師の主体性の認識は、特に戦後において、学校を超えた教師たちの手弁当の自生的な研究会組織である教育サークルや民間教育研究団体の活動にも展開した。そうした日本の教師たちの実践研究の文化については、単に事例研究を通じて効果的な授業方法を実践的に検証している、授業や子どもの見方を豊かにしているといったレベルを超えて、哲学することをも伴って研究する志向性を持っていた点を認識しておく必要がある。先述のように、教師自身が、教室での固有名の子どもたちとの出来事ややりとりを、一人称の視点から物語調で記述する実践記録が多数刊行されてきたことを抜きに、日本の教師たちの実践研究の文化は語れない。多種多様な教師向けの教育雑誌、書店に並ぶ教師による多数の実践書や理論書は、諸外国には見られない特徴であり、日本の教師たちの読書文化や研究文化の厚みを示すものであった。

さらに言えば、日本の教師たちは実践記録を綴るのみならず、実践に埋め込まれた「実践の中の理論（theory in practice）」を自分たちの手で抽象化・一般化し、それを比喩やエピソードも交えながら明示的かつ系統立てて語ってきたという事実に注目する必要がある（石井 二〇一七；Ishii 2017）。また、そうした教師たち自身による「実践の理論化（theory through practice）」においては、単なる技術や手法だけではなく、教育の目的、授業の本質、教科の

6……寺崎（一九七三：一五―一九）を参照。

本質、子ども観など、実践経験に裏づけられた豊かな哲学や思想も語られていた。芦田恵之助、木下竹次、及川平治、国分一太郎、斎藤喜博、東井義雄、大村はまといった著名な実践家の一連の著作は、実践記録という域を超え、いわば「求道者としての教師」の道を説く側面を持ち[7]、良質の教育思想や教育理論のテキストでもあった。日本においての「授業研究」は「授業道」とでも言うべき性格を持っていたのである。それは、本書第1章で明らかにした日本の教育の「原風景」に通じるものであろう。次に、そうした「求道者としての教師」や「授業道」としての授業研究を成立せしめた、全人教育機関としての日本の学校の成立過程と、そこで行われている教育実践の特質について述べる。

2……全人教育機関である「共同体としての学校」の成立

(1) 全人教育機関としての「日本の学校」の特質

本章冒頭で述べたように、「日本の学校」は共同生活を送る場であり、その基礎集団である「学級」は学習集団である以前に生活集団であって、そこでの生活を通して、みんなで学び、みんなでクラスの問題を解決したりするなかで社会性や人格をも育てることが期待されてきた。学級活動、生徒会活動、学校行事といった教科外の活動が、「特別活動」としてカリキュラムの一部として公的に位置づけられていることは、知育学校で機能集団としての性格の強い西洋の近代学校とは異なる、「日本の学校」の全人教育機関としての性格をよく表している。儀式的、文化的、奉仕的行事から旅行・集団宿泊的なものまで含む社会的体験が展開され、日直、班、係活動、クラブ活動、委員会活動、学校行事の計画・実施、生徒会運営といった、学校組織の役割の遂行や自治的活動、さらには給食の配膳や教室等の清掃等も子どもたちが行うといった光景は、国際的には当たり前ではない。

現在の変化の激しい社会では、正解のない問題に対応したり、異質な他者と協働したりできること、新しい価値を創造することなど、人間にしかできないことが大事になってきている。特に、ＡＩの進歩などにより、将来、今ある職業の半分がコンピュータに代替されるなどと言われ、残る職業の特徴から対人能力への需要が高まっていることが指摘されるようになった。こうした社会変動を念頭に置いて、ＯＥＣＤは、現代社会で求められる能力を明確化した「キー・コンピテンシー」（①相互作用的に道具を用いる力、②社会的に異質な集団で交流する力、③自律的に活動する力）を提起し、日本も含め国際的に、協働や自律に関わる非認知的能力への注目は高まっている（ライチェン・サルガニク二〇〇六；松下二〇一〇；松尾二〇一五；経済協力開発機構（OECD）二〇一八）。

表12―1は、英米の「教育目標の分類学（taxonomy of educational objectives）」や教科横断的で汎用的なスキルに関する諸研究も参照しつつ、日本の学校のカリキュラムが育成してきた資質・能力の全体像を整理したものである（石井二〇一五、二〇二〇）。なお、日々の学校生活や行事等における学習経験や社会的経験については、人格的価値に関連するものであるため、教師による知識やスキルの計画的指導というよりは、プログラム化できない全人格的な体験を通じて、自己の生き方・あり方に子どもたち自らが気づいていくという側面が強くなる。この表を見ても、日本の学校が、全人教育機関としての役割を果たしてきたことがわかるだろう。

また、こうした全人教育への志向性は教科における知育も特徴的なものにしている。クラス全体での一斉授業と

7……澤柳とともに成城学園の創設に関わった小原國芳が、教師のありようを説いた著作が、『教師道』（一九三九年）というタイトルであったことは象徴的であるし、芦田は、『綴り方教授に関する教師の修養』（一九一五年）を著し、教師の「修養」（日本の無神論的で自力主義的な自己教育の思想）について説いた。

表12-1　学校で育成する資質・能力の要素の全体像を捉える枠組み

<table>
<tr><th colspan="3" rowspan="3">能力・学習活動の階層レベル（カリキュラムの構造）</th><th colspan="4">資質・能力の要素（目標の柱）</th></tr>
<tr><th rowspan="2">知識</th><th colspan="2">スキル</th><th rowspan="2">情意（関心・意欲・態度・人格特性）</th></tr>
<tr><th>認知的スキル</th><th>社会的スキル</th></tr>
<tr><td rowspan="3">教科学習</td><td rowspan="3">教科等の枠づけの中での学習</td><td>知識の獲得と定着（知っている・できる）</td><td>事実的知識、技能（個別的スキル）</td><td>記憶と再生、機械的実行と自動化</td><td rowspan="2">学び合い、知識の共同構築</td><td>達成による自己効力感</td></tr>
<tr><td>知識の意味理解と洗練（わかる）</td><td>概念的知識、方略（複合的プロセス）</td><td>解釈、関連付け、構造化、比較・分類、帰納的・演繹的推論</td><td>内容の価値に即した内発的動機、教科への関心・意欲</td></tr>
<tr><td>知識の有意味な使用と創造（使える）</td><td>見方・考え方（原理、方法論）を軸とした領域固有の知識の複合体</td><td>知的問題解決、意思決定、仮説的推論を含む証明・実験・調査、知やモノの創発、美的表現（批判的思考や創造的思考が関わる）</td><td rowspan="2">プロジェクトベースの対話（コミュニケーション）と協働</td><td>活動の社会的レリバンスに即した内発的動機、教科観・教科学習観（知的性向・態度・思考の習慣）</td></tr>
<tr><td>総合学習</td><td rowspan="2">学習の枠づけ自体を学習者たちが決定・再構成する学習</td><td>自律的な課題設定と探究（メタ認知システム）</td><td>思想・見識、世界観と自己像</td><td>自律的な課題設定、持続的な探究、情報収集・処理、自己評価</td><td>自己の思い・生活意欲（切実性）に根差した内発的動機、志やキャリア意識の形成</td></tr>
<tr><td>特別活動</td><td>社会関係の自治的組織化と再構成（行為システム）</td><td>人と人との関わりや所属する共同体・文化についての意識、共同体の運営や自治に関する方法論</td><td>生活問題の解決、イベント・企画の立案、社会問題の解決への関与・参画</td><td>人間関係と交わり（チームワーク）、ルールと分業、リーダーシップとマネジメント、争いの処理・合意形成、学びの場や共同体の自主的組織化と再構成</td><td>社会的責任や倫理意識に根差した社会的動機、道徳的価値観・立場性の確立</td></tr>
</table>

※社会的スキルと情意の欄でレベルの区分が破線になっているのは、知識や認知的スキルに比べてレベルごとの対応関係が緩やかであることを示している。

※網かけ部分は、それぞれの能力・学習活動のレベルにおいて、カリキュラムに明示され中心的に意識されるべき目標の要素。

※認知的・社会的スキルの中身については、学校ごとに具体化すべきであり、学習指導要領等で示す場合も参考資料とすべきだろう。情意領域については、評定の対象というより、形成的評価やカリキュラム評価の対象とすべきであろう。

いうと、一方的な講義形式をイメージしがちである。しかし、日本の多くの教師たち、特に小学校の教師たちは、学級集団で学ぶ意味を生かして、一人ひとりの考えを出し合い練り上げていく授業、いわば「創造的な一斉授業」を理想として追求してきた（Ishii 2017）。発問をクラス全体に投げかけ、出てきた多様な意見を交流させ、黒板にその場で巧みに考えを構造化しながら、意見をすり合わせ組織化する。そうした相互作用を通して一人では到達できない発見や考え方が生まれてくる。さらに、子どもの「つまずき」（間違った答えや正解からずれた意見）を否定的に扱うのではなく、そのつまずきの背景を掘り下げ、つまずいている子がわかるように支援するのみならず、正解を知っていると思っている子どもたちをもより深い理解へと導く。そうした授業は、一部の子どもたちと教師の問答で進む授業になりがちではあるが、クラス全体で考えているという意識をもって、発言のない子どもたちも少なからず議論に関与し各々の内面において思考が成立していた。

こうした「創造的な一斉授業」という教科の授業の形は、学級活動等を通して学級内に強いつながりを構築し、自分の考えを表出しやすい雰囲気づくりや、みんなでわかり学び合うことをめざす教室風土を重視してきた日本の教育文化を土台としている。また、「創造的な一斉授業」は、職人技やアートに依存する部分も大きく、発問、切り返し、板書等の技芸を極める「授業道」としての授業研究の展開と密接不可分なものであった。

(2)「共同体としての学校」の基盤となる学年学級制の成立過程

ここで、こうした共同体としての「日本の学校」の成立過程を、公教育の性格規定に関わる履修原理・進級原理の観点から素描しよう。[8]

8……課程主義から年齢主義への歴史的展開、学級制の成立過程については、佐藤（二〇〇五）、宮本（二〇〇五）、木村（二〇一五）などを参照。

日本における義務教育制度の草創期、明治初期の一八七〇年代から一八八〇年代までは、就学率も低く、就学者の年齢も知識の獲得具合もさまざまであった。そして、学校で教えられる内容も、読み書き計算など最低限のもので、産業化や国民国家形成の要請、すなわち、近代化を担う人材養成が目的として強く意識されていた。そのような状況の中で、学校は、そろばんや習字や水泳などの習い事のように、昇級、昇段していく「等級制」[9]であって、進級における徹底した課程主義（所定の課程を履修するだけでなく、目標に関して一定の成果を上げることが求められ、原級留置（留年）もあり得る）がとられており、学級という集団も成立していなかった。

その後、義務教育制度が確立され大衆化していくにつれて、義務教育制度は等級制から現在のような学年学級制に移行していく。一八九一年一一月に「学級編成等ニ関スル規則」が出されるなど、教育勅語の発布される一八九〇年前後に学年学級制は成立していった。就学率の上昇とともに多くの子どもたちが学校に包摂されるようになり、進級レベルごとの授業（等級）、一人の教員が同一の教室で異なる等級の子どもたちに授業を行う複式授業（合級）を経て、「学級」という「組」を組織して授業するという形が成立し始める。そして、それが学年制と結びついて、日本では二〇世紀初頭には、同一年齢（学年）の子どもたち（同級生）が一緒に学ぶ現在のような学年別学級が一般化するようになった（「学級」の誕生）。こうして、課程主義から年齢主義（所定の教育課程を一定年限の間履修することを求めはするが、履修の結果や成果は厳格には求められない）へと進級原理はシフトした。

学年学級制の成立は、学校の機能の拡大とパラレルに展開した。教育が大衆化し学校制度が整えられる中で、カリキュラムの内容も拡張・体系化され、特に、日本においては、国家主義的な徳育重視の教育政策の展開が、等級制から学級制への転換を後押しした。

また、日本では、ムラ社会に組み入れられていた子どもを学校に就学させるべく、村落共同体の習俗の延長線上に集団活動や行事や儀式などの学校生活が形作られていったこともあり、日本の学校の共同体としての性格は強く、学級はその中軸を担ってきた。子ども中心や経験主義や個性尊重の立場に立つさまざまな教育を生み出した大正新教育期には、もともと国家主義的教化（indoctrination）や教育の効率化の手段として導入された学級を、子どもの生存権と学習権を保障する装置として、また、協働自治の社会関係づくりを学んだりする、教育的な人間形成の場として生かしていく発想も生まれた。[10] そして、第二次世界大戦後においても、そうした学級でともに生活し学び合うことの意味は追究され、生活綴方の復興、教科外活動における生活指導実践の展開、教科指導において認識形成と学習集団づくりの統一的実現をめざす授業研究運動の展開といった形で、戦後日本の教育実践研究の中軸を形成していった（田中二〇〇五、二〇一七）。

なお、学年学級制と年齢主義が一般化していくと、「学年（grade）」は在学年数や年齢という意味を超えて、その年齢に相応の内容水準という課程主義的な意味も持つようになる。その結果、同じ年齢集団で、同じ内容を一斉に学んでいくことをめぐって、画一的一斉授業に個別化・個性化を対置し批判する論調も生まれてくることになった。

9……下等小学四年（八級）、上等小学四年（八級）の四・四制が導入され、この下等・上等の「等」と各八級の「級」をとって「等級制」と称された。子どもたちは学習進度別に級分けされ、半年ごとに行われる試験の成績によっては落第や飛び級もあった。

10……たとえば、池袋児童の村小学校の野村芳兵衛の生活訓練論、生活綴方運動など、子どもの生活から、学校、および生活集団としての学級を問い直す実践も生まれた（中内二〇〇八）。

3 「日本の学校」の光と影を超えて

(1) ゆらぐ「日本の学校」

COVID-19パンデミックを通して、これまでの学校の当たり前にも問いが投げかけられ、ここまで述べてきたような、職人的な教師気質、共同体としての学校、全人教育志向など、「日本の学校」の再構築が主題化されている。

まず、長期の一斉休校期間に露になった、学校に登校できなければ学びを継続できないという事実は、社会や保護者の学校依存状況を示すものであり、学校と外部との連携、あるいは学校の役割の外注・スリム化などの議論も活性化することとなった。そして、子どもたちの学校依存は、自ら学び続ける力や主体性を重視する議論を活性化させることとなった。日本の学校のカリキュラム・オーバーロード状態や教員の労働条件の厳しさも社会問題化していく中で、教育だけでなく福祉的な機能や全人教育的な機能も果たしてきた「日本の学校」と「日本型教育」は岐路に立っている。学校の機能と役割として何を残し、何を手放すのかの線引きが求められている。

この学校依存の問題にも関わって、「授業研究」の再評価を伴いながら、学校教育の質の追求とパラレルに展開してきた、教師教育の質的高度化政策も岐路に立っている。社会や学校の構造変容を背景に、学校や教師が直面する困難の度合いが深刻さを増す一方で、教育や学校への期待が高度化するという矛盾した状況を、条件整備等を伴わずに教師の資質能力の育成で克服しようとすることも限界を迎えつつあるのである。こうした現状に対して、教員の働き方改革が主題化されてきたし、教員の労働環境のブラックさが社会的にも広く認知されるようになって、教員の待遇や条件整備面での政策的対応についても議論がなされるようになった。他方、教育活動、あるいはそれに止まらない福祉的な役割などについて、学校という場に関わるアクターは多様化し、「チーム学校」をはじめ、多職種協働が前提となってきている。特に、教員の質の担保のみならず、教員志望者減による人員の確保も難しい状況が生まれている中で、教師、あるいは学校の仕事のスリム化や外注はもちろん、教職ルートの多様化や人材の多様化を促す教職資格自体の規制緩和の動きもある。教育の仕事や専門性を教職の専有物とすることは自明ではない。開かれた教育の専門性との関係において、教職の専門性・専門職性を議論していくことが不可避となっているのである。

こうした状況は、民主的で開かれた学校経営、教育実践の活性化や変革、あるいは、教師の負担軽減や教職の専門性の鍛え直しの契機ともなるかもしれない。一方で、民主的であること自体が教育の質を担保するとは限らず、多様なスペシャリストへの外注や連携がむしろ学校の機能の肥大化と教師の負担の拡大につながることも予想され、その中で教職の劣位化が進んだり、技術的側面への専門性の矮小化が起こることも危惧される。

また、長期の一斉休校期間に、オンライン授業などが進まなかったことをはじめ、少なからぬ学校がリスクを恐れて目の前の子どもたちの学びや生活に働きかけることができなかったことも背景に、横並び一斉主義・平等主義の問題が浮き彫りになった。日本の同調圧力を根に持つ、行き過ぎた「一斉一律」を問い直し、子どもたちの置かれている環境や、学習状況等、多様性に柔軟に対応できる学校への改革も加速している。「一人一人に応じた教育」を求める声が高まっているのである。さらに言えば、学校依存を脱却する意味でも、ＩＣＴを最大限に活用して学校外の多様な学びの場を拡充し、必ずしも学校に行かなくても、いつでもどこでも誰とでも学べる、オンライン上の「学びのプラットフォーム」の構築に期待を寄せる動きもある。

そこには、誰にでも同じものを与えないと不公平だとする「平等」の考え方から、多様性に応じて、特に、支援が必要な不利な立場の子どもたちにより手厚い指導を行う「公正」の考え方へとシフトさせていく方向性も見出せる。しかし、一斉休校にしてもICT活用にしても、家庭環境の違いによる教育格差を拡大させる危惧も指摘されている。また、一人ひとりに応じた自由な教育という言説も、個々人の身の丈に応じた主体的な選択により、教育格差や社会的な分断を招くことが危惧される。

以上のように、学校や教師に過剰に期待しすぎず、学校でともに学ぶことにもこだわらないという、ややもすれば学校のスリム化や教職の脱専門職化や教育の個別化・分断化にも向かいかねない動きに対して、「日本の学校」の再構築はいかに構想しうるのか。以下、課題と展望を述べてみたい。

（2）日本の職人的教師像を脱構築する視点

近年の「教師崩壊」とも形容すべき、教員の長時間労働、過剰業務、徒労感などのブラックな労働環境を背景とする、教員の質の低下と教員不足の問題は、欲ばりすぎず、多くを求めず、高度でマルチな専門性がなくてもできる仕事として、教職の持続可能性の問題を提起するものである（妹尾二〇二〇）。またそれは、教員のワーク・ライフ・バランスと健康を守るという観点からだけでなく、残業代支払いをせず長時間労働を常態化させがちな給特法[11]の改正をめぐり、教員の労働者性や待遇改善の議論とも接続している（内田他二〇二〇）。

こうした教師の仕事の限界状況は、先述の、聖職者像と結びつきがちな日本の教師たちの専門職像にも一因があると考えられる（石井二〇二一a）。たとえば、一九七一年の中央教育審議会答申における「特別の専門的職業」という文言が示すように、教育制度の文脈において、教職の専門職性は教職の特殊性に矮小化されがちであり、政治的中立性の要求、労働基本権や学問の自由等の制限、聖職者的な献身と自己犠牲を強いる論理としてしばしば機能してきた。教職の「自律性」よりも「特殊性」を強調する専門職論の文脈において、学校への要求を高くする一方で、教職の待遇や条件を切り下げてきたのである。また、こうした労働者性を否定しがちな教育政策側の専門職論に対し、民間教育研究団体も含めた教育運動側の専門職論は、労働者性を基礎としながら教職の自律性や専門職性の確立に力点があった。しかし、先述のように、教育実践研究を軸にした草の根の専門職論は、「求道者としての教師」の道を説く側面も持っており、それは日本の教師の矜持と教育実践の卓越性の基盤であった一方で、近年の教職のブラック化を教育現場の内側から支える側面もあったと考えられる。

教員の労働環境の改善は、教職の特殊性に矮小化されてきた専門職論を問い直し、労働者としての条件整備の先に、専門職としての教職の自律性の尊重と待遇改善につなげること、また、聖職者意識と結びつきがちな教職の矜持を、自己規制のシステムの構築を含んだ専門職倫理として再構築することを課題とすべきであろう。教師の働き方改革を、専門スタッフとの協働や周辺業務の外注の域を超えた、学びの保障などの本業部分の単純労働化や下請け化や非人間化に陥らせることなく、労働者性の確立の上に、個人の人間的力量頼みの「教師論」に依拠しすぎず、システムの力も生かしながら、他教員や補助スタッフなどとの分業・協働で仕事を行う「教職員（組織人）論」の脈絡において、教職の専門性を持続可能な形で立ち上げ直していくことが求められているのである。そこでの教職の専門性は、学習者各人の「自習」をAI等の力も借りながら個別に支援する、必ずしも教科等の専門性がなくても務まる学習管理者的チューターに解消されるものではなく、逆に、「授業」で一斉に教えたり、コミュニケーションを巧みに組織化したりする、マルチで熟練した専門性や実践知に支えられた名人芸的・職人的ティーチャーに固執するものでもないだろう。いわば、「自習」論から「授業」論を問い直し、教師に時間的・精神的余裕を生

11……給与月額＋その四％分を受け取る代わりに、時間外労働は残業ではなく自発的活動とみなされる。

み出し得る持続可能性をもち、かつ仕事の手ごたえを手放さないような授業像の均衡点を探っていくことが課題である。

（3）日本の学校の共同性を脱構築する視点

COVID-19パンデミックの中で、「一斉一律な教育」に対して「一人一人に応じる教育」が理想化されがちである。しかし、以下の点に注意が必要である。日本の教育は、学校生活面では集団主義（同調主義）的であり、同時に学習面では個人主義（自力主義）的である。[12] たとえば、集団主義的な一斉授業に見えているものも、それが画一的で一方向的な場合、実際には、教師と子ども一人ひとりの個別的な座学の束（「鵜飼の構造」）であり、学ぶか学ばないかは子どもの努力次第という構図になっている。たとえば、特に中学校や高等学校の一斉授業において、子どもたち一人ひとりは教師の説明や行動に集中し、教師も子どもたち一人ひとりと一問一答でやりとりしたりするし、クラス全体の討論でも子どもたちは他のクラスメートではなく教師の方を向いて発言したりしがちであり、教師が出した指示を聴き取れなかったときに子どもたち同士でたずねる前に教師に直接質問したりと、子どもたち同士のヨコ糸関係よりも教師と子どもたちのタテ糸関係の方が強い。

学級の閉鎖性や息苦しさに対して、自学自習を理想化するなど、学びの自由化や主体化が対置されがちであり、本書第2章で論じた大正新教育期における「新寺子屋」の流行のように、日本において、モダンを問い直す進歩主義教育は、寺子屋というプレモダンを原風景としてしばしば自学自習論的に解釈される傾向にある。しかし、そうした自学自習の文化は、物事の原因をシステムや構造ではなく心構えに還元する、日本的精神主義や非合理的努力主義とつながっていることが多く、日本の同調主義と根っこの部分でつながっている。たとえば、中内敏夫は、「日本の人づくりは、いかに教えるべきかではなく、いかに学ぶべきかの技の体系でき上っている」（中内二〇〇五：四〇）と述べている。たとえば、江戸時代にも『授業論』と題する書物があったが、その内容は、いかに業を受けるかの論、すなわち、学習論であり「受業」であったと言う。さらに中内は、近代学校成立期の、西洋由来のヘルバルト派の一斉授業とされているものも、その実態は、「受業」論とともに近世日本のもう一つの教育方法の系譜を形成していた「記誦注入の法」（藩校などで漢字や読みの指導法として定式化されていた素読、講釈の一斉教授法）に近いものであったと指摘する。そして、「受業」も教え込みの「記誦注入の法」も、子どもがわからないことを、教えている内容や教え方の順序ではなく、子どもの側の努力や心構えに責任を負わせる、一種の精神主義的自力主義という点で通底していたと論じている。すなわち、「一斉一律な教育」と、それに代わる新しい選択肢として語られる「一人一人に応じる教育」とは同じコインの表と裏かもしれないのである。ゆえに、ＩＣＴも活用しながら一人ひとりに応じた教育を行うことが、教師によるリモート管理や学びの孤立化を進めないよう注意が必要である。

閉鎖的な日本の社会と日本の学校における、個の確立の弱さと異質な他者との対話を促すことの弱さ、および、理性的合理主義と民主主義的公共性の未成熟をふまえると、「個性化」を軸にした学校文化の編み直しが重要な課題であることは間違いない。ただしそれは、「個性的であれ」という抽象的な徳目のように、個性を規範化することではなく、分子的な個体を析出する個体化・個別化（individuation）でもなく、統一体としての固有名の個を析出する特異化（singularization）として遂行することが重要である（佐藤 一九九五）。公共的な議論を通して理性的な個の確立（立場の自己形成）をめざす学習集団や活動集団、および、ありのままの個の存在の承認（ケア）を含んだ生活空間、これらの統一体として、学級や学校共同体を再構築することが必要である。「個性」という抽象化された徳目のようなラベルではなく、具体的で固有名のその人らしさを互いに尊重し豊かにしていくわけである。

12……中内（二〇〇五）、佐藤（二〇一二）、片桐（二〇〇四）などを参照。

学級制については、学級の構造を個性化志向のよりインクルーシブなものへと柔軟化することが必要である。たとえば、恒吉僚子は、日本の教育の強みの中核は、「教育の射程を広くとり、対人関係によって支えようとする仕組み、協同して教師が授業を改善する相互学習の仕組み」にあるが、その同質化傾向・閉鎖的傾向を帯びがちな「共同性」を、異質なものとの共生と開かれた公平性を志向する「共生性」へと開いていくことが重要だと述べている（恒吉二〇〇八：四七）。学年学級のあり方を柔軟化し、教科外活動等における持続的な縦割り異年齢集団の形成、小学校においては、小・中・高学年というくくりでの複式学級も考えられてよいだろう。学級集団（規律）から学習共同体（関係性）へ、そして知的生活空間（場の共有）へと、学校の共同性をソフト化する。そして、複数の集団にそれぞれゆるやかに所属し、主な居場所を選べるようにするわけである（学校共同体における複数性の重視）。他者との公共的な議論や自分事の学びを通して、判断の軸となる認識や知性や思想の自己形成に資する「知育の協働化」と、自分とは異なる他者として、互いの存在やその人らしさを認識し尊重し合う「徳育の個性化」を進めていくことが課題であろう。

4……「日本社会」と「日本の学校」のゆらぎの先に

本章で明らかにしてきたように、「日本型教育」の柱を構成する「授業研究」と「特別活動」は、「日本の学校」の共同体としての性格と密接に関わって成立してきた。さらに言えば、日本の授業研究が日本の文化的・存在論的構造に規定されているというラプリーら（第13章）の指摘とも通じるが、共同体としての「日本の学校」には、日本社会の特質が集約的に表れており、その構造と現代的なゆらぎを描き出すことは、日本社会のそれを描き出すことにもつながる。

かつて中根千枝（一九六七、二〇一九）は、日本社会の特質を「タテ社会」として概念化した。タテ社会論によれば、日本における機能集団構成の特色は、個々人の属性である「資格」の共通性よりも、同じ職場といった「場」の共有を重視する点にある。場に最初に着いたものを頂点とし、次に着いた者が下位となる順番がタテ関係を構成し、資格の違いを超えて、場を共有するタテの上下で、情緒的な依存関係を伴って人間関係が構築される。そして、場を共有する封鎖的な小集団が数珠つなぎになって大きな集団や組織が構成されるという。これに対して、たとえば、イギリスやインドにおいては、階級やカーストといった同じ資格であることが組織結合において重視され、ヨコ層につながりがちである。たとえば、日本では官僚なら官僚というムラ（場を共有する集団）の中での先輩・後輩のタテ関係が強いが、イギリスのような資格でつながる社会では、官僚、大学教授、実業家など、アッパーミドルという共通の階層のヨコのネットワークが強くなる。

また、濱口惠俊（一九九八）も、日本社会（「日本型システム」）を、まず「場」ありきで、自立した個体存在としての「個人」ではなく、個体間の接合態としての「間柄」（それを体現した「間人」）を組織構成の単位とする点において特徴づけている。「社会関係（social relatioan）」が、個体としての行為主体同士が互酬的な意図（等価交換性）から取り結ぶ局所間連結を意味するのに対して、「間柄」は、非局所的な「場」（「縁」といった、最初から存在する無限大規模の人的連鎖でその全体像は不可視）それ自体の特定部分として理解される関係であり、その拡大形態が「世間」だとされる。システム理論的に言えば、日本社会は、「個別体（individuum）」ではなく「関係体（relatum）」に拠ってシステム編成を行う傾向が強いというわけである。さらに濱口は、「個別体」モデルを前提とする近代官僚制とは異なる、互恵的な「間柄」の集約体としての日本の「原組織」を、芸道の家元を範例とする「イエモト・システム」（権限の順次的委任を通して構築された構成員間の「間柄」の連結的ヒエラルヒー）に見出している。

さらに、山岸俊男（一九九九、二〇一六）は、さまざまな社会問題を個々人の「心」のせいにしたがる「心でっかち」な態度を批判し、人々を動かしている社会システムや文化的ニッチェに注目しながら、日本社会の特徴を考察している。社会の作り方は、閉鎖的で集団主義的な社会と開放的で個人主義的な社会の二つに大別でき、メンバーが固定化しがちな日本においては、前者の性格が強く、そこでは多数派を選ぶ（「空気を読む」）方がリスク回避できるし、相互監視等により社会的不確実性が小さくなることで、「安心」は担保されてきた。また、相互協調性にもポジティブな協調性（何かの問題について協力して一緒に解決する）とネガティブな協調性（集団内で問題を起こさないよう「びくびく」している）があり、日本人には後者が多く、「安心社会」の崩壊に対して「思いやり」という「心」を強調することもあり、若い世代に「びくびく」タイプが多くなっているという。これに対して、山岸は、自分の価値観や考えていること（行動原理）を明確にして、行動に一貫性を感じられるプレディクタブル（予測可能）な人間を育て、「信頼社会」の構築につなげていくことを示唆する。「安心」に対して、「信頼」とは、社会的不確実性が存在しているにも関わらず、相手の人間性のゆえに、相手が自分に対してひどい行動はとらないだろうと考えることとである。

上記のような「タテ社会」「間柄」「安心社会」「心でっかち」といった日本社会の特徴は、本章で論じてきた、共同体として全人教育を志向する「日本の学校」の特徴と符合するものであるし、まさに「イエモト・システム」は、「授業道」としての「授業研究」に通じるものである。

COVID-19パンデミックは、個々人の自粛による感染拡大の抑え込み、あるいは逆に、同調主義による身動きの取れなさといった具合に、タテ社会日本の人間関係の光と影を浮き彫りにした。また、COVID-19パンデミックにおいてICTやオンラインの仕事と学びが社会全体に深く埋め込まれることにより変化が加速している、社会のデジタル・トランスフォーメーション（DX）は、異業種間のネットワークやヨコ展開が新たなアイデアや富を生み出す新しい資本主義と深くつながっている。すなわち、タテ割りではなく、ミルフィーユのようなレイヤー構造のヨコ割りの行動様式（課題の特殊性に応じて具体化する前に、全てが一つのやり方で解けないか抽象化して考える）を理解し身につけることが重要とされているのである（西山二〇二一）。

人と人との距離（ソーシャルディスタンス）を主題化したCOVID-19パンデミック、そして、COVID-19パンデミック以前から進行していた「第四次産業革命」に起因する、さまざまな人、モノ、コトのネットワーク化やボーダレス化を進めるDXは、「日本の学校」の共同体的性格を、そして、日本のタテ社会的構造の根本を問い直すラディカルさを持っている。ゆえに、現在直面している「日本の学校」や「日本型教育」のゆらぎは、日本社会の文化とシステムの構造変容とパラレルに進行する不可逆の変化と考えられる。こうした構造変容の先に、タテ社会日本の、世間に準拠した行動に流れがちな同調主義、そして、めいめいの努力に依存する精神論に傾斜しがちな自力主義に対して、公共性と理性と多様性（他者性の認識）を重視しながら、空気を読んでも自分らしくいられるような力と関係性と場を構築していく視点が求められるだろう。その中で、新たにいかなる「日本の学校」や「日本型教育」の形が立ち現れてくるのか注視したい。

参考文献

〈日本語文献〉

秋田喜代美・ルイス、キャサリン（編著）二〇〇八『授業の研究　教師の学習―レッスンスタディへのいざない』明石書店。

浅井幸子　二〇一六「教師の教育研究の歴史的位相」『学びの専門家としての教師』佐藤学他（編）岩波書店。

石井英真　二〇一五『今求められる学力と学びとは―コンピテンシー・ベースのカリキュラムの光と影』日本標準。

石井英真　二〇一七「現代日本における教師教育改革の展開」『教職教育論』田中耕治・高見茂・矢野智司（編）協同出版。

石井英真　二〇二〇『未来の学校―ポストコロナの公教育のリデザイン』日本標準。

石井英真　二〇二一ａ「教職の専門性と専門職性をめぐる現代的課題―劣位化・脱専門職化を超えて再専門職化の構想へ」『日本教師教育学会年報』第三〇号。

石井英真　二〇二一ｂ「学校制度改革の課題と展望―『令和の日本型学校教育』に見る公教育の構造変容」『教育制度学研究』第二八号。

稲垣忠彦　一九九五『明治教授理論史研究』評論社。

内田良・広田照幸・高橋哲・嶋﨑量・斉藤ひでみ 二〇二〇『迷走する教員の働き方改革―変形労働時間制を考える』岩波書店。
片桐芳雄 二〇〇四「『日本型教育論』の可能性」『教育学の最前線』藤田英典他（編）世織書房。
唐沢富太郎 一九五五『教師の歴史』創文社。
木村元 二〇一五『学校の戦後史』岩波書店。
経済協力開発機構（OECD）（編著）二〇一八『社会情動的スキル―学びに向かう力』無藤隆・秋田喜代美（監訳）明石書店。［原文：OECD 2015. Skills for social progress : The power of social and emotional skills.］
佐藤秀夫 二〇〇五『学校の文化』阿吽社。
佐藤学 一九九五「『個性化』幻想の成立」『個性という幻想』森田尚人他（編）世織書房。
佐藤学 二〇一二「学校という装置」『学校改革の哲学』東京大学出版会。
杉田洋 二〇一八「日本式全人教育と特別活動―小さな社会（学級）での集団活動を通して社会で生き抜く力を獲得する」『学校運営』第六〇巻第七号。
妹尾昌俊 二〇二〇『教師崩壊』ＰＨＰ研究所。
田中耕治（編著）二〇〇五『時代を拓いた教師たち』日本標準。
田中耕治（編著）二〇一七『戦後日本教育方法論史（上）』ミネルヴァ書房。
恒吉僚子 二〇〇八『子どもたちの三つの「危機」―国際比較から見る日本の模索』勁草書房。
寺崎昌男 一九七三「解説　教師像の展開」『近代日本教育論集　第六巻　教師像の展開』寺崎昌男（編）国土社。
中内敏夫 一九七〇『生活綴方成立史研究』明治図書。
中内敏夫 二〇〇五『教育評論の奨め』国土社。
中内敏夫 二〇〇八『生活訓練論第一歩』日本標準。
中根千枝 一九六七『タテ社会の人間関係―単一社会の理論』講談社。
中根千枝 二〇一九『タテ社会と現代日本』講談社。
西山圭太 二〇二一『ＤＸの思考法』文芸春秋。
濱口惠俊（編著）一九九八「日本型システムの成立基盤とその機能・構造的特質」『世界の中の日本型システム』新曜社。
橋本憲幸 二〇一九「国際教育開発論の思想課題と批判様式―文化帝国主義と新自由主義の理論的超克」『教育学研究』第八六巻第四号。
橋本吉彦・坪田耕三・池田敏和 二〇〇三『Lesson Study / 今、なぜ授業研究か』東洋館出版社。
林寛平 二〇一九「比較教育学における『政策移転』を再考する― Partnership Schools for Liberia を事例に」『教育学研究』第八六巻第二号。
堀尾輝久・浦野東洋一（編）二〇〇五『日本の教員評価に対する・ユネスコ勧告』つなん出版。

松尾知明 二〇一五『二一世紀型スキルとは何か』明石書店。
松下佳代（編著）二〇一〇『〈新しい能力〉は教育を変えるか』ミネルヴァ書房。
宮本健市郎 二〇〇五『アメリカ進歩主義教授理論の形成過程』東信堂。
山岸俊男 一九九九『安心社会から信頼社会へ』中央公論新社。
山岸俊男 二〇一〇『心でっかちな日本人』筑摩書房。
山岸俊男・長谷川眞理子 二〇一六『きずなとおもいやりが日本をダメにする』集英社。
ライチェン、D．S．・サルガニク、L．H．（編著）二〇〇六『キー・コンピテンシー―国際標準の学力をめざして』立田慶裕（監訳）明石書店。［原文：Rychen, D. S. and Salganik, L. H. (eds) 2003. Key competencies for a successful life and a well-functioning society. Hogrefe & Huber.］
脇田哲郎 二〇二〇「エジプトの日本式学校（ＥＪＳ）におけるＴＯＫＫＡＴＳＵ導入の現状と課題―ＴＯＫＫＡＴＳＵセミナーと授業研究会、保護者セミナーを通して」『福岡教育大学大学院教職実践専攻年報』第一〇号。

〈外国語文献〉

Ishii, T. 2017. Various methods for organizing creative whole-class teaching. In Tanaka, K., Nishioka, K and Ishii, T. (eds), *Curriculum, instruction and assessment in Japan: Beyond lesson study*, Abingdon, Oxon: Routledge.
Stigler, J. W. and Hiebert, J. 1999. *The teaching gap: Best ideas from the world's teachers for improving education in the classroom*. New York: Free Press.

文化の最深部
相互依存と共有体験
存在論的個人主義

第13章

授業研究（Lesson Study）をアメリカ、そして世界で成功させるには

（教員）教育の存在論的・文化的基盤に関する日本的視座

ジェルミー・ラプリー
小松光

1　日本から学ぶ

子どもは公園をめぐり、花や葉を茂みから摘みとって家の庭に植えれば、そこで植物は生き生きと根づくものと考える。しかし教育でそのようなことはできない。

(Sadler [1900] 1964)

PISA(生徒の学習到達度調査：Programme for International Student Assessment)、PIAAC(国際成人力調査プログラム：Programme for the International Assessment of Adult Competencies)、世界大学ランキング(World University Rankings)などのプロジェクトは、教育に対する世界の大きな注目を集め、他国の教育システムから学ぶという教育分野の古典的な問題への新たなアプローチを示しているようにも見える。一方、こうした資金力豊富で話題性に富む巨大プロジェクトの影で、別のプロジェクトも行われている。それらはおおむね、定量可能な学力や学校教育の経済効果よりも、生徒の全人的発達、社会の公正・公平性、教師への支援等に重点を置いている。こうしたプロジェクトの一つに、アメリカの研究者たちによる授業研究(英語で「Lesson Study」と呼ばれる)の導入がある。授業研究は日本で普及している教師教育法であり、アメリカの研究者たちはこれを二〇年もの長期にわたって自国に導入しようと試みてきた。授業研究は、各学校の教員が主導する継続的な相互学習のプロセスであり、次の四ステップから成る。「共同作業での目標設定と授業計画」、「デモンストレーション授業の実施と観察」、「グループでの反省と批判」、「目標と計画の見直し」の四つである。これらのステップは一つのサイクルを成し、繰り返すことで教員の能力向上を図る。

この日本起源の授業研究はアメリカで確固たる基盤を築くことに成功した。アメリカの代表的な教育雑誌には授業研究に関する記事が頻繁に掲載され、主要財団（アメリカ国土科学財団（NSF）、ビル&メリンダ・ゲイツ財団など）が授業研究に対して多額の助成金を提供している。二〇一〇年にフロリダ州教育省は、授業研究を州全体の教師教育モデルとして正式に採用し、Race to the Top助成金の一部（七億USD）を低学力問題を抱える学校での（授業研究による）教師教育のために拠出している（Akiba et al. 2014）。正確なデータは入手できないが、最近の推計によるとアメリカの一五〇〇以上の学校で授業研究のためのコミュニティが活動しているようだ。

アメリカの関心は世界の研究に大きく影響を与えるため、世界でも授業研究への注目が高まっている。二〇〇五年には World Association of Lesson Studies（世界授業研究学会：WALS）が設立され、二〇〇七年からは世界各地で年次大会が開催されている。二〇一一年には『*International Journal for Lesson and Learning Studies*』誌が創刊された。世界中（オーストラリア、中国、イギリス、インドネシア、香港、シンガポール、イラン、ドイツなど）の研究者たちが、アメリカが日本から輸入した授業研究を、更に自国へ輸入しようとしている（Cheung and Wong 2014）。世界がPISAなどの定量的データや専門家の知識、あるいは「ベストプラクティス」という特効薬に支配されつつある中、授業研究の輸入の試みは注目に値するものである。というのもこの試みは、特効薬と対照的で、異質なシステムから学び、実践者間の学び合いを通じて教育を改善しようとするものだからである。

しかしこの試みはうまくいくのだろうか。私たちはこの重要な問いを、「授業研究を輸入することで授業が改善され、その結果、生徒の学習成果が向上するのか」という通常の機能主義的・規範的な意味で捉えるのではなく（Steiner-Khamsi 1998）、研究対象として捉える。すなわち、「アメリカ（あるいはの他の国）は授業研究をうまく輸入できるのか？　できない場合、その輸入を阻害しているものは何か」。あるいは、この問題をサドラーの比喩を使って次のように言い換えることもできる。日本の花（授業研究）を容易に根づかせることができないアメリカの土壌とは、どのようなものなのか。

私たちの研究は、授業研究がアメリカにおいて、実践として深く根づくことができないのではないか、という懸念に基づいている。これはアメリカにおける授業研究推進者たちがそのように考えているからである。*The Teaching Gap*（1999 [2009]）はアメリカの教育政策に強い影響を与えた。その著者ジェームズ・スティグラーとジェームズ・ヒーバートは、一九九〇年代後半に授業研究の重要性を高く評価した一方で、*The Teaching Gap* の二〇〇九年改訂版で次のような懸念を示した。

> 授業研究は、アメリカにおける従来の教師教育に対する代替法としてやってきた。しかし、強力な文化の力（一つ一つは小さいが無数に存在する）によって、従来の教師教育法は維持されている……
>
> （日本での）授業研究の成功をよそに、アメリカの教員たちは、自分の学校・学区への授業研究導入において、より伝統的な手法を維持しようとする文化の力に対して悪戦苦闘している。私たちは、多くの「先駆者」から、この種の悪戦苦闘の話を聞いた。加えて、授業研究の導入を支持する人々も、自らの文化（思考の型）を通じて授業研究を理解するため、授業研究の重要な部分を意図せず歪めてしまうことがある。
>
> （Stigler and Hiebert 1999 [2009]: 190–191）

このように、アメリカの主要な授業研究推進者であるスティグラーとヒーバートは、授業研究が「文化の力」と衝突し、アメリカの「文化（思考の型）」によって歪められているとしている。しかし、こうした目に見えない文化の力とは具体的に何なのだろうか。アメリカ人が見落としがちな授業研究の文化的側面とは一体何なのだろうか。これらの問題に対して、スティグラーとヒーバートは語っていない。

　これらの問題に対して仮説を立てるのが、本章の目的である。その仮説とは、「授業研究が日本で成功し、アメリカで簡単に根づかない原因の一部が、日米の存在論的差異による」というものである。存在論とは、世界、存在、真実、自己に関する原初的前提である。そして存在論的差異とは、異なる社会の間にこの原初的前提に差がある事態を意味する。私たちの考えでは、スティグラーとヒーバートによって指摘された文化的摩擦は、日米の異なる存在論間の摩擦の現れである。これを、私たちは「onto-cultural」（存在論的・文化的）という表現（ハイデガーの「onto-theology（存在論的神学）」（Heidegger 1957）[1]から着想を得た）で捉えようとしているのだ。ただし我々は、存在論や文化を本質主義的に捉えはしない。むしろ存在論や文化を、教育実践などにより再生・変化するものと捉える。このように考えるので、授業研究をアメリカ（あるいは世界）で成功させるには、アメリカの学者・実践家は自らの存在論的前提を認識し、アメリカにおける教育全体の存在論的文化の基盤を検討する必要がある。本章は、この検討のための第一歩にすぎない。したがって本章は、アメリカにおける授業研究の詳細よりも、概念に重点を置く。概念に重点を置くことで、将来に対して新しい理論的可能性を開くことができると考えるからである。

1　存在論と文化の関係についての詳細な議論については、Carrithers et al.（2008）を参照。この議論はその多くを「Thinking Through Things」に負っている（Henare et al. 2006; Viverios De Castro 2003）。人類学における Viverios De Castro の考察は、教育分野においても有効と思われる。「意味の文化的多様性を議論する際に、人類学でよく仮定される認識論的民主主義は限定的有用性しか持たない。なぜなら認識論的民主主義は、絶対的な存在論的君主制に基づいているからだ（Viverios De Castro 2003:18）。」存在論の議論は、哲学では新しいものではない。ハイデガーや日本の哲学者たち（後述）は存在論について深く議論してきた。しかし彼らの議論が西洋の教育研究において、現代的問題を論じる目的で使われることはほとんどない（日本では、木村素衛や森啓などによる試みがある）。本章の目的の一つは、西洋の教育研究に存在論の議論を含めていく道筋をつけることである。

本章ではまず、アメリカにおける授業研究の現状を理解するため、既存研究のメタ解析を行う。具体的には、授業研究に関する一九九九年から二〇一五年までの主要な学術論文（約三〇篇）とオンラインソース（インタビュー、講義、デモンストレーション授業など）を分析する（主要学術論文の判断は主に引用数による）。参照した学術論文の大半は英語のものだが、日本語のものも若干含まれる。その他の資料（会議の議事録、助成金の申請書、未発表の講義、講演など）、アメリカにおける授業研究の推進者であるキャサリン・ルイスとの長時間にわたるインタビュー（二〇一六年六月実施）は、メタ解析を補完するものである。分析の目標は、（1）日本から授業研究を輸入する根拠、動機、主な推進者、輸入プロセスを明らかにすること、および（2）輸入において生じた問題点を明らかにすることである。

次に、分析で認められた日米の差異を理解するために、日本思想を考察する。この部分は哲学的で難しい部分である。この難しさを幾分でも和らげるために、私たちはここで紹介する日本思想（また、実践）を他の思想と関連づけるようにする。なお、この日本思想に関する部分はいささか長いので、要点を理解できた読者は適当に読み飛ばしていただいて構わない。

次の主題は、紹介した思想や実践（存在論的文化）がなぜ日本で簡単に見つけることができるのかである。私たちの仮説は、その思想や実践が、日本の学校教育によって再生・維持されているからだ、というものである。この仮説を裏付けるために、私たちは、日本の学校教育に関する三〇年（一九八〇年〜二〇一五年）以上にわたるエスノグラフィー研究を統合・再構成する。そのことを通じて、日本において、特定の存在論的文化が具体的な実践（これを私たちは「onto-pedagogy（存在論的教育）」と呼ぶ）によって再生・維持されている様子を描き出す。

本章の理論的背景には、教育輸入というテーマ、とくにサドラーが描写した「文化輸入」の難しさがある。私たちもサドラーの比喩を使うことに批判（Cowen 2006; Sobe and Kowalczyk 2013 など）があることは知っているが、サドラーの比喩は本章への適切な導入になると考える。というのも、本章は授業研究に関する経験的研究（アクター、構造、動機、行動などが注目される）ではなく、存在論的文化の深みを掘り下げる概念的研究だからである。最終節では結論として、教育輸入、文化、存在論を統合的に考察する。この考察には、読者の理解を促進する目的で西洋思想にも言及する。とくに、日本に精通したアメリカの歴史比較社会学者ロバート・ベラー（Bellah et al. 1985）を取り上げる。

最後に、私たち自身の立場について簡単に記しておこう。筆者の一人（小松）は日本人である。小松にとって、本章はある意味直感的に生じた批判である。すべての日本人学者が直観によって同様の批判に到達するわけではないが、アメリカ人の研究者が直観によって同様の批判に到達するのは困難である。アメリカ人研究者にとっては、直観よりも合理的分析が必要となる。筆者のもう一人（ラプリー）はアメリカ人である。ラプリーは約一〇年間日本に住み、その文化を（ある程度合理的に）学んできた。したがって私たちは、異なる存在論的・文化的観点を学ぶ未完のプロジェクトを行っているようなものである。本章はその「中間報告書」と考えることもできる。言うまでもないが、本章で提示するのは様々ありうる日本的視点の一つであり、他の視点もありうることに注意していただきたい。

2　授業研究のルーツとルートをたどる

（1）日本の授業研究とは何か、どのように生まれたのか

授業研究は教員（以下「教師」とする）の能力改善の手法であり、日本で広く用いられている。授業研究では教

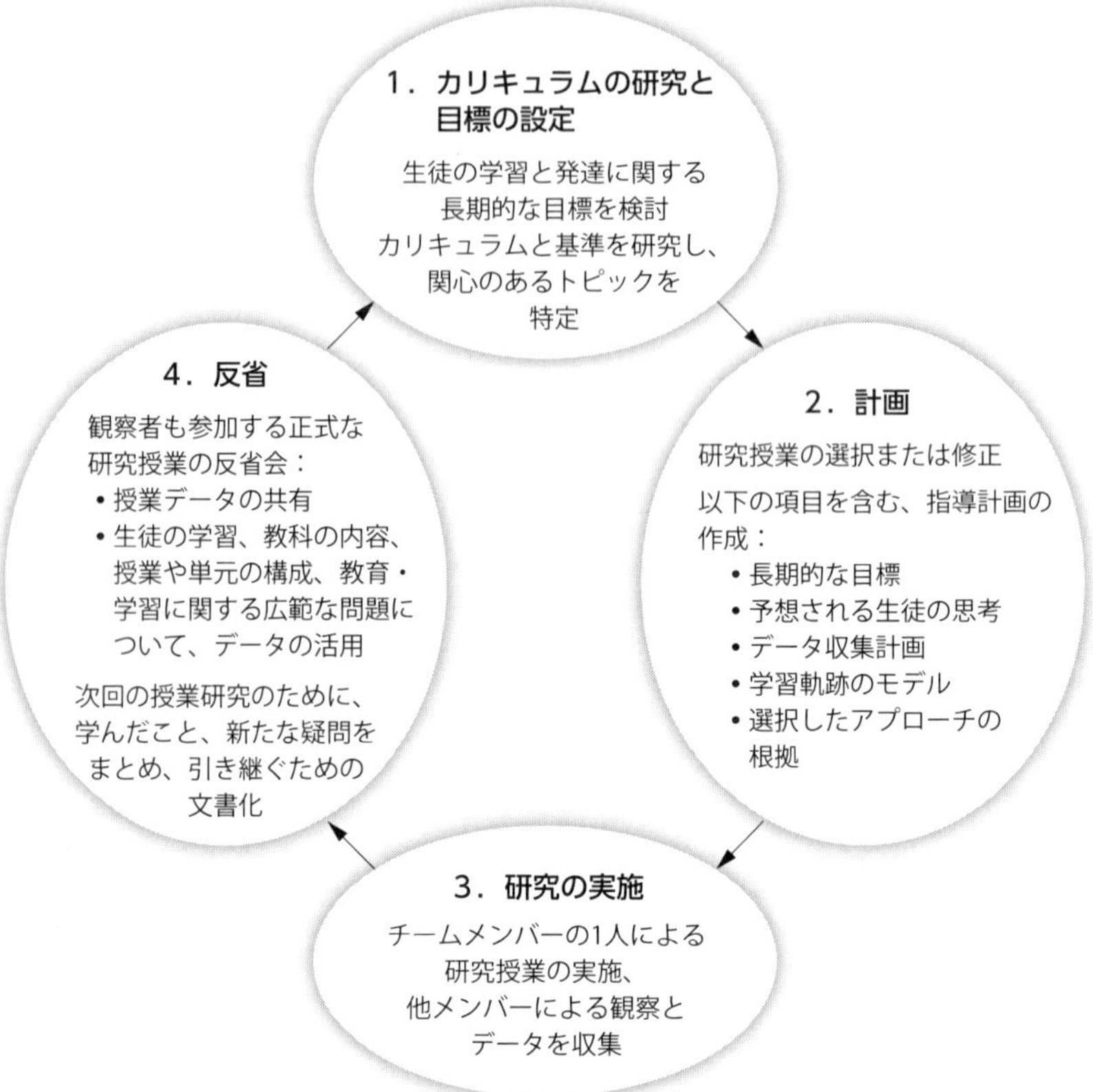

1．カリキュラムの研究と目標の設定

生徒の学習と発達に関する長期的な目標を検討
カリキュラムと基準を研究し、関心のあるトピックを特定

2．計画

研究授業の選択または修正
以下の項目を含む、指導計画の作成：
- 長期的な目標
- 予想される生徒の思考
- データ収集計画
- 学習軌跡のモデル
- 選択したアプローチの根拠

3．研究の実施

チームメンバーの1人による研究授業の実施、他メンバーによる観察とデータを収集

4．反省

観察者も参加する正式な研究授業の反省会：
- 授業データの共有
- 生徒の学習、教科の内容、授業や単元の構成、教育・学習に関する広範な問題について、データの活用

次回の授業研究のために、学んだこと、新たな疑問をまとめ、引き継ぐための文書化

図13-1 授業研究のサイクル（Lewis et al. 2006:4より）

師同士の協働に重点が置かれており、出来合いの「ベストプラクティス」を現場に導入するというやり方と大きく考え方が異なる。授業研究の実践はサイクルを成す。最初に教師たちはグループで、生徒の学習における大目標を定め、その目標を達成するための計画を作る。次にこの計画に基づいて、グループ内の教師一人が生徒に対して行う。他の教師は授業に同席し、生徒の反応を注意深く観察する。とくに注目するのは、難しい概念・前提条件、理解（または誤解）のパターン、生徒の集中の度合い、その対象、モチベーションを上げる方法などである。その後に反省のためのセッション（「反省会」）を行い、教師ら

は、授業内容や教え方の改善方法について話し合う。この改善方法をもとに授業計画は修正され、教師は再度授業を行い、再び反省のセッションが組まれる。このサイクルは、教師らが新たな大目標を設定するまで続けられる。新たな目標が設定されたら、その目標の達成のために新たなサイクルが開始される。以上のプロセスを示したのが図13—1である。

この手法が読者にとって（日本人読者を除く）面白いのは、外部専門家によって処方された出来合い改善案を採用するのではなく（Chokshi and Fernandez 2004: 528; Lewis 2002a: 15-20; Lewis 2002b: 15-16など）、教師ら自らが授業を継続的に設計・分析し、評価・改善をするという点だろう。つまり授業研究は現場からのボトムアップである帰納的手法に基づいており、他の教師教育によくみられるトップダウン的な演繹的手法と大きく異なる。演繹的手法では、世界標準や先進地域標準の「ベストプラクティス」を導入し、専門家が主導して教師教育を行う。この際、エビデンスに基づいた改善策が強調される（ここでのエビデンスは、定量的で普遍的な指標とされる）。授業研究のもう一つの面白さは、授業改善が教師個人の努力ではなく、共同作業に託されている点だろう。これらの授業研究の特徴に比較して、アメリカ（や他地域）で一般的だった従来の教師教育法の性格を簡単にまとめると、（1）トップダウンに基づく演繹的方法、（2）継続的ではなく単発的な教師教育、（3）グループではなく個人の能力向上、となる。

日本における授業研究のルーツについて簡単に説明しておこう。一部の教育史家は、授業研究が始まったのは一八七〇年代で、西洋の教育の「輸入」に起因すると考えている。当時の教師たちは、全く異質な西洋の教育法を理解し消化するという課題に直面していた。十分に訓練を受けた人材もおらず、学習機会もほとんどなかったため、日本の教師らは地域の学習集団を自発的に作った（「地域の学習集団」）。学習集団は、

学習、指導、効果的な授業計画、教室や学校の運営などに関する経験を共有するために作られた……（中

略）……、（それにより）大半の学校に教師がまだ一、二人しかいなかった明治時代（一八六八～一九一二）の初期数十年間、教師の能力は大きく向上した。（Arani et al. 2010）

多くの歴史家は、授業研究はこうした地域の学習集団から派生したものと考えている。その後、経験的に授業計画を評価する考え方を、新設された教員養成学校を通じて吸収することで発展していったのであろう（片桐一九九〇；Makinae 2010 も参照）。

この説明は理にかなったものであるが、説明の焦点が授業研究の構造の発生にのみある点に注目されたい。この歴史家たちによる説明は、近代以前の日本社会にも、授業研究の教師たちとよく似た集団を見出せることには言及していない。そのような集団の例として連句を想起することができる。連句では数人の俳人が集まり、一人の俳人の句に次々と別の俳人が句を加えていく。この活動では、前の句を注意深く聴いて受け容れ、それをもとに自ら想像するという、異なる要素のバランスが重要である。つまり連句は開かれたシステムであり、俳人たちは共通のイメージをもとに、相互作用を通じて「異なる自己が調和しながら共存する、複数の作者による詩」を作り上げるのである（Motokawa 1989: 503-504）。茶道もその例として挙げることができる。茶道は、複数の人々による相互作用の中から生まれる社会的芸術であり、そこでの「美的体験」は「自己の心と対象のいずれでもなく、関係性（betweenness）の体験それ自体である」（Odin 1996: 60）。さらに別の例として仏教寺院がある。仏教寺院は個人修養を集団で行う場所である。全ての仏教寺院が授業研究で見られるような学習集団を持っていたわけではないにしても、仏教寺院の数の多さ（一八六八年の明治維新の直前には、寺院数は約八万八〇〇〇にのぼったという。（梅田一九七一））から、学習集団が多く存在したであろうことが想像される。

以上の例は異国趣味的に見えるかもしれないが、そのように捉えるのは短見である。これらの例は私たちの論点を端的に表現しているからである。つまり、授業研究のルーツは、日本における近代教育の始まりよりもはるか以前に遡ることができるのであり、授業研究が人材・学習機会の不足によって発生したと捉えるのは誤りだということである。そもそも人材・学習機会の不足が学習集団の発生につながるというのは、一般に認められることではない。多くの国々で、人材・学習機会の不足が低質な教育をもたらしている。また、人材・学習機会の不足として問題化する国家教育目標と地域の現実のずれは、効果の低い授業、あるいは地域による国家教育目標の無視につながる。だから授業研究の発生を人材・学習機会の不足への応答と単純に考えるのではなく、その背後にある文化的「論理」を見ようとしなければならない。その文化的「論理」によって、歴史を通じて日本社会にさまざまな学習集団が存在した理由を説明しなければならないのである。この文化的論理については、後に詳しく説明する。

(2) 授業研究はどのようにアメリカに輸入されたか(そして世界に広まったか)

授業研究がアメリカに輸入された経緯を理解するために、一九八〇年代のアメリカの教育改革について検討しよう。一九八三年四月、レーガン政権は *A Nation at Risk*(危機に立つ国家)という報告書を発表した。この報告書は、公教育の批判としてアメリカ史上最大のものであった。この報告書は、国際的な学力テスト(TIMSS:Trends in International Mathematics and Science Study)とともにアメリカ教育研究界に大混乱を引き起こした。研究者たちはアメリカの低学力の「解決策」を見つける必要に迫られたのである。この混乱こそが、今日のアメリカにおいて主流である技術的・機能主義的傾向の強い教育研究の始まりであった。日本の強大な経済力・科学力・生産力、そしてレーガン政権のイデオロギー的傾向との相性から、アメリカの教育改革において日本を参考にするようになったのである(Rappleye 2007, 2012)。

A Nation at Risk の発表とともに、レーガン大統領は側近に対し日本の制度を徹底的に調査するよう指示した。その調査結果は、のちに *Japanese Education Today*(日本教育の現状)(1987)として出版された。同時に基礎研究とし

て、アメリカ教育省は主要な学者たちに研究論文の執筆を依頼した。この学者の中にはロイス・ピーク、ジョン・ホーキンス、ハロルド・スティーブンソン、キャサリン・ルイスなど、日本教育の研究で今では権威となった者たちが含まれる。この中で特に重要なのはハロルド・スティーブンソンである。彼は後に著書 *The Learning Gap*（Stevenson and Stigler 1992）を、長年の共同研究者であるカリフォルニア大学ロサンゼルス校（ＵＣＬＡ）のジェームズ・スティグラーと共に出版し、教育政策に大きな影響を及ぼした。*The Learning Gap* は、日本の数学教育が優れている点を測定可能な指標によって同定し、日本の教育制度からアメリカが学べることを明らかにしようとするものであった。スティグラーはその後もこのプロジェクトを継続したが、変更も施された。以前よりも教師の指導スタイルを重視するようになったのである。そのため、スティグラーは、教師の指導スタイルについての直接的資料である一九九三年のＴＩＭＳＳビデオ研究を使用するようになった。このビデオ研究は、各国における授業をビデオ収録したものである。なお、スティグラーが教師の指導スタイルを重視するようになった背景には、おそらくTeacher Effectiveness 運動の台頭[2]があったのであろう。

一九九〇年代のスティグラーの主要な共同研究者の一人、クレア・フェルナンデス（Stigler et al. 1995 など）は、その後二〇年にわたって授業研究の主要な推進者の一人になった。スティグラーらの一連の研究は、一九九九年に *The Teaching Gap* というタイトルで一般向けに出版された。この本は、授業研究がアメリカで広く関心を集めるきっかけになった最初の文献とされる。スティグラーとフェルナンデスが授業研究に関心を抱いたのは、シカゴ大学で授業研究に関する学位論文を書いた若き日本人大学院生（吉田誠）がきっかけだという。後に吉田はＵＣＬＡでスティグラーの研究に参加し、日本人教師の授業（ＴＩＭＳＳビデオに採録されている）が洗練されている理由の一つは授業研究かもしれないとスティグラーに指摘した。一九八九年のことである。なお、ＴＩＭＳＳビデオが収録しているのは授業の様子であって、授業研究の様子は収録されていない（Lesson Study Research Group 2006）。同じころ、後にアメリカでの授業研究の最大の推進者となるキャサリン・ルイスも、授業研究に強い関心を寄せ始めていた。一九九六年に日本の科学教育の実践を研究するためにNSF（アメリカ国立科学財団）から助成を受けたルイスは、日本の高い学力水準の一要因として授業研究の存在を挙げている。その後一九九八年に、ルイスは授業研究に関するアメリカで最初の学術論文を発表する（Lewis and Tsuchida 1998）。

キャサリン・ルイスとクレア・フェルナンデスによる一連の論文のほとんどは、教育実践者・管理者に広く読まれる雑誌（*Phi Delta Kappan*、*Educational Researcher* など）に発表されている。これら一連の論文は、スティグラーとヒーバートが記述した授業研究の概要に対して、詳細部分を追加していく役割を果たした。そして、授業研究は二〇〇〇年代最初の一〇年間でアメリカの教育研究界に急速に浸透していった。二〇〇〇年秋、デラウェア州がアメリカで初めて州全体で授業研究を導入した。地区単位では、ワシントン州ベルビューなどでも試験的な取り組みが行われた。二〇〇五年までには、約三五州で少なくとも部分的に授業研究が行われるようになった（Lesson Study Research Group 2006）。また先述の通り、二〇一〇年にフロリダ州（人口が全米第3位）は、Race to the Top助成金七〇〇億USDの大半を同州への授業研究導入に充てると発表した（Akiba and Wilkinson 2015）。二〇一五年にキャサリン・ルイスは、ビル&メリンダ・ゲイツ財団から二八〇万USDの助成を受け、アメリカの主要な三学区（オークランド、サンフランシスコ、シカゴ）の全学校に授業研究を導入しようと試みている。その目的は、数学と国語の教師を支援し、新たな「Common Core State Standards（州共通基礎スタンダード）」を達成することである。

ここまで述べてきた小史の重要な点は、授業研究が低学力の克服という非常に具体的・機能主義的目標の達成の

2……生徒の学習効果を高めるという観点から教育者のパフォーマンスの質を測ろうとする学術的取り組み。臨床心理学者トマス・ゴードンによる teacher effectiveness training（教師学と訳されることもある）を基礎にしている。

ために導入された点である。これこそが、アメリカでの授業研究の定義が日本のものよりも狭い理由であろう（Fernandez 2002; 鈴木・永田 二〇〇五）。つまり、授業研究は単なる技術としてアメリカに輸入されたのである。サドラーの言い方を使うなら、授業研究は日本の存在論的・文化的土壌から引き抜かれた花として、アメリカにやってきたのだ。この導入の際に仮定された授業研究と生徒の成績の因果関係は、基本的には想像の域を出ない（スティグラーの描き出した日本人教師の優れた授業や日本の国際的学力テストでの高得点など間接的な事実があるだけである）。この想像は、授業研究の実践と洗練された授業という表層的な要素に基づいてなされており、教師の在り方の文化的深層は考慮されていない。私たちが調べた資料のどこにも、日米の文化的違いを重要視した記述はなかった。唯一の例外が先述の *The Teaching Gap*（2009）の改訂版である（この本では、アメリカの教育改革を阻む文化の力の存在が簡単ながら言及された）。このように、授業研究はハードウェアとしてアメリカに移植されたのである。その一方で、文化的ソフトウェアは（意図的かどうかは不明であるが）無視されたのである。

3……アメリカにおける授業研究への抵抗――四つの主要問題

アメリカの授業研究推進者たちは、アメリカ授業研究導入を阻む文化的障壁についてしばしば嘆く。しかし、この障壁が何であるか十分に説明されることはほとんどない。推進者たちがこの障壁について触れるのは、授業研究という技術をよりわかりやすく紹介するという実際的な目的のためである場合が多い。推進者たちが学術的分析よりも教育実践を変えることを目指しているからだろう。私たちはこの点を批判したいわけではない。そもそも推進者たちの議論は、教育実践を変えることを重視しつつも、学術的な水準が高い。それでも私たちは、「障壁」、あるいはスティグラーとヒーバートの言う「抵抗（resistance）」が具体的に何なのか明らかにする必要があると考える。そうすることによって、日米の文化的差異を議論できるようになるからだ。以下では、既存研究で示唆されているものの十分に検討されていない四つの問題を概観する。

第一の問題は、多くのアメリカ人教師が同僚の批判を容易に受け入れられないことである。日本では、同僚からのフィードバックや批判は授業研究の成功に欠かせないと考えられている。これは、教師が自らの考えを交換する反省のためのセッションのときだけでなく、公開の研究授業のときにおいても当てはまる。批判的意見の交換がなければ、特定の指導方法が暗黙に何を仮定しているのか可視化することができない。仮定の可視化によって初めて、代替案を思いつくことができる（Perry and Lewis 2008; Stigler and Hiebert 1999 [2009]: 100-101）。つまり授業研究の根幹は、自己を開いて自己批判による反省活動に参加する教師の態度にあるのだ（Lewis 2002a: 14-15; Lewis and Tsuchida 1998: 51）[3]。

しかしながら、アメリカで授業研究を実践する場合、多くのアメリカ教師がこの点に困難を感じるようだ。キャサリン・ルイスは著者らとのインタビューで次のように言っている。

あなた方が指摘した問題の中で最も重要なものは、アメリカ人教師が概して批判されることを苦手とすることです。私はこの問題に何度もぶつかってきました。私は日本人教師たちをアメリカに連れて来たこと

3……日米の自己批判の捉え方について、ルイスが非常に示唆に富んだコメントをしている。ルイスは次のように言う。「日本では自己批判の重要性が十分に認識されており、評価の対象にもなる。だから日本における自己批判は、アメリカの場合とまったく異なった意味づけを持つ。自己の欠点を特定し、他者に批判を請い批判を素直に受け入れることは、弱さではなく強さを意味するものだと日本では考えられている」（Lewis 2002a: 15-16）。

> があります。一人の日本人教師が、公開授業でアメリカ人女性教師を批判しました。批判のポイントは、そのアメリカ教師が生徒からフィードバックを引き出そうとしているのに、実際には生徒の話に耳を傾けていないということでした。批判されたアメリカ人教師の反応を見て、私は彼女が今後授業研究に参加しないかもしれないと思いました。もちろんこれは恥ずかしい話ですが。

ルイスは、アメリカにおいて授業研究の前提である教師間の関係性が批判によって破壊されてしまう点を指摘しているが、同様に興味深いのは、日本人教師が他者への批判をあまりためらわないという指摘である。この指摘は古くから言われている文化的ステレオタイプ（アメリカ人は主張に慣れていて他人に対して自分の意見を率直に言うが、日本人は他人への気遣いから本当のことを言わない）と整合しない（Finkelstein et al. 1991）。

アメリカでは、たとえ教師間の関係性が完全には破壊されず授業研究が継続された場合でも、批評が表面的で実りないものになりがちである。そこで見られるのは批判的なコメントではなく、あまり意味のない称賛である。チョクシーとフェルナンデスはアメリカでのこうした傾向を次のように嘆いている。

> 行われた授業や授業計画についてフィードバックを行う際、すべての教師が厳しいが建設的な批判ではなく、表面的で意味のないフィードバックに終始していた。（しかし）授業研究の目的は、教師たちが建設的・具体的フィードバックを自由にできる場を提供することにある。授業研究を活用するには、参加者は他者への気遣いと率直な批判のバランスをとれるようにならなければならない。私たちは日本人教師たちを見て、率直な批判のためには気遣いとともに、具体的な証拠と正確な言葉が不可欠であると感じた。
>
> （Choksi and Fernandez 2004: 524）

授業研究における他者への過度の気遣いをなくすためには、明示的なルールやプロトコル（後述）による「安全な場（safe environments）」（Perry and Lewis 2008）の構築が重要であるとされる。アメリカにおける批判の忌避は、教師が自分の考えに固執する傾向としても表れている。アメリカ人教師は自分の考えを守るために抽象的議論に頼ったり、特定の教育哲学の優位性を主張することで、袋小路から出られなくなってしまう（Chokshi and Fernandez 2004: 522）。

第二の問題は、多くのアメリカ人教師が、自らを集団の一員と考えて協働することができないということだ。日本の授業研究では、新しいアイデアは教師間のやり取りを通じて生まれる。イノベーションは、各教師の個人のアイデアからだけでなく、教師間の多様な視点や意見の交換から意図せずに生まれる。にもかかわらず、アメリカ人教師たちは個人の意見の交換にとらわれすぎで、解決策を模索し、集団として前進することに難しさを感じている。以下はその例である。

> 当初指導者たちは、参加者が共同作業の重要性を理解しており、共同作業のための技術も持っている（あるいは作業を通じて自然に身に着く）と考えていた。（しかし）学区内で授業研究が普及した結果、共同作業に慣れていない教師も授業研究に参加するようになると、共同作業はしばしば困難になった。作業の進め方についてグループ内で考え方が割れ、共に解決に向かって進めなくなったり、教師たちが（率直で建設的な批判ではなく）気遣いを通じて対立を表面的に回避したりした。（Perry and Lewis 2008: 376）

この問題の背後にある構造的要因の一つは、アメリカ人教師が自分のクラスにいて単独で作業することが多いことである。アメリカでも教師間の交流は存在するが、その大半は授業以外の場（教員用ラウンジ、スポーツ行事など）で行われる。このため、アメリカ人教師は「最小限の共同作業体験」しか持たないのである（Lewis et al. 2006: 278;

Lewis 2002a: 11-12 も参照）。しかし、この構造的要因だけで、アメリカ人教師たちが共同作業のための技術を持たないことを説明するのは不十分である。ちなみに、ここで言う技術とは、全員が意見を言えるような場を作る、仲間の視点に関心を持つ、良い質問をして他人の意見に自らを開く、時間を上手に使う、意見共有をしやすいように座席などを考慮する、意見の相違を解消することに熟達する、などである（Fernandez 2002; Fernandez and Chokshi 2004: 129-131; Lewis et al. 2009: 295-296）。

第三の問題は、アメリカ人教師がプロセスよりも目的を優先して「完璧な授業」を追求することである。授業研究はアメリカにおける教育方法の改善を目的として輸入されたが、日本における授業研究は、特定の教育項目の最高の授業法を提供することを目標としてはいない。むしろ日本における授業研究は、明瞭な目標を持たない継続的改善を重視している（日本のビジネス業界を通じて世界に知られるようになった「kaizen」である）。しかし、アメリカ人教師たちは授業研究によって「最高の授業」、唯一の「完璧な」授業計画を追求する傾向がある。たとえばLewis ら（2006: 274-275）によれば、ある州では教師らが授業研究を通じて「最高の授業」を作ろうとし、その授業計画が地区のイントラネットに掲載されることを期待していたという（Lewis 2002b: 18; Perry and Lewis 2008 も参照）。あるいは、教師らが「授業研究を卓越した教師（一般の教師、新人、養成段階の教師ではない）の紹介の場」と捉え、経験の浅い教師たちに「最高の授業」のやり方を伝授していたという報告もある（Chokshi and Fernandez 2004: 522）。そのため、授業研究の推進者らは「授業研究は、唯一の万能な授業を目指すものではないことは強調しておかねばならない」（Chokshi and Fernandez 2004: 523）といった警告を繰り返し行わなければならなかった。また、授業研究の推進者らは、実践者に「失敗は宝である」ということを理解させる必要も感じているという（Perry and Lewis 2008: 380）。なぜなら、アメリカ人教師は概して（失敗から学ぶのではなく）「何がうまくいくか」という観点から価値判断を行う傾向にあるからである。

この問題は次の例からもよく理解できる。授業研究が初めてアメリカに紹介されたとき、実践者らは自らが日本の「ベストプラクティス」を忠実に再現できたかを確かめようとしたという（Lewis 2002a, b）。つまり、アメリカ人研究者や実践者は、授業研究を改善への共同探索作業と認識していなかったのである。むしろ授業研究には日本の教育の秘訣が含まれており、アメリカで日本の授業研究を再現できれば、日本と同様の結果を出せると信じたのである。だからこそ、アメリカ人教師たちは日本の授業研究の法則・規則に強くこだわり、日本の「専門家」を呼んで実践を伝授してもらいたいと望んだのである。こうした考え方が強いからこそ、アメリカの管理者は最終的に、授業研究のガイドとなる資料パッケージを作成することになった（Akiba and Wilkinson 2015: 88）。ルイスらは「アメリカの指導者の中には、授業研究のサイクルを一、二回経験すれば、授業研究のやり方を他の教師に伝授できる専門家になれると考えている人もいる」ことを報告している（Lewis et al. 2006: 277）。ここで見てきたような（授業研究に関する）専門性に対する不十分な理解、専門家に対する妄信、「完璧な授業」の追求は、一つの根本的問題の異なる側面として見ることができる。つまり、プロセスよりも成果を求めるということである。

第四の問題は、アメリカ人が他者の話を聞き、待ち、必要に応じて沈黙することができない（あるいはしたがらない）ことである。この問題は、現状の授業研究実践の改善のための指針にはっきりと表されている。

> 授業研究を観察した各教師は、一度に多くの意見を述べるのを控えるべきだ。一度に多くの意見を述べると、他の教師が自らの意見を言うことができなくなってしまう……（後略）。各教師が自らの意見を言いすぎないことで、誰か一人が場を独占することがなくなり、全員が自分の意見を言えるようになる。
>
> （Fernandez and Chokshi 2004: 133）

教師間のやり取りが実りあるものとなるためには、アイデアが生まれやすい場を作らなくてはならない。誰かが話していると場は占有されてしまい、アイデアが生まれてこないことがある。多くのアメリカ人は言語化こそが実

授業研究に必要なもの

1. 授業を単元の一部としてとらえる
   - 単元全体の目標と「流れ」を描く
   - 1つの授業に多くのことを詰め込まない

2. 自己批判を大切にする
   - 授業は（どんなに素晴らしくても）常に改善できるということが重要な信念である
   - 自己批判を奨励する風土を作る

3. 間違いを受け入れる
   - 不完全な授業から多くを学ぶ
   - 授業研究の価値を測る基準は、教師がその過程でどれだけ学んだかである
   - 授業研究は即効性のある解決策ではなく、指導改善のためのゆっくりとした着実な手段である
   - あなたたちはパイオニアであることを忘れてはならない―間違いは予想されることであり、他の多くのアメリカの教師はあなたたちから学びたいと思っている

4. 独創性を崇拝しない
   - 重要なのは、その授業が生徒の学習を促進するかどうかであり、独創的かどうかではない

5. グループの規範を作る
   - 何がグループを生産的で協力的なものにするかを話し合う
   - 基本的なルールを作り、ミーティングのたびに見直す

図13-2 授業研究のためのプロトコル（Lewis 2002b）

りある交流の基礎だと考える。一方日本では、あらかじめ沈黙が存在してこそ言語化が可能になるという考えが一般的だ。つまり、教師間の実りあるやり取りには、言語化と沈黙、話す側と聴く側の相互作用が必要なのである。そのために「待つ礼儀」（Fernandez and Chokshi 2004: 133）が必要であり、一方で自律性や独立性をむやみに優先しないことが大事である（Murata and Takahashi 2002: 1885）。アメリカ人は沈黙が苦手なため、授業研究で一人が場を支配して話し続けたり、同時に二人以上が話をしたりして、議論の要点を見失ってしまいがちである（Hurd and Licciardo-Musso 2005; Lewis 2002b; Lewis et al. 2006）。

この四つの問題が確かに存在している証拠として、キャサリン・ルイスが開発し、アメリカの授業研究で幅広く使用されている簡略版Protocol for Lesson

Study（Lewis 2002b）（図13―2）を紹介する。同プロトコルの拡張版には、授業研究の推進者が、実践を効果的にするために必要な規範が挙げられている。そこでは、生産的・援助的なやり取りのための「基本原則」が詳述されている。

キャサリン・ルイスに対して私たちが行ったインタビューによれば、このプロトコルはアメリカでの授業研究のために必要だと考えられている。このプロトコルにおいて強調されていることは、順番を守ること、一人が場を支配しないこと、「フィードバックを反省によって自らに取りこむこと」である（Chokshi et al. 2001: 1）。フェルナンデスとチョクシーは、次のように語っている。

プロトコルの目的は、フィードバックによって生じる緊張感や負の感情を最小化することにある。しかしプロトコルによって、フィードバックが反省的、批判的でなくなってしまってはならない。むしろ、フィードバックをより建設的・効果的にしなくてはならない。

（Fernandez and Chokshi 2004: 132）

右の四つの問題はこれらのプロトコルでも取り上げられている。このことは、日本の実践をアメリカに導入することへの障害が広範囲に、根強く残っていることを示している。ここで重要なのは、ルイスもインタビューで言及しているように、アメリカでは明示的なプロトコルが必要だが、日本では不要な点である。日本で不要なのは、日本には授業研究を可能にする社会的・文化的規範がそもそも存在するからだ。プロトコルに書いてある規範は、そもそも日本の文化的文脈に織り込まれているのである。

4……授業研究を深く理解する——概念、哲学、そして西洋思想

さて、右の四つの問題を結びつけるものは何だろうか。なぜこれらはアメリカにおいてのみ生じ、日本では生じないのか。ここでは、こうした日米の差異の起源について仮説を提示する。ただそのために日本の思想を紹介しても実りがないであろう。おそらく読者の理解は得られないだろうし、西洋との比較も不可能となってしまう。そこで私たちは三つのステップを踏んで説明を試みたい（私たちは、多くの読者が日本とは異なる存在論的文化的基盤に立っていると想定している）。まず、日米の差異を明確化するために基本概念モデルを提示する（第一ステップ）。この概念モデルをシステムⅠ、システムⅡと呼ぶことにする。第一ステップでは、システムⅠ、システムⅡが、歴史的に長く存在し続けていることについても触れる。次に、システムⅡのモデルを明確に理解することを目的とし、このシステムに関して考察した日本人哲学者を紹介する（第二ステップ）。最後に、こうした日本の哲学的思想と似たものが、西洋にも存在する（とくにエドムンド・フッサールとカール・ポパーを取り上げる）ことを指摘する（第三ステップ）。同時に、この思想が西洋では文化的・存在論的社会構造に反映するほどには浸透していないことにも触れる。加えて、懐疑的な読者にもシステムⅡの考え方を理解してもらうために、近年の心理学や神経科学の研究も簡単ではあるが紹介する。以上三つのステップは段階的であると同時に、同じ場所に到達するための三つのルートと考えることもできる。読者はいずれのルートを通ってもよい。ともかく読者が最終的に、授業研究の存在論的・文化的基盤をより明瞭に捉えられるようになることを期待している。

（1）概念モデル

私たちの仮説を説明するために、二つの概念モデル（図13—3）を導入しよう。アメリカの実践を説明するシステムⅠは、三つの基本前提を持つ。

(i) 「最高の」教育法は、個々の教師とは無関係にあらかじめ存在する。

(ii) 専門家はこの最高の教育法にアクセスできる特権的知識を持つ。

(iii) したがって、最高の教育法は、専門家から個々の教師に伝達されるのが効率的である。

(a)

専門家が認める
最高の教育法

教師1　教師2　教師3　教師4

(b)

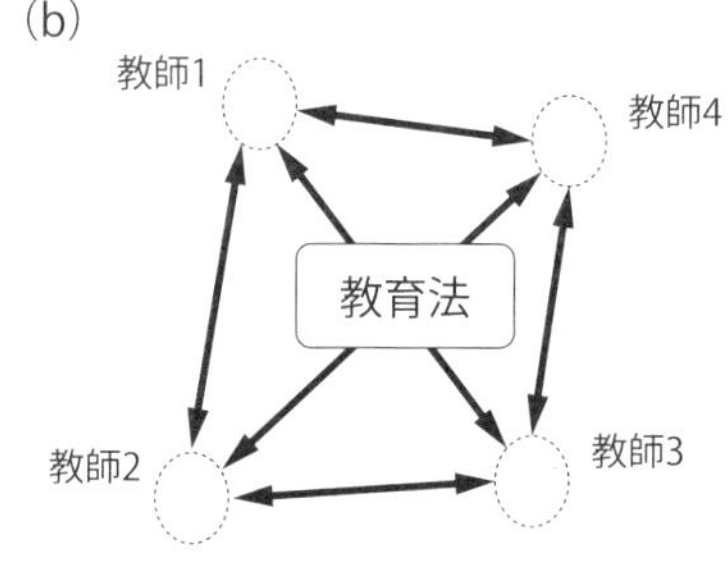

図13–3　(a) システムⅠ、(b) システムⅡの概念図

このように、システムⅠでは教師間のやり取りは不要である（図13—3(a)参照）。このモデルでは、先の問題の最初の三つを統合的に理解できる。つまり、批判されることへの忌避（同僚は自分と同レベルである）、グループの一員として自分を捉えられない（グループはそもそも不要である）、専門家がいる場合を除けば、沈黙して他の教師の話を聴くことができない（目標は最高の教育法をできるだけ速

く手に入れることだ）の三つである。四つ目の問題（あらゆる場合に適用できる「完璧な授業」が存在すると信じること）は、システムⅠのそもそもの前提である。

システムⅡは、日本の実践を説明するためのモデルである。システムⅡによればどこかにあらかじめ最高の教育法が存在するわけではなく、専門家といえども何が最高の教育法かわからない。また、個々の教師は自らの体験を共有して、自分たちの文脈に適した教育モデルを共同で構築しなければならない。システムⅡの基本前提は次のとおりである。

(i) すべての教育的実践は暫定的なものである。

(ii) したがって、教育実践は新たな経験・状況によって書き換えられなければならない。

(iii) この書き換えは、相互のやり取りを通じて行われるほかない。

図13―3はシステムⅠとⅡのモデルを比較できるように並べたものである。日本のシステムで、各教師が点線で描かれているのは、教師の自己があまり固定的でないことを意味している。つまり、教師の自己は関係性によって変化しうるものとされている（関連の議論についてはKomatsu and Rappleye 2017a）。二次元の図で表現するのは難しいのだが、図13―3(a)では階層性の存在を（最高の教育法を知る専門家が上の階層にいる）示しており、図13―3(b)は階層性がないことを示している。

仮想的な例によって、システムⅡがどう動くのか時間的に説明してみよう（図13―4）。授業を作ろうとしている二人の教師がいて、それぞれが独自の体験を持っているとする（E_1とE_2）。体験の共有を通じて、彼ら／彼女らは両者の体験を説明するモデル（M_A）を構築する。そこに新たな参加者が加わると（E_3）、M_Aは新たな参加者の体験を取り込むことで改定され、新しいモデル（M_B）が作られる（図13―4(b)）。モデルの改定は、新たな参加者によって起きるだけでなく、参加者が固定化していたとしても起きる。これは、各教師が新しい体験を積み重ねていくためである。たとえば、以前はE_1とE_2の経験を持っていた二人の教師が、新たな体験（E'_1とE'_2）を積めば、教育モデル（M_A）もE'_1とE'_2を取り込む形で変更されることになる（M_C、図13—4(c)）。このように、参加者が固定化していてもモデルの変更には終わりがない。

紙数制約のため詳述しないが、今後の研究で、教師教育だけでなく西洋思想全般において、システムⅠの歴史が解明されていくであろう。システムⅠのわかりやすい例を挙げるなら、プラトン主義、キリスト教の神、そして近代科学がある（Komatsu and Rappleye 2017b）。プラトン主義の前提は次の三つである。(i)善はあらかじめ存在する。(ii)哲学者は善が何か知ることができる。(iii)哲学者は市民を啓発し、ポリスに善を実現する。西洋の学者の多くは、未だにキリスト教とギリシャ思想の違いを強調しがちだが、キリスト教はプラトン主義における哲学者を司祭に置換しただけである。ときに、Good（善）のOが一つ落ちてGod（神）になったと揶揄される点である。このようにプラトン主義とキリスト教は連続的であり、この点を指してニーチェは「キリスト教は大衆向けのプラトン主義である」と言ったのである（Nietzsche 1886 [1998]）。同様に、プラトン主義、キリスト教と近代科学の間にも連続性がある。近代科学は、善と神（Good-God）を客観世界の真理に置換し、哲学者と司祭を科学者に置換したものである。この科学観は、一七〜一九世紀に支配的だったニュートン科学に最も適合するものである（Burt 1932 [2003]; Whitehead 1925 [1997]; Weber 1922

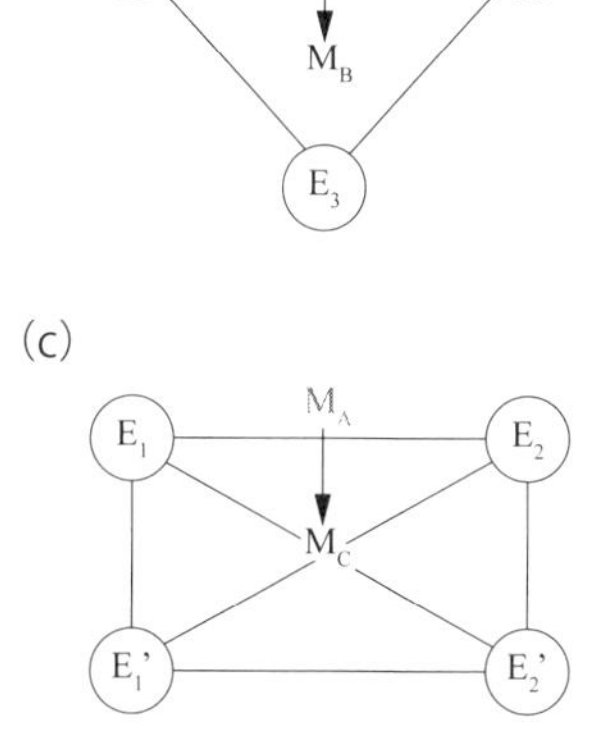

図13-4　モデルがシステムⅡのもとで作られ、変更される様子

[1963] も参照)。この科学観は現代科学に対しては必ずしも当てはまらない。この点については後にまた触れる。

システムⅠが西洋の歴史に広く見出せるのと同様、システムⅡも日本の歴史に広く見出すことができる。このことは、比較歴史社会学者が日本を「non-Axial(非軸対称)」と呼ぶことがあることと対応している(Eisenstadt 1996; 伊東 一九八五 ; Sonoda 1999; また、Arnason 1997: 特に 61–74 を参照)。non-Axial(非軸対称)は専門用語であり、永遠の善、神、真理に対する信念を日本がいまだかつて持ったことがないことを指す。つまり、人間社会を超越した存在、あるいは関係性から独立した存在を信じたことがないということである。アイゼンシュタットは、日本の歴史と文化に関する記念碑的著書で次のように述べている。

> 政治、経済、家族、文化創造、あるいは個人、集団、組織などあらゆる制度は、それが組み込まれた社会的関係性によって定義されてきた……(後略)。特徴的なのは……(中略)……それらが超越的な原理によって定義されてはいない点である。よって、社会的アクター、個人、制度は、自律的な存在としてではなく、他者との関係によって定義されている。それと同時に、社会的行為は明確な自律的、法的、官僚的、あるいは「自発的」な組織や規則によって制御されてはいない。(たとえそうした組織が発展していたとしても)むしろ社会的行為はほとんどの場合、非形式的な取り決めや関係性を通じて制御されている。そして、この取り決めや関係性も再び社会的文脈依存的である。
>
> (Eisenstadt 1999: 2–3)

この西洋とは異なる考え方、教育理論、制度、実践の関係については、より詳細な研究が今後必要である。

(2) 日本哲学

システムⅠとシステムⅡは、経験的に認められる日米の差異に対応しているが、この対応には深い思想的意味があると私たちは考えている。そのことを論じるために、システムⅡについて考察してきた歴代の日本人哲学者たちの言葉に耳を傾けてみよう(浜口 一九八二;木村 一九七二;Kumon 1982;西田 一九一一[一九四七];野矢 一九九五[二〇〇五];和辻 一九三四[二〇〇七]など)。

近代を代表する日本思想家の西田幾多郎は、代表作「善の研究」(西田 一九一一[一九四七])において、超越的な善、神、真理の存在を否定した。西田は人間が純粋経験から乖離して二元論に至るプロセスを解明し、「主観的」[4]体験こそが重要な哲学的問いであることを主張した。その結果、主観的経験の瞬間こそが不変の実体(善)となった。

西田の思想を基礎に、和辻哲郎は人と人の関係から倫理について考えた。和辻は、倫理を特別な者(哲学者、僧侶、科学者など)が理性によって到達する「正しく」、「善い」知識体系とする考え方を否定した。むしろ和辻は、倫理は人が自らを関係性の中に見出すところから始まると考えた。つまり倫理の始点は、人間の相互関係、さらに環境(風土)の相互関係の中にこそ、自分が存在すると認識するところにあるというのだ(和辻 一九三四[二〇〇七])。ここでの自分(あるいは自己)は相互依存的であり、素朴実在論的な独立の自分ではない。和辻にとって、本来の自分とは、他者との共存により損なわれるものではなく、他者との共存によって存立するものなのだ(Sevilla 2015,

4……ここでの「主観」はデカルト的な主観ではない。むしろ、デカルト的主観が成立する前の段階を指している。

2016 参照）。

こうした戦前の日本思想をもとに、戦後の思想家たちは「自己」が経験、そして他者との関係性の中からのみ発生する考え方をさらに深めた（浜口 一九八二；木村 一九七二；Kumon 1982）。浜口恵俊は関係性から発生する自己という考えを次のように説明している。

> 日本人にとって「自己」とは……（中略）……、相互関係を持つ他者との間で共有する生活空間そのものを意味する。この考えは日本人が、自己を他者との共生関係の中に見出し、自らが他者に大きく依存していると認識していることに基づく。
>
> （浜口 一九八二：一四二）

読者は、この浜口の説明に当惑するかもしれない。浜口は、あたかも日本人全員が右の考えを共有しているように書いているからだ（日本人論によくある特徴である）。しかしここで重要なのは、浜口が多様性を無視していることを批判することではない。むしろ浜口の主張が、システムⅡの特徴（関係性や共有体験に重点を置く）と合致している点である。システムⅡは、関係性を重視しない（無視もしないが）システムⅠと異なり、関係性こそが個別性の源と捉える。システムⅡの考え方に基づくと、空間、体験、自己はすべて相互依存的に定義され、その結果固定性を持たず、絶えず変化する可能性があるものとして存在する。

以上の議論に最後のピースを加えたのが哲学者大森荘蔵である。大森は、システムⅡにおいて世界はあらかじめ存在するのではなく、「言語を使って人間社会が構築する」のだと主張した（Ohmori 1995 [1996]: 217）。ここでの言語は、客観的な道具でもないし、二元論的世界観をもとにした世界の写像でもなく、世界の共同制作の営みそのものである。

一般に大森は西田と異なるタイプの哲学者と考えられており、そのことに私たちも一定程度同意するが、同時に連続性も感じる。このことは私たちだけではなく、檜垣（二〇一五）も指摘していることである。以上のようにシステムⅡは日本思想（西田、和辻、木村、公文、浜口、大森ら）でずっと検討されてきており、システムⅡを日米の差異を説明する抽象的概念と考えるより、文化的深部を反映した思想の反映と捉えるほうが適当だろう。最後に日本思想の特徴を再度述べておこう。絶対善の否定、超越の不可知性、経験の優位性、相互交流による世界と自己の同時構築である。

（3）西洋思想の類似性

前述の「日本の」考え方と似たものが、西洋思想にも存在する。中でも重要なのはエドムンド・フッサールの現象学とカール・ポパーの新しい科学パラダイムである。

フッサール現象学では「客観的」世界は不可知とみなされる（Husserl 1913 [1982]）。この点はシステムⅡの第一の仮定と同様である。フッサールによれば、誰もが世界を意識によって主観的に見ており、この主観が一致したときに客観性は「作られる」。このことは、システムⅡの第二の仮定と同様である。フッサールの基本的な考えを理解するために、次の例を考えてみよう。テーブルの上に一輪の花があり、その周りに三人が座っているとしよう。三人ともに花を本物（造花ではない）だと認識すれば、この認識の一致によって、花が本物であるという認識が客観的なものになる。しかし、二人が本物だと認識し一人が造花だと認識すると、認識は客観性を獲得できない。フッサールによれば、認識の不一致はさらなる体験の蓄積を促す。たとえば三人は花を触わってみるかもしれない。そして、皆が花をプラスチック製と認識すれば、花は本物ではないという認識が客観性を獲得する。重要なのは、各人が自らの体験を説明する暫定的なモデルを持っていて、モデルがコミュニケーションと体験の蓄積を通じて変更される点だ。客観性はこのようなプロセスによってのみ構築され、構築された客観性は次の行為の基礎となる。

ポパー（Popper 1934 [1982]）が提唱した科学のモデルも、システムⅡによく似ている（現象学にもよく似ている）。ポパーは西田同様、あらかじめ唯一不変の真理が存在するという考え方を否定する。ポパーによれば、この考え方は科学の歴史の中に示されている。どのような仮説であれ、その証明には無限の事例の検証が必要である。しかしこの検証作業を完遂できる科学者はいない。科学者にできるのは有限の事例の検証にすぎない。しかし、有限の事例でも仮説の反証はできる。したがって科学者が行っているのは事例を互いに交換することで、さまざまな仮説を反証することである。この反証過程を生き延びた仮説が暫定的真理とみなされる。もちろん、この暫定的真理も新たな事例によって変更を迫られることがある。これがポパーの科学観である。このような構築的真理（大文字の真理 Truth ではなく、小文字の真理 truth）は、システムⅡの考え方と類似している。アルバート・アインシュタインも不変の真理（大文字の真理 Truth）を信じなかった一人である。彼は、フッサール現象学にも影響を与えた先覚者エルンスト・マッハに影響を受けていた。アインシュタインは、科学的概念を不変の真理とは考えず、経験の整理に役立つものと考えていた。この考えに基づけば、科学的概念は経験によって当然変化する（Einstein 1916:102）。同様の考え方は、ジョン・デューイ（Dewey 1938）やジョージ・ハーバート・ミード（Mead and Morris 1934）など、アメリカのプラグマティストにも見出せる。

こうした日本思想と西洋思想の類似性は、日本思想が特別でないことを示唆している。しかし、日本思想が西洋思想と全く同じかといえば、そうとも言えない。フッサールもポパーも日本思想家と同じようなことを考えたが、彼らは日本人思想家のように「私（I）」の意味を書き換えるところまで現象学的思考を徹底することはなかった。私たちの考えでは、現象学的思考の徹底によってこそ、授業研究の可能性を最大限引き出すことができる。このことを説明するため、テーブルに座って花を見ている三人の例に戻ってみよう。

まず「私」が三人のうちの一人だとしよう。目の前にあるテーブルは私の認識したものである。花もそうである。三人の間の認識の一致も、やはり私が認識したものである。ここで「私の認識した」という修飾語が不要かつ無意味であることに気づかなくてはならない。ありとあらゆるものは私の認識したものだから、もはや「私の認識した」という修飾語は不要かつ無意味となる。このことが意味するのは、「私が認識する」ことと「世界がある」ことは同じ事態の異なる切り出し方だということだ。つまり「私」（私の意識）は、他者のいるこの世界と相関的にしか存在しえないということである。この相関性のために、「私」は他者と独立ではありえない。むしろ、「私」は世界（他者）の変化と相関的に変化していく。この相関性を理解したときに、私は他者の体験を効果的に取り込むことができる。つまり相関性の理解によって、システムⅡは円滑に動くのである。このときコミュニケーションは個人間の有益な情報の交換というよりも、独立的な実体としての「私」の喪失を意味する。この「私」の喪失は世界（他者）と私の相互構築という形で現れる。

「私」の喪失という言い回しは、システムⅠで生きる読者にとって理解を超えた神秘的なものに映るかもしれない。これは、システムⅠが自己の独立性を前提としているためである。この独立的自己を可能にしているのは不変の善、神、真理である。しかし私たちが強調しておきたいのは、システムⅠが支配的な社会に生きた思想家の中にも、哲学的思考を通じてシステムⅡの自己概念に到達した者もいるということだ。その一例がルートヴィヒ・ウィトゲンシュタインである。彼は「独我論は、厳密に適用された場合に純粋な実在論になる」（Wittgenstein 1922 [1961]: 5.62）と述べている。このことが意味するのは、私が独立した存在であり唯一確実なものだとすると、「私」という概念そのものが無意味になるということだ。これは先の「私」の喪失と同一である。「世界と私の意識が同一である」とウィトゲンシュタインが言うように、私と世界は相関的なのである（Wittgenstein 1922 [1961]:5.621）。もう一例としてエマニュエル・レヴィナスを挙げておこう。レヴィナスは、現象学を自己、他者、教え、学びなどに結び付けた思想家である。彼は次のように書いている。

会話の中で他者に近づくことは、彼の表現を歓待すること……（中略）……私の能力を超えて、他者から受け取ることである。つまり他者の中に無限を見ることである。これは教えを受けることでもある……（後略）。教えるということは、すでに存在するものを伝達することではない。教えは外部から到来し、私を超えたものを私にもたらす。（Levinas 1961 [1969]）

ウィトゲンシュタインやレヴィナスは西洋思想では例外的に、日本思想の深さにまで達した者である。システムⅠとシステムⅡについて、さらなる比較研究が必要だが、模範的な比較研究として *Intimacy or Integrity: Philosophy and Cultural Difference*（『インティマシーあるいはインテグリティー：哲学と文化的差異』）（Kasulis 1998）を挙げておく。インティマシーはシステムⅡを意味し、インテグリティーはシステムⅠを意味している。[5]

最後に、哲学から離れ、北米の著名な神経科学者が到達した結論について触れておこう。ブルース・フッド（Hood 2012）は「生涯変わらぬ私たちの存在の核」としての自己について、「神経科学は証拠をほとんど発見していない」と述べている。むしろ、神経科学は「バンドル理論を裏付ける」証拠を多く発見していると言う。バンドル理論は自己を認識の束と捉え、自己と世界を相関的なものとして考える。世界が他者を含んでいることに注意するなら、このフッドの考えは日本思想家たちの結論と同じである。

5……日本の存在論的教育——日本の学校教育の再概念化

読者の中には依然として、授業研究が日本で機能する日本特有の理由（存在論的・文化論的な本質）があると考える人もいると想像する。この考えを払拭することが、ここでの課題である。具体的には、日本で見られる存在論的・文化論的が日本人に備わった本質ではなく、学校教育を通じて意図的に形成・再形成されていることを示す。この私たちの試みは最近の人類学の考え方と呼応している。最近の人類学は、自然的・生得的なものとして文化を見ることに批判的である（Anderson-Levitt 2012）。以下では、日本の教育実践を紹介していくが（それらを存在論的教育と本章では呼ぶ）、こうした実践はアメリカの学校ではほとんど見られない。私たちの説明は、存在論的教育を実践と構造の側面に注目してみていく。教育段階としては、幼稚園・保育園（〇～六歳）、小学校（六～一二歳）、中学校（一二～一五歳）に焦点を絞る。紙面制約のため他の教育段階・領域については扱わず、記述もごく簡潔にとどめる。[6]

日本における存在論的教育の実践は、システムⅡを醸成する二つの原理を反映している。第一の原理は、階層性の弱い環境を教室の中に作ることである。階層性が弱ければ、生徒が他の生徒と（教師とではなく）交流する。第二の原理は、生徒間に相互依存的な態度が芽生える環境を用意することである。以下の説明は、日本人・外国人学

5……両システムが学びの概念とどう関連するかについては、カスリス（Kasulis 1998: 77–84）を参照のこと。小松・ラプリー（Komatsu and Rappleye 2017a）と比較すると一層有益である。

6……読者の中には、この存在論的文化が全日本人に共有されているのか、と疑問を呈する人もいるかもしれない。こうした読者は、文化が集団（今の場合日本人）と一対一対応するという考え方に抵抗があるのだろう。私たちも、全日本人がこの存在論的文化基盤を共有していると主張しているのではない。そもそも存在論的文化が存在する、しないといった部分が問題なのではない。重要なのは、文化の重点がどちら（システムⅠかシステムⅡか）におかれているのかである。この点はカスリス（Kasulis 1998: 13–26）によっても指摘されている。ただし、私たちは次の点にも注意を向けておきたい。システムⅡの考え方は義務教育を通じて伝達されており、日本人のほとんどがこの考え方に一時は晒されているはずである。かつて日本人論（日本人の本質に関する理論）が一世を風靡したので、私たちは自らの主張が容易に誤解されうる危険を認識している（Dale 1986）。しかし危険があるからと言って、存在論的文化の差異に関する議論を行わないのは的外れである。

者の両者による三〇年にも及ぶ徹底的なエスノグラフィー研究に基づいている（Cave 2004, 2007, 2016; Lewis 1995a; Tobin et al. 1991, 2009; 恒吉 一九九二; Tsuneyoshi 2001）。私たちはそれらの研究成果をつなげて、一つの像にまとめることである。

（1）幼稚園・保育園

■構造

日本の幼稚園・保育園では、子どもに対して保育士・教師の数が少ない。このことが、非階層的な環境を作り出す要因の一つとなっている（Boocock 1989; Hayashi et al. 2009; Tobin et al. 1991, 2009）。教師が少なければ、教師が子どもに過剰介入する危険が小さくなるからである。トービンらは、日本人教師の多くが、過剰介入を好ましくないと考えていることを報告している。過剰介入は子ども同士の自然な交流を阻害するからである。トービンらにインタビューを受けた日本人教師は次のように述べている。「クラスの人数が、教師一人につき二〇人を下回ると危険です。……そうなると、問題が起きたときに、子どもが自分で解決しようと考えなくなってしまう」（Tobin et al. 2009:120）。教師による過剰介入が起きると、子どもは教師と自分たちの間に階層があると考えるようになる。つまり、子どもたちは教師を権威（専門家や裁判官のように「正しいこと」と「間違ったこと」を判定する権威）として考えるようになる（Hess and Azuma 1991; Tobin et al. 2009）。したがって、教師の少なさは資金不足による不幸な結果ではなく（資金が十分だとは言わないが）、教育にとってむしろ望ましいと日本では考えられている。

子どもに相互依存的な態度を促す構造として、異年齢グループでの活動が挙げられる（Che et al. 2007; Izumi-Taylor and Ito 2015; Koizumi et al. 2013; Tsuboi and Yamaguchi 2005）。異年齢グループの使用により、子どもたちは能力や認知の異なる他者と交流する機会を持つ。ある保育園では、年上の子が年下の子にご飯を食べさせたり、歩く補助をしたりすることもある（Tobin et al. 2009:103）。異年齢グループでの活動は、あらゆる幼稚園・保育園で行われているわけではないが、理想的な活動と考えられている。異年齢グループでの活動は、子どもを他者の感情に敏感にし、共感する能力を育むと日本人教師の多くが考えている（Che et al. 2007; Izumi-Taylor and Ito 2015; Tobin et al. 2009）。そして最終的には、相互依存的な態度を促進すると考えられている（Tobin et al. 2009:114）。アメリカでは異年齢グループはほとんど使われない。むしろ「発達段階に適した教育」が重視され、独立した個人となるための認知神経的な発達に重点が置かれる（Che et al. 2007; Suzuki and Boomer 1997）。

■実践

幼稚園・保育園教育の非階層性を補完するのが、日本の多く教師が用いる非介入的アプローチである（Che et al. 2007; Lewis 1991; Peak 1989; Suzuki and Boomer 1997）。口論やけんかが起きたとしても、日本の教師はできるだけ介入しないように努める。この点は、有名な著書 *Preschool in Three Cultures*（『三つの異なる文化における幼稚園・保育園』）でも重点的に取り上げられている（Tobin et al. 2009:100–102）。この著書から一例を挙げよう。三人の女の子がテディベアをめぐって激しく口論している。一人の女の子がテディベアを持ち、別の小さい女の子がそれを無理やり取ろうとしている。その後二人の女の子が加わり、四人の女の子が取っ組み合いを始める。しかし、教師はこの様子に気づきながらも介入しようとしない。この教師は彼女が介入しない理由について、後にこう語った。

> ケガの危険がなければ、私はけんかを介入せずに見守ります。子どもたちには、ささいないざこざに対処できる強さを身につけてほしいからです。危険でなければケンカは歓迎です。（Tobin et al. 2009: 111）

この例はトービンらによってビデオに収められており、ビデオを見た日本人教師の多くは非介入的アプローチを支持した（Tobin et al. 2009:108）。つまり非介入的アプローチは、おそらく日本に広く存在する文化的実践ということであろう。これに対して、アメリカ人教師の多くはこの非介入的アプローチに批判的だった。

相互依存的な態度を促す実践はほかにもある。日本人教師は子どもたちに、他者の考えや感情に敏感になるように励まし、教える（Hayashi et al. 2009; Peak 1991; Tobin et al. 2009）。ここでは、「教える」というより「子どもとともに共感する」と言った方が適切かもしれない。トービンら（Tobin et al. 2009）は、男の子二人の口論に教師が珍しく介入した（ケガの可能性があったため）事例を紹介している。教師は二人の間に何が起きたのかを確認してから、互いに対して謝らせた。この介入の焦点は、口論によってできてしまった二人の間の距離に対して悲しみを子どもたちが感じ、それを表現するところにあった（Tobin et al. 2009:135）。それを通じて、二人の間に感情的な関係を再構築することで解決が図られた。こうした（抽象的規則より）共感的理解を重視する日本人教師の態度は、他の多くの研究でも確認されている（Shimizu 1999:77 など）。

この共感重視のやり方は、人間以外との関係性を築く際にもよく使われる（Inagaki and Hatano 1994; Tobin et al. 2009）。この点は西洋の学者にとって非常に意外だったようだ。先述のトービンら（Tobin et al. 2009）の著書には次のような給食のシーンが収められている。教師は、多くの子どもが肉、ご飯、デザートを食べているのに、ニンジンに手をつけていないことに気づいた。教師は「かわいそうなニンジンさん。みんな、ハンバーグさんやお米さんは食べたのに、ニンジンさんはぜんぜん食べてない。ニンジンさん悲しいと思わない？」と子どもたちに問いかけた（Tobin et al. 2009:137）。つまり彼女は、子どもたちに「ニンジンさん」の気持ちを想像するように促したのである。以上で述べてきた日本の特徴は、アメリカでほとんど認められない。アメリカの幼稚園・保育園では、言語化が奨励され、してよいこと・いけないこと（たとえば、人を叩いてはいけない）を一般原則から子どもが合理的にするよう求められる。

（2）小学校

■構造

小学校において非階層的な環境を作るのに重要なのは、グループ分けの仕方である。日本では子どもたちを能力別にグループ分けすることはほとんどない（Lewis 1995b; LeTendre et al. 2003; 恒吉 一九九二; Tsuneyoshi 2001）。したがって、授業やクラス活動には、さまざまな学力の子どもたちが参加する。教師らは学力差を教育（教科教育と社会性教育）の障害としてではなく、リソースと捉える傾向にある（Lee et al. 1995; Lewis 1995a; Stevenson 1991）。この点はケイブ（Cave 2007: 26）による日本人教師のインタビューでも確認できる。ケイブは、多くの日本人教師が、児童間の学力差によって児童同士の学び合いが促進されると考えていることを報告している。能力の高い児童もそうでない児童から学べるという考え方の背後には、個人の認知的学習それ自身よりも、学びの相互依存性を理解することが重要だとする信念があるのであろう。

非階層的環境を作るのに重要な別の要素としては、少人数グループの使用がある（Lewis 1995c; Lee et al. 1995; Tsuchida and Lewis 1995; 恒吉 一九九二; Tsuneyoshi 2001）。少人数グループは一般的に「班」と呼ばれ、普通四～五人の児童から成る。班のメンバーは学期中（約三か月間）固定である場合が多く、学期の間に児童たちは各自の能力に関係なく、他の児童に自分の考えを言えるようになる。

班活動で、班長は各班員の長所を見出し、それを最終的な成果（発表など）に取り入れることが強く期待される（眞塩 二〇一〇; 松田 二〇一三）。班の使用により、クラスでの学習においても重視されていた学習の相互依存性がさらに強調される。班では児童たちがより容易に、そして頻繁に交流するからだ。学期が改まり新しい班編成になれば、児童たちは新しい班に適応することを学ぶ。

班は掃除や給食など学課外の活動でも用いられる。学課外活動では、教師による指示や介入は最小限に抑えられる。児童は教師の権威なしに目標を達成することが期待される。学課外活動に対するフィードバックは、主にクラスの反応を通じて行われる。たとえば給食の配膳では、給食担当の班が適切に配膳を行ったかについてクラスからフィードバックを受けて修正がなされる（Cave 2007; Lewis 1995b, c）。掃除では、班ごとに別の場所を担当し（教室、廊下、玄関ホールなど）学校全体が全児童の共同的作業によって清掃される。

学課外活動でも相互依存性が強調されることで、相互依存性が生活のあらゆる側面で不可欠であるという暗黙のメッセージを児童たちは受け取る。クラス活動に組み込まれた班活動は、日本の小学校における非階層性と相互依存性を強化する働きを持っている。日本とは対照的にアメリカの小学校でのグループは、一時的・短期間なものであり、一般に学力向上を目的としている。掃除などはグループではなく個人が担当することも指摘されている（恒吉 一九九二; Tsuneyoshi 2001）[7]。

児童に相互依存的態度を促すものとして、運動会や修学旅行などのさまざまな学校行事も重要である。学校行事は年間一九五～二四〇日ある授業日数のうち約三〇日を占める（Lewis 1995a, b）。日本人教師は、学校行事を重視しており、行事を通じて児童たちが級友から「仲間」になることを期待している。ここで「仲間」とは、共通の目標を持ち、互いに助け合いながら、体験・努力・感情を共有する者のことである（Cave 2007:63）。仲間の関係性は外在的（共通の興味などに基づく）なものではなく、内在的なものである。日本中の全学校で毎年行われる運動会は、仲間の関係性を育む中心的活動である。児童たちは何か月も前から運動会の準備を始める。競技の多くは団体で行うので、児童たちは共通の目標のために何か月も練習することになる（赤田 二〇一四; Cave 2007; 下條・廣瀬 二〇一五）。運動会で最も象徴的なのは、通常六年生（小学校の最終学年）が行う組体操である。組体操で児童たちはピラミッド、扇子、タワーなどさまざまな形を作る。タワーを作るときには、体格の良い児童が土台となり、身軽な児童が上に登る。各児童は大きな作品を作るために、それぞれがふさわしい役割を担う。このとき児童たちは、相互依存性を身体的・象徴的に学んでいるのである（赤田 二〇一四；Cave 2007; 小川 二〇一一；下條・廣瀬 二〇一五）。

■実践

授業で非階層的環境を作るために、クラス担任は教師が権威とならないように気を付ける（Lee et al. 1995; Stigler et al. 1995; Tsuchida and Lewis 1995）。ケイブ（Cave 2007）は日本の小学校を観察し、次のことに気づいた。教師が子どもたちに知っていることを教えるという態度をとらず、子どもたちと一緒に調べてみようという言い方をしばしばするのである。つまり、教師は自らも答えを知らないという印象を児童に与えようとしていたのである（Cave 2007: 144）。これによって、児童は自分の意見を積極的に言うようになり、答えを見つけた後もさらに探求を続けようとしていた。また教師はしばしば、児童の提示した考えを自ら評価するのではなく、他の児童たちに評価をするよう促すことも多い（Murata and Fuson 2006; Stevenson and Stigler 1992）。

こうした非階層性の重視は、学課外活動でも認められる。その一例が反省（reflection）である（Lewis 1995b; 恒吉 一九九二；Tsuneyoshi 2001）。反省は幼稚園・保育園でも原初的な形で行われるが、小学校ではもっと本格的になる。たとえば、科学実験や掃除などを班で行った後、班員たちは自らの活動について反省する時間が与えられることがある（Lewis 1995b）。児童たちは自分の行動を自己評価し、他の班員の意見を聞く。これはちょうど、授業研究において教師たちが行っていることと同じである（Arani et al. 2010; Doig and Groves 2011; Lewis and Tsuchida 1998）。児童たちが反省を行った後に、クラス担任がそれについて意見を述べることはまれである。教師が意見を述べると権

7……本論の査読者の一人は、アメリカで合意形成の経験やグループ活動がこれほど乏しいのか疑問を呈した。私たちは恒吉の研究をもとに、実際に乏しいのではないかと考えている（恒吉 一九九二：一二六―一二八）。

威が発生してしまい、非階層性が破壊される可能性があるからだ。

反省は、児童の問題行動（とくに相互依存性に反する行為）などのより深刻な問題の解決にも使われる。問題行動の例としては、児童らがいくつかの仲の良いグループに分かれてクラスが分断される事態、あるいはいじめなどがある（Cave 2007; 太田・石田 二〇〇九；坂西 一九九七）。教師らは、問題行動をした個人と相談をして解決を自らの手で模索するのではなく、問題をクラス全体で考えるよう児童たちに求める。児童たちは自分の考えを表し、他の児童の考えを理解することが求められる。このやり方の基礎にある考えは、相互依存性に関する問題は、児童の相互依存性を基にしたやり方でのみ本質的に解決される、というものである（Cave 2007:81）。このやり方は教師だけでなく児童からも賛同を得ている。ケイブ（Cave 2007: 67）はあるクラスの一七人の児童に、児童の問題行動を解決する方法として、クラス全体での話し合いと個別相談のどちらがよいかと尋ねた。結果として、一七人中一六人がクラス全体での話し合いのほうがよいと答えた。

相互依存性は、教室での実践だけでなく教科書の中でも強調されている（Cave 2007; Gerbert 1993; Tomo 2012）。とりわけ国語教科書では、人間を含むあらゆる存在の相互依存性がしばしば取り上げられている。その一例が、国語教科書にしばしば採録される「えぞまつ」という作品である（神沢 一九八六）。この作品はエゾマツ（*Picea jezoensis*）の特徴的な更新様式を描いている。エゾマツの実生は倒木の上で育つのである。この作品は、倒れた老木と実生の相互依存性を、人間社会の老人と若者の相互依存性に重ねて描いているとみることもできる。

その他、教科書によく掲載される相互依存性についての詩や物語には、河井酔茗の「ゆずりは」（河井 一九四八）、谷川俊太郎の「生きる」（谷川 一九七一［一九八九］）や「朝のリレー」（谷川 一九六八［一九九三］）、立松和平の「海の命」（立松 一九九二）などがある。

（3）中学校

■構造

日本の中学校の構造は小学校とよく似ている（Cave 2016; Fukuzawa 1996; LeTendre et al. 2003）。能力別のクラス分けなどはなく、班をしばしば使い、掃除、給食、行事（運動会や修学旅行など）などの学課外活動も盛んである。違いがあるとすれば(i)学校行事の種類が多い、(ii)学校行事により熱心に取り組む、(iii)部活動が非常に重要、といった点である。

これらは生徒間での階層性の発生を和らげる働きをしている。階層性の発生は中学生くらいの年齢でよく見られ、ときにクラスを分断することがある。子どもたちは中学入学後、成績にこれまでより敏感になる。三年後には、人生の分岐点となりうる高校入試を控えているからだ（Cave 2016; Fukuzawa 1996）。成績への関心の高まりは、生徒間に成績による階層（あるいは、それへの反抗としての階層）を生むことがある。入試は個人間の競争なので、クラスが分断されてしまう危険がある。だからこそ、中学校は幅広い学校行事や部活を提供し、教師らも学校行事や部活動の重要性を強調する（Cave 2016; 角谷・無藤 二〇〇一）。ケイブの報告には、学校行事が「勉強よりも重要」だと強調する中学教師のインタビューが掲載されている（Cave 2016: 69）。

■実践

中学校における教育実践は、小学校と大きくは変わらない。中学校では成績は重要になり、教師は講義形式で授業を行うことが多くなるが、依然として授業では班での作業がある（大石 二〇一四；Schaub and Baker 1991）。ただし小学校と中学校で大きく違う部分もある。それは部活動である（Cave 2004; Kobayashi 2012; LeTendre 1999）。文部科学省が実施した全国規模のアンケート（一九九七）によると、中学生の九一％が部活動に参加している。生徒は平均週六日、部活動に参加する。部活動は一日二〜三時間程度行われ、長期休暇中にも行われることが多い。そのため、部活動に費やされる時間は授業の時間に匹敵するほどである。これは小学校時代と対照的である。小学校では部活動がない地域も多い（関二〇〇九）。部活動がある場合でも、その時間は中学校よりもはるかに短い。

日本の中学校には、一般に五〜二〇の部活が存在する（中澤他二〇〇八）。部活にはスポーツ系、音楽系、美術系があるが、ときに洋裁や書道などもある。洋裁や書道にグループ活動が不可欠というわけではないが、こうした部活に参加する生徒でも、他の部員と共に活動をしているという感覚を持っていることが多い。部活の目的は、共通の関心を持つ者同士が集まること自体にある。大会で他校と競うなどの目標は一般に重要ではない。生徒は普通、学校のある部の中から一つを選ぶ（希望者を募って新たな部活を作ることもできる）。生徒は、中学校三年間同じ部活を続けることが期待される（Kobayashi 2012; 文部科学省 一九九七）。教師が主導する教室での授業と異なり、部活では生徒たちが自ら活動を作り上げていく。実際、部活に顧問の教師がいつも来るわけではない。顧問が特別の経験（競技経験など）を持たないこともよくある（文部科学省 一九九七；中澤他 二〇〇八）。

部活動でもう一つ特筆すべきは、先輩―後輩のシステムである（Buckley 2006; LeTendre 1999; Sano 2014）。ここで注意すべきは、先輩・後輩が関係を示す言葉であるということだ。つまり、単独では意味を成さない関係的概念なのである。したがって先輩と後輩は特定の役割を持つ。先輩は部活を主導し後輩を導く（Cave 2004）。この役割分担は、幼稚園・保育園での異年齢グループや、前記の「えぞまつ」の詩を連想させる。ケイブ（Cave 2004: 405）のインタビューによれば、よい先輩とは後輩を叱り導いてくれるだけでなく、後輩が悩んでいるときに話を聴いてくれる者のことである。一方よい後輩とは、謙虚に先輩から学び、他の部員ともよく交流する者のことである。ここでも、よい先輩は後輩の存在をもとにしている。

読者の中には、先輩―後輩というシステムは階層性を前提としていると指摘する人もいるかもしれない。もし階層性を前提としているならば、私たちが説明してきた非階層性と対立することになる。たしかに、先輩―後輩のシステムが部活に一定の階層性をもたらしていることは事実だ。後輩は、部活の前後にグラウンドを掃除したり、備品を準備したり片付けたりしなければならないことがある（Cave 2004; LeTendre 1999）。先輩が公式試合や行事に参加しているとき、ベンチにいる後輩は「がんばれ！」などの声かけをすることになっている。しかし、この階層性は見た目ほど決定的ではない。後輩というのは個人の本質的特性ではなく、一時的なものである（後輩は一年後には先輩になる）。先輩も必要に応じて階層性を一時的に棚上げすることが望まれている（後輩が悩んでいるときなど）。加えて、先輩も後輩も成果（試合の勝利など）を部員全員の相互依存的結果と考える信念を共有している。後輩の声援があるからこそ、先輩は成果（勝利など）を収めることができると考えられているのだ（Cave 2004:409）。この信念は日本のプロ野球においても認められる。日本のプロ野球の応援はアメリカより熱心だし、日本の野球選手は観客の応援があってこそ勝利できたことをよく強調する（Chun et al. 2005）。

高校・大学での授業は、中学と比べてはるかに個人化されている。しかし、高校・大学の部活は中学校の部活と基本的に変わらない（Cave 2004; McDonald and Hallinan 2005）。このことが示唆するのは、学業における個人化は、相互依存性を育む部活によって補われるべきだという信念が広くいきわたっている、ということだ。このことはケイブの行ったバレーボール部員に対するインタビューと符合する。彼は「バレーボール部は一種の小さな社会です」と話したという（Cave 2004:396）。つまり部活は日本社会で生きるための不可欠な態度を身につける場として捉えられているのである。加えて、多くの日本人教師は、部活をやることで、生徒が学業にも積極的に取り組めるようになると考えている。この主張は、最近の心理学的研究によって部分的に裏付けられている（石田・亀山 二〇〇六；野々上他 二〇〇八；岡田 二〇〇九）。また、日本企業は部活に積極的に取り組んできた学生を採用する傾向にあることにも気を付ける必要がある（McDonald 2009; McDonald and Hallinan 2005）。つまり企業の成功にとって、社員間の相互依存性が重要であると信じられているのである。

最後にここでの要点をまとめておきたい。日本において自らを集団の一員とする（独立した個人ではなく）考え方が広く認められる背景には、特有の教育実践があるということである。日本人が自らを集団の一員と考えがちなことは昔から指摘されてきたことである。本章の新しさは、この指摘を学校での教育実践と関連させたところにある。この点をさらに授業研究と関連付けてみると以下のようになる。日本の教師が授業研究を自然に行えるのは、主に学校教育を通じて育まれた文化的規範があるからだ。この文化的規範があるから、参加者は批判を受け入れ、集団の一員として動き、成果よりプロセスを重視し、他者が参加しやすい場を作ることが自然にできるのだ。そのときに明示的なプロトコルは必要ない。しかしこの文化的規範のないアメリカではプロトコルが必要だ。

6……存在論的個人主義を越えて

教育が文化的活動であると考えれば、教師が無意識に使っている考え方を意識的に捉えなおし、教育を改善する方策を考え付くことができる。ここで重要なのは、無意識に使われている考え方を他の社会のものと比較することである。そうすると、自らの考え方を認識しなおし、どのようにしてその考え方に至ったか（どのような選択を無意識にしていたか）を理解できるようになる。自分の考え方が選択の結果だと気づけば、今までとは違う選択をすることもできるようになる（Stigler and Hiebert 1999 [2009]:100-101, 傍線は筆者による）。

本章で私たちは、アメリカにおける授業研究について考察してきた。考察の目的は、アメリカにおいて授業研究を阻害する「文化の力」とは何なのか、仮説を提案することであった（Stigler and Hiebert 1999 [2009]:191）。私たちの仮説は、アメリカの授業研究が直面している問題群は源を一つにしているというものである。その源とは、本章でシステムⅠと呼んだ特定の文化構造を生み出す存在論的傾向である。本章はシステムⅠをシステムⅡと対置させた。システムⅡこそが、日本における実践の存在論的・文化的基盤であり、授業研究を生んだ土壌である。ただし、その存在論的傾向（土壌）は文化的本質ではない。実際、この存在論的傾向は日本の学校教育の構造と実践（それによる無意識的選択）によって作られたものであった。結局のところ、日本での授業研究の成功は日本人教師たちの存在論的傾向であり、教師たちはそれを主に学校教育を通じて学んだのである。この存在的傾向はさまざまな文化的規範に広く認められている。

この議論をさらに深める前に、「教育の輸入」というより大きな視点に立ち返ってみよう。「教育の輸入」に関する最近の研究の多くは、輸入をする主体、その政治性、輸入される政策の種類に注目している（Rappleye 2012; Steiner-Khamsi and Waldow 2012など）。こうした研究は確かに重要だが、輸入の主体、政治・社会的構造、政策文書に注目すればするほど、歴史と文化の問題が置き去りにされてしまう危険がある。歴史と文化の問題は前世代の学者によってしばしば論じられていたが（Beech 2006; Phillips 2006; Phillips and Ochs 2004）、今ではその問題が、政策や改革がどう転移していったか、どのように元の文脈から取り外され、再び異なる文脈にはめ込まれたかといった話の陰に隠されてしまっている。もちろん、こうなるのも故なきことではない。なぜなら、近年とりわけポストモダンの台頭やグローバリゼーションが教育に大きな影響を与えているからだ（Rappleye et al. 2011）。

とはいえ、教育における文化の重要性がなくなったわけではない。実際、授業研究の輸入を検討するために、文化を論じることは不可欠であった。本論は「文化」の重要性に立ち返る試みであり、文化の影響力を二つの方法で理解しようとした。第一は存在論的レベルに深沈するという方法である。第二は文化を本質的なものではなく教育実践によってなされる選択と考える方法である。この選択こそが異なる自己の在り方を可能とするのである。本論で示したように、私たちは「教育の輸入」についての議論を深めるために、文化、存在論、自己を検討することが不可欠だと考える。

だからこそサドラーの比喩は今でも有用なのだ。批判こそあれ、サドラーの比喩は輸入の際に二つの異なる層が働いていることを明瞭に示している。第一の層は輸入できそうに見える「花」（あるいは「葉」）である。第二の層は輸入できそうにない「土」である。本章の文脈では、授業研究における四ステップが「花」であり（それらは記述が容易である）、システムⅡが文化的な「土」である。サドラーは輸入の試みを、花と土の分離と捉えている。この点は私たちも同意する。実際授業研究はシステムⅡの土から分離され、システムⅠの土に移植されたのである。サドラーは「移植された」花が生き続ける可能性について悲観的だったが、私たちはむしろ楽観的である。

サドラーは土が変化しないと考えていたのに対して、私たちは変化しうると考えているからだ。サドラーが土を変化しないものと考えていたのは、旧世代の多くの学者と同様に文化を固定的なものと捉えていたためだろう（Anderson-Levitt 2012を参照）。しかし私たちは、文化は存在論の反映であり（存在論的文化）、存在論は教育によって変化しうる（存在論的教育）と考える。この考えに基づけば、輸入（移植）によって文化（土）が変化することは、少なくとも理論的にはあり得る。私たちは、サドラーとは異なり、移植によって文化的土壌が変わる可能性を信じている。新しく導入された実践は、十分長い時間使われ続けた場合には、文化の最深部をも変える可能性がある。それはちょうど、生物学や農学における「土壌改良」に似ている。土壌改良とは土壌の栄養状態を変える方法で、しばしば特定の植物（通常はマメ科植物）を植えることにより行われる（Peoples et al. 1995; Zahran 1999）。マメ科植物は大気中窒素を固定し土壌に取り込むので、他の作物が育つ土壌ができあがる。これと同じように私たちは、「輸入」を単なる移植と考えるのではなく、最終的に土壌に変化をもたらす「学び」として捉えなおしたいのである。このような学びは、存在論的深みに深沈し、十分な時間をかけることによってのみ可能となるであろう。授業研究は土壌を変化させる可能性がある点で非常に重要だ。その重要性は、授業研究の実践を成功させるためだけでない。むしろ、存在論的文化全体をより健全なものにするために重要なのである。

さらに議論を明瞭にし、最終結論を出すため、本章の題目である「授業研究をアメリカで成功させるには」という問いに答えを出しておこう。日米は異なる存在論的前提に立っている。アメリカ人はその存在論的前提により、文脈に依存しない完璧なもの（プラトン主義の「善」のような）を求め、自己の自律性を擁護しようとする。しかし日本的視点からは、それらは個人にあらかじめ宿っているもの（存在論的個人主義の第一前提）ではなく、教育そのものを通じて作られるものである。その意味で、表題の問いに対する私たちの答えは、簡単には受け入れられるものではないだろう。その答えとは、アメリカの学校教育を大々的に再構築するというものだ。具体的には、アメリカは日本の教育実践を徹底的に輸入することで、その存在論的前提を書き換えていくべきなのだ。そのことを通じてアメリカ人教師が、真理を相互構築的な存在論的教育の結果と理解したときに、授業研究は十全な成功を収めるであろう。

もちろん、アメリカがすぐに日本の学校教育を大々的に輸入すると期待するのは無理な話である。現実的な方法は、授業研究を十分に長い期間継続することで、存在論的文化（教師の依拠する存在論）を変化させることであろう。教師の存在論的文化が変化すれば、今度はより幅広い文化の変化（システムⅡへの移行）が期待できる。もちろん、アメリカの現在のシステムも重要な資質（例えば自律性、自己主張、多様性など）を育んでいるのは確かである。したがって、これらの重要性は認識しつつも、必要に応じてこれらを括弧に入れる技術を学ぶことがアメリカ人にとって有益であろう。

このような視点で捉えると、授業研究の輸入は、学力格差を埋めるための教員能力改善の技術ではなく、より広い意味あいを持ってくる。それはむしろ、教員能力改善を通じてアメリカ文化の構造を再構築する試みである。

この点をもう少し考察するために、「存在論的個人主義」の弊害を指摘した社会科学研究に立ち寄ってみよう。著名な社会学者であるロバート・ベラーとその共著者は、*Habits of the Heart: Individualism and Commitment in American Life*（1985）の中で、「存在論的個人主義」がアメリカ社会の発展を阻害していることを示し、アメリカ文化を転換していく必要を主張している。ベラーらは、個人こそが社会の中で唯一存在するものだという「存在論的個人主義」がアメリカに広がってきていることを論証した（Bellah et al. 1985: 276）。その結果、たとえば学校教育などの制度を支える「社会の在り方」が考慮されることがほとんどなくなった。ベラーらは、「アメリカ人が自己理解のために使う個人主義的言語が、人々の想像力を制限している」（Bellah et al. 1985: 290）と嘆いている。

本章を読んできた読者は、「個人主義的言語」が他者と共に解決策を構築することを難しくしていることを理解できるかもしれない。個人主義では、人々は解決策を求めて専門家を「仰ぎ見」るか、（専門家が信頼できなければ）自分の中を覗き込むほかない。専門家を仰ぎ見る人がいるからこそ、「専門家」や「ベストプラクティス」への需要が発生する。この需要は、トップダウン型の教条的「ベストプラクティス」のアプローチによって満たすほかなく、ますますそうしたアプローチが支配的になる。

授業研究はこうしたアプローチに対抗するための実践コミュニティ再構築と見ることができる。しかしこの再構築が成功するためには、自己を自己を超えたものとの関係の中に見出す考え方（存在論的関係性）が必要である。ベラーらは約三〇年前すでに「個人に分断された文化は、最終的に社会自体を破壊してしまうだろう」と悲観したが、同時に「破壊の前に独裁国家が出現し、文化に代わって社会統合を実現する」ことも恐れていた（Bellah et al. 1985: 281）。エビデンスベースの「ベストプラクティス」の台頭は、この独裁国家のようなものではなかろうか？存在論的個人主義による文化が弱まったために、この独裁国家のようなものが統合性を提供しようとしているのではないだろうか？

それでもシステムⅠの考えに基づいて、システムⅡにおける相互依存性の重視が個人の独立性を毀損することを危惧する人もいるかもしれない。これに対して、私たちはベラーらとともに次のように反論したい。

（前略）……個人と社会はゼロサムではない。強い集団では、個人の違いを尊重することで連帯性だけでなく自律性も強くなる。人々が最も均質化しやすいのは、集団でいる場合ではなく、人々が個人に分断された場合である。

(Bellah et al. 1985: 307)

この議論は、日米の教育法の比較研究からも裏付けられる。たとえば、アメリカ人教師は自らのスタイルを持っていると主張するにも関わらず、実際には皆似通った方法を用いていると、スティグラーとヒーバートは指摘している。

アメリカのような多様で分権的な国で、全国的に認められるパターンを見つけることが果たして可能だろうか。……実は可能なのだ。著者らが記述したパターンは、アメリカの八年生の数学に限らず、より広く一般的に認められるものである。

(Stigler and Hiebert 1999 [2009]: 83)

この均質化はアメリカの存在論的文化の産物である。教師たちは皆、完璧な授業を期待して「上を」（専門家を）見る。「ベストプラクティス」や「うまくいく方法」は、What Works Clearinghouse（「うまくいく方法」情報センター）といったものとして制度化される。こうした制度化は、システムIがより一層強まっていることを意味している。このように、ベストプラクティスはシステムIをより一層強めることによって、アメリカが他者から学び成長することを阻害してきた。今後の研究では「ベストプラクティス」という考え方が、PISA（Auld and Morris 2016を参照）などの大規模プロジェクトとともに、いつ、どのように世界に広がってきたか調べる必要がある。直観に反するかもしれないが、PISAは各国の関係性を強めるのではなく弱めることで、各国が他国から学び成長することを妨げている可能性がある。

いささか悲観的な論調になってしまったが、最後は現実的な言葉で本論を終えたい。授業研究をアメリカで（世界で）成功させるための私たちの処方箋（存在論についての深い再検討）は不可能に見えるかもしれないが、実は不可能ではないと私たちは信じている。実際キャサリン・ルイスとクレア・フェルナンデスは、授業研究がプロトコル（Lesson Study Protocol）の利用により部分的に成功しうることを報告している。そのプロトコルのキーワードには、建設的・協力的な議論のための環境設定、反省の奨励、失敗からの学び、他者についての深い認識といったものが含まれている。教師らがプロトコルに書かれた規則・規範を咀嚼するために時間を割けば、システムⅡの存在論に基づいて動くことが可能となるのだ。

この話と整合する心理学実験が存在する。相互依存性の感覚は不変のものではなく、少しの工夫で変化しうる。たとえば、相互依存性をテーマにした物語を読んだり、独立性に関連した代名詞（I）ではなく相互依存性に関連した代名詞（we など）に○をつけたりするだけで、相互依存性の感覚は高まることが知られている（Brewer and Gardner 1996; Gardner et al. 1999; Trafimow et al. 1991; Nisbett 2003 も参照）。ということは、相互依存性を重視する存在論を広めていくことも可能なはずだ。

最初は明示的プロトコルを使っていても、時間がたてばプロトコルに記されていた規範は文化の中に埋め込まれていく。学術的研究もこの文化再構築に参加すべきかもしれない。つまり研究を通じてシステムⅠからシステムⅡへの移行を促進して、読者が相互依存性に気づく機会を提供するべきなのかもしれない。そうすることで、授業研究は短期的だけでなく長期的にも機能し、人は真理を越えて他者に出会うことができるようになるというのが、私たちの考えだ。

参照文献

〈日本語文献〉

赤田信一（二〇一四）「小学校における運動会に関する調査研究：A市小学校の運動会の種目調査を中心に」『静岡大学教育学部研究報告．教科教育学篇』四五巻：二〇一―二一三頁。
石田靖彦・亀山恵介（二〇〇六）「中学校の部活動が学習意欲に及ぼす影響：部活動集団の特徴と部活動への意欲に着目して」『愛知

教育大学教育実践総合センター紀要』九巻：二一九―二二五頁。

伊東俊太郎（一九八五）『比較文明』東京大学出版会。

梅田義彦（一九七一）『日本宗教制度史　近世篇』東宣出版。

大石律子（二〇一四）「考える楽しさを実感できる中学校数学の授業の工夫：数学科教師との関わりを通して」『教育実践高度化専攻成果報告書抄録集』四巻：三一―三六頁。

太田沙織・石田靖彦（二〇〇九）「特定児童に対する教師の指導行動に関する研究」『愛知教育大学教育実践総合センター紀要』一二巻：三二三―三二八頁。

大森荘蔵（一九九六［一九九五］）『時は流れず』青土社。

岡田有司（二〇〇九）「部活動への参加が中学生の学校への心理社会的適応に与える影響：部活動のタイプ・積極性に注目して」『教育心理学研究』五七巻四号：四一九―四三一頁。

小川茂（二〇一一）「体育・保健体育　組体操の「共創空間」が生み出す教育的価値」『教育実践研究』二一巻：一八五―一九〇頁。

片桐芳雄（一九九〇）『自由民権期教育史研究：近代公教育と民衆』東京大学出版会。

河井酔茗（一九四八）『塔影・花鎮抄』西郊書房。

神沢利子（一九八六）『えぞまつ：うけつがれるいのちのひみつ』福音館書店。

木村敏（一九七二）『人と人との間：精神病理学的日本論』弘文堂。

小泉栄美・野中弘敏・中野隆司（二〇一二）「縦割り保育で子どもたちが経験していること：異年齢間の関わりのエピソードをもとに」『山梨学院短期大学研究紀要』三二巻：四九―六一頁。

坂西友秀（一九九七）「加害者・被害者・傍観者から見たいじめ」『埼玉大学紀要．教育学部．教育科学（IV）』四六巻一号：四五―九九頁。

下條太貴・廣瀬等（二〇一五）「児童の規範意識の発達に関する研究（二）：運動会前後での規範意識の変化」『教育実践総合センター紀要』二二巻：一一七―一二八頁。

鈴木真理子・永田智子（二〇〇五）「ネットワーク環境におけるレッスン・スタディ構想：米国のLesson Study研究をもとに」『滋賀大学教育学部紀要　教育科学』五五巻：一三五―一四一頁。

角谷詩織・無藤隆（二〇〇一）「部活動継続者にとっての中学校部活動の意義：充実感・学校生活への満足度とのかかわりにおいて」『心理学研究』七二巻二号：七九―八六頁。

関喜比古（二〇〇九）「問われている部活動の在り方：新学習指導要領における部活動の位置付け」『立法と調査』二九四巻：五一―五九頁。

立松和平（一九九二）『海のいのち』ポプラ社。

谷川俊太郎（一九八九［一九七一］）『うつむく青年』サンリオ。

谷川俊太郎(一九九三[一九六八])『これが私の優しさです』集英社。

中学生・高校生のスポーツ活動に関する調査研究協力者会議(一九九七)『運動部活動の在り方に関する調査研究報告書』https://www.mext.go.jp/a_menu/sports/jyujitsu/__icsFiles/afieldfile/2013/05/27/1335529_1.pdf(最終閲覧日:二〇二四年三月二六日)

坪井敏純・山口郁(二〇〇五)「異年齢保育の中の子どもたち」『南九州地域科学研究所所報』二一巻:一—一〇頁。

恒吉僚子(一九九二)『人間形成の日米比較:かくれたカリキュラム』中央公論社。

中澤篤史・西島央・矢野博之・熊谷信司(二〇〇八)「中学校部活動の指導・運営の現状と次期学習指導要領に向けた課題に関する教育社会学的研究」『東京大学大学院教育学研究科紀要』四八巻:三一七—三三七頁。

西田幾多郎(一九四七[一九一一])『西田幾多郎全集 第一巻』岩波書店。

野々上敬子・平松清志・稲森義雄(二〇〇八)「中学生の生活習慣および自覚症状と学業成績に関する研究:岡山市内A中学校生徒を対象として」『学校保健研究』五〇巻一号:五——一七頁。

野矢茂樹(二〇一二[一九九五])『心と他者』中央公論新社。

浜口恵俊(一九八二)『間人主義の社会日本』東洋経済新報社。

檜垣立哉(二〇一五)『日本哲学原論序説:拡散する京都学派』人文書院。

眞塩康彦(二〇一〇)「互いに認め合い、自主的に活動する学級活動の工夫:「絆シート」と「話合いの手引き」を取り入れた話合い活動を通して」群馬県総合教育センター。http://www2.gsn.ed.jp/houkoku/2010c/10c08/10c08h.pdf(最終閲覧日:二〇一七年三月一〇日)

松田亜希子(二〇一三)「学校全体で子どものかかわる力を育てる方策の追究」『山形大学大学院教育実践研究科年報』四巻:一八六—一九三頁。

文部科学省(一九九七)「運動部活動の在り方に関する調査研究報告」文部科学省。

和辻哲郎(二〇〇七[一九三四])『人間の学としての倫理学』岩波書店。


〈外国語文献〉

Akiba M and Wilkinson B (2015) Adopting an international innovation for teacher professional development: State and district approaches to Lesson Study in Florida. *Journal of Teacher Education* 67(1): 74-93.
Akiba M, Ramp L and Wilkinson B (2014) Lesson Study Policy and Practice in Florida: Findings from a Statewide District Survey. Tallahassee, FL: Florida State University. Available at: http://www.lessonstudynetwork.com/ wp-content/uploads/2017/02/Lesson-Study-District-Survey-Report-2015.pdf (accessed 10 March 2017)
Anderson-Levitt KM (2012) Complicating the concept of culture. *Comparative Education* 48(4): 441-454.
Arani MRS, Fukawa K and Lassegard JP (2010) "Lesson Study" as professional culture in Japanese schools: An historical perspective on

elementary classroom practices. *Japan Review*, 22: 171-200.

Arnason J (1997) *Social Theory and the Japanese Experience: The Dual Civilization.* London, UK: Kegan Paul International.

Auld E and Morris P (2016) PISA, policy and persuasion: Translating complex conditions into educational best practice. *Comparative Education* 52(2): 202-229.

Beech J (2006) The theme of educational transfer in comparative education: A view over time. *Research in Comparative and International Education* 1(1): 1-13.

Bellah RN, Madsen R, Sullivan W, et al. (1985) *Habits of the Heart: Individualism and Commitment in American Life*. Berkley, CA: University of California Press.

Boocock SS (1989) Controlled diversity: An overview of the Japanese preschool system. *The Journal of Japanese Studies* 15(1): 41-65.

Brewer MB and Gardner WL (1996) Who is this "we"? Levels of collective identity and self-representations. *Journal of Personality and Social Psychology* 71(1): 83-93.

Buckley S (2006) Issues and perspectives in moral education in Japan. *Bulletin of International Christian University (3-A Asian Culture Research)* 32: 203-216.

Burtt EA (1932, [2003]) *The Metaphysical Foundations of Modern Science*. New York, NY: Dover.

Carrithers M, Candea M, Sykes K, et al. (2010) Ontology is Just Another Word for Culture: Motion Tabled at the 2008 Meeting for the Group for Debates in Anthropological Theory, University of Manchester, *Critique of Anthropology*, 30, pp.152-201. Available at: https://www.escholar.manchester.ac.uk/api/ datastream?publicationPid=uk-ac-man-scw:86896&datastreamId=POST-PEER-REVIEW-PUBLISH- ERS.PDF (accessed 10 March 2017)

Cave P (2004) *Bukatsudo*: The educational role of Japanese school clubs. *The Journal of Japanese Studies*, 30(2): 383-415.

Cave P (2007) *Primary School in Japan: Self, Individuality and Learning in Elementary Education*. Abingdon, UK: Routledge.

Cave P (2016) *Schooling Selves: Autonomy, Interdependence, and reform in Japanese Junior High Education*. Chicago, IL: University of Chicago Press.

Che Y, Hayashi A and Tobin J (2007) Lessons from China and Japan for preschool practice in the United States. *Educational Perspectives* 40(1): 7-12.

Cheung WM and Wong WY (2014) Does Lesson Study work? A systematic review on the effects of Lesson Study and Learning Study on teachers and students. *International Journal for Lesson and Learning Studies* 3(2): 137-149.

Chokshi S, Ertle B, Fernandez C, et al. (2001) Lesson Study Protocol. Available at: http://www.tc.columbia. edu/centers/lessonstudy/doc/Lesson_Study_Protocol.pdf (accessed 10 March 2017)

Chokshi S and Fernandez C (2004) Challenges to importing Japanese Lesson Study: Concerns, misconcep- tions, and nuances. *Phi Delta*

Kappan 85(7): 520-525.

Chun S, Gentry JW and McGinnis LP (2005) Ritual aspects of sports consumption: How do sports fans become ritualized? In: Ha Y-U and Yi Y (eds) *Asia-Pacific Advances in Consumer Research*. Duluth, MN: Association for Consumer Research, pp.331-336.

Cowen R (2006) Acting comparatively on the educational world: Puzzles and possibilities. *Oxford Review of Education* 32(5): 561-573.

Dale P (1986) *The Myth of Japanese Uniqueness*. New York, NY: St. Martin's Press.

Dewey J (1938) *Logic: The Theory of Inquiry*. New York, NY: Holt, Rhinehart and Winston. Available at: http://unitus.org/FULL/DewLog38.pdf (accessed 10 March 2017)

Doig B and Groves S (2011) Japanese Lesson Study: Teacher professional development through communities of inquiry. *Mathematics Teacher Education and Development* 13(1): 77-93.

Einstein A (1916) Ernst Mach. *Physikalische Zeitschrift* 17: 101-104.

Eisenstadt SN (1996) *Japanese Civilization: A Comparative View*. Chicago, IL: University of Chicago Press.

Eisenstadt SN (1999) Axial and Non-Axial Civilizations – the Japanese Experience in a Comparative Perspective: The Construction of Generalized Particularistic Trust. Paper presented at Nichibunken, 30 November 1999. Available at: http://publications.nichibun.ac.jp/region/d/NSH/series/kosh/1999-11- 30-2/s001/s004/pdf/article.pdf (accessed 10 March 2017).

Fernandez C (2002) Learning from Japanese approaches to professional development: The case of Lesson Study. *Journal of Teacher Education* 53(3): 393-405.

Fernandez C and Chokshi S (2004) A practical guide to translating Lesson Study for a U.S. setting. *Phi Delta Kappan* 84(2): 128-134.

Finkelstein B, Imamura AE and Tobin JJ (1991) *Transcending Stereotypes: Discovering Japanese Culture and Education*. Boston, MA: Intercultural Press.

Fukuzawa RE (1996) The path to adulthood according to Japanese middle schools. *The Journal of Japanese Studies* 20(1): 61-86.

Gardner WL, Gabriel S and Lee AY (1999) "I" value freedom, but "we" value relationships: Self-construal priming mirrors cultural differences in judgment. *Psychological Science* 10(4): 321-326.

Gerbert E (1993) Lessons from *Kokugo* [Japanese Language] Readers. *Comparative Education Review* 37(2): 152-180.

Hayashi A, Karasawa M and Tobin J (2009) The Japanese preschool's pedagogy of feeling: Cultural strate- gies for supporting young Children's emotional development. *Ethos* 37(1): 32-49.

Heidegger M (1957) *Identity and Difference*. New York, NY: Harper & Row.

Henare A, Holbraad M and Wastell S (eds) (2006) *Thinking Through Things: Theorizing Artifacts Ethnographically*. Cambridge, UK: Cambridge University Press.

Hess RD and Azuma H (1991) Cultural support for schooling: Contrasts between Japan and the United States. *Educational Researcher* 20(9):

2-9.
Hood B (2012) *The Self Illusion: How the Social Brain Creates Identity*. Toronto, Canada: HaperCollins Publishers Ltd.
Hurd J and Licciardo-Musso L (2005) Lesson Study: Teacher-led professional development in literacy instruction. *Language Arts* 82(5): 388-395.
Husserl E (1913 [1982]) Ideas Pertaining to a Pure Phenomenology and to a Phenomenological Philosophy – First Book: General Introduction to a Pure Phenomenology. Dordrecht, The Netherlands: Kluwer.
Inagaki K and Hatano G (1994) Young Children's Personifying and Vitalistic Biology. *Research and Clinical Center for Child Development Annual Report* 16, pp.1-25.
Izumi-Taylor S and Ito Y (2015) Japanese preschoolers rule the classroom through play. In: Roopnarine JL, Patte MM, Johnson JE, et al. (eds) *International Perspectives on Children's Play*. Milton Keynes, UK: Open University Press, pp.134-145.
Kasulis T (1998) *Intimacy or Integrity: Philosophy and Cultural Difference*. Honolulu, HI: University of Hawai'i Press.
Kobayashi K (2012) Globalization, corporate nationalism and Japanese cultural intermediaries: Representation of *Bukatsu* through Nike advertising at the global–local nexus. *International Review for the Sociology of Sport* 47(6): 724-742.
Komatsu H and Rappleye J (2017a) A PISA Paradox? An Alternative Theory of Learning as a Possible Solution for Variations in PISA Scores. *Comparative Education Review* 61(2): 269-297.
Komatsu H and Rappleye J (2017b) Incongruity between scientific knowledge and ordinary perceptions of nature: An ontological perspective for forest hydrology in Japan. *Journal of Forest Research* 22(2): 75-82.
Kumon S (1982) Some principles governing the thought and behavior of Japanists (contextualists). *The Journal of Japanese Studies* 8(1): 5-28.
Lee SY, Graham T and Stevenson HW (1995) Teachers and teaching: Elementary schools in Japan. In: Rohlen T and LeTendre G (eds) *Teaching and Learning in Japan*. Cambridge, UK: Cambridge University Press, pp.157–189.
Lesson Study Research Group (2006) Timeline of U.S. Lesson Study. Available at: http://www.tc.columbia. edu/centers/lessonstudy/whatislsrg.html (accessed 10 March 2017).
LeTendre GK (1999) Community-building activities in Japanese schools: Alternative paradigms of the demo- cratic school. *Comparative Education Review* 43(3): 283-310.
LeTendre GK, Hofer BK and Shimizu H (2003) What is tracking? Cultural expectations in the United States, Germany, and Japan. *American Educational Research Journal* 40(1): 43-89.
Levinas E (1961 [1969]) *Totality and Infinity: An Essay in Exteriority*. Pittsburgh, PA: Duquesne University Press.
Lewis C (1991) Nursery schools: The transition from home to school. In: Finkelstein B, Imamura AE and Tobin JJ (eds) *Transcending*

Stereotypes: Discovering Japanese Culture and Education. Boston, MA: Intercultural Press, pp.81-95.

Lewis CC (1995a) Fostering social and intellectual development: The roots of Japanese educational success. In: Rohlen T and LeTendre G (eds) *Teaching and Learning in Japan*. Cambridge, UK: Cambridge University Press, pp.79-97.

Lewis CC (1995b) *Educating Hearts and Minds: Reflection on Japanese Preschool and Elementary Education*. Cambridge, UK: Cambridge University Press.

Lewis CC (1995c) The roots of Japanese educational achievement: Helping children develop bonds to School. *Educational Policy* 9(2): 129-151.

Lewis C (2002a) Does Lesson Study have a future in the United States? *Nagoya Journal of Education and Human Development* 1(1): 1-25.

Lewis C (2002b) *Lesson Study: A Handbook for Teacher-led Instructional Change*. Philadelphia, PA: Research for Better Schools.

Lewis CC and Tsuchida I (1998) A lesson is like a swiftly flowing river: How research lessons improve Japanese education. *Improving Schools* 2(1): 48-56.

Lewis C, Perry R, Hurd J, et al. (2006) Lesson Study comes of age in North America. *Phi Delta Kappan* 88(4): 273-281.

Lewis C, Perry R and Hurd J (2009) Improving mathematics instruction through lesson study: A theoretical model and North American case. *Journal of Mathematics Teacher Education* 12(4): 285-304.

Makinae N (2010) The origin of Lesson Study in Japan. In: Shimizu Y, Sekiguchi Y and Hino K (eds) *Search of Excellence in Mathematics Education, Volume 2*. Tokyo, Japan: International Commission on Mathematical Instruction, pp.140-147.

McDonald B (2009) Learning masculinity through Japanese university rowing. *Sociology of Sport Journal* 26(3): 425-442.

McDonald B and Hallinan C (2005) *Seishin* habitus: Spiritual capital and Japanese rowing. *International Review for the Sociology of Sport* 40(2): 187-200.

Mead G and Morris CW (1934) *Mind, Self, and Society*. Chicago, IL: University of Chicago Press.

Motokawa T (1989) Sushi science and hamburger science. *Perspectives in Biology and Medicine* 32(4): 498-504.

Murata A and Fuson K (2006) Teaching as assisting individual constructive paths within an interdependent class learning zone: Japanese first graders learning to add using 10. *Journal for Research in Mathematics Education* 37(5): 421-456.

Murata A and Takahashi A (2002) Vehicle to Connect Theory, Research, and Practice: How Teacher Thinking Changes in District-Level Lesson Study in Japan. In: *Proceedings of the Annual Meeting [of the] North American Chapter of the International Group for the Psychology of Mathematics Education (24th, Athens, GA, October 26-29, 2002)*. Volumes 1-4; pp.1879-1888.

Nietzsche F (1886 [1998]) *Beyond Good and Evil*. Oxford, UK: Oxford University Press.

Nisbett RE (2003) *The Geography of Thought: How Asians and Westerners Think differently... and Why*. New York, NY: Free Press.

Odin S (1996) *The Social Self in Zen and American Pragmatism*. New York, NY: State University of New York Press.

Peak L (1989) Learning to become part of the group: The Japanese child's transition to preschool life. *The Journal of Japanese Studies*. 15(1): 93-123.

Peak L (1991) *Learning to Go to School in Japan: The Transition from Home to Preschool Life*. Berkley, CA: University of California Press.

Peoples MB, Herridge DF and Ladha JK (1995) Biological nitrogen fixation: An efficient source of nitrogen for sustainable agricultural production? *Plant and Soil* 174(1): 3-28.

Perry R and Lewis C (2008) What is successful adaptation of lesson study in the US? *Journal of Educational Change* 10(4): 365-391.

Phillips D (2006) Investigating policy attraction in education. *Oxford Review of Education* 32(5): 551-559.

Phillips D and Ochs K (eds) (2004) *Educational Policy Borrowing: Historical Perspectives*. Oxford, UK: Symposium Books.

Popper K (1934 [2002]) *The Logic of Scientific Discovery*. London, UK; New York, NY: Routledge.

Rappleye J (2007) *Exploring Cross-National Attraction in Education: Some Historical Comparisons of American and Chinese Attraction to Japanese Education*. Oxford, UK: Symposium Books.

Rappleye J (2012) *Educational Policy Transfer in an Era of Globalization: Theory–History–Comparison*. Frankfurt am Main, Germany: Peter Lang.

Rappleye J, Imoto Y and Horiguchi S (2011) Towards "thick description" of educational transfer: Understanding a Japanese institution's "import" of European language policy. *Comparative Education* 47(4): 411-432.

Sadler M (1900 [1964]) How far can we learn anything of practical value from the study of foreign systems of education? *Comparative Education Review* 7: 307-314.

Sano K (2014) The study of the senpai–kouhai culture in junior high Schools in Japan. *Sociological Insight* 6(1): 59-68.

Sevilla AL (2015) The ethics of engaged pedagogy: A comparative study of Watsuji Tetsuro and bell hooks. *Kritike* 10(1): 124-145.

Sevilla AL (2016) Education and empty relationality: Thoughts on education and the Kyoto School of Philosophy *Journal of the Philosophy of Education* 50(4): 639-654.

Schaub M and Baker DP (1991) Solving the math problem: Exploring mathematics achievement in Japanese and American middle grades. *American Journal of Education* 99(4): 623-642.

Shimizu H (1999) Individuality, learning, and achievement: Japanese perspectives. In: LeTendre GK (ed.) *Competitor or Ally? Japan's Role in American Educational Debates*. New York, NY; London, UK: Falmer Press, pp.47-64.

Sobe N and Kowalczyk J (2013) Exploding the cube: Revisioning "context" in the field of comparative education. *Current Issues in Comparative Education* 16(1): 6-12.

Sonoda H (1999) The way of approaching Japan. In: Sonoda H and Eisenstadt SN (eds) *Japan in a Comparative Perspective*. Kyoto, Japan: International Research Center for Japanese Studies, pp.31-36.

Steiner-Khamsi G (1998) Too far from home? "Modulitis" and NGOs role in transferring prepackaged reform. *Current Issues in Comparative Education* 1(1): 35-41.

Steiner-Khamsi G and Waldow F (eds) (2012) *Policy Borrowing and Lending in Education*. New York, NY: Routledge.

Stevenson HW (1991) Japanese elementary school education. *The Elementary School Journal* 92(1): 109-120.

Stevenson HW and Stigler J (1992) *The Learning Gap*. New York, NY: Simon & Schuster.

Stigler JW and Hiebert J (1999 [2009]) *The Teaching Gap*. New York, NY: Free Press.

Stigler JW, Fernandez C and Yoshida M (1995) Cultures of mathematics instruction in Japanese and American elementary classrooms. In: Rohlen T and LeTendre G (eds) *Teaching and Learning in Japan*. Cambridge, UK: Cambridge University Press, pp.213-247.

Suzuki MJ and Boomer E (1997) Relationships between teachers and students in American and Japanese kindergartens. *Journal of School Education* 9(1): 11-21.

Tobin J, Wu DYH and Davidson DH (1991) Forming groups. In: Finkelstein B, Imamura AE and Tobin JJ (eds) *Transcending Stereotypes: Discovering Japanese Culture and Education*. Boston, MA: Intercultural Press, pp.109-118.

Tobin J, Hsueh Y and Karasawa M (2009) *Preschool in Three Cultures Revisited: China, Japan, and the United States*. Chicago, IL: University of Chicago Press.

Tomo R (2012) A cultural comparison of conflict-solution styles displayed in the Japanese, French, and German School Texts. *Psychology Research* 2(12): 719-728.

Trafimow D, Triandis HC and Goto SG (1991) Some tests of the distinction between the private self and the collective self. *Journal of Personality and Social Psychology* 60(5): 649-655.

Tsuchida I and Lewis CC (1995) Responsibility and learning: Some preliminary hypotheses about Japanese elementary classrooms. In: Rohlen T and LeTendre G (eds) *Teaching and Learning in Japan*. Cambridge, UK: Cambridge University Press, pp.190-212.

Tsuneyoshi R (2001) The Japanese Model of Schooling: Comparisons with the United States. New York, NY: Routledge.

Viveiros de Castro E (2003) "AND". After-dinner speech at "Anthropology and Science", the 5th Decennial Conference of the Association of Social Anthropologists of Great Britain and Commonwealth, 14 July 2003. Manchester Papers in Social Anthropology 7. Available at: https://sites.google.com/a/abaetenet. net/nansi/abaetextos/anthropology-and-science-e-viveiros-de-castro (accessed 10 March 2017).

Weber M. (1922 [1963]) *The Sociology of Religion*. New York, NY: Beacon Press.

Whitehead AN (1925 [1997]) *Science and The Modern World*. New York, NY: The Free Press.

Wittgenstein LW (1922 [1961]). *Tractatus*. Abingdon, UK: Routledge.

Zahran HH (1999) *Rhizobium*–legume symbiosis and nitrogen fixation under severe conditions and in an arid climate. *Microbiology and Molecular Biology Reviews* 63(4): 968-989.

あとがき

本書『〈日本型教育〉再考――学びの文化の国際展開は可能か』は、京都大学大学院教育学研究科（以下、研究科と略）においてグローバル教育展開オフィス（以下、オフィスと略）を中心に研究科全体で進められた、「新しい理論的・実践的基盤に立った教育文化・知の継承支援モデルの構築と展開」研究プロジェクトの成果である。オフィスは、研究科の学際的研究・教育拠点として新時代の教育課題に取り組み、その成果を国内外に発信していくための中核的な役割を果たすことを目的として、二〇一七年四月に設置された。[1]

この研究プロジェクトは、「『日本型』教育文化・知の継承モデルの構築と展開」研究プロジェクトと呼ばれることもあり、その目的は、研究科でこれまで行われてきた教育文化研究の蓄積をもとに、日本の教育を支えてきた文化の仕組みをグローバルな視点から問い直すことによって、欧米型の教育モデルとも、また実践レベルに特化して「輸出」がめざされる「日本型」教育とも異なる、教育の新しいグローバルスタンダードの構築とそれにもとづく教育モデルの可能性を、理論・実践の両面から探究することにあった。二〇一八年一二月に、プロジェクトのスタートを記念するシンポジウム「グローバル時代における『日本型』教育文化のあらたな可能性」を開催するとともに（オフィスのホームページで講演の動画を公開しているので、関心のある方はご覧いただ[2]

1……概算要求にもとづく設置は二〇一八年四月である。

2……「2018年キックオフシンポジウム」(https://global.educ.kyoto-u.ac.jp/educational-contents/inaugural-symposium)

きたい）、研究科の多くの教員を組織して、理念モデルを検討するチームと三つの支援モデルを担当するチームをそれぞれ編成し、研究が進められた。

プロジェクトの実施を中心的に担われた前オフィス長の高山敬太先生が序章で説明されているように、このプロジェクトでは、「日本型教育（文化）」とは何かについて議論が重ねられ、またそうした「日本型教育（文化）」を日本国内で検討することが可能なのかについても検討された。そして、これらの議論を土台にしつつ、研究科に所属する様々な研究分野の教員が、それぞれの専門的知見やアプローチから、学校教育にとどまらず多様な教育事象を取り上げて「日本型教育」をめぐる考察を行った。本書はその成果の一端であり、「歴史学、哲学、教育方法学、社会学、臨床・実験心理学、さらには脳科学といった」（本書三頁）、教育に関わる多様な専門知にもとづく論考が収載されている。

このような、多様な研究分野が協働して、教育的な営みの実態にも目を配りながらそれぞれの学術知をもとに教育のあり方を総合的に考えていくという取り組みの形式は、京都大学大学院教育学研究科・教育学部で一貫して採られてきたものである。京都大学教育学部は今年（二〇二四年）五月に創立七五周年を迎えた。その前身は一九〇六年の京都帝国大学文科大学創設と同時に設置された教育学教授法講座であり、同講座では、教育学における原理と方法、理論と実践の統一を重視して教育に関する研究と教育が行われた。京都大学教育学部は、この「教育学教授法講座を根幹としながら、哲学、心理学、社会学、法学など、多様な分野の出身者によって」構成され（『京都大学教育学部四十年記念誌』五三―五四頁）、創設後、学校教育のみならず家庭や社会の生活における人間形成過程をも含む教育の現象・現実を隣接諸科学との協働によって総合的に研究し、教育の現場やそこでの実践を大切にしながら理論的研究を進めてきた。こうした教育諸学の総合的研究、理論と実践の往還が、今日に至るまで、教育学研究科・教育学部における教育と研究の基軸となっている。したがって、オフィスを中心に研究科全体で実施されたこのプロジェクトとその成果としてまとめられた本書は、教育学研究科・教育学部のこうした伝統の新たな展開として位置づけられるものでもある。

序章の最後にあるように、このプロジェクトで残された課題は少なくない。「日本型教育」をめぐって各章で取り上げられ論じられた教育事象や実践とそれらの背後にある歴史、制度、文化などをどのようにして有機的に結びつけることができるのか、さらなる研究の進展が必要である。また、このプロジェクトを進める過程で、教育を国際化するとはどういうことなのかが問われ、教育学研究を国際化するとはどういうことなのかも問われたように思われる。これらは学術的な問いであるだけでなく、オフィスが、教育学研究科・教育学部における教育と研究の国際化に向けた支援を行っていく際の実務上の課題でもある。今後オフィスの活動を進める中で、こうした問いに対する考えを深めていきたい。

最後になるが、本書の企画に賛同し、編集上の貴重なアドバイスをいただくとともに編集作業にあたって多くの労をとっていただいた京都大学学術出版会、特に鈴木哲也氏に深く感謝申し上げたい。

二〇二四年七月

京都大学大学院教育学研究科
グローバル教育展開オフィス長
南部広孝

▶人名索引

【ま行】

【や行】

【な行】

【は行】

【た行】

【さ行】

【か行】

索引

►事項索引

委員、こども家庭庁こども家庭審議会臨時委員を務める。
主な著書に、『マスク社会が危ない――子どもの発達に「毎日マスク」はどう影響するか？』（宝島新書、2022年）、『ヒトの発達の謎を解く――胎児期から人類の未来まで（ちくま新書、2019年）、『まねが育むヒトの心』（岩波ジュニア新書、2012年）など多数。

Munakata Yuko（むなかた ゆうこ）
カリフォルニア大学デービス校教授
1996年、カーネギーメロン大学にて博士号（心理学）を取得。デンバー大学准教授、コロラド大学ボールダー校准教授、同教授を経て2019年より現職。アメリカ心理学会のBoyd McCandless Early Carrer Award、コロラド大学ボルダー校心理・神経科学科よりMentor Award、Faculty Research Award、Faculty Teaching Awardを受賞。そのほか、Psychological ReviewのAssociate Editorを務め、TED × talkなど科学メディアにも出演。
主な著作に、*Computational explorations in cognitive neuroscience: Understanding the mind by simulating the brain*（MIT Press、2000年）、「Executive Functions in Social Context: Implications for Conceptualizing, Measuring, and Supporting Developmental Trajectories」（*Annual Review of Developmental Psychology* 3号、2021年）など。

柳岡 開地（やなおか かいち）
大阪教育大学特任講師
2019年、京都大学大学院教育学研究科博士課程修了。日本学術振興会特別研究員PDを経て、2022年より現職。博士（教育学）。日本発達心理学会第5回国際奨励賞、平成29年度京都大学総長賞、2016年度日本教育心理学会城戸奨励賞などを受賞。
主な著作に、『子どもが行為を紡ぐとき――ルーティンの獲得と実行機能の発達心理学研究』（ナカニシヤ出版、2019年）、「Cultures crossing: The power of habit in delaying gratification」（*Psychological Science* 33号、2022年）など。

ラプリー、ジェルミー（Jeremy Rappleye）
香港大学教育学部教授
2000年、イエール大学卒業。2009年、オクスフォード大学博士課程修了。京都大学白眉センター准教授、京都大学大学院教育学研究科准教授などを経て、2023年より現職。
主な著書に、*Reimagining Japanese Education: Borders, transfers, circulations, and the comparative*（Oxford Studies in Comparative Education）（共編著、Symposium Books Ltd、2011年）、*Education, Equality, and Meritocracy in a Global Age*（共著、Teachers College Press、2020年）、『日本の教育はダメじゃない』（共著、ちくま新書、2021年）など。

野村 理朗（のむら みちお）
京都大学大学院教育学研究科准教授
2002年、名古屋大学大学院人間情報学研究科単位満了。日本学術振興会特別研究員PD、広島大学大学院総合科学研究科准教授等を経て、2010年より現職。博士（学術）。米国ノースウェスタン大学上席客員研究員等、2020年に京都テキストラボ（株）を設立・同社取締役。*Scientific Report*, *Molecular Psychology* 等をはじめとする国際学術雑誌の主幹編集員・編集委員、日本神経精神薬理学会評議員等を歴任。日本脳科学会奨励賞（2006年）、JSNP Excellent Presentation Award for CINP（2010年）、日本心理学会優秀論文賞（2017年）などを受賞。
主な著書に、『なぜアヒル口に惹かれるのか』（角川新書、2010年）、『「顔」研究の最前線』（共編著、北大路書房、2005年）、『脳の報酬系』（編著、丸善出版、2019年）、『「無心」の心理学』（編著、身心変容技法研究、2019年）など。

ファンステーンパール、ニールス（Niels VAN STEENPAAL）
京都大学大学院教育学研究科准教授
2012年、京都大学大学院教育学研究科博士後期課程修了。博士（教育学）。京都大学白眉センター助教を経て、2016年より現職。
主な著書に、『〈孝子〉という表象――近世日本道徳文化史の試み』（ぺりかん社、2017年）など。

マナロ、エマニュエル（Emmanuel Manalo）
京都大学大学院教育学研究科教授
1997年、マッセイ大学（ニュージーランド）博士課程修了。オークランド大学（ニュージーランド）スチューデント・ラーニングセンター所長（准教授）、早稲田大学理工学術院英語教育センター教授を経て、2014年より現職。博士（心理学）。国際学術誌 *Thinking Skills and Creativity* 共同編集者（2021年～現在）、国際学術誌 *Psychologia* 副編集委員長（2023年～現在）。2014年に、Association of Tertiary Learning Advisors of Aotearoa New Zealand（ATLAANZ）生涯会員就任。2014年、第8回 International Conference on the Theory and Application of Diagrams（メルボルン、オーストラリア）ベストペーパー賞を受賞。
主な著書に、*Deeper learning, dialogic learning, and critical thinking: Research-based strategies for the classroom*（編著、Routledge、2020年）、*Promoting spontaneous use of learning and reasoning strategies: Theory, research, and practice for effective transfer*（共編著、Routledge、2018年）など。

溝川 藍（みぞかわ あい）
名古屋大学大学院教育発達科学研究科准教授
2011年、京都大学大学院教育学研究科博士課程修了。日本学術振興会特別研究員PD、明治学院大学心理学部助教、椙山女学園大学人間関係学部講師を経て、2018年より現職。博士（教育学）。2023年度日本心理学会優秀論文賞、2023年度日本心理学会学術大会優秀発表賞を受賞。
主な著書に、『幼児期・児童期の感情表出の調整と他者の心の理解――対人コミュニケーションの基礎の発達』（ナカニシヤ出版、2011年）、『社会的認知の発達科学』（分担執筆、新曜社、2018年）、『情動発達の理論と支援』（分担執筆、金子書房、2021年）など。

明和 政子（みょうわ まさこ）
京都大学大学院教育学研究科教授
京都大学大学院教育学研究科博士後期課程修了。博士（教育学）。京都大学霊長類研究所研究員、京都大学大学院教育学研究科准教授などを経て現職。ヒトとヒト以外の霊長類を胎児期から比較し、ヒト特有の脳と心の発達の機序とその生物学的基盤を明らかにする「比較認知発達科学」という分野を世界にさきがけて開拓した。日本学術会議会員、文部科学省科学技術学術審議会を受賞。
主な著書に、『いかにして日本の精神分析は始まったか――草創期の5人の男と患者たち』(みすず書房、2019年)、『精神分析にとって女とは何か』(編著、福村出版、2020年)、『心理臨床に生きるスーパーヴィジョン その発展と実践』(編著、日本評論社、2024年)。『「心」のお仕事――今日も誰かのそばに立つ24人の物語(14歳の世渡り術)』(分担執筆、河出書房新社、2021年)、『ライフステージを臨床的に理解する心理アセスメント』(分担執筆、金子書房、2021年)『いのちを巡る臨床――生と死のあわいに生きる臨床の叡智』(分担執筆、創元社、2018年)など。

西岡 加名恵(にしおか かなえ)
京都大学大学院教育学研究科教授
1998年、University of BirminghamにてPh.D.(Ed.)を取得。鳴門教育大学講師、京都大学大学院教育学研究科准教授等を経て、2017年より現職。専門は教育方法学(カリキュラム論、教育評価論)。日本学術会議第26期会員、文部科学省中央教育審議会教育課程部会臨時委員などを務める。
主な著書に、『教科と総合に活かすポートフォリオ評価法』(図書文化、2003年)、『教科と総合学習のカリキュラム設計』(図書文化、2016年)、*Curriculum、Instruction and Assessment*(共著、Routledge、2016年)、『「資質・能力」を育てるパフォーマンス評価』(編著、明治図書、2016年)、『教育課程』(編著、協同出版、2017年)、『新しい教育評価入門(増補版)』(共編著、有斐閣、2022年)、『子どもたちの「今」を輝かせる学校づくり』(共編著、日本標準、2024年)など。

西川 一二(にしかわ かずじ)
大阪商業大学総合経営学部商学科講師(兼務:京都大学大学院教育学研究科研究員)
2016年、関西大学大学院心理学研究科博士課程後期課程修了。大阪商業大学JGSS(Japanese General Social Surveys)研究センター博士研究員、京都大学大学院教育学研究科研究員、大阪公立大学国際基幹教育機構特任助教を経て、2023年より現職。博士(心理学)。2018年度小貫英教育賞、2019年日本パーソナリティ心理学会第28回大会優秀大会発表賞などを受賞。
主な著作に、「知的好奇心尺度の作成――拡散的好奇心と特殊的好奇心」(『教育心理学研究』63巻4号5、2015年)、「The effect of two aspects of grit on developmental change in high school students' academic performance: Findings from a five-wave longitudinal study over the course of three years」(*Personality and Individual Differences* 191(111557)、2022年)、『非認知能力――概念・測定と教育の可能性』(分担執筆、北大路書房、2021年)など。

西平 直(にしひら ただし)
上智大学グリーフケア研究所特任教授・副所長、京都大学名誉教授
信州大学・東京都立大学大学院でドイツ哲学を、東京大学大学院で教育哲学を学び、立教大学講師、東京大学准教授、京都大学教授を歴任の後、2022年4月より現職。博士(東京大学)。専門は、教育人間学、死生学、哲学。心理・教育・宗教にまたがる領域、並びに、稽古・修養・養生など日本の伝統思想。
主な著書に、『世阿弥の稽古哲学』(東京大学出版会、2009年[増補新版、2020年])、『稽古の思想』(春秋社、2019年)、『修養の思想』(春秋社、20201年)、『養生の思想』(春秋社、2021年)、*The Philosophy of No-mind: Experience Without Self* (Bloomsbury Introductions to World Philosophies)(Bloomsbury、2024年、Catherine Sevilla-liu and Anton Sevilla-liu訳)など。

主な著書に、『日本の教育はダメじゃない』（共著、ちくま新書、2021 年）など。

齊藤 智（さいとう さとる）
京都大学大学院教育学研究科教授
1993 年、京都大学大学院教育学研究科博士課程修了。鳴門教育大学助手、大阪教育大学助手、同助教授、京都大学大学院教育学研究科助教授、同准教授を経て、2016 年より現職。博士（教育学）。2023 年度日本認知心理学会優秀論文特別賞、2018 年日本ワーキングメモリ学会学会賞、2011 年度日本教育心理学会優秀論文賞、2010 年日本心理学会国際賞奨励賞などを受賞。
主な著作に、「Sequential processing facilitates Hebb repetition learning in visuospatial domains」（*Journal of Experimental Psychology: General* 152 巻 9 号、2023年）、「Time sharing in working memory processing」（*Journal of Experimental Psychology: Learning, Memory, and Cognition* 49 巻 10 号、2024 年）など。

高山 敬太（たかやま けいた）
南オーストラリア大学教育学部教授
2007 年、ウイスコンシン大学マディソン校教育学研究科博士課程修了。ニューイングランド大学教育学部講師、上級講師、同准教授、京都大学大学院教育学研究科教授を経て、2023 年より現職。博士（学術）。2011 年、国際比較教育学会（CIES）より George Bereday Award を受賞。2021 年より、*Asia Pacific Journal of Teacher Education* と *Discourse: Studies in the Cultural Politics of Education* の編集者、NORRAG（在ジュネーブ）のシニアフェロー、ならびに、2023 年より UNESCO-Hamdan Prize for Teacher Development の審査委員を務める。

竹内 里欧（たけうち りお）
京都大学大学院教育学研究科准教授。
2007 年、京都大学大学院文学研究科博士後期課程研究指導認定退学。椙山女学園大学国際コミュニケーション学部講師を経て、2014 年より現職。博士（文学）。
主な著作に、「『真の紳士』と『似非紳士』――『西洋』と『日本』の構築」（『社会学評論』56 巻 3 号、2005 年）、*The East and the Idea of Europe*（分担執筆、Cambridge Scholars Publishing、2010 年）、『岩波講座 現代 第 8 巻 学習する社会の明日』（分担執筆、岩波書店、2016 年）、『教職教養講座 第 12 巻 社会と教育』（分担執筆、協同出版、2018 年）、『夜更かしの社会史――安眠と不眠の日本近現代』（分担執筆、吉川弘文館、2024 年）など。

南部 広孝（なんぶ ひろたか）
京都大学大学院教育学研究科教授
1995 年、京都大学大学院教育学研究科博士後期課程学修認定退学。広島大学大学教育研究センター（現高等教育研究開発センター）助手、長崎大学アドミッションセンター講師、助教授（准教授）、京都大学大学院教育学研究科准教授を経て、2017 年より現職。博士（教育学）。
主な著書に、『中国高等教育独学試験制度の展開』（東信堂、2009 年）、『東アジアの大学・大学院入学者選抜制度の比較――中国・台湾・韓国・日本』（東信堂、2016 年）、『後発国における学位制度の研究』（高等教育研究叢書 148）（編著、広島大学高等教育研究開発センター、2019 年）など。

西 見奈子（にし みなこ）
京都大学大学院教育学研究科准教授。
2006 年、九州大学大学院人間環境学府博士後期課程単位修得退学。博士（心理学）。専門は臨床心理学、精神分析。第 64 回日本精神分析学会山村賞、第 42 回日本精神分析協会土居健郎賞

著者紹介(姓の五〇音順)

石井 英真(いしい てるまさ)
京都大学大学院教育学研究科准教授
京都大学大学院教育学研究科博士後期課程修了。日本学術振興会特別研究員（PD）、京都大学大学院教育学研究科助教、神戸松蔭女子学院大学専任講師を経て、2012年4月より現職。博士(教育学)。専門は教育方法学（学力論）。日米のカリキュラム研究、授業研究の蓄積に学びながら、学校で育成すべき資質・能力の中身をどう構造化・モデル化し、それらを実質的に実現しうるカリキュラム、授業、評価をトータルにどうデザインしていけばよいのかを考えている。
主な著書に、『再増補版・現代アメリカにおける学力形成論の展開』（東信堂、2020年）、『授業づくりの深め方』（ミネルヴァ書房、2020年）、『未来の学校――ポスト・コロナの公教育のリデザイン』（日本標準、2020年）、『中学校・高等学校　授業が変わる学習評価深化論』（図書文化、2023年）、『教育「変革」の時代の羅針盤』（教育出版、2024年）など。

岡野 憲一郎(おかの けんいちろう)
本郷の森診療所院長、京都大学名誉教授
1982年、東京大学医学部医学科を卒業、日本、フランス、アメリカでの研修を経て、カンザス州トピーカ州立病院思春期病棟等で精神科医療に従事、国際医療福祉大学大学院教授、京都大学大学院教育学研究科附属臨床教育実践研究センター教授等を経て、2022年より現職。博士(医学)。
主な著書に、『外傷性精神障害――心の傷の病理と治療』（岩崎学術出版社、1996年）、『解離性障害――多重人格の理解と治療』（岩崎学術出版社、2007年）、『解離新時代――脳科学、愛着、精神分析との融合』（岩崎学術出版社、2015年）、『快の錬金術――報酬系から見た心』（岩崎学術出版社、2017年）、『揺らぎと心のデフォルトモード――臨界状況から生まれる創造性』（岩崎学術出版社、2020年）など。

楠見 孝(くすみ たかし)
京都大学大学院教育学研究科教授
1987年、学習院大学大学院人文科学研究科心理学専攻博士課程単位取得退学。学習院大学文学部助手、筑波大学社会工学系講師、東京工業大学工学部助教授、同大学大学院社会理工学研究科助教授、京都大学大学院教育学研究科助教授を経て、2008年より現職。博士（心理学）。2006年日本心理学会優秀論文賞、2019年日本感情心理学会優秀論文賞などを受賞。
主な著書に、『実践知――エキスパートの知性』（共編著、有斐閣、2012年）、『批判的思考と市民リテラシー――教育、メディア、社会を変える21世紀型スキル』（編著、誠信書房、2016年）、*Deeper Learning, Dialogic Learning, and Critical Thinking: Research-based Strategies for the Classroom*（分担執筆、Routledge、2019年）など。

小松 光(こまつ ひかる)
株式会社坂ノ途中・主任研究員。国立台湾大学理学部・兼任准教授。
2003年、東京大学大学院農学生命科学研究科博士課程修了。九州大学農学部助教、京都大学白眉センター准教授、国立台湾大学理学部准教授などを経て、2023年より現職。博士（農学）。

〈日本型教育〉再考――学びの文化の国際展開は可能か

2024年10月25日　初版第一刷発行

監　修
京都大学大学院教育学研究科
グローバル教育展開オフィス

編　者　高　山　敬　太
　　　　南　部　広　孝

発行人　黒　澤　隆　文

京都大学学術出版会
京都市左京区吉田近衛町69番地
京都大学吉田南構内(〒606-8315)
電　話　(075)761-6182
FAX　(075)761-6190
Home page http://www.kyoto-up.or.jp
振　替　01000-8-64677

ISBN：978-4-8140-0555-0
Printed in Japan

印刷・製本　亜細亜印刷株式会社
カバーデザイン　上野かおる
定価はカバーに表示してあります